W0412051

Mosaico Boliviano

Bolivien – Reportagen, Interviews und Momentaufnahmen

Reportajes – entrevistas y lindos momentos en trabajo social

Max Steiner + Judith Grümmer

Widmung

Meiner Mutter Trudi und meinem verstorbenen Vater Max Ulrich Steiner, die mich gerade auch in anspruchsvollen Aufbrüchen und Übergängen immer unterstützten und mir schon seit Kindheit ein tiefes Verständnis zur Geschichte, unterschiedlicher Kulturen, aber friedvollem Zusammenleben aller Völker dieser Erde vermittelten; meiner Frau Martha und meinen Kindern Max Robert, Irene, Janine und Sheirlyn, wie auch der nächsten Generation Maximilian V. Leon.

Max Steiner

Dedicada

Mi madre Trudi y mi difunto padre, Max Ulrich Steiner, siempre apoyándome y ofreciéndome un profundo conocimiento de la historia, de diferentes culturas, y de la coexistencia pacífica de todos los pueblos de esta tierra; mi querida esposa Martha y mis hijos, Max Robert, Irene, Janine y Sheirlyn, así como mi suegra Mamita Nelly Villarroel Vda. de Zamorano.

Max Steiner

Inhaltsverzeichnis | Contenido

Einleitung

„Bolivien? Was, du arbeitest in Afrika?" war vor zehn Jahren noch immer eine recht häufige, überraschte Reaktion auf meine Information, dass es mich in ein Entwicklungsland verschlagen habe. Wenn ich dann korrigierte und sagte: „Nein, Bolivien liegt in Südamerika", dann kam das zweite Erstaunen. Nein, das kann doch nicht sein; du bist doch nicht aus der Schweiz mit der ganzen Familie nach Bogotá ausgewandert, wo doch dort ständig Leute entführt werden und die Drogenmafia das Sagen hat. So ließ sich dann wenigstens das immer noch 2.000 Kilometer südlicher liegende Bolivien im Andenraum eingrenzen. Aber dieses Land war, und ist es wahrscheinlich für die große Mehrheit der Europäer noch immer, ein Geheimnis. Es liegt sehr weit weg, es gibt keine Direktflüge dorthin und es ist unglaublich exotisch. Höchstens der riesige Titicacasee, die weltweit höchstgelegene „Hauptstadt" La Paz oder neuerdings der erste indigene Präsident, der doch mit dem bunten gestreiften Pullover beim König von Spanien auftrat, durchbrechen knapp die Oberfläche des Bewusstseins. Doch genau dahin hat sich mein Herz vor zwanzig Jahren gleich zweimal verliebt: in meine Frau Martha aus Sucre, der konstitutionellen Hauptstadt Boliviens und in dieses Land, welches ich heute als Doppelbürger meine zweite Heimat nennen darf.

Zehn Jahre nach meiner ersten Ankunft in Bolivien durfte ich mein großes Hobby, der Jugendherbergsbewegung als Schweizer- und Weltpräsidenten zu dienen, in meine Haupttätigkeit umwandeln und den bolivianischen Jugendherbergsverband gründen. So

Introducción

Escogiendo lo mejor como en un COLLAR DE PERLAS, queremos presentar la combinación de reportajes, entrevistas, arte contemporánea y de fotos, mostrando un mosaico de trabajos y proyectos sociales y una visión profunda de Bolivia con su maravillosa naturaleza y biodiversidad en el corazón de los Andes.

La gente europea o de otros continentes en general no tiene una idea muy clara sobre Bolivia. Para la gran mayoría, Bolivia sigue siendo un secreto, muy lejano. Últimamente, se habla o se ve más en los medios de comunicación, gracias al primer presidente indígena.

Veinte años atrás conocí a mi esposa en Suiza y desde ese momento me he enamorado de las dos: de mi esposa Martha y de Bolivia, de este país que hoy es mi segunda patria. Hace diez años nos vinimos a radicar con nuestras dos hijas Janine y Sheirlyn a nuevas tierras, donde tuve la posibilidad y la suerte de fundar una organización para el turismo social y voluntariado. Como ex presidente de las asociaciones de Hostelling International de Suiza y del mundo, tuve la suficiente experiencia para establecer una red de 20 HI Hostels para mochileros. De esta manera puedo apoyar más y más a los pueblos con voluntarios sociales en este país tan hermoso que abre sus puertas a los suyos y a los de afuera sin mirar su raza ni religión.

Los atractivos para todos los visitantes de Bolivia, se basan fundamentalmente en la increíble diversidad de este país, que tiene una superficie casi igual a la de Alemania, Francia y la mitad de España juntos.

wurde mit nun über zwanzig Jugend-Gästehäusern eine wesentliche Lücke für Rucksacktouristen in Südamerika geschlossen und Reisenden ein weiterer Anreiz geschaffen, länger in Bolivien zu verbleiben. So vieles an Bolivien, die Kultur, die Naturschönheiten, das Bergsteigen in der über 6.500 Metern hohen Andenkette, originäre indigene Bevölkerung und vor allem die vielen Gegensätzlichkeiten innerhalb des Landes, sorgen dafür, dass es Besuchern auch bei mehrmonatigen Aufenthalten nicht langweilig werden kann.

Bolivien erscheint wie ein einziges riesiges Mosaik: Ein Land so groß wie Deutschland, Frankreich und halb Spanien zusammen, aber mit nur zehn Millionen Einwohnern; ein Vielvölkerstaat, mit einer heute deutlich indigenen Mehrheitsbevölkerung aus Quechuas, Aymaras, Guaraní, Chiquitanos und über dreißig weiteren Stämmen. Erstmals bekennt sich Bolivien wieder zu seiner kulturellen und sprachlichen Vielfalt. In seinen heutigen Grenzen erstreckt sich das Land vom 4.000 bis 5.000 Meter hohen, kargen und fast unwirtlichen Gebirgsplateau des Altiplanos, von immer weißen fast 7.000 Meter hohen Bergspitzen umgeben ist, geht dann gen Osten über in hunderte zerklüfteter Andentäler und fällt schließlich ab ins subtropische Immergrün des Amazonastiefbeckens mit Palmen und Orchideen, mit Papageien und Krokodilen. Dem Besucherauge bieten sich einmalige geografische Gegensätze und stets wechselnde Landschaftsbilder innerhalb einer Tagesetappe, die dann als eine einzigartige Entdeckerexkursion unvergesslich bleiben wird. Statt bequemem Massentourismus sind Reiseziele oft nur nach langen Fahrten auf staubigen Naturstraßen erreichbar und auch die sHerausforderungen großer Höhen und dünner Luft sind nicht zu unterschätzen.

Was jedem Besucher im ärmsten Land Südamerikas sofort auffällt sind auch die nach wie vor sehr ausgeprägten sozialen Differenzen. Bolivien ist noch

Este país solo tiene un poco más de 10 millones de habitantes, y con la nueva Constitución se denomina: ESTADO PLURINACIONAL, con una mayoría indígena originaria, con etnias numerosas que hablan quechua, aymara, guaraní, etc., que habitan en su diversa geografía y naturaleza, desde los llanos amazónicos a los valles con mucha erosión y el altiplano con su cordillera Real con nieves eternas a los 6500 m/s/n/m. Sigue siendo difícil visitar Bolivia, porque no hay muchas carreteras asfaltadas y por eso nunca se ha establecido un turismo sostenible con cantidades atractivas. Para comprender la realidad de un país, solo al estar presente puedes ver con claridad, y algo muy perceptible es la diferencia de las clases sociales entre los bolivianos; hasta con los cambios ejecutados por el presidente Evo Morales, el país va lentamente en un proceso de transición, del colonialismo a una reforma democrática social participativa: respecto a la calidad de vivienda, en la salud y especialmente en la educación donde hay mucho por hacer. En esta fase se ha establecido una organización social dentro de nuestra fundación HI-Bolivia, trayendo hasta 100 voluntarios al año desde Europa y Canadá, para distribuirlos en todo el territorio nacional; en cooperación con el Ministerio de Desarrollo Internacional y la Cruz Roja de Alemania, quienes canalizan el envío de jóvenes con toda su motivación, para ofrecer asistencia social en la educación, en las asignaturas de Inglés y computación, en sanidad y en medio ambiente. Para capacitar a los voluntarios extranjeros a establecer contacto con la gente local en los pueblos y las comunidades, se ha creado la Casa Andina de Lenguas en la ciudad de Sucre: qué lindo ver que todos nuestros visitantes se van con sólidos conocimientos de uno de los idiomas mundialmente más importantes.
Cuando primero llegamos a Bolivia, tuvimos impresiones tan diversas que casi nos mareamos, dijeron las artistas, Franziska Becker y Ulla Horký, en su viaje descubridor del país. Alucinaron con la diversidad que encontraron en Santa Cruz, con su escena de

immer eine Zweiklassengesellschaft mit einer tiefen Kluft zwischen Stadt und Land, einer sehr kleinen und wohlhabenden Oberschicht sowie einem Bevölkerungsanteil von gut 80 Prozent, der am Rande des täglichen Überlebenskampfs steht. Dies sind Ergebnis und Ausdruck der spanischen Eroberung im 16. Jahrhundert, ausgeprägter Versklavung während des unfassbaren Raubbaus des Silberreichtums im 17. und 18. Jahrhundert, der weiß-elitären Revolution zur Unabhängigkeit und Republikgründung im 19. Jahrhundert, sowie der weitgehend von weißer Einwanderung geprägten zaghaften, neo-liberalen Demokratie im Anschluss an die schmerzhaften Militärdiktaturen des 20. Jahrhunderts.

Als erster indigener Präsident verspricht seit einem Jahrzehnt Evo Morales „el cambio“ – den Wechsel. Doch obwohl er als Aymara und ehemaliger Gewerkschaftsführer der Kokabauern nach einer Verfassungsreform begleitet von Neuwahlen eine breite Unterstützung in der Bevölkerung erfährt, beginnen seine Reformen nur langsam zu wirken.

Denn gerade in den Kernbereichen – der Sicherung Boliviens immenser Bodenschätze, der gerechteren Einkommensumverteilung mit einer allgemeinen Volksrente, der Ausbau zu einem sozialen Gesundheitswesen sowie der Bildung für alle – bleibt noch viel zu tun.

„Packen wir es an!“ ist auch meine Devise und die des bolivianischen Jugendherbergsverbands, die vom Wunsch getragen wird, dort zu helfen, wo andere, große kirchliche oder halb-staatliche Hilfsinstitutionen, sich nicht entfalten. Weit weg, in den abgelegenen Bergdörfern der Andentäler, wo die wenigen Einwohner der flächenmäßig riesigen Gemeinden versuchen der Landflucht der Jugend zu trotzen. So ist eine soziale Hilfsorganisation entstanden, welche sich auf rund zehn solcher kleinen Einsatzorte konzentriert, sei es an der Grenze zu Brasilien im

arte que nunca pensaron ver en un país del tercer mundo, especialmente la galería Manzana 1, y la gran iniciativa de Juan Bustillo como escultor, que cautivó su atención. Como resultado de su viaje a Bolivia, tenemos ejemplos de arte en algunas caricaturas de Franzisca y los trabajos de Ulla para analizar y reflexionar más.
Arte es la respuesta, dijo Juan Bustillos, y como reflejo de su encuentro con las culturas de Bolivia, las dos artistas desarrollaron por primera vez también otra técnica de cooperación, al trabajar juntas en el mismo cuadro.
Para mostrar las diferentes facetas de la vida cotidiana boliviana, no hay nada mejor que exponer diferentes textos de diferentes autores y visitantes, en la presente publicación; todos tienen unaóptica distinta, un estilo diferente y recuerdos de su visita sin comparar; la más activa en todo esto fue la reportera de radio, la periodista Judith Gruemmer, muy conocida por sus actividades en Colonia – Alemania; en sus textos reviven niños, sordomudos, mujeres abandonadas, sueños de indígenas, hasta el baile del diablo en el carnaval de Oruro. Con los mismos sentimientos se presenta a un buen número de voluntarios, actores del trabajo social en los diferentes pueblos y proyectos.
Con esta introducción de elementos históricos, geológicos, etnológicos de Bolivia; con un análisis socio político de la actualidad y desarrollo del futuro de este gobierno de cambio, quiero solamente apoyar las propias reflexiones del lector o próximo visitante.
Sería como una sopa sin sal, presentar un libro sin fotos, de la increíble belleza de la naturaleza de Bolivia, por eso falta incluir momentos: En el Salar de Uyuni, en las antiguas minas del cerro rico de Potosí, de la casi nueva ciudad de El Alto o del ambiente único del valle de La Paz, sede del gobierno.

Lic. Max H. Steiner - Sucre, Enero del 2011

tropischen Pantanal, im subtropischen Camiri und San José, in den Vorgebirgsorten El Villar, Alcalá, Tarabuco, Sucre und Cajamarca oder hoch oben an der Grenze zu Peru in Jesus de Machaka und auf der Sonneninsel weit draußen im Titicacasee.

Gleichzeitig können wir im Rahmen unseres Freiwilligenprogrammes und des „weltwärts"-Programmes des Deutschen Bundesministeriums für wirtschaftliche Zusammenarbeit und Entwicklung (BMZ) dem so erfreulichen Wunsch vieler junger – oder im Geiste junggebliebener – Menschen Rechnung tragen, die mehr wollen als auf ausgetretenen Touristenpfaden den Empfehlungen der Reiseführer zu folgen, sondern die sich, statt nur zu konsumieren, sozial einbringen und helfen wollen. Selbstverständlich leisten wir keine kosten- und technologieintensive Entwicklungshilfe, wie sie von den staatlichen und multinationalen Hilfsorganisationen geleistet wird (und für deren Arbeit wir großen Respekt und Anerkennung haben). Unsere Arbeit wird viel besser durch die Zielsetzung des „weltwärts"-Programms des BMZ ausgedrückt:

„Lernen durch tatkräftiges Helfen" ist das Motto des Freiwilligendienstes. „weltwärts" soll das Engagement für die Eine Welt nachhaltig fördern und versteht sich als Lerndienst, der jungen Menschen einen interkulturellen Austausch in Entwicklungsländern ermöglicht. Durch die Arbeit mit den Projektpartnern vor Ort sollen die Freiwilligen unter anderem lernen, globale Abhängigkeiten und Wechselwirkungen besser zu verstehen. Den Einheimischen soll der soziale Einsatz im Sinne der Hilfe zur Selbsthilfe zu Gute kommen. „weltwärts" soll gegenseitige Verständigung, Achtung und Toleranz fördern: gemeinsames Arbeiten und Lernen kennen weder Rassismus noch Ausgrenzung.

„Spanisch will gelernt sein" – erst dann bekommt der Kontakt mit den Einheimischen seinen erhofften Tiefgang. Das Überwinden dieser Schwelle ist aber oft viel einfacher möglich, wenn dies, nach anfänglich intensivstem Unterricht an der Sprachschule in Sucre, im Umfeld eines Kindergartens, einer Schulassistenz in der Grundschule, im praktischen Zupacken zu Umweltschutzthemen sowie beim Mitspielen, Musizieren, Theateraufführen und Sporttreiben mit den Jugendlichen einer Landgemeinde stattfinden kann.

Diese neue Konversationsfähigkeit in einer heute stets mehr verbreiteten Weltsprache, dem Spanisch, ist wohl der wertvollste Nebeneffekt, den wir jeweils zum Schluss eines Freiwilligeneinsatzes hier in Bolivien verbuchen dürfen und für den uns dann die zurückgekehrten Ehemaligen an späteren Nachtreffen in Deutschland oder in der Schweiz dankbar sind.
Zu Beginn aber überwiegen die unglaublich vielzähligen Eindrücke, die fast nicht zu erfassen, schon gar nicht zu kategorisieren sind. „Es kann einem dabei wirklich fast schwindelig werden." Nicht besser hätten die beiden bekannten deutschen Künstlerinnen Franziska Becker und Ulla Horký diese Stimmung mit ihrer gemeinsamen, im Dialog entstandenen Darstellung treffen können. Auf einer Entdeckungsreise quer durch Bolivien wollten die beiden nicht nur Land und Leute kennenlernen und viele neue Eindrücke auf sich wirken lassen, sondern auch lokale künstlerische Ansätze aufspüren. Hoch erfreut trafen sie dabei auf eine Kunstszene, insbesondere in Santa Cruz, welche intensivste kollegiale Kontakte und Erfahrungsaustausch mit sich brachte. Dachten wir europäischen Gäste und Neuankömmlinge nicht eigentlich alle etwas vorurteilsbehaftet, dass sich in einem Land der sogenannten Dritten Welt moderne und international anerkennenswerte Kunst wohl kaum entwickelt habe oder wenn dann, erneut höchstens von Mitgliedern der reichen europäischstämmigen Oberschicht? Umso überraschender die zeitgenössische bolivianische Kunst, der wir in Galerien wie der „Manzana 1", auf Plätzen sowie staatlichen und privaten Museen begegnen. Vor allem dank Juan Bustillos und Ejti Stih sind in Bolivien künstlerische Schaffenskräfte spürbar und erkämpfte Freiräume sichtbar, die faszinieren. Hier ist zeitgenössische Kunst sogar Antwort auf brennende Fragen und Konflikte und findet als „Nahrung für die Seele" (Juan Bustillos) in weiten Teilen der Bevölkerung Anerkennung. Tatsächlich bietet Bolivien jungen Künstlern zur Zeit recht gute Chancen für ihre gestalterische Entfaltung, verbunden mit bestehenden Verkaufs- und Einkommensmöglichkeiten. Den kulturellen Brückenschlag nach Deutschland verkörpern dann wiederum junge Künstler wie der in Berlin lebende Maler Edwin Bustamante. Geboren in Bolivien, aufgewachsen in Deutschland, hat er sich auf die Suche nach seinen bolivianischen Wurzeln begeben. Auch er antwortet mit Kunst auf seine eigenen Fragen und die Begegnungen im Land seiner Schwestern und Brüder.

Den Facettenreichtum einer Bolivienreise, das Mosaik eines Bolivienaufenthaltes könnten wir nicht besser im vorliegenden Buch einbinden, als mit mehreren Essays aus unterschiedlichsten Federn und in genauso verschiedensten Stilen, wie das Land Schattierungen aufweist.

Den dazu umfangreichsten Beitrag leistet die Kölner Radio-Journalistin und Autorin Judith Grümmer, die auch mit ihren Beiträgen im Deutschlandfunk und im WDR Bolivien immer wieder aus der medialen Versenkung in Europa hervorholt. Ist es ihre Nähe zu dem aufgespürten, hilfsbedürftigen gehörlosen Geschwisterpaar oder der unglaubliche Zulauf in einer Handarbeitsinitiative, strickend zu bequemeren Wollstrümpfen bei all den barfuß laufenden Campesinos zu kommen oder ihr stets besser werdendes Spanisch, welches ihr immer intimere Gespräche mit den sonst so scheuen indigenen Frauen ermöglichte? In ihren Skizzen hat sie Alltagssituationen, Begegnungen und Beobachtungen aufgezeichnet, die Bolivien im Umbruch zeigen und als ein Land, das viele in seinen Bann zieht.

Genauso spüren wir die Faszination dieses Landes in den Textbeiträgen und Aufsätzen der Freiwilligen, die über ihre Erfahrungen und Erlebnisse in den Sozialpraktika und Hilfsprogrammen während der Einsatzmonate in Bolivien berichten. Mit einführenden Erklärungen zur historisch-völkerkundlichen, wie auch geologischen Geschichte dieses Landes biete ich nur den Rahmen und verstärke diesen mit einer soziopolitischen Analyse in der Aktualität und möglicher zukünftiger Entwicklungen dieser Regierung des „Cambio“.

Aber wir alle, die wir Bolivien bereisen durften, sind natürlich genauso von seinen unbeschreiblichen Naturschönheiten beeindruckt. Ein Buch ohne attraktive Wegbeschreibung zu absoluten Höhepunkten wäre, bildlich gesprochen, wie eine Suppe ohne Salz. Gerade davon hat es ja am meisten auf dem Salar de Uyuni, der größten Salzfläche der Erde, die Reste eines auf knapp 4.000 Meter ausgetrockneten Meeres. Ebenso entrückt und surreal, wie dies nun gleich zu Beginn für den noch Bolivien unerfahrenen Leser klingen mag, geht es weiter in den fünfhundert Jahre alten, kaum modernisierten Silberminen und nach La Paz, die oft auch als die „verrückteste“ Stadt der Welt genannt wird. Wie könnte man dies besser darstellen als mit hervorragenden Fotos. Die kaum zu überbietende Palette an Motiven spiegelt die unendlich scheinende Vielseitigkeit dieses Andenstaates wider.

Wie ein Mosaik aus vielen einzelnen, oft in Farbe, Form und Material unterschiedlichen Steinchen ein Ganzes ergibt, so bieten Ihnen die folgenden Textbeiträge, künstlerischen Arbeiten und Fotos einen facettenreichen, tiefen Einblick in den bolivianischen Alltag und in die hier geleisteten Sozialprojekte und Hilfsanstrengungen sowie die Naturschönheiten des südamerikanischen Andenstaates. So verschieden wie die einzelnen Steine des Mosaiks sind, so verschieden sind auch die Menschen, die an diesem Buch mitgearbeitet haben: ihre Herkunftsländer sind ebenso unterschiedlich wie ihre Muttersprachen. Autoren, Fotografen, Künstler, Gesprächspartner, Übersetzer, Lektoren, Grafiker aus mehr als acht Lebensjahrzehnten, Menschen aus den allen Bildungsschichten vom Analphabeten bis zum Hochschullehrer und mit verschiedensten Beweggründen, die sie nach Bolivien gebracht haben, haben freiwillig und ehrenamtlich ihr ganzes Können zwischen diesen Buchdeckeln eingebracht.

Die großartige Zusammenarbeit zeigt, wie Fortschritt in vielen kleinen Schritten erfolgreich ist. Diesen Weg wollen wir in unseren Reportagen, Interviews und Momentaufnahmen in Bolivien dokumentieren – in „los lindos momentos sociales en Bolivia!“ auch in Zukunft leben.

Prof. Max Steiner
Präsident der Stiftung Hostelling International Bolivia, Sucre/Santa Cruz 2011

Bolivien, mein Bolivien

Nadia Siebigteroth

Ein riesiger Markt, Berge von Obst in allen Farben, kleine Straßenläden, sogenannte Tiendas, wohin man schaut. Auf der Straße spielen Kinder und Nachbarn stehen plaudernd in der Sonne. Hunde streifen ziellos durch die schmutzige Straße und aus einem der kleinen baufälligen Häuser klingt Musik. Bolivien, ein Land, dessen Einwohner so verschieden sind, wie die unzählbaren Pflanzen und Bräuche. Ein Land, das sich über unterschiedlichste klimatische und geografische Räume erstreckt, welche geprägt sind von Tradition, den vielen verschiedenen Tänzen, der Musik und den bunten Festen. Für mich vor allem ein Land der unbegrenzten Möglichkeiten, der Sprung ins kalte Wasser und ein wichtiger Schritt Richtung Selbstständigkeit.

Raus aus dem Alltag

Seit ich denken kann, wollte ich nach dem Abitur raus aus dem Alltag und war neugierig auf andere Lebensweisen und Kulturen. Ich wollte einfach den Rest der Welt sehen. Ich wollte neben einer neuen Kultur eine andere Sprache kennenlernen und in einem sozialen Projekt mit Menschen arbeiten. So stieß ich über die Seiten des Deutschen Jugendherbergswerks auf die Projektarbeit des bolivianischen Partners.

Bolivien, das ärmste Land Südamerikas

Als ich in Bolivien ankam, war ich neunzehn: planlos, ungeduldig, unsicher. Meine Studienpläne waren unausgegoren und eigentlich genauso ziellos, wie alles andere, was für meine Zukunft damals zur Debatte stand. Während meiner Zeit in Bolivien wollte ich mich für eine Studienrichtung entscheiden, Unibewerbungen schreiben und mir klar werden, was ich eigentlich vom Studium erwartete. Ich erhoffte mir Klarheit über meine Zukunft; eine Veränderung, die mich charakterlich wachsen ließe und ein Projekt, mit dem ich etwas bewegen könnte. Dass ich in den

Bolivia, mi segunda patria

Nadia Siebigteroth

Bolivia, un conglomerado de contrastes, coloridos y alegría: niños en las calles, música contagiante, mercados, cerros de frutas, etc.: diversidad cultural que cautiva al visitante. El mejor cambio para nuestra rutina en mi país de origen, para disfrutar de la pluralidad boliviana. Mi presencia en Bolivia me ha permitido: ayudar a gente que lo necesita mediante mi trabajo social no remunerado y paralelamente, para mi futuro aprendí una lengua extranjera: el español, y hasta lo estudié más profundamente, haciendo un curso llamado DELE: Diploma del español como lengua extranjera y accedí a un diploma reconocido internacionalmente. ¿Cual es la diferencia entre mis dos patrias? Mis amigas (os) de Alemania no podían entender mi decisión de alejarme de Europa, sin embargo en Bolivia pude encontrar más de lo esperado, recibí el calor de una gran familia que me acogió, sin el cálculo frío de Europa, sin la puntualidad, etc. Si llegas tarde, terminas tarde tu trabajo, pero la hora boliviana, funciona. He aprendido a ser más responsable e independiente. Entonces: *No quiero olvidar mis peores, ni mis mejores momentos en mi segunda patria*, siempre estarán en mi corazón.

geplanten vier Monaten die Welt hier nicht würde verändern können, war mir bewusst. Ich wollte im Kleinen helfen. So unterstützte ich so gut ich konnte die Lehrerin einer Dorfschule und arbeitete in verschiedenen Krankenhäusern.

Nach den ersten Monaten nahmen meine Zukunftspläne allmählich etwas konkrete Formen an. Es ergab sich hier die Möglichkeit, ein international anerkanntes Examen (DELE) abzulegen, dass es mir später ermöglichen wird, an verschiedenen spanisch-sprachigen Universitäten zu studieren. Ich beschloss, die Chance zu ergreifen. Ich verlängerte meinen Aufenthalt, was im Nachhinein gesehen die beste Entscheidung war, die ich hätte treffen können. Vier Monate sind einfach nicht genug, um sich wirklich auf ein Land einlassen zu können. Mittlerweile bin ich ein halbes Jahr hier.

Bolivien als Wegweiser?
Rückblickend bin ich überrascht, wie schnell ich mich eingewöhnte und die Sprache und die bolivianische Lebensart kennen und schätzen lernte. Vieles von dem Luxus, den wir zu Hause gar nicht als solchen empfinden, habe ich hier kaum vermisst. Natürlich denke ich ab und an daran, was wäre wenn, aber man braucht einen großen Teil dieser Dinge eben nicht. Aus der Ferne lernte ich aber auch schätzen, was in Deutschland selbstverständlich ist. Werte wie Pünktlichkeit und das Streben nach Karriere. Das Leben hier geht in einem anderen Takt. Wer später anfängt, bleibt eben länger. Was hier zählt, sind Familie und Freundschaften. Und ich fühlte mich schnell willkommen und schnell heimisch.

Bolivien, die zweite Heimat.
Zuhause dachte ich manchmal, dass der Abstand zu meinen Eltern, der durch den studiumsbedingten Auszug gekommen wäre, mir gut tun würde. Hier merkte ich jedoch schnell, dass es nicht meine Clique war, die ich vorrangig vermisste. Durch die Entfernung wurde die Beziehung zu meinen Eltern und meiner Familie sehr viel enger und sie waren es auch, die mir am allermeisten fehlten.

Viele meiner Freunde haben mein Vorhaben im Vorhinein nicht verstanden und nicht unterstützt. Im Gegensatz dazu hat meine Familie mir den Aufenthalt nicht nur finanziell ermöglicht, sondern auch im Vorfeld meine Entscheidung immer bekräftigt und mich ermutigt. Natürlich vermisse ich auch meine Freunde, aber mir wurde schnell klar, dass nicht alle diese Freundschaften ewig halten würden. Viele Klassenkameraden meldeten sich nicht mehr, andere begannen sich aufrichtig für meine Projekte hier zu interessieren. Ich weiß meine tiefen Freundschaften jetzt noch mehr zu schätzen. Auch wenn ich mich auf zuhause freue, so habe ich auch ein wenig Angst vor den ersten Begegnungen mit all denen, die ich so lange nicht mehr gesehen habe. Wir alle werden uns verändert haben. Auch meine Freunde sind erwachsener geworden, haben ein Studium begonnen oder angefangen zu arbeiten. Andererseits wird vieles wahrscheinlich auch unerträglich gleich geblieben sein. Wie werde ich mich fühlen unter lauter Menschen, deren Horizont vielleicht nicht mal bis zur nächsten Grenze reicht?

Meine größte Panik heißt „Kulturschock". Auch fürchte ich mich ein wenig vor den Momenten, in denen ich die Einfachheit Boliviens vermissen und Deutschlands unnötige Kompliziertheit nicht verstehen werde. Zudem kann es sein, dass mich die Menschen noch als DIE ansehen, die ich vor Bolivien war. Die kleine Chaotin, engagiert und hochmotiviert, die aber oftmals aus dem selbst erbauten Durcheinander schwer alleine wieder rausfinden konnte. Die Zeit in der Ferne hat mich erwachsen werden lassen. Was ich mache, hat nun wesentlich mehr Koordination und Struktur. Ich habe gelernt auf eigenen Beinen zu stehen. Verantwortung zu übernehmen. Mich selbst zu organisieren. Vor einem halben Jahr habe ich gerne mal gefaulenzt, heute bin ich nicht mehr zufrieden mit langem Ausschlafen und den ganzen Tag Nichtstun, weil ich weiß, wie gut es ist, nach einem erfüllten Tag abends todmüde, aber zufrieden ins Bett zu fallen. Ich bin gewissenhafter geworden und nutze jeden Tag so gut ich kann, stehe früh auf und schiebe auch ungeliebte Aufgaben nicht mehr ewig vor mich her. Unter anderem durch das Spanischexamen und die Arbeit in den Projekten habe ich gelernt, selbstständig und selbstdiszipliniert zu arbeiten, mehr als ich das je für mein Abitur getan hatte. Ich konnte so viele Ängste, die ich vorher hatte, ablegen.

Nicht alles war einfach, aber ich möchte auch die schweren Momente nicht missen, das Heimweh, die Unsicherheit in unbekannten Situationen und nun bald auch die Abschiede von Menschen, die mir hier ans Herz gewachsen sind. Ich werde es nie bereuen, von zuhause weggegangen zu sein. Zum freiwilligen Sozialeinsatz nach Bolivien.

Zwischenstopp in Buenos Aires — Überlegungen einer Reisenden

Judith Grümmer

Nach vierzehn Flugstunden beginnt die Sprachlosigkeit. Mir fehlen erstmals die Worte. Es ist nicht diese groteske Körperhaltung, die mich zum Schweigen verdonnert: Mund, Nase und Augen in eine Kopfstütze gepresst, Brust und Bauch gegen eine Lehne gestützt, hänge ich mit Po und Beinen in einem graublauen Plastikstuhl, der so aussieht wie ein falsch zusammengeschraubter Bürostuhl. Es sind die vielen Fragen, die mir auf der Zunge brennen, aber keine Worte finden. Ich spreche kein Spanisch. Nach wenigen, kräftigen Griffen hat die junge Argentinierin erkundet, wo der lange Flug Rücken und Nacken verspannt haben. Doch wie kann ich meine Dankbarkeit für ihre hervorragende Massage formulieren? Ich kann sie noch nicht mal nach ihrem Namen fragen. Schweigend überlasse ich mich der „Quick Massage“: Entspannung pur für den Körper und Zeit, um die vielen Gedanken zu sortieren: sechs Monate, um diese Sprachlosigkeit zu durchleben und zu überwinden. Noch acht Stunden Wartezeit im Transitbereich, drei weitere Stunden Flug, dann werde ich endgültig „nur noch spanisch verstehen“. Also gar nichts. Wie ein Kleinkind ganz minimalistisch aufs Wesentliche konzentriert. „Como estás? Estoy bien.“ – „Wie geht es dir? Mir geht es gut.“ Und genau das ist die Herausforderung: sprachlos sein und dann das Sprechen von Grund auf neu zu lernen. Erst wenige Worte, dann kurze Sätze. Mit dem Ziel, in einigen Monaten den bolivianischen Alltag auch in eigene Worte zu fassen. Wie schnell lernt man das Lernen, wenn die eigene Schulzeit fast dreißig Jahre zurückliegt? Wie gut haften neue Vokabeln im Gedächtnis, wie hoch sind die Hürden einer fremden Grammatik? Während die Massage ihre Wirkung entfaltet, schwindet die Aufregung. Wenn ich in sechs Monaten erneut im Transitbereich auf den Rückflug warten werde, möchte ich mich in diesen Massagestuhl hängen und dann eine Konversation beginnen. Noch siebeneinhalb Stunden bis zum Weiterflug .

Escala en Buenos Aires Pensamiento de una viajera

Después de 14 horas de vuelo, no tengo palabras: con dolores de espalda y de nuca, he encontrado un lugar de masajes, pero no puedo explicar mucho porque no hablo español, qué suerte, la joven masajista ha encontrado los lugares de calambre.¿Cómo voy a expresar mi gratitud a esta persona? No hablo español. Relajada en mi cuerpo, se van mis pensamientos, con 6 meses de estadía en Bolivia, 3 horas más de vuelo y nuevamente me quedaré sin habla, como un niño que empieza sus primeros pasos, tengo que aprender este lindo idioma, como sería mi escuela 30 años antes?, la gramática? y me juré a mi misma en mi escala de retorno en Buenos Aires, voy a tener una conversación con la chica del masaje, *esta vez en español.*

INSTITUTO
POLITECNICO EDUCATIVO
DE PROFESIONALIZACION
IPEPRO
"IPEPR
"O VENCER O MORIR"..!
EL VILLAR

Bolivien – ein kurzer Ausflug in die geologische und sozialpolitische Geschichte

Max Steiner

Die Liebe brachte mich nach Bolivien, die Liebe zu meiner Frau Martha, die mich einlud, ihre südamerikanische Heimat kennenzulernen. So wie alle Europäer, die in dieses Land kommen, um es zu bereisen oder um hier für einige Zeit zu leben und zu arbeiten, hatte auch ich zu Beginn mehr Fragen als Antworten.

Und so wie ich vor zwanzig Jahren, wird auch heute, wer erstmals – nach mehr als 11.000 Flugkilometern – bolivianischen Boden betritt, gefühlsmäßig schwanken zwischen Sprachlosigkeit, Begeisterung und Irritation über all das, was er in diesem bis heute ärmsten Land Südamerikas beobachten und erleben kann. Und es wird ihn erstaunen, dass dieses Land voller sozialer und kultureller Gegensätze tatsächlich fast unglaublich reich an Bodenschätzen und Entwicklungschancen ist. Er wird die Folgen einer Zweiklassengesellschaft beobachten, die bis heute das Land in Arm und Reich, in Stadt und Land, in weiß- und dunkelhäutig spaltet. Doch eines werden die Gäste dieses Landes überall erleben, im Dorf und in der Stadt, bei den Wohlhabenden und bei den Armen: die große Gastlichkeit und Bereitschaft der Bolivianer, freundschaftliche Bekanntschaften mit den Neuankömmlingen zu knüpfen.

Ich selbst bin vor nunmehr neun Jahren mit Martha und meiner Familie aus Europa ausgewandert, lebe als Auslandsschweizer im tropischen Tiefland Boliviens und darf mich heute als Freund vieler Bolivianer bezeichnen. So wie alle Reisenden und Neuankömmlinge war auch ich zu Beginn ein Suchender und habe

Sintesis de elementos geologicos y la historia socio politica de Bolivia

Max Steiner

Como todo europeo llegando la primera vez, tenía muchas más preguntas que respuestas, 20 años atrás hasta hoy; como yo, los jóvenes voluntarios, con más de 11.000 km de vuelo, tocando tierra boliviana, mis sentimientos oscilan entre el entusiasmo, la alegría, las irritaciones, sin palabras para este país, el más pobre de Latinoamérica. No lo creerán pero Bolivia tiene un gran potencial: en su tierra, en su minería, en su gas, etc. Hasta hoy me atrevo a confirmar una sociedad dividida en 2 clases: pobres y ricos, entre la ciudad y el campo, entre blancos y originarios; pero este lindo país da una constante bienvenida y hospitalidad a sus visitantes.
Hace más de 10 años que emigré de Europa con Martha y mis dos hijas: como suizo boliviano viviendo hoy en los llanos sub tropicales de Bolivia, como hombre siempre buscando respuestas a las muchas preguntas. Hoy me considero un experto sobre Bolivia, y en mi calidad de catedrático de la Universidad estatal Gabriel René Moreno de la ciudad de Santa Cruz, he cultivado la amistad con muchos hombres y mujeres de la ciudad y del campo, con organizaciones estatales y privadas; me da mucha satisfacción dar a conocer mis conocimientos y experiencias a la juventud boliviana y del mundo, en un acto de justa retribución a la comunidad internacional, por haber recibido suficiente.

Lomas de Arena

una de las preguntas interesantes que me hice fue ¿ A qué tierra he llegado? a la ciudad de Santa Cruz; los extranjeros nos vemos enfrentados a las primeras sorpresas: nadie espera encontrarse con tantas

mir viele Fragen gestellt. Auf der Suche nach den Antworten wurde aus mir ein profunder Kenner ganz Boliviens und als Honorarprofessor an der Staatlichen Universität uagrm in Santa Cruz darf ich heute viel von meinem Wissen nicht nur an die hiesige Studentenschaft, sondern auch an Gäste aus aller Welt weitergeben.

„Auf welcher Scholle bin ich hier gelandet?" war so eine Frage und es gibt dazu spannende Antworten. Erlauben Sie mir, meine schweizerischen Sprachwurzeln nicht zu leugnen und lassen Sie mich so erzählen, wie mein „schwitzerdütscher Schnabel" gewachsen ist:

Schon gleich in Santa Cruz de la Sierra, im subtropischen Osten des Landes, gibt es für viele Europäer mehrere erste grosse Überraschungen. Hier unten im Tiefland hat sich in den vergangenen Jahrzehnten aus dem einstigen Farmerstädtchen die grösste und modernste Stadt des Landes mit über 1,5 Mio. Einwohnern und die bolivianische Wirtschaftsmetropole entwickelt und ist in einen andauernden Konkurrenzkampf mit dem Regierungssitz La Paz hoch oben in den Anden getreten.

Die Sandstrände im Herzen Boliviens
Geologisch gesehen und für viele Gäste aus Europa ebenso überraschend, liegt Santa Cruz ganz in der Nähe eines uralten, rund 80 Kilometer langen Küstenstreifens, der parallel zum Fluss Piray und inmitten von immergrünen Palmen und subtropischen Wäldern ein beliebtes Ausflugsziel ist. Doch wie kann Santa Cruz zu Dünenwanderungen einladen, nachdem doch Bolivien infolge des Salpeter-Krieges 1884 den großen Pazifikküstenabschnitt an Chile verloren hat und heute ein reines Binnenland ist?

Dieses prägeologische Relikt stammt aus der Zeit, als das heutige Afrika und die Landmasse des heutigen Südamerika noch zusammen Teil eines Urkontinentes

palmeras, campos verdes, es la ciudad más grande y moderna del país, la metrópoli de la economía, con más de 1,5 millones de habitantes, mucho más grande que la sede del gobierno – La Paz, 4000 m/s/n/m sobre la cordillera de los Andes. Pero hay una sorpresa más: una playa en el corazón de Bolivia, no podría ser, porque Bolivia ha perdido su costa y hoy no tiene acceso al mar, pero este es el parque de Las *Lomas de Arena*, que tiene una edad de 85 millones de años, es la última prueba de la playa (vista aérea muestra alrededor de 40 Km de una línea costanera) de un gran continente pre – geológico, donde África y Latinoamérica siguen juntos.

Lago Titicaca – Salar de Uyuni.
otro extremo: de 0 a 3800 mts. Se levanta un mar, hoy hablamos del lago Titicaca (8500 km2) compartido entre Perú y Bolivia, 15 veces más grande que el lago Constanza de Europa, no es un lago, porque hasta hoy tiene salmón, no hay truchas y en las lagunas de la parte de El Salar, siguen los flamencos, toda esta depresión del altiplano, 5 veces más grande que Suiza y no tiene desagüe al mar.

Los Andes – Grandes montañas plegadas
En el viaje de Santa Cruz a la capital de Bolivia Sucre, tienes que cruzar hermosos e inolvidables valles entre las montañas plegadas, como estuvieron antes los pisos del Pacífico, hasta hoy no son los más aptos para la agricultura, siendo uno de los grandes problemas para los campesinos. (Los Andes no tuvieron época glaciar).

En la historia, qué sabemos de 10 mil años, antes de ahora?
Como europeos pensamos sólo en los Aztecas de México, los Mayas de Centro América y los Incas de Suramérica, las tres civilizaciones conquistadas por los españoles, después del descubrimiento de Colón en los años 1492 y 1533, por una parte cristianizados a la fuerza y por otra, en la rebelión brutalmente

waren. Nach den großen Meteoriteneinschlägen, die ja auch den Golf von Mexiko bildeten, begannen die Kontinentalplatten auseinanderzudriften. Vor der damaligen Küste entstand ein großer Stau und es begann sich die Andenkette aufzufalten.

Ein Meer 3.600 Meter über Null
In der Mitte Südamerikas, dort wo heute ein Knick zu erkennen ist, war so ausreichend Platz vorhanden, dass die Landmassen auf einer Länge von rund 1.000 Kilometer und über 300 Kilometer breit einfach hochgehoben wurde. Hier entstand das heutige Altiplano. So wie in einer Wasserschüssel wurde dabei ein Teil des Meeres mit hochgehoben und begann später langsam auf etwa 4.000 Höhenmetern zu verdunsten.

An seiner tiefsten Stelle kristallisierte sich damit dessen Salz aus und es entstand der heute weltbekannte Salar de Uyuni, mit 12.000 Quadratkilometern die reinste und grösste Salzfläche der Welt. Was Astronauten als weißen Punkt selbst mit bloßem Auge aus dem Weltraum sehen können, wird weiter nördlich ergänzt vom sich über unglaubliche 8.300 Quadratkilometer (fünfzehnmal größer als der Bodensee) ausbreitenden Titicacasee, der auch die Grenze zu Peru im Osten bildet. Weitere Beweise dieses alten Meeres

reducidos, casi nadie sabe que había complejas civilizaciones hasta miles de años antes de Jesús, nadie sabe que había un intenso intercambio entre las Américas, la región del Pacífico y Asia, algunas de las grandes pirámides, no están en Egipto, pero sí en Los Andes – la Arkapana en Tiwanaku. ¿Sorpresa? No creo, sólo ignorancia, también por éste motivo tenemos que eliminar nuestra arrogancia frente a los indígenas originarios, al pensar sobre su pobreza, su incapacidad, su insuficiencia, que sólo vivieron de la caza o de la recolección de frutas, etc.

A pie o en barco descubriendo las Americas
los científicos saben que en los últimos 15 mil años, existía la posibilidad de cruzar a pié entre Asia y Alaska por el estrecho de Bering en las 2 temporadas de hielo del planeta tierra, más tarde llegaron los pobladores en barcos; de estas migraciones se crearon las 36 etnias que hoy tenemos en Bolivia, por ejemplo los Uros, Chipayas, Moxos, Chiquitanos, Guaraníes, etc. Muy interesante es que el segundo grupo en población son los Aimaras, que según los análisis científicos fonéticos habían salido del norte de Corea: en su calendario tradicional en la fecha del 21 de junio del 2010 – solsticio de invierno, corresponde al año nuevo del 5519. se concluye que llegaron cruzando el mar por las islas del Pacífico y llegando a un nuevo mar, el Titicaca, hoy con 4 millones de habitantes alrededor del lago, población que podemos comparar con los Vascos de los Montes Pirineos, de los Húngaros y de Finlandia a través de Europa. En los últimos

700 años se ha desarrollado el Quechua, como el idioma oficial de los Incas, que todos los pueblos conquistados tenían que aprender. Por eso es el idioma más hablado, con 8 millones de indígenas entre el sur de Colombia, el Ecuador, pasando por Bolivia y Perú hasta el norte de Chile y Argentina.

sind die mutierten Lachse (...und keine Forellen) sowie die Flamingos bei den Salzlagunen. Diese ganze Senke, immerhin fünfmal so groß wie die Schweiz, hat bis heute keinen Abfluss ins Meer und stellt damit einen hydrologisch unabhängigen Wasserhaushalt dar; dies seit über zehn Millionen Jahren.

Von der Küstenlandschaft in die zerborstenen Kontinentalplatten

Wer von Santa Cruz aus mit dem Bus in die Andentäler bis auf das 2.800 Meter hoch liegende Sucre reist, in die alte koloniale Hauptstadt der Spanischen Eroberer (im Jahr 1538), dem fällt natürlich sofort dieses junge, weiche Gestein der ehemaligen Meeresböden auf. Und es verwundert nicht mehr, weshalb in den Anden die Strassen so oft durch Erdrutschungen (Erdrutsche) immer wieder verschüttet sind, wie wir sie in Westeuropa kaum kennen. Hier in den Anden gab es ja auch keine Eiszeit und keine Vergletscherung wie in Europa, wo das lockere Material von den Bergen abgeschliffen und in die Talböden abtransportiert wurde. Vielmehr wurden die zerberstenden Kontinentalplatten hundertfach in V-Form aufgefaltet. Die dabei offengelegten mineralhaltigen Böden sind aber gar nicht fruchtbar. Diese geologische Beschaffenheit ist daher mitverantwortlich für die leider noch immer bestehende Armut der Campesinos, der indigenen Landbauern.

Und die Geschichte: Was war dann hier auf diesem heute bolivianischen Boden in den letzten 10.000 Jahren so alles los?

Aus unserem europäisch-zentriertem Geschichtsunterricht wissen die meisten von uns: Es waren die Azteken (oben in Mexiko), die Mayas in Zentralamerika und die Inkas in Südamerika, die mit der Entdeckung Amerikasdurch die Spanier erobert (1519 bis 1533), dann zwangsweise christianisiert oder brutal niedergemetzelt wurden.

Las culturas pre-coloniales

En la parte correspondiente al altiplano boliviano, se ha desarrollado una cultura muy notable, con amplios conocimientos astronómicos, con su capital *Tiahuanaco*, ubicada al borde del lago Titicaca y hoy al noroeste de la ciudad de La Paz. Como ejemplo de estos conocimientos excelentes, tenemos dos puertas monolíticas: una con el antiguo calendario de la luna, fue reemplazada justo en los años antes de Cristo, por una nueva PUERTA DEL SOL, como gran sorpresa, más de 1000 años antes de Europa, presenta resultados correctos, como 12 meses, con 3 semanas, cada semana de 10 días, y una fiesta de fin de año de 5 días. También sabían que cada 5 años tenían que aumentar un sexto día de fiesta para el año bisiesto.

El Colonialismo (1533 – 1809)

Por las informaciones obtenidas a la fecha, mediante los rastros arqueológicos dejados por estas culturas, podemos certificar que no eran gente sin conocimientos; por otra parte falta también mencionar, que los tres imperios: Azteca, Maya e Inca, tenían estructuras dictatoriales, sin mayor respeto a los derechos humanos que sus conquistadores; en esta dinámica del tiempo vemos las víctimas humanas ofrendadas por estas culturas, luego el trabajo como esclavos en las minas de oro y plata durante el coloniaje.

Primer grito de libertad (1809 – 1825)

La revolución por la libertad alto peruana (Alto Perú, hoy Bolvia) empezó en la universidad de Sucre, iniciándose una larga lucha contra el rey de España. Sólo en 1825 fue nombrado Bolívar como primer presidente, en cuya honra se puso el nombre de Bolivia al país que nace a la vida libre e independiente. Luego, un siglo después, no hubo cambios substanciales para los originarios, porque la nueva república fue dominada por los mestizos, los llegados de España, propietarios de minas, coroneles y generales.

Doch dass es vor diesen drei Kulturen andere hochkomplexe Zivilisationen gab, die im heutigen Mittel- und Südamerika Hochkulturen geprägt haben, von denen wir in Europa bis heute kaum Kenntnis genommen haben, ist den wenigsten bewusst. So wissen die meisten von uns nichts über die Herkunft der sogenannten Ureinwohner und die Entwicklung dieses Kontinentes. Zweifelsohne hat diese Ignoranz und dieses Unwissen zu unserer Überheblichkeit gegenüber den indigenen Einwohnern beigetragen, die uns bis heute glauben lässt, dass die Spanier „unwissenden Naturvölkern" zwar Leid und Unterdrückung, aber auch die sogenannte Zivilisation, und den Fortschritt gebracht haben. Wer weiß schon, dass es lange vor der Entdeckung Amerikas durch die Europäer einen viel intensiveren Austausch zwischen Südamerika über die pazifischen Inseln gen Osten gab. Tatsächlich steht beispielsweise eine der größeren Pyramiden nicht in Ägypten, sondern in den südamerikanischen Anden. Zufall? Wohl kaum.

Die Völkerwanderung mit dem Boot

Heute wissen die Forscher, dass Südamerika durch prähistorische Einwanderung von Norden her bevölkert werden konnte, weil während der zwei letzten kleineren Eiszeiten im Norden soviel Wasser gebunden war, dass die Beringstraße bei Alaska im Norden durchgängig begehbar wurde. Später dann waren es indigene Volksstämme, die wie „Boat People" mit ihren einfachen Schiffen die Pazifikküste irgendwo an den Rocky Mountains anlandeten und langsam weiter gen Süden die Anden erwanderten. Diese indigenen Einwanderer dürften die eigentliche Urbevölkerung darstellen, als Vorfahren der Stämme, die heute als Uros, Chipayas, Moxos, Chiquitanos oder Guaranis hier in Bolivien leben. Interessant ist, dass die nach Einwohnerzahl zweitstärkste Volksgruppe, die Aymaras, nach wissenschaftlichen phonetischen Erkenntnissen aus dem Norden Koreas stammen und zu Beginn ihres bis in die Gegenwart gültigen Kalenders (21. Juni 2010 = Winternachtwende und Start ins

Bolivia a la Democracia

En el año 1978, el General del ejército Hugo Banzer Suárez, descendiente de una familia de origen alemán, renuncia a la dictadura y entre los años 78 y 82 finalizan los gobiernos militares – Juntas de comandantes y gobiernos de transición y se organizan elecciones presidenciales abiertas (1982). Posteriormente, la gente de Bolivia, habiendo retornado la democracia al país, de nuevo lo elige como su presidente, entre del 1997 al 2001, esta vez por el voto popular, sin fiscalizar su pasado.

El Cambio

en los primeros 25 años de democracia sigue el sistema de las dos clases, con poca esperanza para la clase indígena y en medio de estas tensiones sociales, llega en el buen momento el candidato EVO MORALES, ganando las elecciones presidenciales, para el período 2006 y 2009, como primer presidente y luego reelecto, un jefe de estado indígena originario después de 500 años, con nuevas políticas sociales que generan un gran cambio a favor de la mayoría.

Jahr 5519!), also vor über fünftausend Jahren das Inselhüpfen über den Pazifik mit der Ankunft bei einem anderen Meer – dem Titicaca – beendet haben und wieder mit heute vier Millionen Menschen rund um den See leben. Diese auch sprachliche Eigenständigkeit ist nur noch mit den Basken in den Pyrenäen, den Ungarn oder den Finnen in Europa zu vergleichen.

Vor rund siebenhundert Jahren ist die Quechua-Volksgruppe entstanden. Als kaiserliche Sprache der Inkas war Quechua die Herrschersprache und damit für alle unterworfenen Volksstämme als Amtssprache Pflicht. Infolgedessen ist diese indigene Sprache bis heute mit fast acht Millionen Einwohnern von Kolumbien–Ecuador bis hinunter über Peru–Bolivien in den Norden von Chile und Argentinien die am weitesten verbreitete.

Die vorkolonialen Kulturen

Noch interessanter und lange völlig unbekannt ist die heute wissenschaftlich gesicherte Erkenntnis, dass sich schon 2.000 Jahre vor der Inkaherrschaft bereits (ab 1.500 v. Chr.) wirklich wichtige und eindrucksvolle Hochkulturen auf dem südamerikanischen Kontinent entwickelt hatten: mit Hauptstädten, Monumentalbauten und verbesserter Landwirtschaft. Insbesondere um Saat und Erntezeiten genau zu berechnen, mussten sie über ein tiefes astronomisches Wissen und in der Konsequenz auch über die Fähigkeit kalendarischer Darstellungen verfügen. Das berühmte Sonnentor wurde als Ablösung des alten Mondtores (also als Verbesserung des bis dahin geltenden Mondkalenders) ungefähr zur Zeit Jesus in Tiahuanaco eingeführt (rund 80 Kilometer nord-westlich von La Paz gelegen) und ist ein hervorragendes Beispiel dafür, dass die Menschen hier schon damals berechnen konnten, dass ein Jahr zwölf Monate hat, damals mit je drei Wochen zu zehn Tagen, dann ein Jahresendfest mit fünf Tagen und alle fünf Jahre einen sechsten Tag als Schaltjahr.

Kolonialismus

Unglaublich und beeindruckend, dürfen wir heute auf keinen Fall mehr von „dummen", unterentwickelten Heiden oder gar Wilden sprechen, auf die mit Beginn der Kolonialzeit die spanischen Eroberer trafen. Tatsache scheint aber nach allen wissenschaftlichen Erkenntnissen zu sein, dass die damals mächtigsten Herrscher der Azteken, Maya-Städte-Regierungen und der Inkas äußerst rücksichtslose Machtstrukturen ausgebildet hatten, die nach heutigem Verständnis Menschenrechte ebenso wenig berücksichtigten wie ihre kolonialen Eroberer

Da wurden Blutrituale der oberen Klassen zur Befriedigung der unzähligen Götter, wie auch barbarische Tötungszeremonien der Gegner mit Häutung oder Vierteilung bei lebendigem Leibe durchgeführt. Dem Zeitgeist entsprechend ging dann natürlich auch die Unterwerfung als Sklavenarbeitskräfte zur Gewinnung von Gold und Silber, als auch die möglichst vollzählige Konvertierung zum Christentum rücksichtslos Hand in Hand.
Die Inkas wurden als Führungselite von den Kolonialherren getötet oder starben an aus Europa eingeschleppten Krankheiten und somit praktisch komplett ausgerottet. Die Masse der originären, also indigenen Andenbevölkerung blieb demzufolge rund fünfhundert Jahre kopf- und führungslos. In den meisten lateinamerikanischen Staaten überlebten nur sehr kleine Minderheiten, oftmals in Reservaten.

Der Schrei nach Freiheit

Die Revolution von Simon Bolivar startete wohl mit ersten Freiheitsschreien an der Universität von Sucre und eröffnete 1809 den Kampf gegen die Spanische Krone. Doch es dauerte noch viele Jahre bis der Vorkämpfer für die Unabhängigkeit von Spanien dann 1825 erster Staatspräsident wurde. Ihm zu Ehren wurde das Land „Bolivien" genannt. Nach seinem militärischen Mitstreiter und Nachfolger, Antonio José de Sucre, wurde die Hauptstadt dieses neu gegründeten Landes benannt. Befreiung von der Spanischen Krone bedeutete keineswegs auch Freiheit für die indigenen Ureinwohner. Der Machtwechsel vollzog sich nur unter den herrschenden spanischstämmigen Land- und Minenbesitzern und die dem Freiheitskampf folgenden Regierungen basierten alle auf der Macht des Geldes, der Ausbeute aus den Minen oder der militärischen Potenz ihrer Obersten und Generäle. Der Weg zur Demokratie und in die Freiheit sollte noch fast zweihundert Jahre andauern.

Bolivien auf dem Weg zur Demokratie

1984 leitete der deutschstämmige Hugo Banzer den Wechsel zur Demokratie mit einer Präsidentenwahl ein, die vor allem deshalb bis heute einzigartig bleiben sollte, weil er als einziger ehemaliger südamerikanischer Diktator in den 1990er Jahren tatsächlich vom Volk demokratisch zum Präsidenten gewählt wurde. Damit blieb er von der strafrechtlichen Verfolgung wegen Menschenrechtsverletzung und Genozide verschont.

El Cambio

Unterdessen wird Bolivien seit fünfundzwanzig Jahren durch demokratisch legitimierte Präsidenten regiert. Dennoch blieb Bolivien eine Zweiklassengesellschaft, in der die indigene Bevölkerung trotz Boden- und Bildungsreformen extrem arm blieb und in keinster Weise am enormen Reichtum (Das ärmste Land Südamerikas hat enormen Reichtum?) des Landes partizipierte. So entstand in der indigenen Bevölkerungsmehrheit ein Spannungsfeld, einem sozialem „Dampfkochtopf" vergleichbar, aus dem irgendwann der Druck abgelassen werden musste, sollte das Land nicht im Bürgerkrieg auseinander brechen. 2006 kam mit Evo Morales erstmals ein indigener Präsident an die Regierung und er leitete einen Wechsel ein – „El Cambio", der auf der Basis einer neuen Verfassung, einer erfolgreichen Wiederwahl und seit 2010 einem engagierten Gesetzgebungsverfahren nun auch in der Praxis überall spürbar umgesetzt wird.

Aufgrund der neuen plurinationalen Verfassung musste sich Morales einer Wiederwahl stellen, welche er 2009 mit beeindruckenden 65 % hoch überlegen gewann und so das Vertrauen einer überwiegenden Mehrheit der Bevölkerung demokratisch bestätigt bekam. Damit war dann auch der Weg für wesentliche Nationalisierungen der Gas- und Erdölindustrie, je ein starkes staatliches Unternehmen im Telekommunikations- (Entel), im Banken- (Banco Union), im Wasser- und Elektrizitätsbereich.
Die letzten Monate des Jahres 2010 und der Beginn 2011 sind von einer eigentlichen Gesetzesflut geprägt, als dass nun die Regierung ihre 2/3-Mehrheit in beiden Kammern des Parlamentes nutzt, neue revolutionäre Gesetze zur multilingualen, religionsfreien Bildung, im Kampf gegen Rassismus, zum Start in eine staatliche Volksrente, zur Dekolonisation (die Aufhebung und Korrekturen aller zentralistischen Gesetze und Reglementationen Spanischer Eroberungskultur – immerhin im Range eines Vize-Ministeriums angesiedelt), zur kompletten Umstrukturierung der Justizorgane (unter Einbezug der traditionellen Dorf- und Stammesjustiz, welche noch immer Lynchjustiz als Bestrafung kennt) und als Welt-Neuheit ein eigenes Gesetz „zum Schutz der Mutter Erde – Madre Tierra" rasch und ohne viel Widerrede durchzuboxen. Gerade aber in der Demokratie sollte man auch Freiräume zur Diskussion schaffen, Minderheiten respektiern und vor allem keine autoritären Tendenzen oder Hochmut der neuen politischen Elite aufkommen lassen.

Anlässlich des Welt-Klimagipfels in Cacun, Mexico, im Dezember 2010 war Präsident Morales ein von Umwelt- und Sozialgruppen stark gefeierter Sprecher, welcher gegen die Industrienationen wetterte und einen indigenen, natur-religiös schonenden Umgang mit unserer Erde einforderte. Im vorgesehenen Gesetz „zum Schutz der Mutter Erde – nuestra Pachmama" werden alte,ursprüngliche Landwirtschaftsmethoden wieder belebt, wie die 3-Felder-Wirtschaft des europäischen Mittelalters (ein Drittel deines Landes muss immer brach liegen bleiben, um sich zu erholen), keine Gen-Manipulation und keine chemische Düngung mehr.

Dabei gaben ihm die letzten Enthüllungen von Wikileak die Möglichkeit, breit und im Detail das imperialistische Gehabe der USA in Südamerika anzuprangern und unabhängige Lösungen in Zusammenarbeit mit dem unglaublich erstarkten BRIC-Staat Brasilien und im Schosse der ALBA-Gruppe zu finden.

Langfristig lautet die eine wichtige Regel: Ohne einen wirtschaftlichen Aufschwung hält sich keine Regierung sehr lange. Ohne Zweifel wurde die Notwendigkeit der sozialen Umverteilung und der wesentlich solidarischer.

Sozusagen in letzter Minute

Eva Kassewitz de Vilar
Lebenserinnerungen einer deutsch-jüdischen Emigrantin. Von der Kolonialgesellschaft zur Demokratie
Judith Grümmer

Patria. Vaterland.Was für ein bedeutungsvoller Name für eben jenen Dampfer, der sie zusammen mit ihren Eltern in eine neue Heimat und in die Freiheit bringen sollte. Als die Familie am 19. Juni 1939 in Antwerpen an Bord ging, „war das sozusagen in letzter Minute." Noch heute erinnert sich die Achtundsiebzigjährige an jenen Tag, an dem sie Europa verließ und erst Jahrzehnte später wiedersehen sollte. Ob Eva Kassewitz de Vilar in ihren jungen Jahren auch schon so klein und zerbrechlich wie heute wirkte? Wohl kaum, denn schon bei unserer ersten Begegnung glaube ich eine unglaubliche Kraft, Selbstdisziplin und auch einen Hauch von Strenge in dieser winzigen, leicht gebeugt gehenden, gepflegten, gut gekleideten Doña zu spüren. Herzlich, mit einem offenen Lächeln und selbst gebackenem Walnusskuchen empfängt sie mich in ihrem Haus. Hier lebt sie seit dem Tode ihres Mannes ganz alleine mit ihren Hunden, umsorgt von zwei Hausangestellten.

Melodisch, so wie sie hier im bolivianischen Andenbergland alle sprechen, und dennoch ohne jeglichen spanischen Akzent ist ihre deutsche Sprechweise. Kein einziges Mal muss sie nach einem deutschen Wort suchen, obwohl Spanisch seit fast siebzig Jahren ihre Alltagssprache ist. Fest, selbstbewusst, ohne Bitterkeit und fast druckreif beginnt sie ihre Lebensgeschichte zu erzählen: Vier Wochen dauerte die Atlantiküberquerung auf der „Patria", einem wunderbar aufregenden Schiff für ein kleines, aufgewecktes Mädchen. Das Schwimmbad, die vielen Spielmöglichkeiten und das nette Bordpersonal lassen das Kind zeitweilig vergessen, welche Erschütterungen in Deutschland hinter ihm und seinen Eltern liegen.

Saliendo – casi en el último minuto

Recuerdos de una migrante alemana-judía: Entrevista por Judith Gruemmer

Patria, qué nombre más significativo para el barco que cruzaba el Atlántico en Junio de 1939, casi en el último minuto. Eva, de 9 años, salvándose de la persecución nazi, buscando una nueva patria, hoy viuda, de 89 años, sigue viviendo en la capital de Bolivia, Sucre. Aparte de la calurosa bienvenida puedo sentir la fuerza, la disciplina y la inteligencia en esta gran mujer, bien peinada, guapa y bien vestida.
Después de cuatro semanas en el mar, llegamos al canal de Panamá, para continuar por todos los puertos de Ecuador, Perú, hasta Arica en Chile. Para toda nuestra familia estas semanas fueron como un respiro, con mucha motivación nos integramos en la nueva sociedad de Sucre; hoy casi nadie más lo recuerda, que Bolivia aceptó la mayor cantidad de judíos perseguidos quienes escapamos de Europa. Después de 1945 también llegó un gran número de los ex enemigos, los delincuentes nazis, para refugiarse en el anonimato, alguna vez en Bolivia, no fue muy fácil distinguir entre los buenos y los malos alemanes.
Las memorias de la joven Eva, empiezan después del puerto de Arica, con una inolvidable etapa en tren, subiendo por el altiplano, hasta La Paz y en su horizonte con más de 6000 metros, la Cordillera Real (por el Sorojchi – mal le viene la altura a su madre, rápidamente tuvieron que continuar a Sucre) claro, no tenían dinero, pero habían hecho contactos y la chica hizo amistades con sus pares en la alta sociedad española de Sucre. Se casó con uno de ellos, Don Gastón Vilar, terminó sus estudios en idiomas y trabajaba como profesora, en el colegio Alemán, el instituto Goethe y nombrada Cónsul Honoraria de la República de Alemania. Escuchar a Eva Vilar, con

Sucre heute

Noch heute erinnert sie sich an die Fahrt durch den Panamakanal, an die Seehäfen Kolumbiens, Ecuadors, Perus, bevor die kleine Familie im nordchilenischen Arica an Land ging. Die Neunjährige muss die Seereise genossen haben, obwohl sie sehr wohl wusste, dass diese Reise ohne Wiederkehr in einem anderen, neuen Leben enden sollte. Der Vater war wenige Wochen nach der Pogromnacht verhaftet und ins KZ-Buchenwald verschleppt worden. Als Simon Kassewitz nach fünf Wochen zurückkommt, hat die Mutter die Auswanderung schon beantragt und sucht verzweifelt nach einem Land, in dass sich die Familie retten kann, aber „kein Land riss sich darum, verfolgte Juden aufzunehmen." Eine weitläufige Cousine, die mit einem Zigarettenfabrikanten verheiratet in einem „ziemlich unbekannten südamerikanischen Land" lebte, erklärte sich bereit, Simon Kassewitz als Zigarettenfachmann aus Deutschland anzufordern. Dass der deutsche Jude bis dahin Professor für Deutsch und Englisch gewesen war, hindert die bolivianischen Behörden glücklicherweise nicht daran, ihm und seiner Familie das nötige Visum auszustellen.

Heute weiß kaum noch jemand, dass Bolivien während der NS-Zeit besonders viele der verfolgten europäischen Juden aufgenommen hat. Die meisten sind später nach Nordamerika, zurück nach Europa oder in andere südamerikanische Staaten weitergewandert. In den ersten Kriegsjahren, als es so aussah, als könnten die Deutschen den Krieg gewinnen, muss es in Ländern wie Bolivien zu üblen Szenen unter den deutschen Zuwandern gekommen sein? Die alte Dame nickt zustimmend und winkt dann ab: Man habe sich von diesen Personen einfach ferngehalten. Wozu also heute noch alte Geschichten aufwärmen? Natürlich gab es deutsche Einwanderer, die mit Hitler und NS-Deutschland sympathisierten und sich den Juden gegenüber feindlich benahmen oder als Herrenmenschen aufspielten. Und dass nach 1945 auch in Bolivien deutsche Kriegsverbrecher und ehemalige NS-Schergen Unterschlupf und Schutz vor

43 años de matrimonio con un boliviano, no sólo es parte de la historia y de los grandes cambios dentro de la sociedad de Bolivia, si no que realmente es una protagonista judía alemana, que también era miembro de una minoría importante en sus observaciones de la historia. Entre los años 40 y 50 el machismo en Bolivia es preponderante, y el rol de la mujer se limita a la reproducción y el hogar. En estos años tampoco fue permitido a los indígenas entrar al centro de las ciudades; para la joven estudiante Eva, los siguientes cambios revolucionarios captaron su atención: el final del feudalismo, la reforma radical de las tierras, los cambios importantes en la educación, la nacionalización de las minas con los nuevos izquierdistas, todo esto tenía su apoyo y aceptación.
Los tiempos cambian y llega el momento de la contra reacción en el año 1971, la fase de los generales y la dictadura. En consecuencia, catedráticos de la universidad, como Eva y su esposo, pierden su trabajo por varios años, hasta su esposo fue preso político.

Como se ve Eva Kaassewitz de Vilar actualmente? Estoy bastante sana para mi edad, me gusta trabajar en mi jardín y comunicarme con mis amigas, muchas veces he pensado si vale la pena volver a Europa, pero como verdadera boliviana, no lo quiero hacer. Pero estoy convencida de que que cada cosa tiene una salida, una solución y que todo continua.

Strafverfolgung fanden, ist eine historische Tatsache. Für Menschen, wie Simon, Edith und Eva Kassewitz, die dem Naziterror entkommen konnten, mag das eine schwierige Situation gewesen sein, doch darüber möchte Eva Kassewitz de Vilar heute nicht mehr sprechen. Schließlich habe sie später doch auch viele, viele gute Deutsche kennengelernt und mit ihnen lebenslange Freundschaften geschlossen. Das Schulkind Eva fand schnell bolivianische Freundinnen und fühlte sich bald in Sucre zuhause. Und auch den Eltern gelang die Integration in die Sucrenser Gesellschaft. Mit viel Kraft, vielen Mühen und dem ständigen Kampf ums finanzielle Überleben.

Die Zeit auf der „Patria", die Wochen zwischen der alten und neuen Welt, waren eine Atempause für die Mutter, Erholung für den geschwächten, geschundenen Vater und zugleich aufregendes Abenteuer für das Kind gewesen. Als Startkapital für das neue Leben im fernen Südamerika hatte die Gestapo ihnen Bargeld im Wert von fünfzig Dollar „genehmigt". „Und zwei große Kisten für ein paar Möbel, Papas Bücher, Mutters Kristall und weiße Wäsche." Eva Vilar zeigt auf den Esstisch, an dem wir unseren Kaffee trinken und auf die Bücher im Wandregal. Vor allem die Bibliothek ist ihr bis heute wertvoll. „Wer soll die Bücher lesen, wenn du es nicht tust?" Diese väterliche Frage muss sie sich wohl als Kind sehr zu Herzen genommen haben. Denn während in der Familie auch in Bolivien weiterhin Deutsch gesprochen wurde, lernte Eva nach ihrer Ankunft auf dem neuen Kontinent so schnell und mühelos Spanisch, dass sie sich zunächst dagegen wehrte, die Sprache ihrer frühen Kindheit überhaupt noch zu sprechen, geschweige denn sie Schreiben und Lesen zu lernen.

Zwischen Arica, dem nordchilenischen Hafen, und dem bolivianischen La Paz fuhr früher einmal pro Woche ein Zug, den die Engländer in den 1920er-Jahren in einer meisterhaften Ingenieurleistung von der chilenischen Küste bis ins bolivianische Hochland gebaut hatten. Bis heute sind Eva viele Bilder und Szenen der damaligen Reise in lebhafster Erinnerung und während sie erzählt, glaube ich fast neben ihr im langsam und im Takt der unverschweißten Nähte dieser längst abgebauten Schmalspurstrecke über die Andenhochebene fahrenden Zug zu sitzen. Vor dem inneren Auge zieht das viertausend Meter über dem Meeresspiegel liegende Altiplano am Waggonfenster vorbei: unendlich weit, topfeben, baumlos, in ständig wechselnden braun-grün-rot-Schattierungen. Vom tiefblauen, wolkenlosen Himmel brennt die Höhensonne senkrecht, schattenlos und unbarmherzig. Ab und zu ducken sich kleine, ärmliche Lehmhütten flach auf den vegetationsarmen Boden, schmale Felder mit spärlichen Maispflanzen, Kartoffeln, dicken Bohnen oder dem rot aufleuchtenden Quinoa, dem Inkagetreide des Andenhochlands. Zerlumpte Kinder winken dem ratternden Zug hinterher, Hunde bellen wütend den Zug an, ab und zu eine Lama- oder Schafherde, die auf der kargen Hochebene grast. Und je mehr sich der Zug La Paz nähert, umso klarer leuchten am Horizont die schneebedeckten, über sechstausend Meter hohen Königskordillieren. Während die Mutter unter den Folgen der Höhenkrankheit leidet, unter Kopfschmerzen und Übelkeit, beobachten Vater und Tochter fasziniert die grandiose Landschaft ihrer zukünftigen Heimat.

In La Paz angekommen, geht der Vater auf Arbeitssuche und schon bald zieht die Familie nach Sucre weiter, in die weiße, altehrwürdige, etwas schläfrig wirkende koloniale Prachtstadt der spanischen Eroberer. Die konstitutionelle bolivianische Hauptstadt hat schon die Conquistadores durch ihr mildes, frühlingshaftes Klima angezogen. Hier nun soll also der Vater als Lateinlehrer seine ersten Pesos verdienen. Hier baut sich die jüdische Emigrantenfamilie eine neue Existenz auf.

Sehr genau hat Eva Kassewitz de Vilar das koloniale Luxusleben der weißen, vorwiegend spanischstämmigen Sucrenser Oberschicht in Erinnerung. Während ihre Mutter mit einem Einkaufszettel voller spanischer Vokabeln und einem großen Korb zum Markt geht, um dort bei den indigenen Marktfrauen einzukaufen, tun die weißen Frauen aus der Oberschicht alles, um mit der indigenen Bevölkerung außerhalb ihres Hauses nicht in Berührung zu kommen. Für die jüdische Einwanderfamilie Kassewitz sind solche Verhaltensweisen einerseits fremd, andererseits aber auch unangenehm bekannt. Wie die meisten Immigranten müssen sie mit jedem Pesos rechnen und können sich deshalb die aufwendige Lebensführung der Sucrenser Oberschicht nicht leisten. Für Eva ist schnell eine Schule gefunden und der bolivianische Alltag der Familie Kassewitz beginnt. „Natürlich hatten wir kein Geld, aber weil ich auf eine gute Schule ging, wurde ich in der weißen Gesellschaftsschicht akzeptiert," meint Eva de Vilar heute rückblickend. Schon bald geht das Mädchen in den feudalen Villen ihrer spanisch sprechenden Klassenkameradinnen ein und aus und gewinnt immer mehr Einblicke in den Alltag der weißen Oberschicht. Diese hochherrschaftlichen, palastartigen, weißen Gebäude der damaligen Oberschicht sind noch heute erhalten. Ihnen verdankt Sucre den Ruf, die schönste Kolonialstadt Südamerikas zu sein. Wer heutzutage durch die Straßen der zum UNESCO Weltkulturerbe erklärten Stadt geht, auf einer der vielen Parkbänke der Plaza sitzt oder im Stadtpark ein Eis isst, kann noch einen Hauch vom unbeschwerten Leben der damaligen kolonialen Oberschicht nachspüren.

Die wichtigsten Stationen in Evas Lebens sind schnell aufgezählt: Schule, Colegio, Universität, dreiundvierzig gemeinsame Jahre mit ihrem bolivianischen Ehemann Gastón Vilar, mit dem sie einen Sohn bekommt. Sie studiert Französisch, wird Lehrerin, später auch Professorin für spanische Grammatik, unterrichtet in verschiedenen Institutionen, unter anderem an der Deutschen Schule von Sucre, wird Lehrbeauftragte des Goethe-Instituts, leitendes Mitglied des

Deutsch-Bolivianischen Kulturinstitutes, schließlich auch Honorarkonsulin der Bundesrepublik Deutschland. Sie schließt Freundschaften mit einer neuen Generation von Deutschen, die ab den 1960er Jahren als Entwicklungshelfer nach Sucre kommen. Doch es sind nicht diese Eckdaten ihres Lebens, die unsere gemeinsamen Nachmittage so spannend machen. Eva de Vilar hat fast siebzig Jahre lang die Geschichte Boliviens und die Umbrüche des gesellschaftlichen Lebens in ihrer Stadt miterlebt und genau beobachtet.

Gerade die kritische Außenbetrachtung einer deutschen Jüdin, welche als Kind selbst Diskriminierung und Verfolgung erlebt hat, ermöglicht spannende Einblicke in die Geschichte jener alten Sucrenser Kolonialgesellschaft, wie sie von bolivianischer Seite her nur selten möglich sind. Sachlich, präzise, wohlformuliert: Sie erzählt von den reichen Großgrundbesitzern, die sich die meiste Zeit in ihren komfortablen Stadtpalästen aufhalten, durch dienstbare Geister von profaner Haus- oder Erwerbsarbeit befreit. „Für die Ehe und fürs Kinderkriegen zuständig, blieben die Damen der feinen Gesellschaft nach der Hochzeit ans Haus gebunden, während ihre Gatten „regierten", mittags auf die Plaza und abends in den „Club social" gingen. Den Männern stand an den Wochenenden zu, irgendwo mit den „Cholitas" (indigenen Frauen) zu feiern, wo der Alkohol floss und uneheliche Kinder gezeugt wurden, um deren weiteres Geschick sie sich meistens nicht kümmerten." Es sind die reichen Bodenschätze Boliviens, unvorstellbar riesige Grundbesitze und die brutale Ausbeutung der indigenen Bevölkerung, die der kolonialen Oberschicht ein luxuriöses Leben bis in die 1950er Jahre sicherten. Eva de Vilar erinnert sich auch heute noch gut an die „Pongos", die völlig rechtlosen Haussklaven ohne Namen, die Woche für Woche in die Stadt kamen, um Gemüse, Obst, Eier und Schlachttiere aus ihren Dörfern abzugeben und dann auch noch unbezahlt im Haus zu arbeiten. Die Innenstadt von Sucre zu betreten war indigenen Menschen nur erlaubt, wenn sie als Hausangestellte oder „Pongos" für ihre Herrschaften unterwegs waren. Das Betreten der großen Plaza im Zentrum der Stadt, um dort einfach zu verweilen, das war allen „Indeginas" ausdrücklich verboten.

Als junge Studentin erlebt Eva ab 1952 die großen revolutionären Umbrüche und sie empfindet das Ende der Feudalherrschaft, die Abschaffung der Sklaverei, als gerecht: Eine radikale Bodenreform, die Bildungsreform und die Nationalisierung der Minen wird durch die damals an die Macht kommende linksgerichtete Regierung durchgesetzt. Die Großgrundbesitzer, die bisher in Sucre ein sorgenfreies Leben hatten, verlieren einen Großteil ihres Besitzes, dürfen nur ihre Stadthäuser und jene Ländereien, die sie selbst bewirtschaften können, behalten. Weil sie vielen ihrer aus der Sklaverei befreiten Arbeitern keine Löhne zahlen können, verarmt ein Großteil des spanischstämmigen Landadels. In Schönheit sterbend verkennen viele die Zeichen der Zeit und lassen ihre Kinder weder einen qualifizierten Beruf erlernen, noch einen universitären Ausbildungsweg beschreiten. „Diese alte Gesellschaftsspitze wurde schließlich abgelöst von einer oberen Mittelschicht der Stadtbevölkerung, die sich aus Menschen zusammensetzte, die über Bildung und Beruf soziale Geltung erlangten: Akademiker und Intellektuelle unterschiedlichster Prägungen, Ärzte, Rechtsanwälte, Ingenieure, Wirtschaftswissenschaftler, Lehrer. Die untere Mittelschicht wurde und wird auch heute noch von den ‚Cholos' gestellt (...), Leuten aus dem Volk, die meistens eine geringe Schulbildung, aber dafür eine ausgeprägte Aufsteigermentalität besaßen. Die Männer waren Bauarbeiter, Handwerker, Chauffeure, Händler. Die Frauen arbeiteten als Hausangestellte oder Händlerinnen auf dem Markt."

Mit dem gesellschaftlichen Umbruch verändert sich auch das Stadtbild von Sucre. Nun kommen Campesinos in die Stadt, um ihre Waren zu verkaufen. Nach und nach siedeln sich immer mehr indigene Familien

Sucre heute

vom Land rund um das koloniale Stadtzentrum an. Die Stadt wächst und ebenso wie auf dem Land werden in Sucre Schulen für Campesinokinder errichtet, denen nun endlich auch ein Recht auf Bildung eingeräumt wird. Doch bis heute ist die Ausbildung dieser indigenen Landbevölkerung miserabel, resümiert die ehemalige Lehrerin Eva de Vilar, noch immer sind die Löhne so gering, dass die meisten von der Hand in den Mund leben. Jahr für Jahr wächst die Stadt, weil die Landbevölkerung sich hier bessere Arbeitsbedingungen erhofft, mehr Geld und natürlich bessere Bildungschancen für ihre Kinder. Doch häufig – so die alte Dame heute – wird der Glaube an bessere Zukunftschancen nur ein frommer Wunsch bleiben.

Der Zeit der Revolutionen, die Eva im Ansatz als gerecht und wichtig empfindet, folgen Staatsstreiche und Repressionen, die auch für Eva und ihren Mann Gastón zu einer großen Belastung werden. Zeitweilige Berufsverbote führen immer wieder zu schweren persönlichen und auch finanziellen Nöten. „Im August 1971 ergriff General Hugo Banzer die Macht. Es war nicht einer der vielen Putsche, an die wir uns im Laufe der Jahre gewöhnt hatten. Nun hatte sich eine faschistische Regierung etabliert, die mit repressiven Methoden gegen alle vorging, die nicht mit ihr im Einklang standen. Wir – Gastón und ich – wurden von der Universität entlassen, ohne dass jemand den Mut gehabt hätte, dagegen zu protestieren." Zwischenzeitlich wird Gastón verhaftet, monatelang bleibt Eva über das Schicksal ihres Mannes im Ungewissen. Als Hochschullehrer gelten die beiden immer wieder als verdächtige Personen. Der Banzer-Diktatur folgt ein kurzzeitiger demokratischer Frühling. „1978 wird Lydia Geiler zur ersten Präsidentin von Bolivien gewählt, die Bürgerrechte wurden wiederhergestellt und es schien, als ob die Bolivianer nun in eine Phase eintreten würden, wie wir sie gerade in Spanien beobachten konnten. Aber dieser demokratische Frühling sollte nicht lange anhalten. Am 17. Juli 1980 putschte General Luis Garcia Mesa, rücksichtslos und blutig. Politische Verfolgungen und politische Morde waren wieder an der Tagesordnung."

Eva Kassewitz de Vilar, als Neunjährige der Verfolgung und Ermordung durch den Naziterror entkommen, hat die wechselvolle Geschichte Boliviens von einer feudalen Kolonialherrschaft bis hin zur Demokratie in den fast siebzig Jahren ihres Lebens in Sucre intensiv miterlebt. Dass ihr einziger Sohn, nach Jahren in Deutschland, heute mit Frau und Enkelkind in Sucre lebt und als Musikprofessor an der hiesigen Universität lehrt, empfindet sie als großes Glück. „Was will ich mehr? Ich bin halbwegs gesund, kümmere mich noch täglich um meinen Garten und pflege meine gesellschaftlichen Kontakte." Täglich verfolgt sie intensiv die politischen Geschehnisse in ihrem Land und hofft, dass der immer gegenwärtige innenpolitische Druck und die ungelösten sozialen und wirtschaftlichen Probleme das Land nicht doch irgendwann zerreißen. Weiter zu wandern, das Land zu verlassen, das habe sie in all den Jahrzehnten nie erwogen, trotz aller Höhen und Tiefen. Sie ist eine richtige Bolivianerin geworden, mit der hier typischen Gelassenheit. „Es wird schon irgendwie weitergehen," resümiert sie und bietet mir die Wange zum Abschiedskuss.

Adelgazar –
Abnehmen auf 2.800 Meter ü. NN.

Judith Grümmer

Nach drei Wochen in den bolivianischen Anden beginnen die Hosen deutlich zu schlottern. In Sucre, auf 2.800 Meter, ist die Luft spürbar dünner (50 Prozent weniger Sauerstoff als auf Meeresniveau, heißt es.) Um der gefürchteten Höhenkrankheit vorzubeugen gehört Kokatee, vorzugsweise in Aufgussbeuteln, gemischt mit Kamille und Anis, zu den wichtigsten Hilfen, sich an die Höhe anzupassen. Kokatee, das klingt ein bisschen verboten, schmeckt „grün", ist äußerst wirksam und völlig legal. Kokablätter gibt es säckeweise überall zu kaufen und deshalb steht die Zutat auch in fast jedem Café, in jeder Herberge ganz legal auf Tisch und Getränkekarte. Nach internationalem Recht gelten alle Bestandteile der Kokapflanze als illegales Betäubungsmittel, wenn auch Kokatee nicht berauscht.

In jeder Apotheke gibt es Koka auch in Pillenform, angereichert mit Aspirin. Dieses wirkungsvolle, von einem deutschstämmigen Bolivianer entwickelte Medikament, gibt es nur in Bolivien und dem Süden von Peru. Es hilft vorzüglich über die typische Luftnot hinweg, indem die roten Blutkörperchen besser den Sauerstoff aufnehmen können. Koka lindert die anfänglichen Kopfschmerzen, Übelkeit und Schlaflosigkeit.

Ebenso hilfreich ist es, sich in der ungewohnten Höhe durch eine kleine „Fastenkur" zu entlasten. Und weil ich, wie die meisten, in der Anpassungsphase wenig

Adelgazar con la altura?

Judith Gruemmer

Después de quedarme en Sucre a 2800 m/s/n/m, se caen mis pantalones, el aire tiene mucho menos oxígeno y como prevención al temido mal de altura, falta tomar mucho mate de coca. Mate de coca? Para los europeos parece ilegal y prohibido, pero tiene gusto a té verde, es muy eficaz y legal en Bolivia, contrario a las leyes internacionales que declaran cualquier hoja de coca como droga, aquí puedes comprarlo libremente en bolsas en el mercado y tomarlo con el café o hasta en nuestros hostels. En las farmacias, lo puedes comprar en forma de tabletas que ayudan contra la falta de aire y dolores de cabeza. Casi naturalmente a esta altura de Sucre, al mismo nivel de la montaña más alta de Alemania, cualquier caminata en esta ciudad blanca colonial, te hace respirar fuerte y exige tomar más té de coca. Para los indígenas, masticar coca y acumular en la boca (acullicar = quechua) es una estrategia para sobrevivir, casi no tienen hambre y pueden trabajar duro en las minas sin cansancio y se pueden mantener flacos.

Para los gordos hay dos caminos para volver a la normalidad: los innumerables cirujanos estéticos en Santa Cruz, que extraen la grasa mediante liposucción, o como alternativa algunas clínicas catering que ofrecen la dieta individual, cinco veces al día, que dichos expertos en nutrición mandan la alimentación personalizada a la casa del cliente, calculando las calorías y pesando la comida.

Hunger habe, ist der Verzicht auch nicht schwierig: wenig essen, sehr viel Wasser und Kokatee trinken, wenig Alkohol!

Die bolivianische Hauptstadt Sucre liegt aber nicht nur (fast) so hoch wie Deutschlands höchster Berg, der Zugspitze., die Stadt erstreckt sich auch über mehrere Hügel und so wird schon der kleinste Fußweg durch die wunderschöne weiße Kolonialstadt zur atemraubenden Herausforderung.

Kokakauen gehört für die armen, körperlich hart arbeitenden und mangelernährten Andenbewohner zur Überlebensstrategie. Die grünen Blätter, die wie Lorbeer aussehen, verdrängen das Hungergefühl und machen die harte Arbeit, beispielsweise in den Minen des Hochlandes, überhaupt erst möglich. Gerade unter den Campesinos, den Minenarbeitern, bei den stillenden Müttern, Bettlerinnen und Alten ist die Mangelernährung sehr weit verbreitet. Ganz anders bei jenen, die es zu Wohlstand gebracht haben oder in der spanischstämmigen Oberschicht Hunger nie kennengelernt haben: Wie überall auf der Welt kämpfen viele von ihnen gegen ihr Übergewicht.
Abnehmen in Bolivien leicht gemacht – wer genug Geld hat, um sich überhaupt einen Speckring anzufuttern, kann ihn sich später wegschneiden oder absaugen lassen. Der Gang zum Schönheitschirurgen gehört hier, wie in vielen Ländern Südamerikas, fast zur normalen Körperpflege der Wohlhabenden.

Im reichen Santa Cruz hingegen, wo allein das tropische Tieflandklima dazu verlockt, sich in zarte, hautenge Fummel zu kleiden, bieten findige Geschäftsleute eine besondere Diät. Fünfmal am Tag schicken Ernährungsexperten ihren übergewichtigen Kunden einen persönlichen Diätteller ins Haus. Das eigenständige Kalorien ausrechnen, Essen abwiegen, Rohkost schnippeln, Erlaubtes und Unerlaubtes gegeneinander abwägen, das gehört hier zur Vergangenheit. Eine Idee auch gegen deutsche Pfunde?

Koka, die Wunderpflanze der Anden

Patrick Elison

Die Campesina-Frau in einer der vielen Ecken des Marktes sitzt hinter ihren riesigen roten Säcken voller grüner, ovaler Blätter. Die Luft ist erfüllt mit dem typischen Duft, den man noch in zehn Metern Entfernung riecht, der sofort darauf schließen lässt, was hier verkauft wird. Für umgerechnet etwa 1,50 Euro überreicht die Señora eine unscheinbar kleine, grünlich-schimmernde Tüte, darin ein paar hundert der berüchtigten Blätter. Dazu noch etwas Kalk zum besseren Genuss beim Kauen, vielleicht noch ein paar Zigaretten und etwas Small Talk mit der Verkäuferin und fertig ist der Kauf einer Tüte Koka. Hier ist es das alltäglichste aller Produkte, in Deutschland kennt man es nicht. Hier denkt man an eine gesunde Pflanze, in Deutschland denkt man an eine gefährliche High Society Droge. Hier ist es Nationalprodukt Nummer 1, in Deutschland ist es verboten: „La Hoja de Koka", das Kokablatt, ist das typischste Produkt der Anden.

Doch viele kennen nur eine der zahlreichen Seiten dieser Wunderpflanze., denn tatsächlich lässt sich nicht nur Kokain aus diesen unscheinbaren Blättern herstellen. Die Pflanze hat wohl so viele Anwendungsmöglichkeiten wie Blätter in die typischen Tüten passen, in denen sie verkauft werden. Was für die Weißen das Kokain ist, ist für die „Indígenas" (die indigene Bevölkerung der Anden) das unbearbeitete Kokablatt, das neue Kraft schenkt.

Als die Weißen in das heutige Bolivien einfielen und die Ureinwohner sie verfolgten, unterdrückten und versklavten, konnte der Legende nach ein sehr alter, weiser Mann mit dem Schatz seines Volkes fliehen. Ersuchte auf der berühmten „Isla del Sol"

Coca – la planta andina milagrosa

Patrick Elison

En una esquina del mercado, se encuentra una campesina detrás de muchas bolsas plásticas llenas de hojas verdes ovaladas, el aire está lleno del olor típico de la hoja de coca y con nada más que 1,50 Euros, voy a comprar una bolsita (150 gramos) de estas hojas que son de tan mala fama fuera de Bolivia. Aquí es uno de los productos cotidianos, en Europa no la conocemos mucho, pero aquí se habla de una planta con propiedades curativas, en Europa se piensa que es una droga peligrosa, en Bolivia es el producto número 1, en Alemania y otros países, su posesión lleva a la cárcel.
Qué suerte que esta hoja tiene muchas aplicaciones: los indígenas la usan para tener energía, como medicina, para sacar la suerte, etc. Desde hace miles de años se cultiva y se disfruta de este arbusto que crece de 2 a 3 metros de altura en los valles tropicales de los Andes (sólo en los Andes)
Después de Colombia y Perú, tenemos en Bolivia la tercera superficie de producción más grande de coca, después Ecuador???. La gran mayoría de los indígenas la mascan contra el hambre, el frío y el cansancio.Está favorecida especialmente por conductores de vehículos de larga distancia, por eso ver campesinos con una gran bola de coca en su boca, es la cosa más normal en Bolivia. Con la técnica de introducir la hoja en la boca sin el palito central, este ritual continúa hasta que se crea una bola y se infla la mejilla, saborizándola con bicarbonato, produciéndose todo el efecto requerido.

Otro mundo es la *cocaina*. Aparte de la producción legal de la coca, justamente en la zona del Chapare hay una producción ilegal de cocaína, nada fácil, porque se requiere gran cantidad de productos

(Sonneninsel) im Titicacasee Schutz. Doch die Eroberer näherten sich in ihren Schiffen und der alte Indio, der seinen Schatz lieber aufgeben wollte als in Feindeshände geraten zu lassen, schmiss ihn in die tiefste Stelle des Sees. Da der Alte den Aufenthaltsort des Schatzes trotz Folter nicht verriet, gaben die Weißen die Suche nach dem Schatz schließlich auf und ließen den Alten sterbend zurück. Da lag er nun, erwartete sein Ende. Doch die untergehende Sonne sprach zu ihm und versprach ihm die Erfüllung eines Wunsches. Den Tod vor Augen wünschte sich der geschwächte Mann das Naheliegendste, nämlich dass die Eroberer aus dem Land vertrieben würden und sein Volk in Frieden leben könne. Weil die Sonne, ihm aber diesen Wunsch nicht erfüllen konnte, weil auch ihre Macht gegen die stärkeren Götter der Weißen nicht ausreichte, versprach sie dem Mann eine Bedenkzeit von wenigen Tagen, in der er am Leben bleiben würde und er sich einen anderen Wunsch überlegen könne. Wenige Sonnenuntergänge später war es soweit und der Mann wünschte sich eine Waffe, mit der die Indios die Unterdrückungen der weißen Eroberer aushalten würden. Die Sonne zeigte dem Alten einen Ort, wo eine Pflanze mit kleinen ovalen Blättern wuchs. Diese Blätter sollten die Andenbewohner kauen und sie würde ihnen Kraft, Ausdauer und Hoffnung für die Unterdrückung schenken. Den Weißen hingegen würde der Konsum der kleinen, unbekannten Pflanze nichts bringen, sondern sie ins Verderben führen, da die Wirkstoffe bei ihnen einen anderen Einfluss hätten. Soweit die Legende.

Tatsächlich werden die kleinen Blätter seit Jahrhunderten in den Andenländern gekaut. Die anspruchsvolle Pflanze ist schwer zu kultivieren. Der etwa fünf Meter hohe Strauch braucht ein besonderes Klima, das er vor allem an den Osthängen der Anden, in einer Höhe zwischen dreihundert und zweitausend Meter über dem Meeresspiegel findet. Nach Kolumbien und Peru hat Bolivien die drittgrößte Anbaufläche an Koka. Anbaugebiet hier im Land sind dabei

químicos: querosene y muchos conocimientos equivalentes casi a los de un doctor en química, para extraer de grandes cantidades de bolsas de coca, el *Oro Blanco, La Cocaina*, es triste pero parece que este trabajo clandestino vale, porque en Brasil o Europa, su costo puede multiplicarse y genera ganancias muy grandes.
La dimensión política de todo esto, es que nadie, menos el mismo presidente Evo Morales, que sigue también como jefe del sindicato de los cocaleros, puede frenar el crecimiento de los cultivos de coca. Como presidente frente a las NN.UU. defendió la hoja milenaria, por sus cualidades medicinales y su uso tradicional, cuyo lema es: *Si a la Coca, no a la Cocaina*. El presidente parece en lo correcto, porque un equipo de científicos ha confirmado las bondades de la coca en más de 80 productos y aplicaciones medicinales.
La industrialización de la coca podría ser un potencial importante para Bolivia, creando empleo y ayudando a la salud del mundo.

überwiegend die Yungas. Die legalen Anbauflächen sind allerdings begrenzt und so muss man als Kokabauer zur Kultivierung der Pflanze eine Lizenz vom Staat haben.

Für die einen gilt Koka als Genussmittel – ähnlich wie Kaugummi – die meisten jedoch kauen die Blätter vor allem wegen ihrer Wirkung, denn sie helfen gegen Hunger, Müdigkeit und Kälte. Beispielsweise die Minenarbeiter, die in Potosí bei Außentemperaturen von knapp über Null, mit nur einer Handvoll Brot, teilweise 24 Stunden am Stück arbeiten mussten (und müssen), gab es keine bessere Hilfe als das Koka, um die Sklavenarbeit auszuhalten. Auch heute ist die dicke Kokabacke in Bolivien bei Bauarbeitern, Taxi- und Busfahrern, Bauern ebenso wie bei Mineros fast selbstverständlich. Spätestens mittags wird statt Mittagessen eine neue Ladung Koka in die Backe geschoben, um kraftvoll und ohne Hungergefühl weiter arbeiten zu können. Koka ist auch noch wesentlich billiger als ein Mittagessen. Heute ist auch die medizinische Wirksamkeit von Koka gegen die Höhenkrankheit bewiesen, denn als Tee aufgebrüht verbessert Koka die Sauerstoffaufnahme im Blut.

Man nimmt ein Blatt in die Hand und zieht mit den Zähnen die beiden Blatthälften nacheinander ab, so dass man das Blatt, nicht aber den störenden und pieksenden Stil im Mund hat. Nun wird das Blatt mit ein bis zwei Bissen kurz klein gekaut und dann in die Backe seiner Wahl geschoben. Dieses Ritual wird wiederholt, bis man die Blätter in der Backe zu einem schönen Ballen geformt hat, der einem im wahrsten Sinne des Wortes eine „dicke Backe" verschafft. Nun wird in der Regel mit dem Finger noch etwas Kalk oder etwas „Bola" (Bananenasche) in die Backe geschoben und fertig ist der Kokagenuss. Die beiden Hilfsmittel dienen dabei der Speichelbildung, welches die Wirkstoffe der Pflanze in den Körper abgibt. Bei dieser Form des Kokagenusses kommt es zu keinerlei Rausch-Empfinden, sondern der einzige Effekt sind ein leichtes Taubheitsgefühl in der Backe und die schon beschriebenen Effekte. Folglich eine sehr gesunde Sache! Das ganze hat nur den Nebeneffekt, dass man beim Koka-Kauenden sehr typischen Kokageruch durch die eigene Transpiration wieder abgibt und somit für Anwesende, nicht Koka-kauende, einen recht oft unangenehm riechenden Körpergeruch abgibt. Dazu kommen noch die sich grün färbenden Zähne, die sich auch nicht gerade positiv auf die Anziehungskraft auf Andere auswirken.

Ganz anders sieht es natürlich mit dem Kokain aus. Wie schon erwähnt, braucht man zum legalen Anbau des Kokas eine Lizenz. Doch gerade in der Region um Cochabamba im Zentrum Boliviens wird viel „illegales" Koka angebaut, das zur Weiterverarbeitung zu Kokain genutzt wird. Wer nun aber denkt, dass das einfach sei, hat sich geirrt. Jede Menge Chemikalien (unter anderem Kerosin), viel Platz und einen halben Chemie-Doktortitel bedarf es, um aus haufenweise Kokablätter ein paar Gramm des weisen Goldes herzustellen. Doch der Aufwand scheint sich zu lohnen. Wer es schafft, das Kokain bis nach Europa zu transportieren, erwartet mitunter eine Gewinnsteigerung von 100.000 Prozent. Kein Wunder also, dass so viele ihr Glück versuchen.

Das politisch Heikle im Kampf gegen den illegalen Kokaanbau in Bolivien ist, dass der Vorsitzende der Kokavereinigung (sprich aller Kokabauern des Landes) niemand anderes als der Präsident Evo Morales selbst ist. Auch bei seinem Amtsantritt im Jahre 2006 weigerte er sich, sein Amt in der Kokavereinigung des Landes nieder zu legen. Im Gegenteil hat er eine Ausweitung des Anbaugebiets versprochen. Problematisch deswegen, da Länder wie die USA schon seit Jahren hartnäckig gegen den Kokaanbau vorgehen und sich daher recht wenig über die Wahl Evos zum Staatspräsidenten gefreut haben. Der Präsident weigert sich aber die Pflanze als pure Droge abzustempeln, sondern argumentiert vielmehr mit den traditionellen Anwendungen und gesunden Inhaltsstoffen, die in unzähligen Bereichen angewendet werden können. Er wirbt für eine internationalere Legalisierung des Kokablattes. „Ja" also zur Verbreitung von Kokaprodukten aller Art, „Nein" zum illegalen Anbau, lautet die Devise.

In der Legende vom Koka war dem Alten prophezeit worden, dass die Heilkraft der Pflanze die Indígenas stärken, die Weißen aber ins Verderben führen werde. Und tatsächlich: Die fatalen Folgen des Kokainkonsums sind heutzutage weltweit bekannt und offensichtlich.

Und der bolivianische Präsident Evo Morales scheint Recht zu behalten: Ein internationales Team aus Wissenschaftlern hat die Wirkstoffe des Kokas untersucht und entsprechende Produkte entwickelt. Und die Liste ist lang. Über 80 Produkte gibt es bereits, die die heilsamen Inhaltsstoffe dieser Andenpflanze nutzen. Und die äußerst vielseitige Palette reicht von Süßigkeiten bis hin zu Medizin. Darunter auch Kaugummis, Shampoo, Tee, Wund- und Heilsalben, Kosmetikprodukte, Potenzmittel, Rheumamittel oder auch Medizin gegen die Höhenkrankheit (Sorrochi-Pillen). Eine industrielle Verarbeitung des Kokas könnte also nicht nur der bolivianischen Wirtschaft einen erheblichen Schwung geben, sondern auch Menschen weltweit helfen. Langfristig könnte es dazu kommen, das generelle Verbot aller Produkte, die Koka enthalten, zu überdenken und die medizinische Wirkung der Heilpflanze Koka auch außerhalb von Bolivien zu nutzen.

nebensaechlichkeiten vom ende der welt
Lukas Sieber – in seinem Blog
http://despueselbrincoenelaguahelada.blogspot.com/

hallo ihrs,
endlich mal wieder zeit was zu schreiben! also, mir gehts super und so, so viel neues gibts auch gar nicht. deswegen kommen im zweiten teil ein paar kleinigkeiten, die das leben hier unterschiedlich machen. hauptsache ihr habt was zu lesen... also: bolivien ist toll. und zwar unglaublich. zu 8 taxi fahren (2 vorne, 4 hinten, 2 kofferraum), der taxifahrer hat angst dass das taxi aufsetzt fuer umgerechnet 1.20 euro. hat was. autofahren ist generell total toll. hab schon angst, in dschland wieder fahren zu muessen. einfach auf die kreuzung zubrettern, hupen, und davon ausgehen dass alle das gehoert haben. ampeln sind sowieso egal. fussgaenger noch mehr. aber iwie passiert trotzdem nichts, alle wissen wer wann meint, vorfahrt zu haben. oder la paz. eine stadt auf 4000 hoehenmetern. gibt keine feuerwehr, weils da oben sowieso nicht brennt. oben faellt schnee, unten wachsen palmen. der flughafen braucht eine extra lange landebahn, weil die luft so duenn ist. und es ist immer was los! man ist den ganzen tag auf der strasse, ueberall staende und leute und autos und ka. abends geht richtig party. nur nen vernuenftigen dj koennte man mal gebrauchen. wird leider fast nur einheitsbrei gespielt. naja, bisher 2x skap und einmal ratm gehoert, immerhin :D oder die leute. wenn sie wissen, dass man gar kein touri ist, sind sie gleich viel netter. auf der insel, zumindest in unserem dorf, kennen uns inzwischen fast alle. und dann die kleidung! die maennlichen jugendlichen laufen alle wie pommesganxter bei uns rum. vor allem mit sportsachen und kapus. die maedchen laufen im typischen cholita-style rum. sehr lustig diese mischung. cholita heisst bunte, glitzernde und viele roecke. und immer diese charlie-chaplin huete. aber man gewoehnt sich dran. da es auf der insel sehr laendlich ist, ist auch nicht so viel los. donnerstag hatten alle tiendas (kiosks) geschlossen,weil kartoffelernte war. was fuer uns hiess, dass es kein brot zum fruehstueck gab. waren natuerlich alle eingeweiht, nur wir wieder nicht. nun ja, ausserdem fehlt mal wasser und mal strom. aber wir haben ja einen grossen see, zur not waschen wir uns dort. kann man sich dran gewoehnen.
was wir unbedingt noch machen muessen ist die insel erkunden. gibt naemlich ruinen und so. sonnenuntergang haben wir schon geguckt, das war toll! vor allem mit den lila-angestrahlten bergen auf der anderen seite. apropros berg, wir wollen ja noch auf den huayni potosi. kostet wohl 150 US, vllt sogar weniger. das wird toll. und in suedperu gibts natuerlich noch cuzco, das liegt ja quasi um die ecke. und einen wohl sehr sehr schoenen canyon, den tiefsten der welt. canyon del colca. kann man sich natuerlich nicht entgehen lassen!

nun ja, ihr seht ja dass ich hier voll und ganz beschaeftigt bin, macht euch also um mich keine sorgen!
venceremos

nebensaechlichkeiten vom ende der welt, pt II
sooo, hier der zweite teil meiner grandiosen serie ueber kleinigkeiten des bolivianischen alltags:
klopapier. die kanalisation ist nicht darauf eingestellt, klopapier zu transportieren. das heisst, dass neben jedem klo ein muelleimer steht wo man sein klopapier reinwerfen soll. unglaublich komisch sich daran zu gewoehnen, sein verdammtes klopapier nicht einfach loslassen zu koennen!
titicacasee: 13x so gross wie der bodensee, 27x so viel volumen. und beherbergt eine der stolzesten marinen der welt, wenn man bedenkt, dass bolivien gar keinen zugang zum meer mehr hat (seit dem pazifikkrieg 1879–1884). aber nach wie vor sind die bolivianer davon ueberzeugt, dass sie eines tages zum meer zurueck kommen, jemand hatte sogar die idee, einen tunnel bis vor das chilenische hoheitsgebiet zu graben und dort eine insel zu bauen...
ausdruecke. „hay“ bzw. „no hay“ (es gibt (nicht)) kann so ziemlich alles, in allen zeitformen bedeuten: gibt’s nicht, hab ich nicht, wirst du ... bekommen?. und „vamos“ (wir gehen) genau so. los geht’s, mach schon, lass uns ...
lamafoeten. bevor man ein haus baut, vergraebt man ein lamafoetus. gibt’s auch ueberall zu kaufen. und stinkt ein wenig. und ich will gar nicht wissen, ob die lamas getoetet werden muessen um an die foeten zu kommen.

weg erfragen. nicht tun. ist sowieso falsch! milch. pulver. wenn ueberhaupt. in el villar (eins unserer doerfer) laufen die kuehe mit fast platzenden eutern rum und die leute trinken trotzdem milchpulver-milch. ist ja einfacher. verniedlichung. einfach ein -ito an irgendein wort haengen, das wird ausserordentlich gerne getan. pocito (ein noch kleines bisschen weniger), momentito (einen klitzekleinen moment) usw. spanisch ist hier sowieso sehr einfach, zum beispiel wird die 2. person plural nicht benutzt, es heisst immer „gehen sie?“ statt „geht ihr?“. und dann die tastatur. z und y sind vertauscht, wenn man sich dran gewoehnt hat, schreibt man wieder auf einem deutschen laptop und alles ist wieder doof.

La Dama Elegante.

Besuch im Schönheitssalon

Judith Grümmer

Samstagnachmittag in Sucre. Was macht die Señora mit ausreichend Pesos nach einer anstrengenden Woche? Sie entspannt und lässt sich verwöhnen. In meinem Fall heißt das, nach einer Woche voller Vokabeln und grammatikalischer Hürden: Ich folge meiner Freundin Doña Martha in den Schönheitssalon.

Mein Spanisch hat sich verbessert, das merke ich spätestens auf der Massageliege. Nach vier Wochen Spanischunterricht klappt die Konversation sogar in Rückenlage, also einem umgedrehten und entblößten Käfer ähnlich, auf der Massagebank. Si, ich komme aus Deutschland. Si, eine Ganzkörpermassage wäre sehr angenehm, ... dass ich an den Füssen kitzelig bin, dafür fehlen mir dann aber doch noch die Worte. Allerdings könnte ich unser Gespräch auch im Futur oder in drei Vergangenheitsformen führen. Die Überwindung der Sprachlosigkeit zeigt also erste Erfolge.

Auf die Entspannung auf der Massageliege folgt die Herausforderung im Frisiersalon: Es wird geschnitten, getönt, gefärbt, gelockt, entlockt, geföhnt. Mindestens dreißig Augen verfolgen interessiert den Auftritt der Fremden. Ich habe mich auf eine Rundumerneuerung eingelassen und jetzt die Flucht ergreifen gilt nicht! Doch mein Vokabelwissen versagt, als ich mit frisch gewaschenen, nassen Haaren vor dem Spiegel sitze. Was möchte ich an meinen Haaren machen lassen? Auf keinen Fall einen neuen Schnitt! Bei meinen unbolivianisch kurz geschnittenen Haaren rät meine Typberaterin dann auch zu einer guten Föhnfrisur. Dass meine Haare noch nie mit einer Ondulierbürste in Berührung gekommen sind, das würde die Dame im weißen Kittel auch bei perfekter Grammatik und ausreichendem Wortschatz nicht verstehen. Also

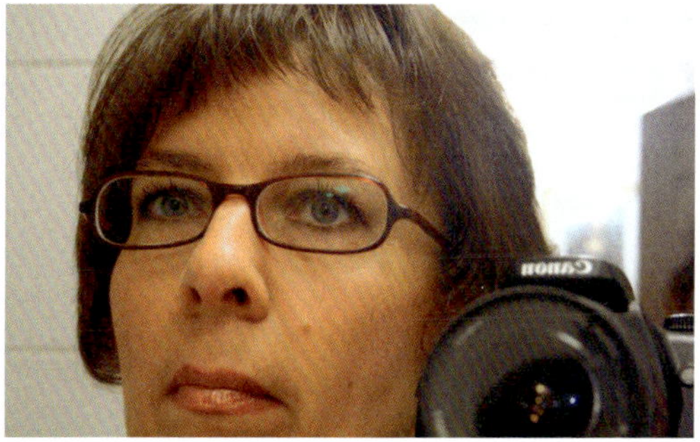

schließe ich die Augen und versuche mir meine Panik nicht anmerken zu lassen.

Mit dicken Lockenwicklern im Haar, den ersten in meinem bisherigen Leben, werde ich in den nächsten Raum geschickt. Vorbei an tiefen Dekolletés, an frisch epilierten Beinen und komplizierten Hochsteckfrisuren. Es werden US-amerikanische Modezeitschriften geblättert, pedikürt, manikürt und künstliche Fingernägel geklebt. Auch Botoxbehandlungen sind selbstverständlich möglich. Eine Braut wartet, in Begleitung ihrer Brautjungfer, mit festgestecktem Schleier auf das Taxi. Junge Mädchen werden für den Discobesuch aufgehübscht, ältere Damen verjüngt. Hier sind Kundinnen Gäste und Friseurinnen fachkundige Freundinnen in Sachen Schönheit. Jung und Alt nennen sich beim Vornamen, es wird geherzt und geküsst, gekichert und sicherlich auch getratscht. Samstagnachmittag in einem Schönheitssalon.

Im Spiegel betrachte ich meine veränderte Erscheinung. Mit dicken Lockenwicklern sieht die schönste Frau aus wie eine Waschfrau, tröste ich mich. Und Make-up und Schminken lässt sich wieder abwaschen. Welche Farben ich heute Abend tragen werde? Ich zeige auf meine maronenfarbige Hose und bitte um „poco colores" und „decente" Ausführung. Die Kosmetikerin schmunzelt und verzichtet darauf, mich auf den Schönheitsvorteil gezupfter Augenbrauen hinzuweisen.

Nach drei Stunden verlasse ich den „Salon für die elegante Dame". Ich bin kaum wieder zu erkennen. „Aber, wer nicht wagt, ..." und so weiter. Zweihundertvierzig Bolivianos, also etwas über zwanzig Euro hat mich das Experiment gekostet. Das ist mehr als der Wochenlohn einer bolivianischen Hausangestellten. Meine neue Erscheinung stößt im Hostel auf unterschiedliche Reaktionen: Mein Sohn bittet mich, sofort gründlich zu duschen. Die bolivianische Seite findet mich wunderschön, wenn auch recht dezent in der Farbwahl. Was mir aber niemand ansehen kann: Die Massage war wundervoll. Ein Samstagnachmittag in der bolivianischen Damenwelt... entspannend, und wie Max, der gebürtig schweizerische Ehemann meiner bolivianischen Freundin Martha bei anderer Gelegenheit zu sagen pflegt: „Nicht billig, aber eine wohltuende Umverteilung von Eigentum."

La Dama Elegante

Visita a un salón de belleza en Sucre

Judith Gruemmer

Qué hacen las señoritas y señoras con su dinero, después de una semana de trabajo duro.
Los sábados por la tarde se van al salón de belleza, se relajan con un masaje y tratan sus cuerpos bien. Gracias a mis clases de español, puedo entrar en una primera conversación y se fue la fase sin palabras. El masaje fue muy agradable, pero me asustó el trabajo con mi pelo: *"por favor no quiero un nuevo corte"*, pero para más expresiones me faltaban las palabras. Con los ojos cerrados he sentido la ondulación de mi cabello, con el cual hacían rulos, todo por primera vez en mi vida, al final me preguntan si quiero un tratamiento de BOTOX, para eliminar mis arrugas; por lo expresado, muy fácil aquí. Pero no fue el final, recién empieza la fase 3: maquillaje y uñas, después de más de 3 horas pude retornar al HI hostel, *nadie pudo reconocer mi nuevo look*, he gastado un poco más de 20 euros, en pesos bolivianos 200. En el HI hostel hubo dos reacciones: mi hijo dijo: *vete a la ducha de inmediato*, pero muchos bolivianos dicen que estoy muy linda. Lo que nadie sabe es que lo mejor fue el masaje, reconfortante, relajante y muy saludable. Con esta experiencia se termina mi paso por un centro de belleza de la sociedad de damas bolivianas y como dice mi amigo Max, el suizo, nada barato, pero bien para generar trabajo en Bolivia.

Sonntags in Tarabuco.

Von Bauernmärkten und Kampfspielen

Judith Grümmer

Die Fahrt mit dem „trufi“ (dem Kleinbus) beginnt mit einem Stopp. Am ersten Kontrollpunkt, kurz hinter der Stadtgrenze, wird der Kleinbus aus der Fahrzeugkolonne herausgewunken. Doch es sind keineswegs die ziemlich blank gefahrenen Reifenprofile, und es ist auch nicht die Sorge um die Sicherheit der beiden alten Bäuerinnen, die im überfüllten Bus auf wackligen Fußbänkchen im Gang zwischen Plastiksäcken und bunten Stoffbündeln Platz genommen haben. Den Unmut der Polizisten haben die Nummernschilder geweckt, die fehlen nämlich.

Fünfundsiebzig Kilometer oder „mas o menos“ anderthalb Fahrstunden von Sucre entfernt und 3.284 Meter über dem Meeresspiegel liegt das Dorf Tarabuco. Ein Ort mit historischer Bedeutung, denn hier errangen die Ureinwohner der Region am 12. März 1816 in der Schlacht von „Jumbate“ einen fast einzigartigen Sieg über die spanischen Kolonialherren. Ein Ereignis, was an jedem dritten Sonntag im März mit fast zehntausend Besuchern groß gefeiert wird. Hundert Polizisten sollen an diesem Tag den Verkehr zwischen Sucre und Tarabuco kontrollieren – zur Sicherheit der Reisenden.

Für die Polizei – so die spöttischen Anmerkungen – sei das mal wieder eine gute Gelegenheit, ihr Gehalt aufzustocken. Die aktuellen Nummernschilder hat der Busfahrer allerdings schnell zur Hand. „Unkaputtbar“ (an dieser Stelle ist dieses Wortungetüm tatsächlich angebracht) und nagelneu liegen die „Placas“ in ihrer Plastikfolie verpackt unter dem Fahrersitz. Zu oft würden die „Placas“ abgeschraubt, höre ich. Vielleicht also ist das kleine Handgeld an die Ordnungshüter für den Busfahrer billiger als ein neues Nummernschild?

Domingo – el mercado de Tarabuco

Judith Gruemmer

En la madrugada fuimos desde Sucre a Tarabuco en microbús, subiendo de 2700 a 3300 m/s/n/m, ni saliendo de la ciudad, nos detuvimos, esta vez por las llantas malas, luego la gente en el pasillo con un gallo u otros animales, también faltaban las placas del vehículo, el chofer, renegando, sacó la placa debajo de su asiento (hasta en su plástico original) diciendo: si no, siempre me la roban, la policía lo sabía, pero parece que hasta el domingo querían aumentar su sueldo con alguna multa; qué suerte para nosotros los pasajeros que hay comida, los vendedores pasando por la ventana, por poco dinero pudimos comprar carne seca (charque), huevos cocidos, choclo (maíz cocido), queso criollo, etc. Finalmente seguimos los 75 km, subiendo y bajando cruzamos los valles hasta nuestro destino. Paralelamente con la carretera bastante nueva, hay una antigua línea férrea de tren; impresionantemente, hasta los años 60 la capital Sucre, fue conectada con varias ciudades capitales, hasta con Antofagasta en Chile. Hoy es el tercer domingo de marzo, no es un domingo normal, es la gran fiesta del PUJLLAY, en esta fecha del año 1816 los indígenas de Tarabuco, participaron en la batalla de Jumbate, con una victoria muy importante contra las tropas reales de España.
A tempranas horas de la mañana, caminan por Tarabuco delegaciones de casi 20 mancomunidades hacia la plaza central, bailando con sus lindos trajes históricos, con sus ofrendas a la madre tierra PACHAMAMA en la PUCARA. Aparte de esta fiesta dominante, cada domingo es el mercado, como pequeño secreto para visitarlo. En el nuevo centro Hostelling de Tarabuco, llegan voluntarios que apoyan a la población durante la semana en asistencia escolar, trabajos manuales y especialmente en la

formación para un etno-turismo sostenible. Al final de la fiesta, cuando los originarios han tomado mucha chicha, mascando coca y ofrendando a la Pachamama, en ceremonias y rituales que datan de mil años, podemos apreciar las grandes diferencias entre las culturas, justamente eso quieren ver los jóvenes europeos en el intercambio cultural.

Mit dem einfachen Vorzeigen der vorhandenen Kennzeichen und einem kleinen Strafgeld geben sich die Ordnungshüter an diesem Sonntagmorgen, kurz nach sieben Uhr, allerdings nicht zufrieden. Die Schilder müssen sofort fest montiert werden, sonst darf der Bus nicht weiterfahren. Während der Fahrer noch versucht mit den Polizisten zu verhandeln, steigen einige Mitreisende aus, um frierend im herumliegende Unrat nach geeigneten Befestigungsmöglichkeiten der „Placas" zu suchen. Verrosteter Draht, zerrissene Schnürsenkel, alte Lederriemen, hier liegt genügend verwendbares Material herum. Und im Bus wird so lautstark und mit so viel Gelächter über den Staat, über die Regierung, die Korruption und auch über die Polizisten gelästert, dass mir Angst und Bange wird. Dann geht die Fahrt weiter. Bis zum nächsten Kontrollpunkt.

Die „Placas" sind fest montiert. „No hay problemas". Diesmal werden die Reisenden durchgezählt und die üblichen Mautgebühren kassiert. Für die Fahrgäste hat dieser Kontrollpunkt dann aber auch einen kulinarischen Wert. Durchs Fenster reichen die Hausfrauen des naheliegenden Dorfes gegen kleines Geld Plastiktütchen mit einer Handvoll kleingeschnittenem Trockenfleisch, Choclo (Mais) und hartgekochten Eiern. Ich probiere die noch warmen, mit Käse gefüllten Teigtaschen. Köstlich! Während die Fahrgäste zufrieden und jetzt fast schweigend futtern, setzt sich der Bus erneut in Bewegung.

Die asphaltierte Straße windet sich in endlosen Kurven die Anden hinauf und hinunter. Parallel zur Straße verläuft eine stillgelegte Eisenbahnstrecke. Bis in die 1960er, 1970er Jahre war die nominelle Hauptstadt Sucre mit den wichtigsten Städten des Landes per Schienenstrang verbunden. Heute ist der öffentliche Nah- und Fernverkehr in der Hand von fast unendlich vielen kleineren und größeren Busunternehmern, die vom zerbeulten und völlig überladenen Minibus bis zum Luxusreisebus alle Kategorien anbieten. A uch Lastwagen, sogenannte Camiónes, sind geschätzte, da besonders billige Fortbewegungsmittel. Weil aber 90 Prozent aller Überlandstraßen als „Naturstraßen" durch oft unwegsame Regionen führen, die immer wieder von Erdrutschen, Überschwemmungen und geologischen Verwerfungen blockiert werden, ist heute auch das (teure) Flugzeug zu einem wichtigen Transportmittel geworden.

Gegen neun am Morgen sind die Straßen von Tarabuco schon voller Menschen. Zwar steht an diesem Tag das Pujllay-Fest im Mittelpunkt, doch gleichzeitig findet auch der ganz normale Sonntagsmarkt statt. Aus den Dörfern und Einzelgehöften des ganzen Umlandes kommen die Bauernfamilien jeden Sonntag hier zusammen, um ihre Waren feilzubieten. In den engen, schattigen Straßen stapeln sich säckeweise Reis, Kartoffeln, Nudeln, Speiseöl in Zehnliterplastikflaschen, körbeweise frisches Gemüse, tropische Früchte, Gewürze, außerdem Töpfe, Pfannen, Geschirr, Stoffe und Garne... Früher wurden diese Waren untereinander getauscht, erzählt Balbino, der Leiter der Jugendherberge von Tarabuco. Heute wird auch hier mit barer Münze gezahlt.

Seit Jahren gilt der indigene Sonntagsmarkt von Tarabuco auch unter Touristen als „Geheimtipp". Weil es in diesem Dorf bisher keine akzeptablen Übernachtungsmöglichkeiten gibt, reisen die Touristen morgens an und nachmittags wieder zurück. An den 25 Dollar, die eine solche organisierte Tagesfahrt pro Person kostet, verdienen jedoch weder die Tarabucenser noch die Marktleute, sondern nur die Reiseveranstalter aus der Stadt. Dass die Händler sich – in der Hoffnung auf ein kleines Zubrot – nun umso beharrlicher um die „reichen Fremden" bemühen, missverstehen die Touristen als Aufdringlichkeit und kaufen dann oft gar nichts.

Den Wert der handgearbeiteten Waren wissen diese meist nicht zu schätzen und an die gebratenen und gekochten Köstlichkeiten der vielen kleinen Garküchen am Marktrand trauen sich die meisten Touristen erst recht nicht dran.

Diese für alle Seiten unbefriedigende Situation möchte Balbino in Kooperation mit einem deutsch-bolivianischen Kulturverein und der Jugendherbergsbewegung ändern: nachhaltiger Tourismus ist sein Stichwort.

Die Jugendherberge von Tarabuco schafft neue Arbeitsplätze für die Dorfbevölkerung, das ist Don Balbino wichtig. Freiwillige und Zivildienstleistende, vor

allem aus dem deutschsprachigen Raum, finden hier eine angemessene Bleibe. Wie schon andernorts haben sie hier gemeinsam mit Einheimischen einen Kindergarten aufgebaut, in dem sie nun stundenweise die Arbeit unterstützen können. Als Schulassistenten werden sie in den Escuelas und Colegios des Dorfes eingesetzt. Vor allem aber ist ihr Ideenreichtum und ihre Eigeninitiative in verschiedenen sozialen, interkulturellen Projekten gefragt. Im Gegenzug können örtliche Handwerker, Musiker, Instrumentenbauer oder Handarbeiterinnen Kulturkurse anbieten, in denen interessierte Reisende mehr über das Arbeiten und Leben der bolivianischen Hochlandindígenas erfahren. Geben und Nehmen, im kulturellen Austausch und für ein besseres gegenseitiges Verständnis, so umschreibt Balbino seine Vision von Jugendherbergsarbeit und touristischem Angebot.

Balbino ist an jenem dritten Märzsonntag auch ein kenntnisreicher Begleiter zu den Feierlichkeiten in Tarabuco, die vielfach als „Karneval" beschrieben werden, mit Karneval im katholischen Sinne nur entfernt etwas zu tun haben.

„Pujllay" bedeutet in der Sprache der Quechua-Indianer soviel wie „Spiel". Die Ursprünge dieses für die Quechua-Indianer so wichtigen Fests liegen in der vorkolonialen Zeit, erklärt Balbino. Noch heute versammeln sich im März die Campesinofamilien des Umlandes, um gemeinsam „Pachamama", der Erdgöttin, für die Ernte zu danken und auch fürs nächste Jahr um fruchtbare Böden zu bitten. Indigenes Brauchtum gemischt mit christlicher Glaubenswelt – in Bolivien widerspricht sich das keineswegs. So feiern an diesem Tag gleichzeitig die Nachfahren der Charcas-Indianer ihren Sieg über die spanischen Besatzer.

Jenen Ureinwohner aus der Prä-Inkazeit, die übrigens schon vor 5.000 Jahren einen Kalender kannten, der unseren gewohnten Kalender ähnelt, war es in der Andenprovinz Yamparáez gelungen, ihre Autonomie zu wahren und sich vor der Versklavung durch die spanischen Kolonialherren zu schützen. Die Schlacht von „Jumbate" ist deshalb ein historisches Ereignis, dem in Tarabuco ein nagelneues Denkmal gesetzt wurde: Ein siegender Krieger, der dem sterbenden Spanier das Herz aus der Brust reißt. „Sie haben die Herzen der Feinde damals gegessen", erklärt Balbino das martialische Standbild, das an diesem Sonntagmorgen die Menschen staunend umstehen, bevor die Feier so richtig losgeht.

Die Auseinandersetzung mit den Eroberern ist sogar in der tarabucensischen Kleidung unübersehbar, die selbstbewusst von Jung und Alt auch im Alltag getragen wird. Da werden die Insignien der Konquistadoren fast ans Absurde grenzend karikiert, beispielsweise die holzgeschnitzten Sandalen mit den überdimensionierten Blechsporen, die das Schuhwerk der spanischen Caballeros zitieren. Oder die aus Leder gearbeiteten schwarzen Kopfbedeckungen, die an die Helme der spanischen Eroberer erinnern. Farbenfroh sind die Ponchos der Männer, aufwendig gewebt die oftmals sogar noch bestickten Kleider der Frauen.

Von der Plaza aus ziehen die Tanzgruppen zum außerhalb des Dorfes gelegenen Fußballplatz, wo eine fast zehn Meter hohe Puchara aufgebaut ist – ein blumengeschmücktes, fast altarähnliches Gerüst, an dem in sorgsam gestalteten Ornamenten all die Früchte und Gemüsesorten aufgehängt sind, die in der Region wachsen. Äpfel, Birnen, Paprika, Möhren, Tomaten, scharfe Choclos, Kartoffeln, gebundene Garben von Quinoa und Reis. Pucharas dieser Art kann man zu dieser Jahreszeit an vielen Orten des Andenhochlands sehen, als Opfergaben an Pachamama, als Erntedank und in Erinnerung an die Verstorbenen des vergangenen Jahres und an alle Urahnen.

Rund um die Puchara von Tarabuco tanzen, gemeinsam essen, vergorenes Maisbier trinken, Koka kauen, die Erdgöttin ehren – die Ernsthaftigkeit dieser Feier und Konzentration auf die jahrtausendealten Rituale ist den Gesichtern der Tanzenden und Musizierenden anzusehen. Gesichter, die geprägt sind vom harten Landleben. Gesichter, die den Außenstehenden keine Gefühle verraten.

An diesem Sonntag in Tarabuco spüre ich zum ersten Mal, wie weit die Welten der indigenen und der spanisch geprägten Bevölkerung Boliviens auseinander liegen und wie schwer es sein wird, sich wirklich unvoreingenommen zu begegnen. Aber auch der aufkeimende Stolz und das wachsende Selbstbewusstsein dieser seit fünfhundert Jahren unterdrückten indigenen Mehrheit, die nun ihrerseits einen friedlichen Dialog schwerer und hoffentlich nicht unmöglich macht, ist deutlich spürbar.

Tarabuco, eine Begegnungsstätte zum gegenseitigen Kennenlernen, zum interkulturellen Austausch, für Toleranz und Respekt. Was manche in Bolivien vielleicht für unmöglich halten, ist für Balbino in Tarabuco greifbar geworden: Ein Ort, in dem sich fremde Welten berühren, verständigen und austauschen.

Vicente Vargas: Pujllay und die Kultur der Yamparáez

Wenn Vicente Vargas nicht gerade mal wieder mit seiner Musikgruppe Canto Sur im In- und Ausland auf Tournee ist – und diese Konzertreisen führen ihn regelmäßig auch durch Europa –, dann findet man ihn am ehesten abends in seiner Musikwerkstatt im Barrio San Christobal. Dort, etwas außerhalb des kolonialgeprägten Zentrums von Sucre, liegen nicht nur die Proberäume der Musikgruppe, sondern auch Werkräume, in denen Charangos, Quenas, Zampoñas etc. – also die traditionellen Instrumente der indigenen Andenbewohner. Für rund siebzig Kinder, Jugendliche und Erwachsene, vorwiegend aus den Armenvierteln der Stadt, ist Vincente nicht nur ein guter Musiklehrer, sondern im Laufe der Jahre auch Freund und Vorbild geworden. Und zur echten Chance: denn seine Musikwerkstatt ist schon längst zu Lebensschule geworden. „Musikunterricht kann Kinder und Jugendliche vor der Straße bewahren und ihre kulturelle Identität stärken". Deshalb entschloss er sich im Jahr 2005, sein privates Wohnhaus – unterstützt durch Spendengeldern auch aus Deutschland – zum musikalischen Zentrum auszubauen. Mit Erfolg. Während Canto Sur weit über die südamerikanischen Grenzen hinaus Konzerte gibt, in denen sie tradionelle und moderne Klänge zu einem unverwechselbaren eigenen Musikstil verbinden, sind auch die ersten aus der Musikwerkstatt hervorgegangenen Jugendgruppen erfolgreich im Land unterwegs. Doch Vincente Vargas ist nicht nur als Musiker und Mentor erfolgreich. Er gilt als einer der profundesten Kenner andiner Musiktradition. Wer also verstehen möchte, was Musik, Kleidung und Zeremonien beispielsweise beim alljährlichen „Pujllay" in Tarabuco ausdrückt, findet in Vicente Vargas einen kompetenten Gesprächspartner:

La fiesta del Pujllay y la cultura de los Yamparas

Entrevista con Vicente Vargas

Si Vicente con su conocido grupo musical CANTO SUR, no está en giras por el interior o exterior especialmente en EE.UU. puedes encontrarlo en su querido taller de Sucre. Aquí se encuentran charangos, zampoñas, quenas, etc., los instrumentos tradicionales de los indígenas de Los Andes. Son más de 70 personas, entre niños, adolecentes y adultos, muchos de ellos de procedencia muy humilde. Vicente Vargas no sólo es un excelente profesor de música, sino mucho más un amigo y un ídolo por su éxito al preservar las tradiciones de la música y las costumbres originarias. En la entrevista él nos confirma, que hablar de Tarabuco es hablar de la cultura de los Yampáras. Con la cristianización la fecha de la fiesta del Pujllay lo coordinaron con el carnaval, desde 25 años atrás centralizado en Tarabuco en el tercer domingo de marzo de cada año, en esta fiesta todos los ciudadanos originarios de la provincia llegan con sus trajes de gala, una mezcla
de elementos tradicionales e históricos, en un acto de respeto contra la conquista española; especialmente la sandalia de madera, es una imitación a las botas con espuelas exageradamente grandes, también se ponen la montera, en imitación al casco de metal de los españoles. En el tejido prevalecen los motivos tradicionales zoomorfos (formas de cóndor – águila – zorro, etc.), también vacas, gallinas o chanchos como símbolos de la domesticación de estos animales. Los indígenas bailan por horas en las calles, donde los hombres simbolizan a los guerreros y las mujeres bailan con banderas blancas, simbolizando la inmaculada virginidad. Al final, llegan a la Pucara, casi en trance, con una cara dura y cerrada, representando toda su mentalidad, solo la chicha y la coca, pueden abrir su corazón.

Wenn wir über Tarabuco sprechen, müssen wir in Wirklichkeit an die alte Kultur der Yamparáez denken, deren Nachfahren auf der Basis eines uralten Kalenders ihre Feste und Traditionen bis heute pflegen. Tarabuco ist bekannt für seinen Karneval, doch die Wurzeln liegen sehr viel tiefer in der vorkolonialen Zeit. Damals gab es in jedem Dorf, in jedem Weiler die Tradition des Pujllay-Tanzes. Mit der Christianisierung wurden diese uralten Rituale dann mit dem christlich geprägten Karneval verbunden und dann weiterentwickelt zu jenem Pujllay, wie wir ihn heute erleben. Als vor rund fünfundzwanzig Jahren dann das Fest auf den dritten Sonntag im März festgelegt und zentral in Tarabuco zusammengefasst wurde, war das einerseits eine Rückbesinnung auf die vorkolonialen Wurzeln, andererseits spielten dabei aber auch touristische Überlegungen eine Rolle.

Während des Pujllay-Festes tragen die Bewohner der Provinz Yamparáez ihre Festkleider, die viele traditionelle und historische Elemente enthalten. Diese Trachten stammen aus der Zeit nach der spanischen Eroberung und enthalten oft auch satirisch interpretierte Übersteigerungen der Rituale oder Merkmale der Unterdrücker. So tanzen die Männer auf überhöhten Stiefelimitationen, das sind Holzsandalen, die mit viel zu groß geratenen Blechsporen ausgestattet sind. Die Männer schmücken sich mit einem Lederhelm (la Montera), der ganz stark an den federgeschmückten Eisenhelm der Spanier erinnert. Und dazu tragen sie lange Rohre auf dem Rücken, die wohl an die langen Gewehre erinnern sollen, die aber heute als Panflöten für die originäre Begleitmusik dienen. Gleichzeitig wird aber auch die Symbiose mit dem christlichen Glauben ersichtlich, denn auf den Trachtenhosen sind drei Kreuze aufgenäht, welche die Dreifaltigkeit darstellen. In den handgewebten Stoffen erkennt man Motive aus der Tierwelt: Die zu jagenden Füchse, Eichhörnchen, dann den Adler und Kondor, aber auch Pferd und Kuh, Schwein und Huhn als Beispiele für domestizierte Tiere, die erst mit der Kolonialisierung nach Südamerika kamen. Im ganzen Kulturraum von Yamparáez hat sich eine einheitliche Tracht entwickelt, die sich bis heute erhalten hat und die nicht nur zu Festtagen, sondern gerade auch von den Menschen auf dem Land das ganze Jahr über getragen werden.

Für alle Toten, die im vergangenen Jahr durch Unglück oder Unfälle gewaltsam ums Leben kamen, stellt man in Bolivien Kreuze am Ort des Sterbens auf. Diese Kreuze werden dann am Freitag vor dem Pujllay-Fest eingesammelt und gemeinsam am Fuße der Puccara (Opferdarbietungen) auf dem Dorfplatz aufgestellt. Die verschiedenen Tanzgruppen aus den Dörfern von Yamparáez kommen alle nach Tarabuco und bringen im Verlaufe der nächsten 24 Stunden Opfergaben aus Haus und Hof mit: Brote, Hefezöpfe, Früchte, Kartoffeln und Mais, aber auch alkoholische Getränke. Diese Gaben werden zwischen zwei hoch aufragende Holzsäulen gebunden. Hier zeigt sich eine weitere Verschmelzung heidnischer und christlicher Tradition, indem heidnische Opfergaben mit katholisch geprägten Gedenken an die Toten (ähnlich einem Totengedenken auf dem Schlachtfeld) miteinander zu einem Festritual verbunden werden.

Dies alles drückt sich auch in den fast martialischen Klängen der Begleitmusik aus, welche eher an die Monotonie des Aufmarsches zum Gefecht erinnert,. Dies liegt daran, dass das sehr einfache Flötenspiel in seiner Ausdruckskraft beschränkt bleibt auf die sich stetig wiederholende Darstellung der Liebe zur Erde und Heimat und die traditionellen Melodien weder den Variantenreichtum noch die lebendige Fröhlichkeit anderer Tanzmusiken aufweist. In einfachen Worten werden Alltagsleben und Sorgen intoniert. Und es ist schon ein musikalischer Höhepunkt, wenn mal die Liebe zu einer Frau angedeutet wird. Dass die Musiken und Tänze eine kriegerische Herkunft haben, zeigen auch die Gruppentänze der Männer, die jeweils von zwei jungen Frauen begleitet werden,

Justo en el tiempo del cambio político actual en Bolivia, los recuerdos de la batalle de Jumbate, cobran mayor relevancia, valorándose más el apoyo decisivo de caudillos como Manuel Ascencio Padilla como su conocida esposa Juana Azurduy y los bravos guerreros Carrillo y Calisaya. Muchos turistas se asustan del nuevo monumento, que muestra a los tarabuqueños como guerreros de última brutalidad, que continuaron el ritual incaico, sacando los corazones calientes de las entrañas del oponente o enemigo en combate.
Qué importante que en los últimos años, llegan entre 15 a 20 mil visitantes a esta ceremonia tradicional del Pujllay, quienes se llevan recuerdos inolvidables y dejan aportes económicos importantes en la región, producto del consumo en alimentos y tejidos.

deren weiße Fahnen die jungfräuliche Unbefleckheit symbolisieren. Während die einzelnen Tanzgruppen mehrere Stunden durch das Dorf tanzen und dann die Puccara mehrmals umrunden, fallen sie irgendwann in eine Art Trance aus Monotonie und Ermüdung, infolgedessen die Melodien und Liedtexte noch schwermütiger werden.

Ein anderer Aspekt ist auch die Trauerarbeit: Die Teilnehmer, die nicht in den traditionellen roten farbenprächtigen Trachten auftreten, sondern einen dunkelgrau-schwarzen Stoffumhang tragen, haben im vergangenen Jahr einen Angehörigen durch Tod verloren. Das Pujllay-Fest ist wohl die einzige karnevalistische Veranstaltung, bei der Trauernde geradezu dazu eingeladen sind, das Fest musikalisch zu begleiten (die Trauernden dürfen nicht tanzen). Mit einem besonderen blasinstrument, das wegen der verlängerten Röhre besonders tiefe Töne erzeugt, verleihen die Musiker ihrer Traurigkeit einen ganz besonderen Ausdruck.

Auffallend ist der Gesichtsausdruck der Tanzenden und Musizierenden während der Pujllay: Die Härte und Verschlossenheit ihrer Mienen spiegelt natürlich auch ihre Mentalität wieder, denn die Menschen sind es nicht gewohnt, Gefühle zu zeigen. Erst in der Schlussphase vielstündigen Tanzens und Marschierens können dann doch noch die wahren Gefühle herausbrechen, bei den einen als Freude, bei den anderen als Trauer. Verstärkt wird dieser Effekt durch das ständige Kauen von Koka. Bereits vor Tanzbeginn gibt es eine Zeremonie, während der Koka und reiner Alkohol an die Mutter Erde zurückgegeben werden. Genauso bekommt Pachamama jedes Mal von der Chicha, dem vergorenen Maissaft, den die Tänzer auf ihrem Weg zur Puccara als Belohnung von den übrigen Bewohnern regelmäßig gereicht bekommen. All dies entspricht der heidnischen Opfergabenprozession früherer Zeiten und wurde so von der katholischen Kirche in die Karnevalsfeiern integriert, um damit die Ureinwohner für ihre Missionierung günstig zu stimmen.

Die Schlacht von Jumbate ist in der Geschichte Boliviens, aber vor allem in der heutigen Umbruchzeit des „Cambio", von ganz entscheidender BedeutungDiese Schlacht lieferte den Beweis, dass die indigenen Untertanen sich – mit Mestizenrädelsführern wie Manuel Asencio Padilla und seine Frau Juana Azurduy – im Kampf gegen die königlichen Truppen der Spanier erfolgreich schlagen konnten.

Mit der Schlacht von Jumbate gehen die Tarabucensen, aber auch als äußerst brutale Krieger in die Geschichte ein. Denn ihr Brauch war, dem getöteten Gegner das noch warme Herz aus dem Leib zu reißen und sich mit herzhaftem Bissen an seinem Blut zu stärken um sich so die Energie des Gegners einzuverleiben. Mitten auf dem Dorfplatz von Tarabuco steht genau mit diesem Motiv eine den Touristen Furcht einflößende Monumentaldarstellung.

Auch wenn das große Pujllay-Fest am dritten Sonntag im März eines jeden Jahres stattfindet, und mit den Dörfern und Weilern im Außenbezirk ein Gebiet von rund 4.000 Quadratkilometern (zweimal zu große wie das Saarland) umfasst, finden die Tanzrituale nach wie vor in den Karnevalstagen statt. Das Hauptfest im eigentlichen Zentrum der Provinz, in Tarabuco, hat sich national und international so etabliert, dass heute jährlich 15 bis 20.000 Gäste daran teilnehmen.

So hat sich das Pujllay-Fest in den vergangenen zwei Jahrzehnten auch zu einer Veranstaltung weiterentwickelt, die den Einheimischen neue Einnahmequellen eröffnete. Erfreulicherweise sind sowohl die Rituale und Tänze, die Farben und Motive der Stoffe und Trachten, die alle von einheimischen Frauen handgewebt sind, die satirische Interpretation der Insignien der gefallenen spanischen Reiter, die monoton,

martialisch anzuhörende Musik bis heute eine für Bolivien komplett eigenständige künstlerisch-kulturelle Ausprägung.

http://www.jbh-bolivien.de/CANTOSUR.HTM

Renaissance des Schamanismus in Bolivien

Delia Fuhrmann

Die Sonne brennt heiß durch die kalte Gebirgsluft des Dorfes Tarabuco mitten in Bolivien. Sie meißelt die schwarzen Schatten der Menschenmenge auf die staubigen, uneben gepflasterten Straßen und die Häuserwände aus Lehmziegeln. Die bunte Menge aus Touristen, Bolivianern aus dem ganzen Land und Tänzern ist gekommen, um das alte Fest des Pujllay zu feiern. In der Mitte des Platzes ragt eine meterhohe Leiter auf, an der Äpfel, Bierflaschen, Schinken, Marmeladegläser, Brote und Möhren befestigt sind. Um die Leiter herum drehen sich farbenfroh gekleidete Gruppen auf Holzplateauschuhen mit klirrenden Schellen und martialischen Bewegungen tanzend im Kreis. Alljährlich im März begehen die Yampara, so nennt sich die indigene Bevölkerung in diesem Teil Boliviens, den Pujllay. Das Dorf Tarabuco liegt zwei Autostunden und Welten von der Hauptstadt Boliviens, Sucre, entfernt: Wenn die Yampara sonntags aus den umliegenden Siedlungen auf den großen Markt nach Tarabuco kommen, tragen sie wie in alten Zeiten ihre Trachten und sprechen Quechua, die Sprache der alten Inka, miteinander. Mitten auf dem Marktplatz steht eine wenig einnehmende, überlebensgroße Figur eines Yamparakriegers mit vor Wut verzerrtem Gesicht. In den Befreiungskriegen im 19. Jahrhundert sollen die Yampara in der Schlacht von Jumbate in der Nähe von Tarabuco mit Steinschleudern und Keulen die übermächtigen spanischen Truppen besiegt haben. Dieses Ereignis wird mit dem Pujllay gefeiert.

„Die Menschen sprechen wieder vermehrt die alten Sprachen und leben die alten Bräuche und Rituale," sagen Kenner der bolivianischen Gesellschaft. Der Präsident Boliviens aus dem Stamm der Aymara, Evo Morales, dürfte mit seinen selbstbewussten und sozialistischen Ideen maßgeblich zu dieser Entwicklung beigetragen haben. Seine Ideen stammen nur teilweise aus dem westlichen Gedankengut des Marxismus; wesentlicher sind die Elemente, die auf der Überlieferung der Inkakultur basieren. Gemeinschaftseigentum, Zentralismus und Vergesellschaftung kannten schon die alten Inka und der indigenen Bevölkerung sind sie seitdem im Bewusstsein geblieben. Doch nicht nur die sozialistisch anmutenden Ideen der alten Inka habe er übernommen, sondern auch deren diktatorische Herrschaftsform, meinen einige Oppositionelle. Morales führt das Land im Moment mit Präsidialverfügungen und geht hart gegen die Opposition vor. Im Jahr 2009 brachte er eine neue Verfassung erfolgreich zur Abstimmung und wurde im Januar 2010 mit großer Mehrheit erneut zum Staatspräsidenten gewählt. So ist Bolivien nun zum plurinationalen Staat geworden, der es ihm ermöglicht, auch nach Ablauf einer weiteren Amtsperiode nochmals gewählt werden zu können.

Interessanterweise ließ sich Evo Morales wiederum vor seiner zweiten Amtsübernahme von Delegationen indigener Stämme in einer Schamanenzeremonie bei Sonnenaufgang auf den Tempelruinen „Arkapana" in der alten Königsstadt Tiahuanaco zum Inkakönig krönen. Dies war für ihn und für die andinischen Urvölker wohl viel wichtiger als der spätere Staatsakt mit den Diplomaten an Regierungssitz in La Paz. Morales ist in diesem Jahr nicht, wie so oft, zu dem Fest Pujllay in das Dorf Tarabuco gekommen, wohl aber sein Vizepräsident, Álvaro García Linera. Bodyguards, Absperrungen, Distanz – all diese Dinge brauchen sie auf den Dörfern Boliviens nicht. Sie wissen, dass die Indígenas sie für ihre Politik, die die meist armen und wenig gebildeten Bauern oft selbst nicht ganz verstehen, verehren. Diese Politik gibt der indigenen Bevölkerung den Stolz auf ihre Herkunft, ihre Kultur, ihre Geschichte wieder – einen Stolz, den sie fast fünfhundert Jahren missen musste.

Renace e Chamanismo en Bolivia

Delia Fuhrmann ex-voluntaria alemana 2009

No sólo en Tarabuco encontramos originarios en sus trajes típicos que hablan más frecuentemente quechua, el idioma de los antiguos Incas, mostrando su alta autoestima indígena.
Desde el gran cambio en Bolivia con la elección de Evo Morales Ayma, en su condición de hombre Aymara llegando hasta la presidencia, vemos revivir las antiguas costumbres con sus rituales e idiomas. Para los analistas europeos, creo que sus ideas son socialistas y siguen la línea del marxismo, pero valen mucho más los elementos de las antiguas culturas andinas: la organización comunitaria, la justicia, la sociedad, con los poderes centralizados en el Inca; con esto muchos de la oposición al gobierno, piensan que se ha creado una nueva forma dictatorial. Con la nueva constitución se ha creado un estado plurinacional con 36 etnias en 9 departamentos bastante autónomos y multilingüísticos, exigiendo a los funcionarios estatales como mínimo, aprender un idioma originario como el guaraní, el quechua o el aymara. Lo interesante es que el primer hombre del país, jefe del Estado Plurinacional tiene raíces indígenas, esté trabajando con
muchos rituales y ceremonias de los antiguos chamanes simbólicamente de alta importancia, sobre las ruinas de la pirámide de *Akapana*, en la ciudad real pre – incaica de Tiahuanaco Muchos de sus seguidores originarios piensan que eso fue mucho más importante, que el acto de la posesión oficial ante el congreso nacional en la ciudad de La Paz; con estas muestras y ceremonias, podemos ver que resurge el orgullo del pasado ancestral.

Sprachlos in Sucre. Oder: Hablas castellano?

Erfahrungen einer Anfängerin

Judith Grümmer

In meinem Kopf herrscht das totale Durcheinander! Gerade hatte ich es geschafft, die ersten kleinen Sätze, grammatikalisch „suboptimal", aber immerhin halbwegs flüssig herauszubringen, da geht plötzlich *nichts* mehr. Der Rückfall in die völlige Sprachlosigkeit überfällt mich am Ende der dritten Woche.

Fünf Tage in der Woche, drei mal 45 Minuten Einzelunterricht und samstags (um acht Uhr in der Frühe!) zweieinhalb Stunden gemeinsam mit anderen Sprachschülern. Dazu „Tareas", Hausaufgaben, mal drei, mal vier Stunden täglich. Ein strammes Pensum. Aber wenn ich höre, wie sich die Freiwilligen und Zivis nach zwei, drei oder sechs Monaten fließend im Land verständigen können, dann geht das eben nicht ganz ohne Pauken. „Wenn das grammatikalische Grundgerüst steht, dann geht alles weitere ganz schnell," weiß meine Spanischlehrerin Monica aus ihrer langjährigen Erfahrung. Aber die meisten ihrer Freiwilligen haben die Schule doch gerade erst hinter sich und sind das Pauken vielleicht noch geübt? Selbstkritisch rechne ich nach, wie lange die Schulzeit bei mir vorbei ist.

Was bedeutet es, sprachlos – im wahrsten Sinne des Wortes – in einem fast fremden Land zu leben? Die für mich spannendste Erfahrung der ersten drei Wochen in Bolivien ist die Reduktion auf das Wesentlichste: Hola. Und: Hasta luego. Knappe Antworten auf Fragen nach Hunger, Durst, Müdigkeit. Eigene Fragen: Wo ist...? Wie finde ich...? Und Erklärungen: Nein, ich spreche kein Spanisch, aber vielleicht in drei Monaten. Ja, mir gefällt es hier in Bolivien.

Muda en el HI Sucre y tuve que hablar español?

Experiencias de una principiante

Judith Gruemmer

En mi cabeza hay un caos total, ni dos días atrás tenía la sensación de mis primeras pequeñas composiciones, pero hoy no va nada más, he caído de nuevo en la fase sin palabras, no podrán creer que estoy en la tercera semana de clases privadas individuales, tres horas al día como mínimo y otras cuatro de tareas, fuertes las exigencias de mi profesora, quién me quiere motivar con su experiencia diciendo: una vez que hayas aprendido bien la gramática, la conversación va a seguir el paso.

Qué significa "sin palabras" en el puro sentido de la palabras? y vivir en un país extranjero? Especialmente para una periodista, es la reducción absoluta a lo esencial: hola qué tal, hasta luego, tengo hambre, estoy cansada, dónde está y naturalmente, no, no hablo español, puede ser en tres meses, pero sí, me gusta mucho Bolivia.

Tengo que eliminar cualquier contacto en elemán, mis tres libros en alemán voy a ponerlos en mi maleta, pero está muy claro, si no hablas español, nunca vas a aprenderlo, qué bien que en la recepción haya encontrado una boliviana que no habla ni inglés ni alemán, entonces voy a invitarla a tomar un café dos veces en la semana, tengo que escucharla y buscar mis pocas palabras para la respuesta. Después de dos horas, estoy más cansada que en diez horas de trabajo en la estación de radio, pero lentamente, vuelve mi optimismo: hablo español un poco.

Increíble, al final de mi cuarta semana de clases, estando sola, he entrado en una auto conversación y mucho más sorprendente fue que en la noche tuve

Ich bin sparsam geworden mit meinen Worten. Ich „plappere" nicht mehr einfach los, so wie ich es in meiner Muttersprache schon von Berufswegen durchaus geübt bin. Jeder spanische Satz wird inhaltlich und grammatikalisch aufs Wesentlichste minimiert, im Kopf vorformuliert, nach Fehlern abgecheckt. Die tausend Fragen, die das Alltagsleben und meine Stadtspaziergänge mit sich bringen, verschiebe ich auf später. Ich könnte sie meinen bolivianischen Gesprächspartnern gegenüber nicht formulieren und noch weniger ihre Antworten verstehen.

Die Krise am Ende der dritten Woche ist drei, vier Unterrichtstage später wieder überwunden. Dieses Chaos im Hirn kennen auch manche der fast dreißig Jahre jüngeren Sprachschüler. Die Gespräche mit anderen Europäern beruhigen mich zwar nur wenig. Außerdem sind die in deutsch oder englisch geführten Gespräche mit anderen Hostelbewohnern ständige Versuchung und Hindernis zugleich. Wer nicht ständig spanisch redet, lernt weniger schnell. Das ist eine traurige Erkenntnis. In meinem Frust suche ich nach Auswegen: Meine deutschsprachige Bettlektüre wird in den hintersten Teil des Schrankes verbannt. Stattdessen versuche ich mich an bolivianischer Literatur, doch in meinem Lexikon sind die vielen aus dem indigenen Sprachgebrauch entlehnten Vokabeln nicht enthalten. Also greife ich zu Oskar Wilde auf Spanisch, Mauereidechsen, Meerschaumjungfrauen, bleiches Elfenbein, eine Nachtigall, die sich mit einem Rosendorn das Herz durchstößt...seine poesievolle Sprache taugt nicht für die Alltagskommunikation, die ich mir erarbeiten möchte. Außerdem muss ich zu oft das Lexikon bemühen. Die Auswahl an Büchern, die meisten im offiziellen Buchhandel nur als Fotokopie erhältlich, beschränkt sich auf zwei Meter Regalfläche. Ich finde die Märchen der Gebrüder Grimm, in einer sehr reduzierten Übersetzung, aber die verstehe ich wenigstens auf Anhieb. Rapunzel, Schneewittchen und Aschenputtel bringen die aus den Fugen geratenen grammatikalischen Strukturen

mi primer sueño en español, qué lindo, parecen más simples los conocimientos en un idioma, menos pesados también son los sueños, al principio se queda mucho en el presente, no puedo entender las muchas diferencias del pasado en el español, no lo tenemos en el alemán. En la quinta semana me pongo muy nerviosa, voy a tener mi primer examen intermedio, con estas dos horas y media, escribiendo, me veo como joven estudiante 30 años atrás, no pude dormir en la noche, ni tuve hambre para el desayuno, qué suerte que mi memoria me apoyara fuertemente y aprobé el examen. En la quinta semana también por primera vez puedo entender mejor a mi amiga en el café, hasta una receta de comida o un chiste en el micro, no lo puedo creer, el fin de semana me presenta la profesora de español a una colega, para hacer una entrevista en español por radio. Después de seis largas semanas, vamos a terminar con un examen final y una cena con la profe, una amiga de ella me pregunta: hablas español? Con más confianza contesté: un poco, y empezamos una bastante buena conversación, después de algunos errores en mi gramática quiero disculparme, ella se puso a reír diciendo: no te preocupes, «tu español es casi como el de nuestro presidente».

wieder an ihren Platz. Gleichzeitig lerne ich eine ungefähr gleichaltrige Bolivianerin kennen, mit der ich von nun an ab und zu mal eine Tasse Kaffee trinken gehe. Sie spricht kein Englisch, kein Deutsch, also muss ich intensiv zuhören, antworten, fehlende Worte in meinem Lexikon nachblättern. Nach zwei, drei Stunden bin ich ausgelaugt wie zuhause nach einem zehnstündigen Arbeitstag. Aber ich gewinne meinen Optimismus zurück. Ich lerne Spanisch. „Hablo castellano, un poco."

Am Ende der vierten Woche bemerke ich, dass ich tagsüber, wenn ich mal alleine bin, innere Selbstgespräche auf Spanisch führe, dass ich Sätze ausprobiere. Noch erstaunlicher für mich: Ich träume auf Spanisch. Kleine Drei-bis-fünf-Wort-Sätze, fast alles im Präsens, aber immerhin. Meine Träume sind einfach, aber erholsam. Verhindert ein minimalistisches Sprachvermögen kompliziertere Gedanken, unerreichbare Träume? Diese Frage beschäftigt mich: Macht man sich weniger komplizierte Gedanken und Sorgen, wenn man sie sowieso nicht in Worte fassen kann? Ist der Alltag einfacher, weil man morgens einfach aus dem Fenster nach Regenwolken oder Sonnenschein Ausschau hält, anstatt sich mit täglichen Berichten von drohenden Unwettern, Tod bringenden Erdrutschen oder heiklen politische Auseinandersetzungen zu belasten? Ich fühle mich auf einmal so entspannt und ausgeglichen wie seit langem nicht mehr. Meine jahrelang verspannte Rückenmuskulatur ist auf einmal weich und unverkrampft.

Warum man im Spanischen so viele verschiedenste Vergangenheitsformen gebraucht, die wir im Deutschen noch nicht einmal erahnen, das will mir zunächst nicht einleuchten. Indefinido... wer jemals spanisch gelernt hat, wird sich an die vielen Fragezeichen in seinem Hirn zurück erinnern. Aber bis zur Zwischenprüfung habe ich das Wann und Warum plötzlich verstanden. Und zwar von einem Moment zum anderen, als hätte ich einen bis dahin unsichtbaren Schalter umgelegt. Bleiben noch die vielen unregelmäßigen Verben. Für die scheint es keinen Schalter zu geben, die kann man sich auch nicht ableiten, die muss man sich reinpauken. Aber Monica scheint gnädig. In der Zwischenprüfung verschont sie mich mit dem Indefinido, nimmt stattdessen zwei unkomplizierte Futurformen in die Testbögen. Aber die Zukunft habe ich im Eifer des Lernens übersehen. Ich habe auch bisher noch nie versucht, mich vorausschauend zu unterhalten.

Die zweieinhalbstündige schriftliche Prüfung katapultiert mich dreißig Jahre zurück. Die Nacht vorher habe ich zum ersten Mal unruhig geschlafen, beim Frühstück keinen Hunger und ich frage mich, wann ich das letzte Mal vor einer Livemoderation so aufgeregt war. Aber im Unterschied zur Schulzeit: Ich zeige Mut zur Lücke und verzichte auf mehrere unerlaubte Blicke ins Lexikon, obwohl dort alle ungelernten Zukunftskonjugationen aufgeschrieben sind und Monica ein paarmal kurz aus dem Prüfungszimmer hinausgeht.

Wie war das nochmal mit dem Langzeit- und Kurzzeitgedächtnis, mit dem aktiven und passiven Wortschatz? Und: Ist das Gehirn tatsächlich wie ein Muskel zu trainieren? Ich erinnere mich an frühere Gespräche mit klugen Menschen, die das menschliche Gehirn erforschen. Ich selbst weiß, dass ich mich auf mein Kurzzeitgedächtnis verlassen kann. Ich habe es jahrzehntelang trainiert: Moderationstexte rein... vorm Mikro anwenden... und dann löschen oder irgendwo weit weg abspeichern! Aber wie gelangen beispielsweise die neuen Vokabeln in den Langzeitspeicher? Und wie kann ich sie reaktivieren?

Am Ende der fünften Woche verstehe ich tatsächlich, was meine Gesprächspartner mir so alles erzählen. Und ich kann endlich meine Fragen so formulieren, dass ich auch Antworten sammeln kann. Die Kommunikationsphase beginnt. Nur wenn mich jemand so beiläufig von der Seite anspricht und ich keine Idee habe, ob es ums Wetter, um Kochrezepte oder Politik geht, muss ich passen und erstmal vorsichtig nachfragen. Ich kann im Bus über die spöttischen Witze der Mitreisenden lachen und mich auch über den Vorteil der Dreifelderwirtschaft im bolivianischen Hochland und die Gefahren von gentechnisch verändertem Saatgut unterhalten. Ich höre Lebensgeschichten und wage mein erstes kleines Hörfunkinterview auf Spanisch.

Nach sechs Wochen und einer weiteren zweieinhalbstündigen schriftlichen Prüfung ist die erste Phase meines Spanischunterrichts in Sucre beendet. Zur Belohnung darf ich mit Monica zusammen kochen. Bei ihr zuhause. Und als Dankeschön für ihre Geduld habe ich mir alle Vokabeln rund ums Strümpfestricken rausgesucht. Denn meine selbst gestrickten Socken, die mich im eiskalten Klassenzimmer wochenlang gewärmt haben, haben Monica neugierig gemacht. Sie möchte nun das Stricken mit fünf Nadeln lernen und wissen, wie man eine Ferse strickt. Und Carmen, die nette Quechua-Indianerin, die im Hostel für Ordnung sorgt, hat sich auch schon zu gemeinsamen Strickrunden mit mir verabredet.

An einem der letzten Abende vor dem Examen werde ich von der Chefin des Sportinstituts angesprochen: „Hablas castellano?" Ich antworte mit einem vorsichtigen: „Un poco" und beginne mit ihr ein kleines Gespräch über dies und das. Als ich mich für meine immer noch holprige Grammatik entschuldige, lächelt sie und erwidert, dass ich fast so gut Spanisch spreche wie ihr Präsident Evo Morales. Dazu fällt mir ein westfälisches Sprichwort meiner Schwiegermutter ein: Was dem einen die Eule, ist dem anderen eine Nachtigall. Aber das kann ich dann doch nicht übersetzen und schmunzle etwas ratlos über dieses zweifelhafte Kompliment.

Wenn der Zahnarzt zweimal küsst

Zwischen Minimalversorgung und Luxusmedizin

Judith Grümmer

Bolivien, tropisches Tiefland, Santa Cruz, „Consultorio Odontológico". Hier ist alles anders als zuhause. Allein der Geruch: Beim vorsichtigen Öffnen der Praxistür schlägt einem nicht der typische Zahnarztpraxisgeruch nach Gewürznelken und Desinfektionsmittel entgegen. Es riecht einfach nach *nichts*. Eine modern sportlich gekleidete Señora, die sich als Frau des Hauses vorstellt, öffnet freundlich, fast strahlend, herzt mich wie eine lang erwartete Freundin und führt mich umgehend zu ihrem in operationsgrün gekleideten Gatten. Der küsst mich wohlduftend und in bolivianischer Herzlichkeit einmal auf die linke Wange und bittet mich, noch einige Minuten auf dem Sofa Platz zu nehmen.

Die Zahnarztpraxis besteht aus zwei Räumen, einem schlichten, wohnzimmerähnlichen Empfangs- und Warteraum mit Sofa, Sesseln und einem alten Schreibtisch. Nur einige Zahnmodelle und dentale Lehrbuchbilder an den Wänden erinnern den Patienten an den Grund seines Besuches. Ich bin die einzige wartende Patientin. Gleich neben dem Wartezimmer liegt das Behandlungszimmer. Eine Glastür gewährt einen Blick in den Patio, den Innenhof wie ihn alle etwas besseren bolivianischen Wohnhäuser haben. Dahinter liegen die privaten Räume der Arztfamilie.

Cuando recibes dos besos de tu dentista

Judith Gruemmer quiere explicar la diferencia entre un tratamiento básico y el de lujo en odontología

He llegado a la parte sub-tropical de Bolivia, Santa Cruz de la Sierra; con mi amiga Martha vamos a una casa privada donde solo en el segundo piso hay un Consultorio odontológico, nada es como en Alemania, nada, ni el olor típico del dentista, ni de los anestésicos y otros químicos muy típicos; la esposa del doctor (que hace de su asistente) me saludó como si fuese una amiga de muchos años y arriba en el pequeño recibidor estaba el odontólogo vestido con el tradicional color verde de un cirujano, saludándome con un beso, en un gesto de hospitalidad típicamente boliviano, me lleva al lado a su consultorio, soy la única paciente. Esta nueva capital oriental moderna, ni 30 minutos de vuelo, de la capital de Bolivia, Sucre, no solo está caliente, pero de moda, con bastante gente rica y con una buena dinámica económica; desde hace algunos años Santa Cruz tiene un pequeño secreto, aquí están muchos especialistas para la belleza: cirujanos plásticos – esteticistas, dentistas que hacen implantes, etc. Aquí no falta más que una llamada y presentar los dólares en efectivo, para que cualquiera de las muchas clínicas privadas, te ofrecen la operación de nariz, cambio de busto, liposucción de grasa y todo por mucho, por mucho menos que en Europa; de pura curiosidad he entrado en un auto experimento, me fui a lo del doctor Ricardo Tapanache Sevilla, que no tiene el

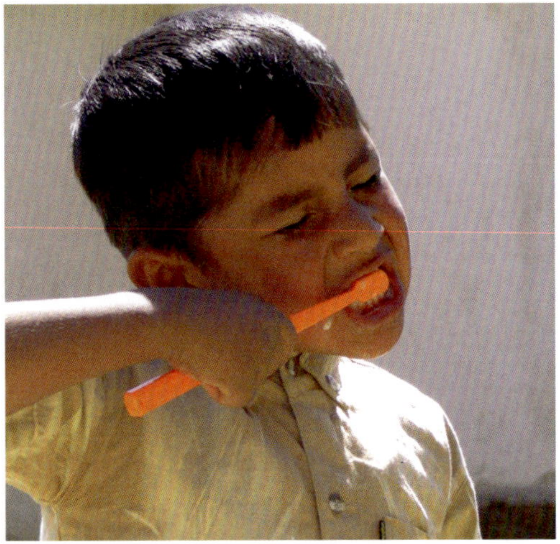

Die neue Wirtschaftsmetropole östlich der Anden, nur 25 Flugminuten vom altehrwürdig-kolonialen, aber kühlen Sucre entfernt, ist nicht nur tropischwarm, sondern gilt auch als schick, modern, wohlhabend, quirlig, konsumfreudig. Dank in den vergangenen Jahrzehnten entdeckter reicher Gas- und Ölvorkommen, investitionsfreudiger Unternehmer und immer noch niedriger Löhne wächst die Wirtschaft und damit bescheidener bis immenser Wohlstand. Aber nicht nur das! Seit einigen Jahren gilt Santa Cruz unter Südamerikanern, aber auch schon unter westlichen Reisenden, als medizinischer Geheimtipp für alles rund um die Schönheit.

Doch während in öffentlichen Hospitälern auch bestens ausgebildete Ärzte ohne die notwendigen Medikamente wenig ausrichten können, sind die privaten Kliniken und Praxen aufs Beste ausgestattet. Während in den kommunalen Kliniken auch schwerstkranke Patienten zunächst Anästhesie, Blutkonserven und Medikamente aus der Apotheke kaufen müssen oder auf Spenden angewiesen sind, bevor sie überhaupt auf den OP-Tisch kommen, genügt beispielsweise in den schönheitschirurgischen Privatkliniken ein Anruf und die entsprechenden Dollars cash auf den Tisch.

Nasenoperationen, Brustveränderungen, Fettabsaugungen, Hautstraffungen, alles ist machbar – für einen Bruchteil dessen, was in Brasilien, Argentinien oder gar in Europa gezahlt werden muss. Auch in Sachen Zahnmedizin genießt Santa Cruz einen sehr guten Ruf. Neugierig geworden nutze ich mich selbst als Anschauungsobjekt. Den Tipp, zu Dr. Ricardo Tapanache Sevilla zu gehen, erhalte ich von meiner Freundin Martha, selbst angehende Zahnärztin und überzeugt davon, mich bei ihm in gute Hände zu geben.

Wenig später sitze ich auf einem einfachen, etwas abgeschabten Behandlungsstuhl und beobachte aus dem Augenwinkel, wie gründlich sich der Mediziner die Hände erst wäscht, mit Desinfektionsmittel

último modelo del asiento dental para el tratamiento, pero muy limpio y con la última tecnología en radiografías panorámicas, presentadas directamente frente a mí en una gran pantalla. Después de nueve años de especialización en Argentina, hoy es cirujano en traumatología buco-máxilo facial, trabajando también como catedrático en la Universidad Católica de Santa Cruz, con esto me queda claro que muchos de ellos, se ganan un extra con pacientes privados en las noches o sábados en su casa. Solo en las grandes ciudades de Bolivia, se encuentra esta calidad de servicio médico y sigue un gran contraste con las deficiencias en el área rural, donde, qué pena, hasta los niños tienen muy mala dentadura y no tienen cepillos. Al ver los materiales del doctor puedo ver que todo está fabricado en EE.UU., no hay amalgamas, todo en porcelana e implantes. En Bolivia los seguros no incluyen servicio odontológico, después de que el doctor me curara, esto fue documentado con fotos y un informe electrónico, pagué en efectivo. Al despedirme recibí su segundo. beso con un "hasta luego".
La mayoría de los bolivianos no puede asistir a una cita con un dentista porque no tiene el dinero suficiente, qué suerte que hay dentistas que están dispuestos a llegar a los pueblos y área rural, con donaciones en atención dental, como el *"Proyecto Raton Perez"* del ex voluntario Patrick Ellison.

einreibt, weiße Einweggummihandschuhe überstreift und sich einen neuen Mundschutz aus der Verpackung nimmt. Sein Behandlungszimmer ist klein, keineswegs mit dem ultramodernsten Behandlungsstuhl ausgestattet, über dessen Fußende allerdings ein Bildschirm hängt. Auf diesem betrachte ich wenig später mein Gebiss in farbigem Großformat. Mit einer winzigen Kamera an seinem Untersuchungswerkzeug prüft Dr. Tapanache jeden Zahn und lässt mich daran via Television teilhaben.

Neun Jahre dauerte sein Studium in Argentinien, erzählt er auf meine etwas nuschelige Anfrage. Heute arbeitet er als Facial-Chirurg an der katholischen Universitätsklinik von Santa Cruz, spezialisiert auf die Entfernung von Tumoren, die Korrektur von Fehlbildungen und die Behandlung von Verletzungen im Mund- und Kieferbereich. Als Professor lehrt er an der Uniklinik und arbeitet darüber hinaus als Zahnarzt in seiner eigenen kleinen Praxis. Assistiert wird ihm von seiner Frau und dem ein oder anderen noch in der Ausbildung befindlichen Mediziner. Während bei meinem Zahnarzt zuhause eine Praxishelferin den Speichel absaugt, halte ich bei Dr. Tapanache Sevilla selbst den Saug-Rüssel und verstehe nun auch, warum viele Arztpraxen in Bolivien so exklusiv erscheinende Öffnungszeiten haben. Mit wenig Personalaufwand arbeiten viele Ärzte nebenbei, also nach Dienstschluss, auf eigene Rechnung.

Im April, so erzählt er weiter, da kommen die Argentinier nach Santa Cruz. Und was machen sie, versuche ich nachzufragen, weil ich nun gar nicht weiß, worauf er hinaus möchte. Sie kommen für zwei Wochen, um mit ihm gemeinsam jene Patienten zu operieren, die normalerweise nicht das Geld für aufwendige, teure Behandlungen haben. Menschen mit schweren Missbildungen im Mund und Kieferbereich, mit Fehlstellungen und Verletzungen. Für ihn eine willkommene Gelegenheit, nicht nur Gutes zu tun, sondern auch viel dazu zu lernen. Denn die ärztlichen Freiwilligenteams aus den wohlhabenderen Nachbarländern, aber auch aus Kuba, aus Kanada oder Spanien, sind oftmals hochqualifizierte Spezialisten, von denen auch er noch viel hinzulernen kann. Sie kommen regelmäßig nach Bolivien, um hier, wo die medizinische Versorgung bis heute vielerorts miserabel ist, medizinische Unterversorgung wenigstens punktuell zu bekämpfen. Was hatte meine Freundin Martha erzählt? Wenn sie mit dem Medizinstudium fertig sei, dann wolle sie erstmal aufs Land, dorthin wo es bis heute keine Zahnärzte gibt. Mit einer Tasche voll Medikamente und einer einfachen Zahnarztausstattung könne man dort, wo schon die Kinder gammlige Zähne und keine Zahnbürsten haben, viel erreichen. Schließlich bewahre ein gesundes Gebiss den gesamten Organismus vor vielen Folgekrankheiten.

Ich darf einen Blick auf Dr. Tapanache Arbeitsmaterial werfen: diverse Bohrköpfe, Einwegspritzen, Watte und Tupfer, Tuben mit Füllmaterialien, made in USA. Kein Amalgam, nur hochwertigste Füllstoffe, die mit UV-Licht ausgehärtet werden, nutzt Dr. Tapanache bei der Zahnbehandlung seiner Patienten. Hier in Bolivien zahlt der Patient sowieso aus eigener Tasche. Und das können sich nur die Reichen leisten.

Beim Blick auf das Röntgenbilderbetrachtungsgerät allerdings schaudert es mich. Unschwer auch für einen medizinischen Laien erkennbar, hängt dort das Bild eines gebrochenen Kiefers. Unglückseligerweise hatte die auf der Straße lebende Frau, so Dr. Tapanache, kein Bargeld in der Tasche als sie von Drogenabhängigen überfallen wurde. Aus Wut habe man ihr dann den Kiefer gebrochen. Beruhigend fügt er hinzu, dass solche Verletzungen in Santa Cruz aber mit Schrauben, mit Knochenmaterial aus dem Oberschenkelknochen und mit viel Geduld gut zu behandeln seien. Manchmal haben also auch Straßenschläferinnen das Glück einer hochmodernen medizinischen Behandlung.

Prof. Dr. Ricardo Tapanache Sevilla drückt mir nach kurzer Wartezeit einen Arztbericht in die Hand und küsst zum Abschied ein zweites Mal auf die Wange. „Hasta luego."

Für die Mehrheit der Bolivianer würde der Zahnarztbesuch ein unbezahlbarer Traum bleiben, gäbe es nicht Ärzte, die bereit sind, hin und wieder in die Dörfer zu gehen. Und gäbe es nicht Spender, die Projekte wie das von Patrick Elison unterstützen würden.

Raton Perez. Oder: Zehne für Zähne

Auslöser für die Idee unserer Zahnhilfe war der kleine Sergio, der mit seiner Mutter, seiner Oma und seinem Bruder in dem etwa 500-Seelen-Dorf El Villar lebt. Einen Vater gibt es nicht und dementsprechend sieht es finanziell in der Familie aus. Das Leben findet in einer ärmlichen Lehmhütte statt, ohne Betten, Fenster oder Türen. Als eine der ärmsten Familien des Dorfes wurde für sie 2007 mit Geldern von HI-Bolivia – die sich aus den Spenden der Freiwilligen zusammensetzten – ein kleines, wetterfestes Haus gebaut, ausgestattet mit zwei richtigen Betten, um immerhin den beiden Jungs einen warmen Schlafplatz zu bieten.

Sergio, der zu diesem Zeitpunkt acht Jahre alt war, verbrachte die meisten seiner Nachmittage in genau dem Hostal, in welchem auch wir freiwilligen Helfer untergebracht sind. Er und seine gleichaltrigen Freunde kamen dorthin, da sie dort eine bessere Umgebung zum Spielen vorfanden als andernorts. Als der Junge eines Sonntagmittags wie üblich ins Hostal kam, klagte er unter Schmerzen und Tränen über schreckliche Zahnschmerzen: Die Mutter, die ohnehin nicht viel vom täglichen Leben ihres kleinen Sohns mitbekam, hatte nicht das Geld für den Zahnarzt – soviel war uns sofort klar, ebenso wie der Umstand, dass der Begriff „Zähneputzen" für bolivianische Kinder oft ein Fremdwort ist. Kurz entschlossen nahmen wir den Jungen an die Hand, um ihn zum Zahnarzt des Dorfes zu bringen. Dieser war erstaunlich gut ausgerüstet und konnte in nur vier Besuchen das komplette Gebiss des Jungen auf Vordermann bringen. Gemeinsam mit der Zahnbürste und Zahnpasta für Sergio beliefen sich die Kosten auf knappe zehn Euro.Wenn man Sergio nach seiner bisherigen Zahnputzkarriere fragt, kommt nur ein schüchternes Lächeln zum Vorschein. Doch auch dieses Lächeln zeigt noch deutlich die Spuren, die auch vier Besuche beim Zahnarzt nicht beseitigen können. Da die älteren Menschen hier es nicht gewohnt sind ihre Zähne zu putzen, haben auch die Kinder nicht das Glück es von Haus aus zu erlernen.

Als wir gemeinsam mit Sergio noch auf dem Weg zum ersten der vier Zahnarztbesuche waren, wunderten wir uns schon über seine auffallende Gelassenheit – wo doch in Deutschland so viele Kids Angst davor haben! Die Antwort auf diese Frage war denkbar einfach: Er war noch nie dort!

Im Kontakt mit den Freunden zu Hause schrieb ich diese Anekdote meinem Freund Karl Weidinger. Dieser war in seiner langjährigen Trekking-, Kletter- und Bergsteigererfahrung schon mehrere Male nach Bolivien gereist und kennt die Verhältnisse auf den Dörfern. Für eine Tour per Traktor von Chile über Bolivien nach Peru, wo der Traktor in den Besitz einer Ausbildungsstätte überging, hatte Karl schon einen treuen Kreis von Unterstützern im Hintergrund, die etwas Geld an die südamerikanischen Bewohner spenden wollten. Für seine nächste Reise im Sommer 2008 nach Bolivien hielt er wieder Spender bereit. Nur fehlte bis dato noch ein Projekt bzw. ein Anwendungsgebiet für die Gelder. Daher war seine Idee, das Geld sinnvoll in die Gebisse hungriger Kindermünder zu investieren.

Nachdem Kalle die Vision einer Webseite hatte, bot mein Bruder Dominic an, diese inklusive Bildern der Helfer und Kinder zu erstellen und gemeinsam mit mir auf Dauer zu pflegen – und fertig war das Team, so dass der „Zahnmaus" nichts mehr im Wege Stand! Diese Webseite soll den Spendern vor allem für eins dienen: Das neue Lachen der Kinder zu sehen, für welche sie gespendet haben!

Und so funktioniert's: Für jede gespendeten zehn Euro gehen die freiwilligen Helfer mit einem Kind zum Zahnarzt. Die überwiesenen Spenden werden an die Freiwilligen in den Dörfern ausgezahlt, diese schnappen sich eines der Kids und bezahlen mit dem Geld die Arztkosten. Anschließend wird ein Foto des Kindes online gestellt, damit sich die Spender vergewissern können, dass ihre Spende auch dort angekommen ist, wofür sie bestimmt war.

http://www.ratonperez.de/

Proyecto Raton Perez

Asistencia dental de emergencia para niños del área rural

Todo ha empezado con el pequeño SERGIO, que vive con su madre Leonor, su abuela Jacinta y su hermano Ángel en el pueblo de El Villar, no saben de su padre y no hay fondos en su familia. La Fundación HI-BOLIVIA ha ayudado a esta familia pobre con una pequeña casa, para la seguridad de la familia. Sergio con 8 años siempre llegaba a nuestro hostel a jugar con los voluntarios, hasta que un día llegó llorando, con fuertes dolores en los dientes. Como la madre no tenía ni el dinero ni el interés por su hijo, nosotros lo llevamos al puesto de salud, donde por suerte había un joven dentista. Los gastos para curarlo, no pasaron de los 100 bolivianos, equivale a 10 Euros. En estos momentos está claro que casi ninguno de los niños del pueblo, sabe limpiar sus dientes ante la falta de cepillo y crema dental. Enfrentados a esta situación deplorable, Patrick con su amigo Karl y su hermano Dominic hacen un análisis profundo y se animan a colaborar en el Proyecto que ellos denominaron *Raton Perez*. Este proyecto se dedica al apoyo dental de emergencia para los niños, tal vez por primera vez en su vida. A la fecha decenas de niños de las comunidades de Villarpampa, Lagunillas, Karachimayu, Alcalá y El Villar, le agradecen este apoyo y le regalan una mejor sonrisa.

Dr. Maris Salazar

Rund um die Uhr, sieben Tage die Woche

„Das sind alles meine Kinder“ und in ihrer warmen, leisen Stimme schwingt Stolz über die zahlreichen Kinder mit, die sich in den sparsam erleuchteten Dorfstraßen rund um die Plaza nach Einbruch der tropischen Nacht unüberhörbar vergnügt austoben. Hier hat auch sie als kleines Mädchen gespielt, dieses Dorf hat sie dann als junge Frau verlassen, um als ausgebildete Ärztin nach Alcalá zurück zu kehren. Und zwar freiwillig, was für ein bolivianisches Andendorf auch heute noch ein Glückfall ist. Denn während die meisten Ärzte und Krankenschwestern für ein, zwei, drei Jahre medizinischen Dienst mehr oder weniger ausdrücklich in die Dörfer abkommandiert werden, weil die Jugend wie fast überall auf der Welt auch in Bolivien lieber in den Städten lebt und arbeitet, kehrte Maris vor einigen Jahren freiwillig nach Alcalá zurück, um hier die gesundheitliche Basisversorgung zu gewährleisten – und um als Ärztin und Geburtshelferin rund um die Uhr, sieben Tage die Woche, Tag und Nacht erreichbar zu sein: für die Kranken, Alten, Verletzten und für die Schwangeren, die weite Wege zurücklegen, um bei Doña Maris zu entbinden.

„Seit drei Jahren nun leite ich das Gemeindekrankenhaus. Und das bedeutet, dass ich versuchen muss, eine medizinische Grundversorgung zu gewährleisten, ohne zwischen der großen Erwartungshaltung meiner Patienten und der gesamten Gemeindebevölkerung und dem mir äußerst bescheiden gesteckten Budgetrahmen des staatlichen Gesundheitsministeriums zerrieben zu werden.

Glücklicherweise war mein Kampf für bessere Arbeitsverhältnisse im Hospital im vergangenen Jahr so erfolgreich, dass ich meine Mitarbeiter von zehn auf vierzehn erhöhen konnte. Jetzt werde ich von einem zweiten mir zugewiesenen Landarzt unterstützt. Außerdem gibt es hier im Haus eine Apothekerin und

Doctora Mary Salazar

Siete días, todo el mes, todo el año, muchos años más!

Caminando por el pueblo de Alcalá con la doctora Salazar, me dice con mucho orgullo: *Todos ellos son mis hijos*. Ella misma a su tiempo había jugado en estas calles y plaza, después de haber retornado a su pueblo como joven doctorita, por su propia voluntad, a su tiempo como única licenciada en medicina Trabaja 24 horas, siete días y todo el año para atender casos de maternidad. Desde hace tres años, por su disciplina y calidad de su trabajoes la directora de este hospital rural en Alcalá. Gracias a mi lucha permanente con el ministerio de salud, he mejorado muchas cosas en nuestro hospital: hoy en día tenemos 14 empleados y un médico, también otro sector para farmacia y laboratorio; una ambulancia todo terreno para cubrir más de 1000 km 2, con alrededor de 20 comunidades campesinas.
En los últimos años con la política del nuevo gobierno, se ha mejorado la situación de las mujeres gestantes. Mediante el *Seguro Universal Materno Infantil (SUMI)* todas las mujeres de los 13 hasta los 40 años, tienen derecho a controles, análisis y atención médica en el parto, sin gastos. Además, hay atención médica para los niños hasta los 5 años. Estoy muy feliz y contenta, que desde el año 2003 no tuvo que morir ni una madre más y desde el 2007, ni un bebé más en el proceso de nacimiento. A nivel de salud las enfermedades más frecuentes siguen siendo los resfríos, los problemas estomacales, la diarrea y los parásitos; gracias a muchos programas de mejoramiento de viviendas y conexión de agua potable a las viviendas, se ha alejado el riesgo del mal de chagas, cólera y tifus. Sin embargo los problemas para el futuro siguen: falta mejorar la alimentación, para que sea más nutritiva y se requiere mayor información sexual para evitar los embarazos no deseados en adolescentes, especialmente entre los 13 a 16 años. El machismo y la religión católica, parece

que influyen en el crecimiento vegetativo sin control, como voluntad de Dios y satisfacción del hombre. Alguna vez parece que mi trabajo es una lucha como la de Don Quijote contra los molinos, siempre llenando solicitudes para el laboratorio, para tener mejores medicamentos, más personal, etc. Lucho contra la mortalidad de niños, de madres y creo que mi energía aún me permitirá trabajar algunos años más buscando siempre mejorar la salud de mi gente en Alcalá.

einen Laboranten. In unserem hospitaleigenen Labor sollten eigentlich beispielsweise die dringend notwendigen Untersuchungen für die Chagaskrankheit gemacht werden. `Sollten eigentlich...´, aber über diese schwer überbrückbaren Unterschiede zwischen dem, was eine Ärztin auf dem Land alles bewirken könnte und der Realität, kann Frau Doktor viel erzählen. Aber erstmal verweist sie mit leiser Stimme auf die vielen kleinen und größeren Fortschritte ihrer tagtäglichen Arbeit: „Und es gibt nun auch eine Krankenschwester für die Betreuung der Schwangeren und Wöchnerinnen. Gemeinsam sind wir hier im Dorfkrankenhaus der Gemeinde Alcalá für 4500 Einwohner auf über 1000 km verantwortlich, haben eine vierundzwanzigstündige Präsenzpflicht, sieben Tage die Woche und zweiundfünfzig Wochen im Jahr."

Seit mit Evo Morales erstmals ein indigener Präsident das Land regiert, sind die Menschen, die in den entlegenen Andentälern ebenso wie jene, die hoch oben auf dem Altiplano leben, in den Fokus der bolivianischen Politik gelangt. Für die Dorfärztin eine lange herbeigewünschte, neue Herausforderung, denn „ im Geiste der neuen indigenen Regierung von Evo Morales steht nun der Ausbau der indigenen Familienmedizin an. Im Gesundheitswesen sind Fortschritte natürlich nicht von einem Tag auf den anderen zu erreichen. Aber die unter der neuen Regierung eingeführte Mutterschaftsversicherung, die die Schwangerschaftsvorsorge, die Geburt, das Wochenbett und die medizinische Versorgung des Neugeborenen in den ersten Lebensjahren kostenfrei abdeckt, ist ein wichtiger Schritt im Kampf auch gegen die hohe Säuglingssterblichkeit. Solche Versicherungen gab es zwar schon früher, doch da waren nur bestimmte Untersuchungen kostenfrei und die Arztbesuche höchstens bis zum zweijährigen Kind. Heute dagegen umfasst die medizinische Grundversorgung praktisch alles bis zum fünften Lebensjahr. Ich bin glücklich darüber, dass uns seit 2003 in diesem Spital keine Gebärende mehr gestorben ist. Und die Kindersterblichkeit konnten wir insgesamt sehr stark reduzieren und ich bin glücklich darüber sagen zu können, dass ich seit 2007 kein Kind mehr bei der Geburt verloren habe," betont die Dorfärztin und öffnet die Tür zu ihrem neuesten Projekt: dem Familienzimmer.

Eine sehr breite, mit frischem Bettlaken bezogene Matratze liegt auf dem sauber gekachelten Boden. Außerdem gehören zur Ausstattung des Zimmers ein Fernseher, zwei ausladende Sessel und ein großer Pappkarton. Darin sind Moltontüchern, Babysachen, Windeln und warme Decken sauber verpackt. Hier können die Wöchnerinnen nach der Geburt noch zwei, drei Tage mit ihrem Baby ausruhen, bevor sie den womöglich weiten Fußweg zurück auf ihren Hof beginnen, erklärt Maris Salacar und erklärt den rasanten Rückgang der Mütter- und Säuglingssterblichkeit auch damit, dass die Schwangeren sich ihr anvertrauen und von weit her zur Entbindung ins Dorf kommen.

Und was sind die häufigsten Gesundheitsprobleme ihrer kleinen Patienten? Atemwegserkrankungen und Erkältungen, vor allem aber Magen-Darm-Störungen, schwerer Durchfall und Parasitenbefall stellen vor allem für die Landkinder immer noch ein ernsthaftes Gesundheitsrisiko dar, trotz aller Fortschritte: „Die Versorgung mit saubererem Trinkwasser hat sich enorm verbessert. Doch auch wenn die schlimmsten Fälle seltener werden, so beschäftigt uns der große Kinderreichtum, die Mangelernährung der Kinder und die Probleme, die sich aus der Abgeschiedenheit vieler Kleinfamilien in den entlegenen Tälern ergeben. Wenn jemand in einer weit entfernten Streusiedlung krank wird, dann kommt der Patienten oft zu spät ins Hospital oder er schafft gar nicht mehr stundenlang bis ins Dorf zu marschieren. Oder wir erreichen den Patienten unsererseits nicht rechtzeitig."

Auch wenn die Menschen in den kargen Tälern der bolivianischen Anden nicht ständig hungern, ist die Armut doch der Nährboden vieler Krankheitsbilder. Denn auch wenn die Ernährungslage nach wie vor schwierig ist, noch schwerwiegender sind die traditionell sehr einseitigen Essensgewohnheiten des Campesinos. Weil auf den Böden des kargen Andentales vorwiegend Mais und Kartoffeln angebaut werden, bestehen die Mahlzeiten der Bauernfamilien vorwiegend aus Kohlehydraten. Es mangelt an Proteinen, an Gemüse und Früchten. Der Gemüse- und Obstanbau ist hier unbekannt und für viele sind diese Nahrungsmittel auch ungewohnt. Deshalb müssen wir nun mit Schulungen und guten Beispielen vorangehen, um Gemüsegärten anzulegen und Obstbäume zu pflanzen."

Deshalb gibt es nun auch in Alcalá erste Lehrgärten, im Kindergarten, in den beiden Schulen. Die dort ausgesetzten Salat- und Gemüsepflänzchen werden von den Kindern und Jugendlichen gehegt und gepflegt, und dann für den Mittagstisch in der Schulküche zubereitet. Die vitaminreiche Kost soll die Ernährungsmängel ausgleichen und gleichzeitig die Kinder auf den Geschmack bringen. Dass nun auch die überwiegend jugendlichen Freiwilligen aus Europa in Alcalá ein Gewächshaus gebaut haben, um den dörflichen Speiseplan zu bereichern, stimmt die Ärztin sehr zufrieden, denn um die Gesundheit gerade der Kinder zu verbessern, braucht es viele helfende Hände, „nachdem es die Behörden über Jahrzehnte versäumt haben, der verarmenden Landbevölkerung durch modernere landwirtschaftliche Anbauformen und bessere Infrastrukturen unter die Arme zu greifen."

Und die Erwachsenen? Neben den alltäglichen kleineren und größeren Unfällen, wie sie bei der Feldarbeit, auf dem Hof oder unterwegs mit Bus, Auto oder Pferd passieren können, sind es vor allem die Spätfolgen der Chagaskrankheit. Heute rückt zwar die Regierung der Raubwanze mit kostenlosen Schutzprogrammen zu Leibe, doch die Mehrheit der heute über 20jährigen, die in unverputzten Lehmhütten lebt, ist mit dem Chagas-Erreger infiziert. „Chagas ist eine Infektion, die durch den Biss einer kleinen Raubwanze verursacht wird. Meistens macht sie sich erst nach einer langen Inkubationszeit von oft 15 bis 25 Jahren durch Arterienverkalkung, Gefäßverengung und chronische Herzvergrößerung bemerkbar. Und eine weitere typische Krankheit hier in der Gegend ist die chronische Gastritis. Die gelbe, rote oder grüne gestampfte Chilischote, die hier als Gewürzpaste auf jedem Tisch steht und zu allen Gerichten gegessen wird, gilt als Hauptursache für diese doch sehr plagende Erkrankung. Bei den Männern kommt dann noch verstärkend der Alkoholkonsum hinzu."

Doch auch wenn vieles im Argen liegt – beispielsweise im Kampf gegen den Alkoholismus – der Ärztin machen die vielen kleinen Fortschritte Mut. Beispielsweise dass in den letzten Jahren immer mehr junge Menschen begreifen, wie sie ihre Zukunft in die eigenen Hände nehmen können: durch Bildung und Eigeninitiative. „Früher haben die Hilfsorganisationen hier Nahrungsmittel und lebensnotwendige Produkte an die Armen verteilt. Das war gut gemeint, aber falsch. Denn so entstand eine Abhängigkeit von diesen Hilfslieferungen und noch fast schlimmer, Eigeninitiative verlor so jeglichen Anreiz. Beispielsweise, um auch auf lokaler und nationaler Ebene eine nachhaltige Landwirtschaftspolitik anzugehen, mit vergrößerten Anbauflächen, mehr Produkten und mit Ideen, wie man die Waren vermarkten könnte. Und bis heute fehlen beispielsweise für unsere Kinder gute Unterrichtsprogramme, um sie für gesundheitliche Themen sensibel zu machen und Sexualaufklärung im Schulunterricht fest zu verankern." Oft sei sie als Ärztin die einzige, die über Sexualaufklärung spricht, die ein Ohr für die Probleme in den Familien hat und die Tabuthemen anspricht, die bis heute in der Schule und in der Dorfgemeinschaft totgeschwiegen werden.

Und auch die neue Regierung, die nun erneut in ihrem Amt bestätigt wurde, gibt ihr Hoffnung. Denn seitdem nun erstmals ein indigener Präsident, ein ehemaliger Campesino, einer, der Armut am eigenen Leib kennengelernt hat, Bolivien regiert, ist die Landbevölkerung endlich mehr in den Blickpunkt der Innenpolitik gerückt. Jetzt hofft die Landärztin, dass „wir jetzt in der neuen Familien- und Gesundheitspolitik darauf zählen dürfen, dass auf der Basis der neuen Verfassung ein entsprechendes Gesetz folgt." Und sie spricht von der großen Bedeutung der Gesundheitsaufklärung, von Familienplanung und von dem Streit zwischen der Katholischen Kirche und den Ärzten zu Themen wie Verhütung und Abtreibung. „Es geht um das Problem der unerwünschten Schwangerschaften. Auch ich selbst bin Katholikin und freue mich über jedes gesund geborene Kind, bin aber noch mehr traurig und enttäuscht zu sehen, wie viele Kleinkinder abgeschoben, geschlagen und misshandelt werden. Wir brauchen Aufklärung zur Verhütung und zum ehrlichen Umgang unter Jugendlichen, aber auch Themen der Körperhygiene und des Familienfriedens müssen ohne Tabus angesprochen werden. In Fragen der Verhütung ist allerdings auch von den Hilfsorganisationen viel Unfug betrieben worden. Beispielsweise: Vor Jahren wurde die Spirale hier in einer minderen Kupferqualität kostenlos verteilt, ohne den jungen Frauen zu sagen, dass man diese Spirale auch nach relativ kurzer Zeit wieder entfernen müsse. Die Frauen, die das nicht verstanden hatten, bekamen nach anderthalb, zwei Jahren schlimme Unterleibsinfektionen aufgrund der entstehenden Oxidation. Es fehlte also sowohl die einfühlsame Aufklärung als auch die nötigen medizinischen Kontrolluntersuchungen und am Ende geriet diese Verhütungsmethode in einen schlechten Ruf.

Hinzu kommt, dass hier draußen auf dem Land natürlich der nach wie vor herrschende Führungsanspruch des Mannes auch in Verhütungsfragen sehr schwierig ist. Die Menschen sind religiös geprägt und das bedeutet, dass es dem Willen Gottes entspricht, viele Kinder zu zeugen und das unterstreicht auch das männliche Selbstwertgefühl. Noch immer kommt die Mehrzahl der jungen Frauen mit ihrem Mann zum Arzt und er entscheidet, welche Untersuchung gemacht werden darf und ob wann welches Verhütungsmittel benutzt wird. Von einer Gleichberechtigung zwischen Mann und Frau sind wir hier natürlich noch ganz weit entfernt.

Ich hatte schon gesagt, dass für Kinder bis fünf Jahren sowie für Schwangere und Gebärende die Behandlung in meinem Krankenhaus kostenlos ist. Erwachsene Patienten müssen hier auf dem Land eine äußerst bescheidene Grundpauschale pro Konsultation von dreizig Bolivianos (circa dreizig Eurocents) zahlen. Hier im Dorf kennen wir aber arme Familien, die selbst diesen Betrag nicht zahlen können. Und dank der neuen Regierung, die sich nun auch besonders für die Interessen der indigenen Landbevölkerung einsetzt, haben wir Dorfärzte die Erlaubnis, bedürftigen Personen auch diesen Restbetrag zu erlassen. Selbstverständlich kosten Arztbesuche bei Spezialisten und Privatärzten auch hier in Bolivien viel Geld. Die Behandlung muss bar und vorab bezahlt werden. Und das bedeutet dann, dass den Menschen, wenn sie schwerkrank sind oder operiert werden müssen, die Behandlungskosten nur schwer oder gar nicht aufbringen können. Hier in der Landgemeinde gibt es ein relativ bescheidenes Budget für Härtefälle."

Die Gesundheitsversorgung in ihrer Landgemeinde hat sich in den letzten Jahren verbessert und darüber ist Dr. Maris Salacar wirklich glücklich. Die Säuglingssterblichkeit ist enorm zurück gegangen und die Lebenserwartung steigt, wenn auch sie in der indigenen Bevölkerung immer noch deutlich niedriger ist als bei den Nachfahren der europäischen Einwanderer. Doch so sehr sie mit ihrer Arbeit zufrieden ist, manchmal erscheint ihr der Kampf gegen den Mangel wie der gegen Windmühlen. Es fehlt an allen

Ecken und Enden: Vor allem medizinisches Gerät und Medikamente. „Da wurde uns gerade erstmals ein Labormitarbeiter zugeteilt, der aber hat überhaupt keine Laboreinrichtung, keine Messtechnik, keine Substanzen." Und da klingt er wieder an, der Vorwurf in ihrer Stimme oder auch die Zermürbung: „In unserem hospitaleigenen Labor sollten eigentlich beispielsweise die dringend notwendigen Untersuchungen für die Chagas-Erkrankung gemacht werden..." ... tatsächlich jedoch fehlt es dem langersehnten Laboranten am Nötigsten. Und so füllt Dr. med. Maris Salacar erneut Anforderungsscheine aus, um irgendwann das Labor in Gang bringen zu können. Die Bürokratie ist auch in Bolivien so zeitaufwendig und nervenaufreibend. Doch dass sie den medizinischen Fortschritt tagtäglich erlebt, wenn sie die Kinder in den Dorfstrassen spielen sieht, schon etwas weniger fehlernährt und gesünder als noch vor Jahren und wenn sie mit ansieht, wie aus diesen Kleinen dann junge Erwachsene werden, die zum Studium in die Stadt gehen, dann ist sie glücklich. Und sie hofft, dass viele von ihnen zurückkehren als Lehrer, Ärzte, Krankenschwestern, als Agraringenieure und gut ausgebildete Handwerker.

Spinat und Tomaten gegen Mangelernährung

Roxana Sequeiros

Nicht viele „Stadtkinder" entscheiden sich, nach ihrem Studium freiwillig aufs Land zu gehen. Das ist in Europa nicht anders als in Südamerika. Nur dass das Leben auf dem Land in Bolivien vergleichsweise komplizierter ist als beispielsweise in Deutschland oder Österreich oder der Schweiz. Der Bus fährt höchstens zweimal am Tag, nach heftigen Regenfällen aber unter Umständen auch tagelang überhaupt nicht. Immer wieder fällt der Strom aus, weil Erdrutsche die Überlandleitungen gekappt haben. Und keine Elektrizität bedeutet auch: Keine Internetverbindung, kein Telefon, kein Radio und Fernseher. Dass dann auch der Kühlschrank ausfällt, ist weniger problematisch, denn Milch wird aus Pulver gerührt, Wurstwaren und Fleisch gibt es sowieso selten. Einen Supermarkt mit Importprodukten, die den manchmal auch für eine Ernährungswissenschaftlerin einseitigen Speisezettel bereichern könnte, gibt es in einem Fünfhundertseelendorf wie Alcalá sowieso nicht. Trotzdem hat sich die Achtundzwanzigjährige entschieden, zumindest für einige Jahre auf dem Land zu leben. Der Grund: Sie hat hier eine sinnvolle Aufgabe gefunden: Es geht darum, auf dem Land eine vollwertige Ernährung zu sichern. Und die steht auf drei Grundpfeilern, schildert Roxana: „Erstens: Der Aufbau eines zuverlässigen Wassersystems durch Trinkwasserbrunnen. Die Menschen brauchen einen direkten Zugriff auf sauberes Trinkwasser. Viele Kommunen haben weder zum Trinken noch zum Bewässern eine sichere Wasserversorgung. Daraus ergibt sich, dass sie kein Gemüse anbauen können. Zweitens: Der Ausbau der Landwirtschaft. Dazu gehören auch Projekte wie Gemüseanbau und Obstplantagen. Und drittens: Die Verbesserung der täglichen Ernährung.

Con Espinacas y Tomates, para mejorar la alimentacion

Por Roxana Sequeiros – Especialista en nutrición.

Nada fácil para un niño de la ciudad vivir en el campo, ni en Europa, ni en Latinoamérica, pero en Bolivia es más difícil todavía, por muchas razones: porque no hay muchas conexiones, sólo un bus al día, caminos en mal estado por las lluvias, a veces sin electricidad, poca radio y televisión, muchas familias sin heladeras, pero al final, sin mayor problema porque la leche es en polvo, chorizos y carne con poca frecuencia y en toda la región no hay un supermercado; qué bien, Roxana, que contra todos estos problemas has decidido llegar por tu práctica de dos años a Alcalá, por tu proyecto de mejorar la alimentación del pueblo.

En su primer análisis tiene tres puntos de urgencia: primero dotar de agua potable y riego al 100 % de las comunidades alejadas. Segundo, la diversificación agraria, con nuevas legumbres y fruta. Tercero, mejorar la forma de cocinar de cada día con nuevas recetas, cambiando un poco las costumbres.

La alimentación monótona de maíz y papa, es muy grave para la salud; el otro tema es la alimentación de los niños y la forma de luchar contra sus parásitos. Aquí la gente no llega a morir de hambre, pero hasta con suficiente tierra y agua no tienen suficientes conocimientos de nutrición, no saben cómo alimentarse bien, pocas familias tienen un huerto de legumbres y de árboles frutales, alimentarse no es sólo llenar el estómago. En las reuniones de la asociación de madres y en la escuela tenemos la posibilidad de capacitarlas y darles información para que se animen a producir amaranto, quinua, tomates o espinacas.

Meine Arbeit besteht darin, die Mütter und die Kinder darüber aufzuklären, wie sie ihren Speisezettel so zusammenstellen können, dass sie sich vollwertig ernähren. Die einseitige Ernährung ist auf dem Land ein großes Problem, weil viele Familien nicht wissen, was sie als ergänzende Beilagen zum Fleisch anbauen und wie sie es zubereiten können.

Außerdem müssen die Kinder regelmäßig entwurmt werden, weil es für viele Menschen keine saubere Trinkwasserversorgung gibt. Oftmals gibt es nur eine Wasserstelle, einen Fluss oder Bach, wo die Menschen ihr Wasser herbeziehen und wogleichzeitig die dreckige Wäsche gewaschen wird. Wir haben gerade um die achthundert Kinder zwischen sechs und zwölf Jahren in der Gemeinde Alcalá entwurmt. Dafür bekommen wir finanzielle Hilfen aus Spanien und Holland.

Die Menschen hier sind nicht so arm, dass sie verhungern würden. Doch selbst wenn sie genügend Anbauflächen und Wasser haben, so fehlt ihnen dann noch das Wissen, was sie anbauen müssen, um sich gut zu ernähren. Das traditionelle Wissen um den Anbau von Früchten und frischen Gemüsen ist verloren gegangen. Nur wenige Familien bewirtschaften einen Garten, in dem sie Zwiebeln, Möhren, Spinat und Tomaten anbauen und meine Aufgabe ist es, ihnen zu erklären, warum es so wichtig ist frisches Obst und Gemüse zu essen.

Früher hatten die Ureinwohner hier einen Reichtum an verschiedenen Nahrungsmitteln, aber mit der Zeit ist dieses Wissen verloren gegangen. Heute pflanzen die Bauern nur noch das, was ihnen auch wirklich Geld einbringt, was sie verkaufen können: Kartoffeln, Mais, Zwiebeln, Chili. Die Ureinwohner hingegen hatten viel Amaranth gegessen. Dieses ursprünglich kultivierte, hirseähnliche Produkt ist ebenso wie Quinoa ein sehr vollwertiges, weil proteinhaltiges Nahrungsmittel, das viel von dem ersetzen kann, was hier auf dem Teller fehlt. Eines unserer Ziele ist es daher, diese traditionelle Pflanze wieder einzuführen, damit sie den täglichen Speisezettel bereichert.

Die Mehrheit der Farmer halten Rinder für die Fleischproduktion, aber nicht zur Milchproduktion. So ist es außerdem unser Ziel, in den kommenden drei Jahren die Rinderrassen um Milchkühe zu erweitern. Die Milch könnte dann auch verkauft werden und gleichzeitig für den eigenen Konsum genutzt werden. Also klären wir die Mütter auf. Gleichzeitig versuchen wir, den Kindern eine bessere Ernährung schmackhaft zu machen, denn es ist leichter die Ernährungsgewohnheiten eines Kindes zu verändern. Deswegen ist es auch so wichtig, schon den Jüngsten, beispielsweise im Kindergarten und dann in den Schulen, Mahlzeiten mit Gemüse, Salat und Obst anzubieten und schmackhaft zu machen“.

Carlos und Reína. Porträt einer Bauernfamilie

Judith Grümmer

Diese Augen! Diese fragenden Augen! Wortlos habe ich meine Spiegelreflexkamera aus der Tasche gezogen und sie dem Zwölfjährigen in beide Hände gelegt. Mit wenigen Gesten mache ich ihm begreiflich, wie er mit einem Auge durch den Sucher schauen, den Bildausschnitt verändern und dann mit der rechten Hand den Auslöser drücken kann. Er versteht mich auch ohne Worte und so entsteht sein allererstes Foto von Reína, der fünfzehnjährigen Schwester. Ihre schwarzen, ernsthaften Augen wandern beobachtend zwischen dem Bruder und der Kamera hin und her. Erneut drückt er auf den Auslöser.

Die digitale Technik macht das Mädchen auf dem kleinen Bildschirm sofort sichtbar. Carlos lacht lautlos, zupft seine große Schwester am Ärmel. Sie soll sich anschauen, wie sein Foto geworden ist. Dann gebe ich auch ihr die Kamera vorsichtig in die Hände und gemeinsam gehen wir über den kleinen Hof zur Mutter hinüber. Die hockt an einer Lehmmauer und schält Kartoffeln. Reína sucht durch den Fotoapparat Blickkontakt zu „Mamita Aurora", drückt auf den kleinen schwarzen Punkt und gluckst wortlos. Carlos und Reína sind die beiden jüngsten von elf Kindern dieser Campesinofamilie. Und sie sind beide gehörlos.

An diesem Samstagmorgen hat Don Luis Roger Zamorano die Pferde satteln lassen, um Carlos' Familie „al campo", draußen auf dem Land zu besuchen. Mit einer Tüte frischen Brotes und Bananen wird er den Kindern eine Freude machen. Als zweitältester Sohn von elf Geschwistern eines ehemals spanischstämmigen Viehzüchters mit großem Landbesitz unweit von Alcalá geboren, lebt und arbeitet Don Roger Zamorano noch heute am liebsten auf dem Land. Sein Vater

Carlitos y Reyna – Retrato de una familia especial

Judith Gruemmer

Miradas con muchas preguntas, sin palabras he sacado mi cámara con lentes, poniéndola en las manos del niño de 12 años, con gestos expliqué como mirar por la cámara, como apretar para sacar una foto y logré hacerme entender y en instantes hay una primer foto de su hermana Reyna que tiene 15 años. Esos ojos negros llenos de vida, caminan entre su hermano y la cámara, y saca una foto más; gracias a la tecnología digital, Carlitos puede ver de inmediato a su hermana, riendo, sin ruido, haciendo un gesto a su hermana mayor para que se acerque a ver la foto; feliz con la cámara en su mano, Reyna apunta a su madre, quien prepara papas frente a su casa de adobes; ellos son los 2 hermanos menores sordomudos de 11 hijos de mamita Aurora y Don Teodoro.
Hoy en la mañana Don Roger Zamorano nos ha preparado los caballos, para esta visita a la familia de Carlitos y Reyna. Don Roger trabaja como profesor en la escuela del pueblo Rufino Salazar, también su esposa Clivia Cerezo, quienes son los propietarios del HI hostel de Alcalá. Ellos también coordinan los trabajos sociales de los voluntarios que llegan de Europa.
Para nuestra visita a esta familia especial, tuvimos que recorrer a caballo casi una hora. Los padres de Reyna y Carlitos se comunican con ellos sólo con gestos, sólo ellos, y nadie en el pueblo, ni profesores conoce la técnica internacional de comunicación entre sordomudos- Puede ser que una operación pudiera solucionar su problema, según la valoración médica hecha en Sucre por un médico otorrinolaringólogo, hecho con el apoyo de Hostelling International Bolivia, dicha operación costaría muchísimo dinero y ellos no tienenla posibilidad remota de pagarlo, ni hay seguridad del éxito.

war früh gestorben und die Mutter musste ihre elf Kinder alleine großziehen, darüber hinaus aber auch noch die Hacienda leiten. Die Revolution und Bodenreform von 1959 hatte eine fast völlige Enteignung der bolivianischen Großgrundbesitzer zur Folge, sodass der junge Roger wie alle seine Geschwister einen bürgerlichen Beruf erlernen musste, um sein eigenes Geld zu verdienen. Er, der die Viehzucht und Landwirtschaft kannte, entschied sich Lehrer zu werden und arbeitet heute am Colegio von Alcalá.

Das Fünfhundertseelendorf liegt etwa fünf bis sieben Autostunden südlich von Sucre in einem der „Valles", der Täler in der Andenprovinz Chuquisaca. Direkt an der Plaza steht das weiß gestrichene Haus von Familie Zamorano. Ein schönes zweistöckiges Gebäude mit einem rundum laufenden „Balcón", dessen Dach von braunen Holzsäulen getragen wird und das heute auch als Jugendherberge dient. Ich teile mir das Zimmer mit einer jungen Englischlehrerin aus Frankfurt, die seit einigen Tagen am Colegio des Ortes unterrichtet. „Joan", der aktuelle deutsche Zivi des Ortes lebt schon seit sechs Monaten im Dorf, hat hier gemeinsam mit den Handwerkern des Ortes erst einen Kindergarten und dann ein Internetcafé gebaut. Für die Geschicke der Menschen seiner Region fühlt Don Roger sich bis heute als Pädagoge, aber auch als Impulsgeber zahlreicher sozialer und ökologischer Projekte mitverantwortlich. Deshalb schätzen er und seine Frau Señora Clivia, ebenfalls Lehrerin, das Zusammenleben mit den Voluntariern und Zivildienstleistenden, die sich im Dorf und auf dem Land engagieren möchten. Sozialarbeit mit Familienanschluss, auch für mich eine gute Gelegenheit, meine Spanischkenntnisse zu vertiefen und das bolivianische Dorf- und Landleben mitzuerleben. „Gringos", wie europäische Fremde hier auch genannt werden, sind also weder im Dorf noch auf dem Campo ungewöhnlich.

Als wir an diesem Samstagvormittag nach einem knapp einstündigen Ritt das Häuschen von Don

Doña Aurora, ha dado a luz a 11 hijos, uno falleció, cuatro son sordomudos. ¿Por qué esta familia tiene varios hijos discapacitados? Ni ellos ni los médicos tienen una respuesta concreta. Cada día, Carlitos y Reyna van a la escuela, una hora y media de ida y otra hora y media de vuelta, pasando un río peligroso en época de lluvias, haga frío o calor, con la rutina que conocen, sus padres quieren que aprendan algo, aunque es tan difícil, hasta para los niños normales. Papá Teodoro está contento con la idea de que algun día pudieran escribir, leer y calcular bien, para comprar y vender en el pueblo y así poder subsistir en esta vida.

Ellos, como gesto de hospitalidad, me invitan al corral de sus vacas, donde Don Teodoro ordeña en una jarra y me sirven leche, la más fresca y caliente como nunca en mi vida la había tomado, con un sabor y fragancia a naturaleza. Como la familia no tiene electricidad, ni ducha, su gran orgullo es una radio portátil de la madre, Aurora (lujo del que no pueden disfrutar todos).

Teresa, una voluntaria alemana del 2008, por casualidad los descubrió en una de sus caminatas; *¿Como podemos ayudarlos?* fue su pregunta, pero pensándolo muy bien, creo que es mejor que se queden con su familia, integrados en su Alcalá. Mejor no podría ser que haya llegado Leanne, una estudiante de la Universidad de Colonia, que enseñó a todos los jóvenes sordo-mudos de los dos pueblos El Villar y Alcalá hasta al medio del año 2011. Para garantizar la continuidad incluye a una profesora local que luego sabe hablar con manos con ellos.

Algunos días después encontré a Don Teodoro, en la plaza del pueblo, sostuvimos una larga conversación, mientras que yo tejía unas medias para los pies, para el tradicional invierno duro en Bolivia. Él no había visto nunca tejer con 5 palillos, entonces hice la promesa de enseñárselo a su esposa e hija.

Téodore und seiner Familie erreichen, begrüßt er uns freundlich, bittet uns auf seinen kleinen Hof. Doch glaube ich deutlich eine Mischung aus Gastlichkeit und Distanz zu spüren. Bis ich die Kamera aus meiner Tasche hole und sie den Kindern in die Hände gebe. Nach den ersten Schnappschüssen seiner kleineren Geschwister klettert auch David, der siebzehnjährige, hörende Sohn vom Dach der Lehmhütte, um den Apparat auszuprobieren. Bei unserer Ankunft war er fast „geflüchtet", um uns nicht zu nahe zu sein. Einige Löcher in den Dachblechen flickend, hatte David uns aus den Augenwinkeln beobachtet. Nun sammelt auch David mit offensichtlicher Freude Bilder auf meiner „Compactflashcard". Fotos, die ich ihm ausdrucken lassen werde, so mein Versprechen. Die Eltern, seine Geschwister, später auch die Kühe auf der Weide, alles möchte er digital festhalten. Bald schon beginnt er seine Fotomotive zu arrangieren, räumt dort einen Eimer weg, fügt dort etwas hinzu, zeigt seinen Geschwistern, wo er sie ablichten möchte. Sogar seine Mutter, die bisher unter einem schwarzen Sonnenhut verborgen der Hausarbeit nachgegangen war, legt zeitweilig Küchenmesser und Kopfbedeckung zur Seite und möchte mit ihrem kleinen Transistorradio auf den Schoß abgelichtet werden. Jetzt darf auch ich, die Fremde, einige Aufnahmen machen.

Señora Aurora und Don Téodore verständigen sich mit ihren Kindern durch Gesten. Dass es eine Gebärdensprache gibt, die es Gehörlosen ermöglicht, sich mit den Händen genauso gut zu verständigen wie sprechende Menschen, nützt den Kindern auf dem Dorf wenig. Kein Dorflehrer hat hier je das Gebärden studiert. Vielleicht könnten erfahrene Ohrenärzte seinen Kindern helfen, meint der Vater. Doch wo soll die Familie die erforderlichen zwei mal 25.000 Dollars für die erforderlichen Untersuchungen und Operationen hernehmen? Falls eine Operation überhaupt erfolgsversprechend und sinnvoll ist. Fragen ohne Antwort für einen Campesino, der unter seinem kaputten Rücken leidet und nicht weiß, wie lange er noch sein Land wird bestellen können. Er fürchtet sich vor jedem Winter in seiner kleinen Lehmhütte, weil die Kälte seine Knochen unerträglich schmerzen lässt und Medikamente für ihn einfach zu teuer sind. Von diesen Sorgen erzählt er mir aber erst, als wir uns ein paar Tage später auf der Plaza treffen und wir stundenlang auf einer schattigen Bank miteinander schwätzen.

Elf Kinder hat Aurora geboren. Ein Kind starb, vier sind gehörlos. Weshalb das Paar so viele behinderte Kinder hat, auch darauf kennen die beiden keine Antwort. Doña Aurora kommt aus einem Dorf weit weg von Alcalá. Eine zu enge Blutsverwandtschaft, wie sie auf den Dörfern nicht selten ist, kann nicht die Ursache sein. Die beiden Jüngsten, Carlos und Reina, gehen jeden Tag zu Fuß in die Schule. Anderthalb Stunden hin, anderthalb Stunden zurück, bei jedem Wetter und auch während der Regenzeit durchqueren sie den dann gefährlich reißenden Fluss, der weit und breit keine Brücke hat. Sie sollen lernen, auch wenn das schwer ist unter all den Hörenden. Trotzdem, so erzählt der Vater stolz, haben sie schon genügend lesen, schreiben und rechnen gelernt, um im Dorf einkaufen zu können. Vater Téodore weiß, wie wichtig Schulbildung in Bolivien geworden ist.

Nachdem Doña Aurora die Kartoffeln fertig geschält hat, holt sie lächelnd eine Plastikkanne, ein paar Suppenteller sowie Löffel und lädt uns ein, sie zu den Kühen auf die Weide hinterm Haus zu begleiten. Dort melkt Don Téodore eine Kuh, David fotografiert seine Schwester mit den Tieren, Carlos holt reife, saftig gelbe Maiskolben vom Feld, zu denen die Mutter uns eine Plastikkanne mit kuhwarmer Milch reicht. Ganz fester Schaum schwimmt obenauf, den sollen wir mit dem Löffel kosten. So einen fast schnittfesten, cremig leckeren Milchschaum frisch aus dem Euter habe ich noch nie gegessen. Aus den Suppentellern trinken wir die angebotene Milch, die einen feinen Geschmack nach Kräutern hat, wie ich ihn zuhause nicht kenne. Währenddessen wird geplaudert, gestikuliert, gelacht. Und zum ersten Mal darf ich die Herzlichkeit und Gastlichkeit dieser oft sehr verschlossen wirkenden Menschen ein klein wenig miterleben – ein Erlebnis, das ich als Privileg empfinde. Zehn Tiere zähle ich auf der Weide, Mutterkühe und Kälber, fast dreißig Ziegen. Dennoch lebt die Familie äußerst bescheiden in einem winzigen Häuschen aus unverputztem Lehm, ohne Elektrizität und ohne Bad. Ihr größter Luxus scheint das Radio zu sein, dass die Mutter auch mit auf die Weide nimmt. Mit dem wenigen Geld, was die Familie mit ihrer Landwirtschaft erwirtschaftet, versucht Don Téodore die Ausbildung seiner Kinder zu finanzieren.

Auf das Schicksal der Familie war eine deutsche Voluntarierin vor knapp einem Jahr aufmerksam geworden, als sie zufällig mit dem Pferd am Hof der Familie vorbeikam und die beiden gehörlosen, gestikulierenden Kinder bemerkte. Wie kann Carlos und Reina, also wenigstens den beiden jüngsten Gehörlosen der Familie, geholfen werden? Kann man ihnen überhaupt helfen? Wie werden sie später zurechtkommen, werden sie bezahlte Arbeit finden oder von Almosen leben müssen? Fragen, welche die damalige Voluntarierin auch Don Roger gestellt haben mag. Seitdem hat sich jedenfalls auch Don Roger viele Gedanken über Hilfsmöglichkeiten gemacht. Würde eine teure Operation den Kindern überhaupt helfen können? Könnten die Kinder anderswo vielleicht besser gefördert werden? Die Eltern zögern möglicherweise zu Recht, ihre gehörlosen Kinder fortzuschicken. Sie haben Angst, dass sie in der Stadt nicht zurechtkämen, selbst wenn sie dort beim älteren Bruder leben und in eine spezielle Schule gehen könnten. Wäre es nicht besser, für Carlos und Reina im Dorf, in Alcalá, selbst Fördermöglichkeiten zu schaffen? Don Roger denkt darüber nach, wie sich freiwillige Helfer finden liessen, die zukünftig in Alcalá mithelfen würden, ein kleines Hilfsprojekt aufzubauen – und Spender, die eine Förderung der Kinder ermögliche.

Als ich Don Téodore einige Tage später auf der Plaza wieder treffe, betrachtet er meine halbfertigen Socken, die mich im bolivianischen Winter wärmen werden. Dass man mit fünf Nadeln stricken kann, hat er zuvor noch nie gesehen. Also erzähle ich ihm von meinem „Palillo-Projekt" und verspreche, seiner Frau bei meinem nächsten Besuch das Stricken mit fünf Palillos beizubringen. Die nötigen Nadeln werde ich ihm aus Sucre mitbringen, ebenso wie die versprochenen Fotoabzüge.

Das Palillo-Projekt

Strümpfestricken als Sozialprojekt

Judith Grümmer

„La Señora con los cinco palillos" ... innerhalb weniger Tage habe ich mir diesen Namen „erarbeitet", weil sich die wenigsten „Señora Judith" merken können. Für sieben Tage bin ich in Alcalá, diesem Dorf fast am Ende der Welt, irgendwo weit weg in den Anden, dort, wo die tägliche Flota, also der tägliche Bus aus der Stadt, falls er denn wirklich ankommt, schon zu den täglichen Höhepunkten des Dorflebens zählt. „Palillos", so werden hier im Dorf meine Stricknadeln genannt, obschon sie im Lexikon als Zahnstocher übersetzt werden.

Auf dem Land gehen viele Frauen nicht ohne einen Arm voll Wolle und einer Spindel in der Hand aus dem Haus und auch heute noch stehen in vielen Häusern Webrahmen, mit denen die Campesinas fantastische Stoffe und Decken weben. Aber mit fünf Nadeln stricken, dass kann hier draußen erstaunlicherweise niemand. Also habe ich mir in Sucre vor der Abfahrt zehn Sets Rundstricknadeln plus zehn Mal Wolle in den Rucksack gepackt. Mit Stricknadeln in der Hand, so meine Idee, kommt „frau" nicht nur einfacher mit anderen Frauen ins Gespräch, vielleicht mag die ein oder andere Campesina auch Strümpfestricken lernen?

Die Antwort auf meine Überlegung gibt es schon am ersten Abend. Hatte ich doch Doña Julia im Dorfladen an der Kirche bei meinem ersten Erkundungsspaziergang durchs Dorf erzählt, dass ich in meiner Freizeit gerne Strümpfe stricken würde. Sofort bietet sie als Küsterin des Ortes mir noch für den gleichen Abend den Versammlungsraum der Kirche an.

Binnen Stunden spricht sich schon am ersten Tag im Dorf herum, dass da eine Gringa mit fünf Nadeln zu stricken weiß: Und tatsächlich warten an diesem

El proyecto de los 5 palillos

Tejido de medias como proyecto social de Judith Gruemmer.

En pocos días me he ganado el apodo de: *la señora de los 5 palillos* En este pueblo – Alcalá, tejer o trabajar con lana es muy común, la pequeña sensación son los 5 palillos finos, casi como mondadientes. Mi idea no fue capacitación, pero si entrar en contacto, y funcionó muy bien. En pocas horas la novedad se expandió en el pueblo: hay una gringuita con 5 palillos que sabe tejer sin costura.
Qué raro, yo pensaba que todos tienen lana de oveja o llama, pero prefieren lo sintético con muchos colores. Con lana de oveja o llama es mejor no hacer la costura gruesa, parece que duelen los pies con las medias tradicionales. En los encuentros del tercer y cuarto día, se perdió todo mi inventario, pero gané muchas amistades y practiqué mi español. Finalmente, el quinto día llegó Patrick, un voluntario dedicado al trabajo en el vivero, trayéndome diez nuevos juegos de palillos, bien para mi lista de espera de estudiantes de tejido; qué lindo, en los últimos días estas señoras campesinas me enseñaron la técnica de HILAR, estoy muy feliz de mi primera pequeña producción de hilos de lana de oveja. Al mismo tiempo también otras voluntarias querían aprender esta nueva técnica con 5 palillos, con eso garantizaremos la continuidad del proyecto.

ersten Abend acht Frauen vor der Kirche auf die strickende Fremde. Einige haben ihre Kinder dabei, so dass auch die „neue“ Voluntarierin des Ortes, Birgit, direkt alle Hände voll zu tun bekommt: Aus alten Fotokalendern bastelt die angehende Englischlehrerin aus Deutschland mit den „niñas y niños“ Papierschachteln und Halsketten, während ich den Frauen zeige, wie man Maschen aufschlägt und rechts, links, rechts, links...: eine Wollsocke beginnt.

Am zweiten Abend sind die meisten so weit, dass wir mit der Ferse beginnen können. Während ich noch drei neue Frauen in „meinem Kursus“ begrüßen kann, schneidet, rollt, faltet und klebt Birgit nun schon mit zehn Kindern. Elf Paar Rundstricknadeln klappern nun im Dorf vor sich hin. Leider muss ich weitere Anfragen nun schon auf später vertrösten, denn hier gibt es weit und breit keinen Nachschub zu kaufen. Aber es gibt ein einziges Dorftelefon. Mit diesem telefoniere ich nach Sucre und bitte um weitere „Palillos“ aus der Stadt. Mit der Flota könnten sie hertransportiert werden, wenn denn überhaupt ein Bus aufs Land hinausfährt. Und neben dem Telefon gibt es auch eine Tienda, in der man Wolle nachkaufen kann. Schöne vollsynthetische, knallbunte Wolle... meine Idee, es anstatt mit Kunstgarn lieber mit der reinen Schafswolle der Campesinas zu versuchen, stößt auf allgemeine Skepsis.

Die Naturwolle könne an den Füssen schmerzen, erklärt mir beispielsweise Doña Inés, eine kleine, rundliche Indígena mit dicken schwarzen Zöpfen, schwarzem Filzhut, knielangem, grauem, in endlos viele Falten gekräuseltem Rock und rosa Bluse. Sie lebt mit Mann, Mutter und zwei kleinen Töchtern in einem kleinen, türkisblau verputzten Haus am Dorfrand. Wie alle Häuser hier auf dem Land, besteht die „Casa“ aus einem Wohnhaus mit meist nur einem Raum, in dem die ganze Familie schläft. Hinter dem Haus gibt es einen kleinen Hof, in dem sich das Alltagsleben abspielt. Im Hof von Doña Inés leben außerdem Hühner, Katzen und junge Hunde. In einer Hofecke ist ein kleiner Gemüsegarten angelegt, an der Hofmauer wachsen Blumen. Eine Feuerstelle qualmt vor sich hin und es gibt einen Wasserhahn mit sauberem Wasser.

Doña Inés ist Expertin in Sachen Wolle, denn sie webt auf ihrem Hof kunstvoll schwere Decken in bunten Mustern aus selbst gefärbten Garnen. Diese spinnt sie gemeinsam mit ihrer Mutter, einer winzig kleinen, verhutzelten Greisin mit ebenfalls langen, aber stahlgrauen Flechtzöpfen und natürlich ebenfalls mit einem Hut auf dem Kopf, wie bei allen indigenen Frauen. Doña Ines hat mich in ihr Haus eingeladen, nachdem sie gehört hat, dass ich ebenfalls ein wenig handarbeiten kann. Sie möchte mir ihre Arbeiten zeigen und ein bisschen erzählen.

Bei ihr darf ich mich sogar an der Spindel versuchen. Allerdings scheine ich beim Spinnen eine so groteske Figur abzugeben, dass die Kinder mich offenherzig auslachen. Dass die Strümpfe aus Naturwolle für die Füße zu hart sei, finde ich wiederum komisch, weil die fast immer nackten Füße der Campesinos nicht gerade empfindlich sein können, strapaziert in Gummilatschen, auf steinigen Wegen, durch Dornengestrüpp, Feuchtigkeit, Hitze, Kälte und ewig lange Fußmärsche. Also zücke ich meine fünf Palillos und beginne mit ihrer selbstgesponnenen Wolle einen (Probe-) Strumpf. Doña Inés wird neugierig und so lasse ich kurz entschlossen meine eigenen Nadeln bei der Weberin und bin gespannt, was sie, die tatsächlich auch gut stricken kann, aus der Wolle anfertigen wird.

Die abendliche Strumpfstrickrunde und Kinderspielaktion haben sich weiter herumgesprochen. In den Straßen, auf der Plaza, überall werden wir schon am zweiten und dritten Tag angesprochen, in viele kleine Schwätzchen verwickelt. Das schult unser Spanisch und erleichtert den Kontakt mit vielen Menschen aus dem Dorf. Während am dritten Abend viele „meiner Strickerinnen“ schon an den Fußspitzen angekommen sind, sitzt Birgit mit fast zwanzig Kindern um den großen Holztisch. Alle arbeiten konzentriert an ihren Bastelarbeiten.

Vierter Tag: Die immer mit ihren Goldzähnen lächelnde, kugelrunde Doña Mercedés, die an der Plaza selbst gekochte Tagesgerichte aus in Decken gehüllten Töpfen verkauft, bittet um einen Privatkurs direkt auf ihrer Holzbank. Die „Herrin über das Telefon", die zweite Doña Julia, die ich im Dorf kennenlerne, schenkt mir kurz entschlossen ein Knäuel bolivianisches Synthetikgarn, damit ich auch ihr die Kunst mit den fünf Nadeln exklusiv und privado in ihrer Tienda beibringe.

Endlich! Am fünften Tag gibt's Nachschub: Mit der Flota aus Sucre kam in der Nacht nicht nur ein neuer Zivi – Patrick, der hier in Alcalá gemeinsam mit Freiwilligen aus dem Colegio ein Gewächshaus bauen wird – sondern außerdem auch zehn paar Stricknadeln, die er für mich in seinem Gepäck hat. Auf meiner Warteliste sind die hochschwangere Nachbarin, die am nächsten Morgen auf der Plaza mit mir stricken möchte, zwei Colegioschülerinnen von denen ich heute auf der Straße angesprochen wurde und Doña Aurora, die Mutter der gehörlosen Kinder auf dem Campo, der ich versprochen hatte, sie irgendwann „al campo" besuchen zu kommen, um auch mit ihr zu stricken.

Überhaupt: Besuche! Wenn ich Zeit habe, gehe ich tagsüber hier mal in eine Tienda, klopfe dort an eine Haustür, schaue bei meinen Schülerinnen vorbei, um eine Ferse zu korrigieren, um Maschen nachzuzählen und kleine Erste Hilfe am Strumpf zu leisten. Eine Woche auf dem Land, und ich fühle mich schon fast zuhause. Jeder grüßt, hier ein Schwätzchen, dort ein Schwätzchen und immer wieder die netten kleinen Gespräche mit Händen und Füssen, in denen ich viel über das Leben und den Alltag hier auf dem Campo

höre und durch die ich gleichzeitig versuche, meine Spanischbrocken zu verflüssigen.

Und noch eine Neuigkeit bringt der sechste Tag: Ich spinne! Endlich. Endlich dreht sich die Spindel in meinen Händen, endlich kommt ein dünner, fast gleichmäßiger Faden zwischen meinen Fingern hervor. Nach dem ersten kläglichen Versuch bei Doña Inés habe ich von meinen „Schülerinnen" eine Spindel und Nachhilfe bekommen. Während die strickenden Señoras schon längst bei der zweiten, dritten Socke sind oder sich an Pulswärmern versuchen, habe ich eine erste Portion Schafsfell verarbeitet. Die Spielgruppe hat unterdessen sämtliches buntes Papier verarbeitet und ist zu Bewegungs- und Geschicklichkeitsspielen auf der Straße vor der Kirche übergegangen.

Tag sieben, der letzte vor meiner vorläufigen Abreise beginnt sehr früh, weil ich so viel zu tun habe: Die schwangere 16jährige Martha, die an der Plaza eine Hähnchenbraterei betreibt, wartet schon um neun Uhr morgens vor der Haustür. Meine „Gastmutter" Doña Clivia wird heute mit der gefürchteten, aber dennoch sehr einfachen Ferse anfangen und braucht Rat. Auch Birgit, die Englischlehrerin aus Frankfurt, möchte nun stricken lernen. Und auf der Plaza sitzen

die ersten „Alumnas“, Schülerinnen, beim morgendlichen Schwatz zusammen und klappern dabei fleißig mit den Nadeln. Während Martha wild entschlossen ist, bis zu meiner Abreise einen ersten „Calcetín“ fertig zu bekommen, kommt auch Doña Mercedés mit ihrer täglichen Schubkarrenladung von heißen Töpfen und kalten Säften zur Plaza und hält uns schon von Weitem ihr neu erstandenes Wollknäuel entgegen. Rund um die fünf Palillos wird mein Vokabular von Schülerin zu Schülerin reichhaltiger.

Zwischendurch laufe ich zu Doña Inés den Berg hinauf, möchte sehen wie weit sie mit ihren Naturwollsocken ist. Doch die Weberin ist im Dorfkrankenhaus. Ihr musste ein Zahn gezogen werden und das ist auf dem Dorf eine ernste und teure Angelegenheit. Sie werde ich also erst bei meiner Rückkehr nach Alcalá aufsuchen können. Mit dem Mittagsbus aus der benachbarten Kleinstadt Padilla ist die hiesige Krankenhausdirektorin in Alcalá angekommen. Als sie die strickenden Frauen auf der Plaza sieht, begrüßt sie mich herzlich: „Qué tal? Wie geht´s? Sind Sie die Señora mit den Palillos?“ Ob dies wirklich mein letzter Tag im Dorf sei, erfragt sie. „No, yo volveré. – Nein, ich werde zurückkommen.“ Dazu bin ich wild entschlossen, denn mir ist das kleine Dorf nach einer Woche ans Herz gewachsen und ich fühle mich mehr denn je wohl in Bolivien. Dann bittet die Direktorin mich, viele, viele Palillos aus der Stadt mitzubringen und dann einen Kursus in ihrem Krankenhaus anzubieten.

In sieben Tagen: Zweiundzwanzig strumpfstrickende Frauen in einem Dorf von 450 Einwohnern. Wie viele große und kleine Füße werden wohl im nahenden bolivianischen Winter in selbst gestrickten Socken stecken? Vielleicht wird die eine oder andere Campesina sogar später einmal ihre Strickwaren auf dem Markt der benachbarten Kleinstadt verkaufen können. Vielleicht werden sich die Frauen auch zukünftig ab und zu mit ihren fünf Nadeln und einem Wollknäuel zusammensetzen? Werden sie ihren Töchtern zeigen, was man mit fünf Palillos, die keine Zahnstocher sind, alles machen kann? Auf meinem Heimweg sehe ich, wie ein Maurer beim Betonmischen seine Schaufel beiseite legt und ein wenig schüchtern auf mich zukommt: Ob ich auch ihm das Strümpfestricken zeigen kann, fragt er – und ich bin so richtig sprachlos.

Rückkehr in die Dörfer. Oder: Was ist Armut?

Judith Grümmer

„Hola, como está? Ich hatte viele Schmerzen....", begrüßt mich Doña Mercedés am ersten Morgen nach meiner Rückkehr aufs Land mit dem hinreißend goldfarbenen Lächeln. „Dios mio, qué ha pasado?" frage ich zurück, „Was ist passiert?", denn ich bin jetzt doch erschrocken. „Die Señora mit den cinco Palillos war nicht im Dorf", erklärt die Doña und erneut blinken ihre beiden goldenen Zahnreihen. Dann bringt sie mir als Willkommensgruß einen frisch gebratenen Ei-Burger zu „meiner" Holzbank an der Plaza, setzt sich neben mich und zieht zwei fertig gestrickte Wollsocken aus ihrer Schürzentasche.

Ich bin wieder in „meinem Dorf" und irgendwie bin ich richtig froh darüber. Nicht, dass mir die knappe Woche im tropischen Teil Boliviens nicht gefallen hätte. Ganz im Gegenteil: Ich liebe die warme, auch im bolivianischen Herbst oft noch brüllend heiße Chiquitania mit ihren sanften Hügeln, die üppige Vegetation, die kleinen Seen und die großflächigen Weiden mit riesigen Rinderherden. Mir gefallen die kleinen Dörfer, deren Lehmhäuser mit wunderbarsten Ornamenten bemalt sind. Beeindruckend sind die ehemaligen Jesuitenmissionen wie San Javier oder Conception, deren prachtvolle barocke Holzkirchen heute zum Weltkulturerbe gehören und nicht nur durch ihre herausragenden Leistungen im Kunsthandwerk, sondern auch für ihre Philharmonischen Konzerte weltweit bekannt sind. Fast siebzig Konzerte stehen während des alle zwei Jahre stattfindenden Barockmusikfestivals zur Auswahl. Vor einheimischem und internationalem Publikum präsentieren sich die teilweise noch sehr jungen Guaranis mit musikalischen Höchstleistungen. Eine Reise in die subtropische Chiquitania ist

Retorno a los Pueblos:

¿Qué es, verdaderamente, la pobreza?

Judith Gruemmer

Dos semanas me fui a la otra parte de Bolivia, al calor sub tropical, en un viaje a la Chiquitania, un lugar muy interesante de las misiones jesuíticas, como San Javier y Concepción con sus iglesias Barrocas, hoy protegidas como patrimonio de la humanidad por la UNESCO y muy conocidas por sus conciertos filarmónicos por todo el mundo. Volviendo a los pueblos de los valles, se fue esta vida confortable y más fácil de los llanos, siempre verdes, con mucho calor, flores, frutas todo el año, etc. Porque entre 2000 y 3000 m/s/n/m, mucho más alto que la parte de los Alpes de Alemania, exigen una vida más dura. ¿Más pobre? me pregunto. Para cualquier europeo, sí, porque pocos tienen una heladera o un televisor, no hay electricidad, muchas veces un solo teléfono por pueblo; todo eso se llama pobreza? No, porque en mi retorno a Alcalá y más tarde a El Villar, he apreciado una hospitalidad, una alegría, un intercambio en charlas abiertas, mucho más intensas que en Europa y en las ciudades ricas de Bolivia.

Hola, cómo estás, me saluda Doña Mercedes, la experta en lana y tejidos de Alcalá, he tenido muchos dolores. Díos mío, qué ha pasado? pregunté. No estaba la señora de los 5 palillos, fue su respuesta, riéndose con una línea de dientes dorados. Tengo que cumplir con mi promesa y entregar las fotos a Doña Aurora y Don Teodoro, padres de los sordomudos. Claro que sí, ellos no tienen dinero en casa, ni cuenta en el banco, pero todos sus niños normales estudiaron con mucho sacrificio y son muy orgullosos, tienen trabajo en la ciudad y pueden ser autónomos.

Otra semana más y voy a terminar mis visitas, con el pueblo histórico de El Villar, un lindo lugar con

eine erholsame Atempause nach den kühlen Nächten im Hochland.

Jene etwas unbeschwertere Leichtigkeit des Seins im tropischen Teil von Bolivien fehlt in den Andenregionen, dort wo das Land karg, das Klima rau und das Leben viel beschwerlicher ist. Während im Tiefland die Frauen leicht fließende, helle, gar weiße Stoffe, körperbetonende Kleider tragen und die hellen Strohhüte mit bunten Bändern oder Blumen verziert sind, gehören im Bergland warme, oft derb gewebte Wolldecken in kräftigen Farben zur typischen, traditionellen Bekleidung. Männer wie Frauen schützen sich mit

algunos voluntarios sociales: apoyando a un kínder en el pueblo, una escuelita rural en Villarpampa, etc. Qué pena, como golpe de sorpresa ha llegado el invierno, con neblina, el frío fuerte, el chilchi, el cambio de estación ha llegado. Salvándonos en la gran cocina, un lugar caliente, tomando mate de coca, analizando con los jóvenes voluntarios lo que realmente es la pobreza. Hoy he pasado los 50, 50 estudiantes capacitados en la técnica de los palillos, he traído para 50 más felicidad, más autoestima y con esto reduciendo un poco la pobreza.

dunklen Filz- oder Lederhüten gleichermaßen gegen Sonne und Hitze, gegen Regen und Kälte. Die knapp knielangen, in viele Falten genähten Röcke aus schweren Stoffen, unter denen mehrere Schichten von Unterröcken hervorlugen, gehören zur traditionellen Frauenkleidung ebenso wie die bunten Kittelschürzen, wie sie auch unsere europäischen Großmütter noch getragen haben. Die Männer ziehen über Hemd und Hose traditionell schwere Ponchos und ebenfalls warme Tücher, während die etwas Moderneren sich in dicke Sporthosen mit Kapuzenshirts, Steppjacken und dicke Pudelmützen, oft aus den Kleiderspenden der sogenannten Ersten Welt, kleiden. Und alle, die Männer ebenso wie die Frauen, die Jungen wie die Alten haben ihre gewebten Tragetücher bei sich, in denen sie alles auf dem Rücken tragen, was transportiert werden muss: Kinder ebenso wie die Waren, die sie auf dem nächsten Markt feilbieten, die sie mit nach Hause nehmen oder Handwerkszeug.

Kaum etwas hier oben in den Tälern, und noch weniger knapp zweitausend Meter weiter oben in den Höhen des Altiplano, verdient das Wort lieblich, weder das Klima, noch die Lebensbedingungen. Und weil das Campesinodorf Alcalá, „mein Dorf“, höher liegt als die meisten deutschen Skigebiete, werden auch meine Schichten warmer Unterwäsche und dicker Socken von Tag zu Tag immer dicker, sobald die Sonne hinter den Wolken verschwunden oder untergegangen ist. Dennoch erscheinen die Menschen in diesem fast gottvergessenen Dorf Alcalá so lebensfroh, offen, herzlich, jederzeit zu einem ausführlichen Schwätzchen bereit. Auch wenn die Mehrheit nach europäischer Definition arm, sogar als bitterarm ist, ist offensichtlich, dass viele ganz erfüllt sind von der Hoffnung, ihren Kindern könnte es vielleicht eines Tages besser gehen als ihnen selbst. Dafür sparen viele Eltern jeden Peso zusammen, um Söhne und Töchter an die Universität nach Sucre oder gar nach Santa Cruz zu schicken. Aber gibt es auch hier jene von Trostlosigkeit, Alkohol oder Streit zerstörten Familien. Verwahrloste, elternlose oder ungewollte Kinder, die sich selbst mühsam ins Leben kämpfen. Es wäre falsch, vor diesen Jammerbildern die Augen zu verschließen.

Was ist Armut? Eine Frage, die auch viele Europäer, die in Bolivien leben und arbeiten, beschäftigt. Armut begegnet man in Bolivien auf Schritt und Tritt. Aber ist eine Familie arm, die keinen Kühlschrank besitzt, wie es in einer Armutsdefinition vor Jahren geheißen haben soll? In einer Region, in der es auch im Sommer empfindlich kalt wird, kann das sicherlich kein Indiz für Armut sein. Elektrizität, vielleicht. Sauberes Trinkwasser, sicherlich! Um den Ausbau einer flächendeckenden Versorgung mit fließendem Wasser und Strom kümmern sich seit Jahren zahlreiche Hilfsprojekte vor allem aus Kanada und aus europäischen Ländern wie Spanien oder Deutschland, das vor Jahren Bolivien zu einem Schwerpunktland deutscher Entwicklungszusammenarbeit erklärt hat. Was ist Armut? Vielleicht die fehlenden Schuhe der Kinder, die auch dann noch barfuß, aber fröhlich durch den Schlamm hüpfen, wenn wir Europäer schon zwei paar Socken in unsere hochgebirgstauglichen Wanderschuhe ziehen?

Armut heißt, fehlendes Geld für den dringenden Arztbesuch, für Medikamente oder lebenswichtige Operationen. Zwar gibt es vielerorts eine staatliche, kostenfreie medizinische Minimalversorgung, aber die reicht eben keineswegs immer aus, um Leben zu retten oder um zu heilen. Armut bedeutet in Bolivien heutzutage nicht mehr, täglich hungrig zu Bett gehen zu müssen. Armut zeigt sich durch eine unausgewogene, einseitige Ernährung mit zu vielen Kohlehydraten, einem Mangel an Eiweißen und Vitaminen zur Folge. Armut heißt, kein Geld für frisches Obst, Gemüse und Milch für die Kinder zu haben und stattdessen viel zu viel preisgünstigen Zucker zu essen. Armut heißt, zu viele Kinder mit zu wenig Geld durchfüttern zu müssen, weil viele Frauen und Mädchen zu früh, zu oft und auch ungewollt schwanger werden. Dass die bolivianische Regierung den Kindern bis sechs Jahren und den jungen Müttern eine kostenlose medizinische Grundversorgung garantieren kann, Impfungsprogramme durchführt und auch regelmäßig Packungen mit Milchpulver und Vitamintabletten verteilen lässt, nimmt der Armut vielerorts die schärfsten Spitzen.

In Bolivien gibt es keine einfachen Antworten. Was wie tiefe Armut aussieht, kann tatsächlich auch große Sparsamkeit oder das Fehlen von Alternativen sein. Gemeinsam mit dem Zivi Patrick besuche ich ein zweites Mal Don Téodore und seine Frau Aurora, um ihnen die versprochenen Fotos zu bringen. Ihr Hof besteht wie bei den meisten bolivianischen Kleinbauern aus drei lang gestreckten, etwa zimmergroßen, schlichten Lehmziegelbauten und einer mannshohen Mauer, die einen geräumigen Innenhof umschließen. Eine Feuerstelle und ein Wasserhahn, aus dem trinkbares Wasser aus einer etwas entfernteren Quelle hergeleitet wird, bilden den Mittelpunkt ihrer Freiluftküche. Geschlafen wird gemeinsam auf dem mit Matratzen und dicken Wolldecken ausgelegten Fußboden eines der Wohnräume. Die anderen dienen beispielsweise zur Lagerung der kleinen Ernte oder

beherbergen in manchen Familien auch Webstuhl und Schafswolle, da auch heute noch viele Bauernfamilien ihre Stoffe vielfach selbst herstellen. Elektrizität und Ofenwärme, für die allermeisten Bolivianer sowohl in der Stadt als auch auf dem Land selbst in den kalten Wintern ein unbekannter und auch unbezahlbarer Luxus.

Etwas über zwanzig Kühe und Rinder, fast vierzig Ziegen, sechs Schafe, zwei Pferde, zwei Hunde und jede Menge Katzen nennen Aurora und Téodore ihr Eigen. Die Felder beackern Vater und Söhne mit einem Holzpflug, den sie mit eigener Kraft durch die Erde ziehen. Für den eigenen Bedarf bauen sie Mais, Kartoffeln, Zwiebeln und Erdnüsse, von denen sie im Herbst in guten Erntezeiten auch einige Säcke verkaufen können, an. Sind Doña Aurora und Don Téodore arm, weil sie kein Bargeld im Haus oder gar ein kleines Guthaben auf einem Sparbuch besitzen? Sie arbeiten vor allem für den Eigenbedarf, mit schmerzendem Rücken und kranken Knochen und ohne eine Heizmöglichkeit in den eisigkalten Zeiten. Aber ihre nichtbehinderten Kinder haben einen richtigen Beruf in der Stadt gelernt oder studieren sogar. Und darauf sind die beiden Alten sehr stolz, dafür legen sie das wenige Geld, was sie verdienen, zur Seite.

Diesmal sind wir nicht zu Pferde, sondern zu Fuß zu Doña Aurora unterwegs. Es ist der tägliche Weg ihrer Schulkinder entlang der Straße, durch einen zu dieser Zeit fast leeren Fluss und dann den nächsten Berg rauf und wieder runter. Eine Stunde hin, eine Stunde zurück, für bolivianische Campesinokinder ein kurzer Fußweg. Verglichen mit den drei oder vier Stunden, die andere Kinder täglich zur Schule hin und dann später zurück wandern, wohnen die Kinder von Téodore und Aurora geradezu in komfortabler Dorfnähe.

Für die Kinder, die noch weiter entfernt leben, gibt es im Dorf ein Internat. Wer sich den täglichen Boliviano (zehn Eurocent) fürs Internat nicht leisten kann, der schickt sein Kind in eine Gastfamilie auf dem Dorf oder sogar in die Stadt. Dort arbeiten dann schon die Sieben- oder Achtjährige gegen Kost und Logis, um in ihrer arbeitsfreien Zeit zur Schule zu gehen. So gibt es in Sucre vielfach Schulunterricht in drei Schichten, damit die tagsüber arbeitenden Kinder ab halb sieben Uhr abends den Unterricht besuchen können.

Kinderarbeit ist für bolivianische Bauernkinder etwas ganz normales, weil die armen Familien nur so überleben können und nur so die Schulbildung finanziert werden kann, heißt es. Allerdings hat der erste indigene Präsident Boliviens eingeführt, dass Eltern jährlich

zweihundert Bolivianos (ungefähr zwanzig Euro) bekommen, wenn sie ihre Kinder nicht mehr als Kaugummiverkäufer oder Schuhputzer, als Sänger oder Bettler auf die Strasse schicken. Auch das ist ein Fortschritt im Kampf gegen die Armut. Ebenso wie die „Renta Dignidad", die zweihundert Bolivianos Rente, die seit Evo allen Bolivianern über sechzig Jahren monatlich ausgezahlt wird.

Als wir nun bei Téodore und Aurora vor der Tür stehen, erscheint ihnen unser Besuch (trotz eines Briefes, die unseren Besuch ankündigen sollte und den wir Tags zuvor den Kindern auf dem Schulrückweg mitgegeben hatten) dann doch etwas überraschend. Und auch ungelegen, denn bei Téodore und Aurora ist ein Vertreter des Anti-Chagas-Projektes bei der Arbeit. Mit Atemmaske und Schutzanzug gegen giftige Dämpfe geschützt, sprüht er die Lehmwände ihres Hofes innen und außen mit Insektenvernichtungsmittel ab. Die gefürchteten Raubwanzen leben vorzugsweise in den Lehmwänden der unverputzten Häuser und bringen die gefährliche Chagaskrankheit, unter der sehr viele Campesinos bis heute leiden, in die Familien. Auf dem Land gilt die Mehrheit der Bolivianer als chagas-infiziert, wird mir einige Tage später die Direktorin des örtlichen Krankenhauses erzählen. Die Infektion, gegen die es keine Impfung und auch keine Heilung gibt, führt langfristig unter anderem zu chronischer Herzvergrößerung und schweren Darmbeschwerden mit Todesfolge. Im Kampf gegen die gefährliche Raubwanze lässt die Regierung regelmäßig jedes Lehmhaus aussprühen und rät den Campesinos zu festen Ziegeldächern und verputzten Wohnhäusern.

Aurora und Téodore haben an diesem Tag all ihre Habseligkeiten in die Hofmitte geräumt, um sie gegen die giftigen Dämpfe zu schützen. Dass es nun also unordentlich aussehe und auch dafür, dass sie uns diesmal keine frische Milch anbieten können, dafür entschuldigen sich unsere Gastgeber dann auch dreimal und auch dafür, dass ihre Kühe frisch geimpft worden seien. Die Milch dürfe deshalb eine Woche nicht konsumiert werden, erklärt Doña Aurora und lädt uns für die kommende Woche erneut und ganz offiziell in ihr Haus ein. Und weil ihr Téodore schon davon erzählt hat, wie er mich strickend auf der Plaza getroffen hat, möchte sie gemeinsam mit ihrer gehörlosen Tochter nun auch das Strümpfestricken erlernen. Vielleicht sei der Verkauf von handgestrickten, warmen Socken für die gehörlose Tochter eine Möglichkeit, sich später ein klein wenig Geld zu verdienen? Aurora holt ein dickes Knäuel selbstgesponnener Wolle und beginnt eine erste dicke, naturfarbene Wollsocke. Auch sie hätte eigentlich lieber Synthetikgarn auf den Nadeln, aber dafür fehlt ihr das Geld und ich kann sie davon überzeugen, es mit purer Schafswolle wenigstens mal zu versuchen. Ich werde wiederkommen, das verspreche ich mit vielen herzlichen Wangenküssen... aber erstmal fahre ich ein paar Tage nach El Villar.

El Vilar, anderthalb bis zwei Busstunden von Alcalá entfernt, ist mein nächster Einsatzort. Die Fahrt dahin beginnt mit herrlichster, wärmender Spätsommersonne. Wenn auch die Nächte jetzt im Mai kalt und immer kälter werden sobald am Tag die Sonne aus den Wolken hervorbricht, wird es auch auf fast 2.000 Meter Höhe noch richtig heiß wenn man aus dem Schatten heraustritt. Doch an den Bergkämmen hängen mit jedem Kilometer mehr und mehr Wolken. Die feuchtkalten Schwaden ziehen immer tiefer hinab, bis die Flota über die serpentinenartigen, holprigen „Naturstraßen" plötzlich in eine weiße Wand hineinfährt: Der Herbst ist in den Anden angekommen. Einfach so. Feucht und eisigkalt.

Zweite Woche auf dem Land: Ich bin im Himmel! Im wahrsten Sinne des Wortes. Dicke, feuchtnasse, kalte Wolken hängen bis tief ins Dorf und verwandeln die ungepflasterten Seitenstraßen in glitschige Rutschpartien. Auch in El Villar gibt es viele Frauen, die das Stricken mit fünf Nadeln lernen möchten. Das habe ich bei meinem Antrittsbesuch im Dorfkrankenhaus von vielen Seiten zugesichert bekommen. Also biete ich einen Strickkurs im Hospital an.

Das Hostel in El Villar ist als ehemaliges Landhaus der Familie Zamorano ein prächtiges zweistöckiges Gebäude mit mehreren geräumigen Schlafzimmern, zwei Bädern und einer Terrasse im ersten Stockwerk des Hauses. Im Erdgeschoss befinden sich Küche und Salon. Es gibt einen großen Garten mit Kaninchen, Hühnern, zwei freilebenden Papageien, einen Gemüsegarten. El Villar ist das älteste Hostel der bolivianischen Jugendherbergsbewegung, in dem freiwillige Sozialarbeit auf dem Land angeboten wird. Dieses Dorf mit seinen rund fünfhundert Einwohnern hat mehrere Schulen, Internate und Projektinitiativen, in denen Jugendliche schulbegleitend beispielsweise in einer Tischlerei oder Näherei ausgebildet werden können. Die Voluntarier und Zivilersatzdienstleistenden und Mitarbeiterinnen von Weltwärts assistieren auch hier den Lehrerinnen und Lehrern während des Unterrichts, helfen im Kindergarten oder Hospital, öffnen regelmäßig nachmittags einen Spieletreff für Kinder und Jugendliche oder leben als Betreuer und

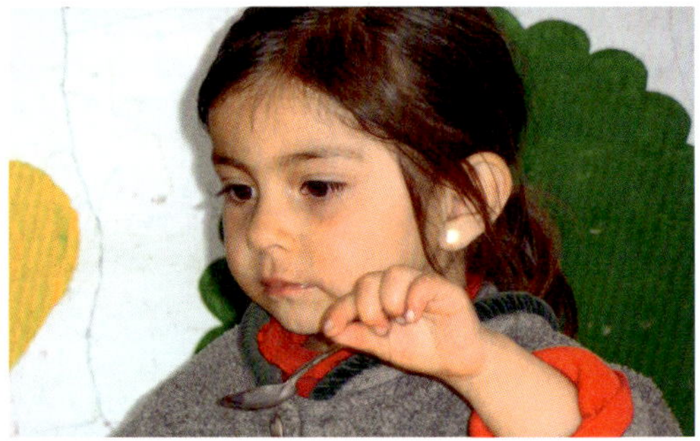

Ansprechpartner für die Internatsschüler mit ihnen im gleichen Gebäude.

Das Leben in El Villar ebenso wie in Alcalá ist für viele Voluntarier und Zivis ein willkommener Ausgleich zum Stadtleben von Sucre, das sie während der Wochen des Spanischunterrichts kennengelernt haben. Hier auf dem Dorf tauchen sie endlich in das bolivianische Landleben ein und können ihre Spanischkenntnisse ausprobieren. Aber es ist nicht nur das Dorfleben, das sie hier kennenlernen.

Seit mehreren Wochen schon gehen die zwanzigjährige Abiturientin Heidi und die vierundzwanzigjährige Englischreferendarin Johanna, beide Voluntarierinnen aus Deutschland, jeden Morgen eine knappe Stunde zu Fuß nach Villar Pampa, um dort den Dorflehrer Paulino in seiner jahrgangsübergreifenden Landschule zu unterstützen. Villar Pampa liegt im Irgendwo und besteht aus einem einzigen Schulzimmer, einem Kindergarten mit Küche, einer Kapelle und einem Fahnenmast, vor dem die zwölf Grundschülerinnen und Schüler an jedem Montagmorgen aus vollsten Kehlen erst die bolivianische Nationalhymne singen und dann noch ein paar kleine Gedichte aufsagen. Die beiden Voluntarierinnen betreuen beispielsweise die Schreib- und Rechenaufgaben der älteren Kinder, während der Landschullehrer die Kleinen unterrichtet.

Von Tag zu Tag ist es ungemütlicher geworden in El Villar und am vierten regnerischen Tag habe ich mich auch geruchlich schon fast ans Land angepasst. Diese Mischung aus Feuchtigkeit, Lehm und dem Rauch der Holzfeuer, auf denen die so typischen, heißen Suppen gekocht werden, geht nicht mehr aus den Klamotten. Nachts friere ich unter drei Decken, trotz Wollsocken und zusätzlich noch eingemummelt in den Schlafsack...aber das alles kann die gute Stimmung nicht verderben. Schließlich leben wir trotz alledem privilegiert und wesentlich angenehmer als ein Großteil der Dorfbevölkerung. Die Stunden in der Hostelküche, bei heißem Kokatee und im Gedankenaustausch mit den jungen Freiwilligen, die sich in ihrer Begeisterung für ihre Arbeit hier im Dorf nicht beirren lassen.

Vier Tage später und zurück (zuhause) in Alcalá: „Ich habe die Fünfzig überschritten!“ Sieben Schülerinnen in El Vilar, plus die beiden Voluntarierinnen Heidi und Johanna, die im Kampf gegen die kalten Füsse, dann irgendwann doch beschlossen haben, auch die Strickkunst zu erlernen, plus mehr als fünfundvierzig Frauen in Alcalá! Nachdem ich selbst die Stricknadeln aus meinen Vorzeigesocken hergegeben habe, besitze ich keine ‚Palillos' mehr und auch in Sucre kann ich so schnell keinen Nachschub besorgen. Ich war ein drittes und viertes Mal bei Aurora und Reina „en el campo“ und tatsächlich konnte ich sie vorerst davon überzeugen, dass ihre selbstgesponnene, reine Schafswolle sich wunderbar für dicke Socken eignet. Die erste Socke ist fast fertig. Sie ist zwar weniger weich als aus Synthetikgarn, aber auch wesentlich robuster und spürbar wärmer. Diesmal konnte Aurora uns zu einer heißen Suppe und beim zweiten Mal zu frisch gekochtem Fleisch mit Mais, scharfer Soße und frischer Milch einladen. Dafür hatten wir acht dicke Apfelsinen als Gegengeschenk für die Kinder im Gepäck.

Schon wieder habe ich ein Versprechen gegeben, an Aurora, aber auch an Mercedés, die an der Plaza jetzt täglich an ihren Socken strickt und nun schon von selbst gestrickten Strumpfhosen träumt, an die schwangere Martha, die jeden Tag auf die Geburt ihres ersten Kindes wartet, aber auch an die vielen Frauen, die ich erst bei meinem dritten Aufenthalt in Alcalá kennengelernt habe: Ich werde wiederkommen, mit neuen Stricknadeln.

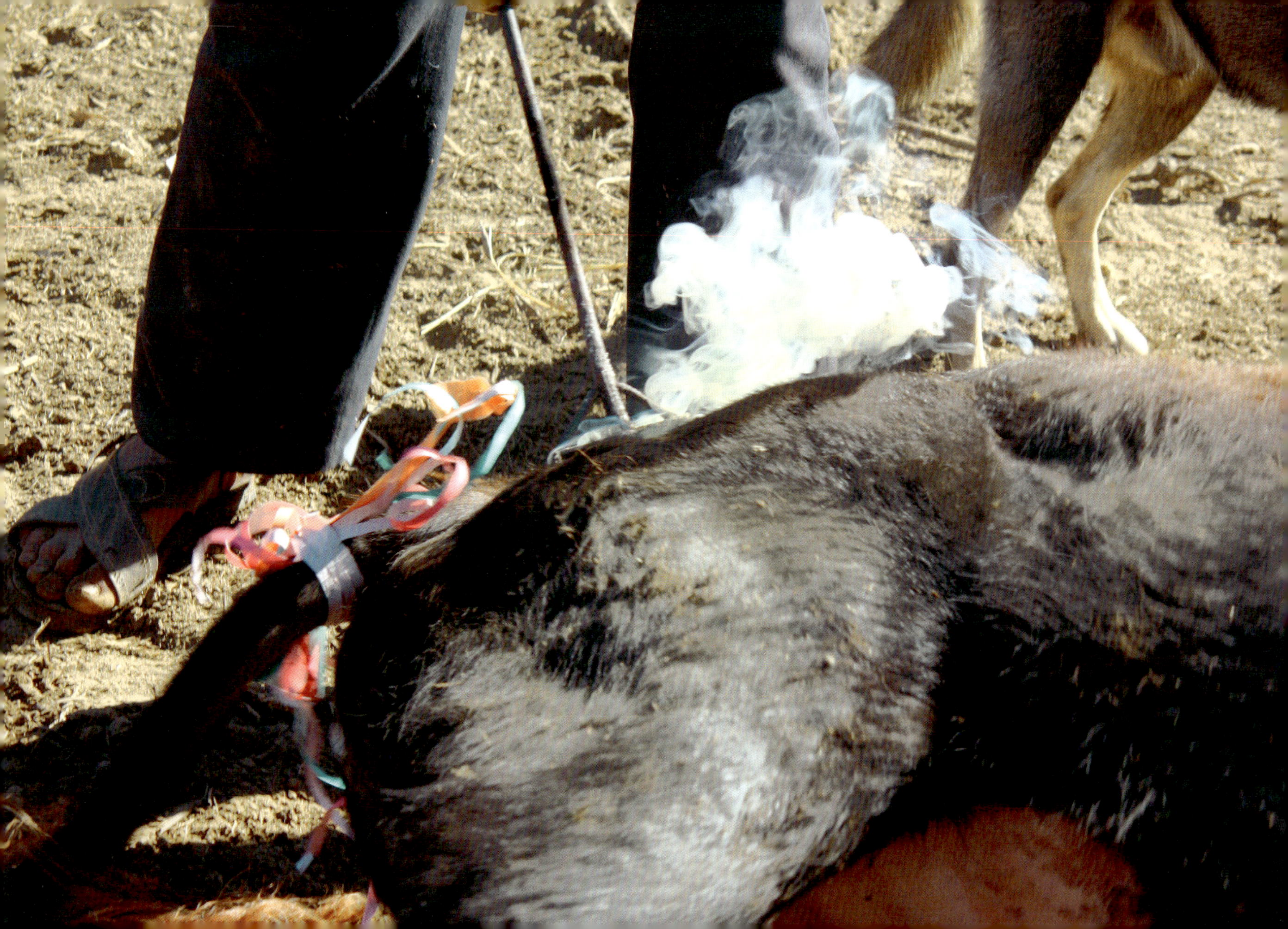

Brandings. Kuhhochzeit auf dem Land

Patrick Elison

Und wieder kann ich von einem spannenden Erlebnis im bolivianischen Campo erzählen, denn mein letzter Ausflug nach Karachimayu vor einigen Tagen führte mich direkt ins nächste Abenteuer. Die letzten fünf Kilometer vor El Villar, die es zu reiten galt, waren mir schon sehr vertraut, da ich sie während meiner Zeit in El Villar schon unzählige Male zu Fuß abgelaufen bin. Damals habe ich in der kleinen „Unidad Educativa" – Bildungseinrichtung – zusammen mit Krister Englischunterricht für die kleinen Racker der Umgebung gegeben. Im einstündigen Fußmarsch ging es damals fast täglich nach Villar Pampa, wo wir den etwa zwanzig Kids in zwei Gruppen die Grundzüge der Weltsprache näher brachten, bevor es dann wieder eine Stunde zurück nach El Villar ging. Da mir die frechen Mädels und Jungs natürlich mit der Zeit ans Herz gewachsen sind, war es selbstverständlich, dass ich nach einem halben Jahr mal wieder vorbeischauen musste.

Wie ein Geist schauen mich über ein Dutzend paar Kinderaugen an, als ich das Klassenzimmer betrete. Sie kennen mich, aber können es nicht ganz glauben, dass ich nach so langer Zeit wieder zurückkehre – normalerweise kommen und gehen die ausländischen Voluntarier-Lehrer hier ein und aus, kommen aber auch nicht mehr zurück, wenn sie sich einmal verabschiedet haben. Allmählich fällt der Groschen aber bei den Ersten und man erinnert sich sogar an meinen Namen, an meinen „Kollegen" Krister usw. Unzählige kurze Ärmchen umarmen mich daraufhin und ich werde mit Fragen nur so durchlöchert. Auch ich bin erstmal erstaunt, denn unsere fünf besten Schüler – die fünf Ältesten – sind nicht mehr da. Ich brauche etwas, bis es mir einfällt: Sie haben ihre vier

Marcada.

Patrick Elison

La comunidad campesina de Karachimayu me dio la linda oportunidad, para hablar de otra gran aventura en Bolivia; para llegar tuve que irme desde el pueblo de El Villar pasando por la escueliata seccional de Villarpampa. Este trayecto fue muy familiar para mí, en mis primeros meses cada día, una hora de ida y otra de vuelta a pié, la Fundación Hostelling International Bolivia construyó un kindergarten aquí, con el apoyo de voluntarios en la fase pre-escolar. Los casi 20 niños me han marcado con su amor y a mi retorno al pueblo, después de 6 meses, me invitaron a una fiesta tradicional, con ambrosía. Casi sin ninguna importancia me dijeron: después vamos a marcar vacas. Era un domingo en la madrugada, caminamos la misma distancia hacia Villarpampa, llevando una botella de singani, el trago tradicional de Bolivia, una bolita de coca y cigarrillos, que fueron los regalos tradicionales para este tipo de fiesta, LA MARCADA. No importa la hora, en cualquier momento los bolivianos pueden empezar a tomar alcohol como por ejemplo cuando se van a una ambrosía a las 7 de la madrugada: La ambrosía es tomar una mezcla de leche fresca al pie de la vaca, con alcohol y un poco de azúcar. A todos los participantes nos dio el impulso de sacar los lazos de cuero, amarrados al cuello de las vacas. Increíble como en pocos minutos cambió el escenario, me vi en los tiempos de los Cowboys, dos siglos atrás, con los ojos y la boca abierta, no podemos hacer otra cosa que sacar fotos y videos de un tiempo pasado, sorpresa por sorpresa, pasan los momentos, nunca pensaba que los jóvenes eran tan ágiles, que en segundos atraparon dos animales y se presenta un matrimonio, una ceremonia donde el toro y la vaca son amarrados juntos, como en la vida real, son casados ceremonialmente echándoles singani, chicha, confites y coca en su boca, esta ceremonia simboliza que la tropa

Jahre Unterricht in der Mini-Escuela von Villar Pampa erfolgreich hinter sich gebracht und gehen jetzt in El Villar zur Schule. Ein wenig enttäuscht zwar, so wie die Kinder, weil ich ihnen keine Geschenke mitgebracht habe, besuche ich anschließend den Kindergarten im Gebäude nebenan.

Dort kümmert sich eine kleine Frau mit hoher Stimme um die Kleinsten aus der Gegend, etwa drei bis sechs Kleinkinder. Ihrem Name „Tía Perfecta" macht sie bei der liebevollen Umsorgung der Kleinen alle Ehre: „Die perfekte Tante". Auch sie kennt mich noch und nachdem ich ihr von meiner Einladung eines Campesinos erzähle, der sein Haus um die Ecke hat und dessen Kinder ich auch in Villar Pampa unterrichtet habe, wirft sie mir einen vorwurfsvollen Blick zu. „Warum kommst du mich nie besuchen?" will sie auf spanisch von mir wissen. Wahrheitsgetreu antworte ich frei heraus, dass sie mich bisher weder eingeladen hat noch mir ihr Haus gezeigt hat. Das scheint für sie nun aber das kleinste Problem zu sein, zeigt mir vom Kindergarten aus ihr Haus, welches nur wenige Äcker entfernt ist, und lädt mich für den nächsten Morgen um acht Uhr zum „Leche" (Milch) trinken ein – natürlich frisch von der Kuh. Spontan muss ich dieses Angebot ablehnen, da mir nach den Strapazen des Ausrittes nicht nach einer so kurzen Nacht mit einstündigem Fußmarsch morgens um sieben zumute ist. Später am Morgen geht aber nicht, da die Kühe nun mal gemolken werden wollen. Enttäuscht sagt sie, dass sie mich Sonntag nicht einladen könne, da dann die Kühe markiert werden, was mich ja sicher nicht interessiere. Bitte? Ich glaube meinen Ohren nicht zu trauen und versichere ihr, dass ich diesem Spektakel mit dem größten Vergnügen beiwohnen würde. Sie freut sich, genauso wie ich, und das Abenteuer für den Sonntag um neun Uhr ist arrangiert.

Nach einem erholsamen Samstag ziehe ich mit meiner kanadischen Mitvoluntarierin Tagrid am Sonntag wieder in Richtung Villar Pampa los. Der Weg,

se mantendrá unida y que ningun animal se perderá en las montañas. A continuación los
jóvenes empiezan a buscar más vacas o toros, que han llegado a la edad de ser marcados. Movilizando los lazos, volteando al suelo a los animales, llega el jefe campesino con la marca forjada en hierro y calentada al rojo vivo, marcando la vaca en la parte trasera, con las iniciales de la familia. Después de unos segundos de dolor alguien del equipo llega con un poco de ceniza mojada para desinfectar y cauterizar el dolor. Para empezar la challa, los hombres cortan un pedazo de la oreja y las mujeres echan chicha con coca dentro la boca de las vacas. Para terminar, sueltan las cuerdas, abren las puertas del corral y las pobres vacas son liberadas. Estoy más y más entusiasmado, hasta con el polvo de la batalla, con el sol quemándome, quiero probarlo. Uno de los niños, sonriendo irónicamente, desconfiando de mi capacidad, me dio explicaciones como hacerlo. Lanzando mi lazo, en tres intentos, finalmente logré agarrar una vaca, con mi última
fuerza, pude frenarla y ponerla al suelo, los aplausos alrededor del corral no se dejaron esperar, qué decepción cuando el jefe me dijo que la vaca estaba marcada, ni modo la solté, pero muy feliz de mi experiencia.
No quiere terminar la ceremonia y el jefe me confirma que aproximadamente son 50 vacas que falta marcar, entonces le dije: ustedes son ricos, a eso dijo, todas las vacas están divididas entre los diez miembros de la familia, mi curiosidad me llevó a preguntar a la menor de la familia, para mí todas las vacas eran iguales, pero la hija para mi gran sorpresa me mostró las cinco que eran las suyas. Más tarde la ama de casa me confirmó que era para cada uno su herencia, si el padre muere no habrá una lucha interna por las vacas, cada uno tendrá lo suyo, esta forma muy tradicional de los originarios, por sus elementos modernos me han impresionado mucho. Me queda una última pregunta: ¿por qué hay muchas vacas de diferentes edades sin marca? El

den ich inzwischen wie meine Westentasche kenne, ist schnell zurück gelegt, auch wenn uns dieses Mal unsere eigenen Füße tragen müssen. Pünktlich um neun Uhr klopfen wir dann an die Haustüre und werden mit strahlendem Lächeln empfangen. Eigentlich hätte ich es nach neun Monaten Bolivienerfahrung besser wissen müssen und das Frühstück ausfallen lassen müssen: Auf uns warten schon zwei randvolle, gehäufte Teller „Picante de Pollo“, das typischste Essen dieser Region. Reis, Kartoffeln, Hühnchen und dazu eine leckere scharf-süße rote Soße; eines meiner Lieblingsmittagessen in Bolivien, aber eben mittags. Natürlich wollen wir nicht unfreundlich wirken und genießen das Essen dankbar, soweit sich unsere Mägen nach dem Frühstück eben dehnen lassen. Anschließend geht es dann der eigentlichen Sache entgegen, zu den Kühen.

Direkt neben dem Haus ist ein kleiner Bereich durch eine Mauer abgetrennt, in den schon einige Kühe getrieben wurden. Dort warten neben den nervösen Viechern außerdem schon der Vater mit einigen Nachbarn und etwa zehn Jugendlichen. In einer Ecke kokelt ein Feuer, um das sich die Männer versammelt haben. An einem etwa einem Meter langen Holzstab ragt das Metallende in die glühenden Kohlen: Das Brandzeichen, das die Initialien des Hausherren zeigt, wird in der Glut auf schmerzend heiße Temperaturen erhitzt. Daneben steht scheinbar ganz normal der Eimer Chicha, die Flasche Singani (Traubenschnaps), eine große Tüte Koka und die Schachtel Zigaretten. In Bolivien wird bei fast allen Festlichkeiten keinen großen Wert auf die Tageszeit gelegt: Wenn man feiern will, kann man das auch morgens tun und dann wird auch schon morgens getrunken! Mit dem Koka in der Backe und dem Lasso in der Hand werden wir erst schüchtern beäugt, aber auch bald akzeptiert. Und bald geht es auch schon zur Sache. Die Kühe sind zwar nun eingezäunt, aber deswegen lassen sie sich keineswegs freiwillig das glühende Brandzeichen auf den Allerwährtesten drücken. Vorher muss man die Kuh natürlich mit dem Lasso einfangen.
Anfangs beobachten wir die Szene beeindruckt und versuchen jeden Moment mit unseren Kameras festzuhalten. Das alles wirkt auf uns so fremd, wie aus längst vergangen Cowboy-Zeiten im Wilden Westen, ist aber gleichzeitig so spannend und beeindruckend, dass wir jede Bewegung genau beobachten. Der Haufen Jugendlicher zwischen etwa zwölf und zwanzig Jahren schnappt sich die Lassos und schwingt sie über den Platz. Zu meinem Erstaunen sind sie dabei äußerst erfolgreich und schon nach wenigen Sekunden sind die ersten beiden Kühe gefangen. Bei denen handelt es sich um Männlein und Weiblein, denn den

jefe me indicó que tuvo que comprar vacas de otros pueblos, para que no haya degeneración consanguínea, y había que marcar o remarcar, para declarar su propiedad. Qué día inolvidable. Cansados y un poco borrachos retornamos al pueblo a nuestro hostel a dormir.

ersten Beiden steht ein besonderes Programm bevor: El Matrimonio, Die Hochzeit. Nachdem die Schlinge um den Hals liegt, werden das vordere und das hintere Beinpaar zusammengebunden, einer zieht noch am Schwanz und dann wird die Kuh mit einem beherzten Ruck an allen vier Enden zu Boden gerissen. Mit einem dumpfen, aber doch lauten Knallen landet die Kuh dann auf der Seite und hat von da an nur wenige Chancen, sich zu wehren. Das passiert also mit den ersten beiden Kühen, die daraufhin zueinander über den Boden geschleift werden, bis sie Bauch an Bauch liegen, die Beine zwischen denen des Partners. Das scheinbar beschauliche Pärchen zu unseren Füßen wird nun verheiratet, das heißt es wird etwas Singani, Chicha, Koka, Konfetti und Luftschlangen geopfert und über ihre Körper verteilt, was die Hochzeit komplettiert. Dieser symbolische Akt soll dazu beitragen, dass die Herde einander treu ist, zusammen hält und keine der Kühe von der Herde getrennt wird.

Anschließend werden dann nach und nach alle Kühe markiert, die ein gewisses Alter erreicht haben und noch keine „Marca", also kein Zeichen, vorweisen können. Wie bei den ersten beiden wird erst das Lasso geschmissen, um die dann gefesselte Kuh auf dem Boden bewegungsunfähig zu machen. Liegt die Kuh – oder eben der Stier – auf dem Boden, rennt der Hausvater mit dem glühenden Eisen vom Feuer über den Platz und drückt dann, nachdem die richtige Stelle sorgfältig ausgemacht wurde, das heiße Metall beherzt auf den Po des Tiers. Einige Sekunden muss das Tier diese Qual aushalten, danach wird auf die verbrannte Stelle eine graue Mischung aus Wasser und Asche gerieben, um die verbrannte Haut zu schützen. Damit ist es aber noch nicht getan, denn anschließend wird noch ein Stück des Ohres abgeschnitten, um die Markierung der „Vaca", der Kuh, abzuschließen. Danach folgt wieder die „Challa" (gesprochen „tschaja", aus dem Quechua), die Opfergaben, die wieder aus Alkohol, Chicha, Koka, Konfetti und Luftschlangen bestehen – diese Aufgaben übernehmen jedoch die Frauen und Mädchen. Einziger Unterschied dieses Mal ist, dass dem armen Tier nun auch noch ein bunter Mix aus den ganzen Opfergaben in den Mund eingeflößt wird. Hat das am Boden liegende, geschundene Tier auch das überstanden, werden die Seile gelöst und das nächste Tier ist an der Reihe.

Trotz der brennenden Sonne über unseren Köpfen hält es mich nicht mehr auf meinem behüteten Zuschauerplatz im Schatten mit meiner Kamera in der Hand, sondern nun will ich das ganze auch mal ausprobieren. Auf Anfrage gibt mir einer der Jungs sein Lasso und schaut mich erwartungsvoll an. Ich erwidere nur doof seinen Blick, denn woher soll ich als Gringo denn wissen, wie man mit einem Lasso einen Stier fängt? Ich oute mich also als völlig unwissend, woraufhin sich die Jungs ein Lachen nicht verkneifen können, was mich aber wahrscheinlich auch sympathisch macht, da sie sich natürlich freuen, mir – dem Gringo – etwas beibringen zu können. In einem Schnellkurs werde ich in die Cowboy-Kunst eingewiesen und nach ein paar Anläufen habe ich sogar meinen wilden Stier an der Leine, dem das natürlich gar nicht gefällt. Es kostet auch wirklich viel Kraft, seinem erbitterten Ziehen stand zu halten. Aber als mir einer der Jungs erklärt, dass mein großer Fang schon eine Markierung hat, löse ich das Seil wieder vorsichtig von seinen Hörnern und lasse ihn ziehen. Danach gelingt es mir dann leider nicht mehr, erfolgreich das Lasso zu schmeißen, aber ich hatte mein Erfolgserlebnis trotzdem.

Nach und nach werden alle Exemplare mit ihrem „Branding" versehen, und ich wundere mich über die scheinbar nicht endende Zahl an Kühen und Stieren, als die nächste Horde hereingetrieben wird. Der Hausvater erklärt mir, dass er insgesamt fünfzig Kühe besitze. Erstaunt frage ich ihn, ob das denn nicht ein großer Reichtum sei, wenn man einen Verkaufspreis von etwa zweihundert bis dreihundert Euro pro Exemplar veranschlagt, abhängig von Größe, Geschlecht und Fruchtbarkeit. Kopfschüttelnd antwortet er mir, dass bei sechs Kindern, zwei Eltern und dem Opa gerade mal fünf Komma irgendwas Kühe pro Person übrig bleiben. Zweifelnd hake ich nach, schließlich werden alle Kühe mit seinem Brandmahl versehen. Das stimme zwar, belehrt er mich, trotzdem hätte jedes der Familienmitglieder seine Kühe. Das stelle ich natürlich auf die Probe indem ich die jüngste, sechsjährige Tochter nach ihren Kühen frage. Zwar sehen die für mich alle gleich aus, aber sie zeigt mir sofort eine ihrer Kühe, die gerade das Eisen auf das Hinterteil gepresst bekommt. Danach erfahre ich auch noch vom Vater, dass im Falle seines Todes die Kühe gerecht unter allen aufgeteilt würden. Ich frage weiter, ob nicht der älteste Sohn bevorzugt würde, woraufhin er mich mit eifrigem Kopfschütteln korrigiert: „Im Zweifelsfalle wird eher das jüngste Kind bevorzugt, da dieses es in diesem Fall schließlich am schwersten hätte." Beeindruckt von dieser modernen Einstellung lasse ich meinen Blick wieder über das lebhafte Treiben schweifen.

Ich frage mich, wieso manche ausgewachsenen Kühe nicht markiert sind, andere, jüngere, aber schon. Der Grund ist, dass viele Kühe verkauft und dann neue eingekauft werden, um Inzucht zu vermeiden. Klingt logisch. Bald sind aber alle durch und gegen Mittag können die nervlich fertigen Tiere wieder in Ruhe auf die Weide. Erschöpft wollen Tagrid und ich uns wieder auf den Rückweg machen, erfahren aber, dass die Jugendlichen sich noch zur Schwester von Tía Perfecta aufmachen, Doña Marcela. Auch dort werden Kühe markiert und darum wird natürlich geholfen. Da es sowieso auf unserem Heimweg liegt, gehen wir auch noch an der riesigen Sandbank am Fluss vorbei, wo sich weitere hundert Kühe versammelt haben, die dem Brandzeichen ihres Besitzers ins Auge blicken müssen. Die Szene ist wieder ausgefüllt vom ständigen „Muhen" der Herde, dem Geruch des verbrannten Felles und einer Reihe Zuschauern aus dem Dorf. Entspannt setzen wir uns in den Schatten, werden wieder zu Picante de Pollo eingeladen, kauen etwas

Koka und irgendwann arbeite ich dann auch wieder mit und versuche die wilden Stiere und Kühe am Boden zu halten, während sie den brennenden Schmerzen ausgesetzt sind.

Bis auch hier alle Kühe an der Reihe waren bleiben wir noch und machen uns dann gegen halb fünf mit dem Rest auf den Nachhauseweg. An einer Weggabelung trennt sich unser Weg Richtung El Villar von dem zurück nach Villar Pampa. Energisch müssen wir die nächste Einladung ablehnen, die darin besteht, wieder mit nach Villar Pampa zu kommen, wo zahlreiche Liter Chicha, Singani, Alkohol und noch mehr Essen auf uns warten würde – denn jetzt geht die Fiesta erst richtig los. Wir haben jedoch genug erlebt und kehren so erschöpft vom langen Tag wieder ins Dorf zurück, wo wir den eindrucksvollen Tag erstmal in Ruhe auf uns wirken lassen, über eine eigene Kuhherde sinnieren und bald müde ins Bett fallen.

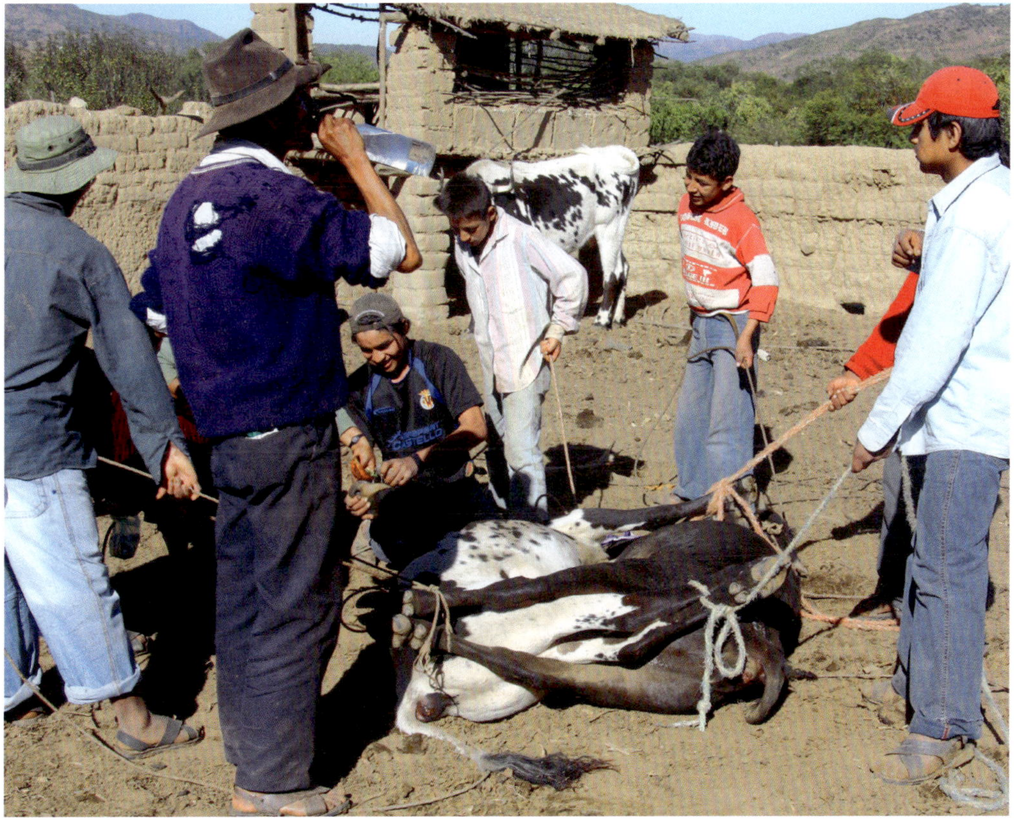

Das Leben selbst in die Hand nehmen

Silvia Mendez

Während der Fiesta für die heilige Jungfrau Rosario sitzt sie fröhlich mit ihren Freundinnen auf den Kirchenstufen an der Plaza und genießt ganz offensichtlich das alljährliche Dorffest. Fiesta bedeutet in Bolivien nicht nur Abwechslung vom Arbeitsleben und Schulalltag. Fiesta bedeutet auch Familientreffen, denn von überall sind die Verwandten angereist, um mitzufeiern und sich den kirchlichen Segen zu holen. Nach der Sonntagsmesse ist das ganze Dorf gemeinsam mit dem Pfarrer in einer feierlichen Prozession durch die Dorfstraßen gezogen, die Hausaltare wurden gesegnet, mit ihnen die Menschen. Silvia hat als Messdienerin geholfen, die Holzstatue der heiligen Jungfrau im Schutze des Kirchenportals so aufzubauen, dass alle der Holzstatur huldigen können. In langen Reihen stehen Jung und Alt vor dem Kircheneingang und warten darauf, vor den improvisierten Altar zu treten. Einzelne stellen angezündete Kerzen vor der „Virgen" auf, sprechen ein kurzes Gebet, füllen eine kleine Kalabasse mit Chicha, schütten dreimal davon auf die Erde und leeren das Trinkgefäß mit dem selbst gebrauten Maisbier. Anschließend wird getanzt, musiziert, feierliche Reden gehalten, noch mehr Chicha getrunken, gegessen, getrunken. So geht das schon seit Tagen. Während der Alkoholpegel auf der Plaza bei Jung und Alt so allmählich und wie schon an den vorherigen Feiertagen wieder ansteigt, bleibt Silvia nüchtern. Wird sie zu Chicha eingeladen, opfert sie den ersten Schluck für Pachamama, nippt an dem gereichten Alkohol und gibt das Gefäß an den nächsten mit den Worten „ich lade dich ein" weiter. Und irgendwann ist sie verschwunden.

Cada uno es arquitecto de su propia vida

Silvia Méndez

Mi nombre es Silvia Méndez, tengo 18 años, vivo en este lindo pueblo de El Villar, donde cada uno conoce al otro; en este momento sentada con amigas frente a la iglesia festejando la tradicional fiesta de la virgen del Rosario. Estas fiestas también son lindos encuentros de las familias; se empieza con una misa, una procesión por las calles con el sacerdote y Silvia ayudando como monaguillo, con su túnica especial de color blanco. Durante la fiesta después circula mucha chicha y cuando llega el mate a tus manos, debes celebrar echando un poco al piso para la Pachamama, luego bebiendo y haciendo circular para otra persona.
Más tarde nos dice que le gusta la vida en el pueblo y que quiere respetar las tradiciones, pero no las borracheras y que no quiere arriesgarse con un embarazo no deseado. Somos cinco hermanas en mi familia, nos dice, las mayores estudiando en la ciudad. Qué triste cuando murió mi padre, muy duro especialmente para mi mamá, porque no había dinero. Como niña tuve que vender comida preparada por mi madre en el pueblo. Gracias a la hermana Bárbara, pude estudiar y tener un lugar en el internado, recibiendo el apoyo con un boliviano diario, casi todos somos católicos y también casi todos creemos en la Pachamama, que nos ayuda en toda situación, nunca comeré, ni mi madre cocinará sin mostrar mi gratitud a la Pachamama, como católicos pensamos que las dos creencias van juntas y en la iglesia tengo muchos amigos, casi es mi segunda casa, por quienes tuve la suerte de visitar Sucre donde conocí temas muy interesantes: como la adolescencia, el matrimonio y la planificación de una familia.
Pienso que en los últimos años, no sigue más el sueño de irse a la ciudad, donde la vida es difícil, con

muchos peligros, claro que sigue la esperanza de ser profesional, estudiar en la ciudad, pero más y más, quieren volver; mi deseo sería ingresar a la normal y volver como profesora, porque cada uno es arquitecto de su propia vida. La gente en el campo tiene un objetivo: mandar a sus hijos al colegio y más tarde a la universidad, ahorran para eso, pero muchas veces la agricultura tiene grandes riesgos, el año pasado hubo inundaciones y este año sequía y los objetivos no se pueden cumplir. En mi opinión esta iniciativa de los voluntarios que llegan de diferentes partes del mundo a nuestro pueblo, ellos no esperan ningún sueldo, nosotros tenemos la oportunidad de conocerlos y aprender más del otro lado del mundo, este intercambio de ideas y experiencias me gusta mucho, porque quiero aprender otras culturas y tradiciones de Europa; en el colegio me parece importante que recibimos sin gastos extras: inglés o computación y mejor para nosotros una ayuda hasta en las tareas, una gran oportunidad, porque en la ciudad se tiene que pagar dinero extra; lo bueno que en los últimos años, tuvimos amistad con muchos de los voluntarios, amistad que se mantiene hasta el día de hoy.

Ja, sie liebt das Leben in ihrem Dorf, betont sie später. Das Bewahren der Traditionen sei ihr wichtig und auch sie feiere gerne gemeinsam mit ihrer Familie, mit Freunden. Doch dann sagt sie ganz freundlich, aber bestimmt: Sie mag keine „Borracha" sein, keine Betrunkene. Und hinter ihrem offenen Lächeln, hinter ihrer vermeintlichen unbeschwerten Leichtigkeit, schwingt eine Ernsthaftigkeit mit, die klar macht, dass diese junge Frau sich ihre Zukunft nicht so einfach aus der Hand nehmen lässt. Beispielsweise, indem sie riskiert, im Suff ungewollt schwanger zu werden. Wir treffen uns am Rande der Feierlichkeiten wieder und bei einem heißen Tee beginnt sie zu erzählen:

„Mein Name ist Silvia Mendez, ich bin siebzehn Jahre. Ich lebe in El Villar, einem kleinen Dorf, in dem jeder jeden kennt. Aber ich finde nicht, dass es hier langweilig ist. Wenn wir nichts zu tun haben, können wir Ball spielen, uns treffen. Am Wochenende gehen wir gerne hinaus aufs Land, wir gehen wandern, wir kochen zusammen. Das ist schön, weil man sich kennt und weil man sich auch gegenseitig hilft.

Ich lebe hier im Dorf mit meiner jüngsten Schwester zusammen, die drei Älteren studieren in der Stadt. Ich selbst gehe noch zum Collegio. Mein Unterricht beginnt nachmittags um zwei Uhr, denn wir lernen in zwei Schichten. Wir haben in unserer Schule nicht nur den normalen Fachunterricht, wir reden auch über das Leben. Die Lehrer erzählen uns aus ihrem Erfahrungsschatz, das hilft uns viel für unser eigenes Leben. Ich sage immer, wenn ich selbst eines Tages Lehrerin geworden bin, dann möchte ich mich auch nicht nur auf meinen Unterrichtsstoff beschränken, sondern ich möchte meinen Schülern auch von meinen Irrtümern berichten, damit sie nicht die gleichen Fehler begehen und ich möchte sie fragen, wie es ihnen geht und was ihnen fehlt.

Weil viele Familien auf dem Land so arm sind, kommen ihre Kinder barfuß und mit zerrissenen Kleidern zur Schule. Viele Kinder sind schlecht ernährt, haben nur etwas Mais und Käse für den Schultag bei sich. Das ist nicht genug, vor allem wenn sie schon einen stundenlangen Fußweg hinter sich haben. Deshalb ist es so wichtig, dass es in der Schule etwas zu essen gibt, etwas Brot, ein paar Kekse, Tee und Milch und dann auch eine Suppe zu Mittag. Für die, die weiter entfernt wohnen, gibt es im Dorf auch ein Internat. Das kostet einen Boliviano am Tag (10 BS = 1 Euro), das ist preisgünstig, auch dank der Unterstützung durch die Kirchengemeinde und das Bürgermeisteramt. Aber für manche arme Familie ist auch das zu viel Geld, vor allem wenn sie viele Kinder haben.

Zuhause sind wir zu fünf Schwestern. Als ich sieben war, starb mein Vater. Es gab niemanden, der uns Geld zum Überleben geben konnte, meine Familie ist arm, kommt vom Land. Meine Mutter hat aber immer für uns Kinder gekämpft und wir haben ihr dabei geholfen. So habe ich schon als kleines Mädchen anfangen müssen zu arbeiten. Ich habe das Essen, das meine Mutter zubereitet hatte, im Dorf verkauft. Und dann gab es da Schwester Barbara aus Deutschland. Sie war in unsere Kirchengemeinde gekommen, um hier zu arbeiten. Sie hat sich um arme Familien gekümmert. Sie hat auch meiner Familie geholfen.

Die meisten von uns hier im Dorf sind katholisch. Aber von jeher glauben wir auch an Pachamama. Sie ist unsere Mutter, sie hilft uns immer. Beispielsweise wenn wir neues Land bestellen, dann nehmen wir einen Topf mit Essen, legen Koka dazu und geben es Pachamama. Wenn meine Mutter etwas kocht, nimmt sie vor dem Servieren einen Löffel voll und opfert es Pachamama. Wir sind Katholiken, aber wir haben auch unsere Traditionen und die passen mit unserem katholischen Glauben zusammen. Wir gehen zu den wichtigen Kirchenfesten und sind auch überzeugt, in Gott den Frieden zu finden. In der

Jugendgruppe unserer Kirchengemeinde habe ich viele Freunde und ein zweites Zuhause gefunden. Als ich vor einiger Zeit auch auf der Synode mitgearbeitet habe, wurden wir nach Sucre eingeladen, haben dort an wichtigen Themen gearbeitet, über die wir dann nun mit unseren Eltern und unsere Eltern mit uns reden sollten. Themen wie Kindheit, Jugend, Ehe oder auch Familienplanung.

Ich glaube nicht, dass die Mehrheit in unserem Dorf davon träumt, in die Stadt zu gehen. Das Leben dort ist schwierig und es gibt viele Gefahren. Ich denke, viele möchten einen Beruf lernen, in der Stadt studieren und dann ins Dorf zurückkommen und arbeiten. Ich kann natürlich nicht für alle jungen Frauen sprechen, aber ich denke, viele träumen davon, berufstätig zu sein, einen guten Ort zum Leben zu haben, zu heiraten und dann ein oder zwei Kinder zu bekommen. Nicht mehr Kinder, denn heute ist alles so teuer und das Leben ist vielerorts schwieriger geworden. Gerade im vergangenen Jahr ist ein Mädchen aus meiner Schule schwanger geworden. Ich glaube, weil das Gespräch mit den Eltern oder Lehrern fehlte, weil ihr die Aufklärung fehlte. Es ist ein schwerwiegender Fehler, so früh ein Kind zu bekommen. Aber das passiert auch nicht mehr so oft wie früher.

Heute ist es für viele Leute, die auf dem Land leben, das Wichtigste, dass ihre Kinder etwas lernen und deshalb schicken sie immer häufiger ihre Kinder ins Dorf, ins Internat. Die Eltern arbeiten in der Landwirtschaft und sparen sich ihr ganzes Leben etwas vom Munde ab, damit ihre Kinder studieren können. Doch die Landwirtschaft ist risikoreich. In diesem Jahr haben viele Familien ihre ganze Ernte durch die Überschwemmungen verloren. In anderen Jahren war es zu trocken. Deshalb verlassen viele Familien, viele junge Menschen das Land und gehen in die Stadt. Doch auch in der Stadt können sie nicht gut leben, denn dort gibt es viele Gefahren, die sie nicht kennen.

In der Stadt brauchen die reicheren Familien Kindermädchen, weil sie den ganzen Tag arbeiten müssen und es fehlt ihnen die Zeit für ihre Familien. Da haben wir es einfach besser. Wir hier auf dem Land sind zwar arm, aber wir haben Zeit füreinander und sind nicht so abhängig vom Geld. Aber natürlich gibt es auch hier Probleme in den Familien, vorallem wenn die Väter trinken. Wenn sie betrunken sind, dann wissen sie nicht, was sie tun, schlagen vor den Augen der Kinder ihre Frauen. Die Kinder schreien, weinen, werden traumatisiert. Aber ich glaube, es wird schon etwas weniger getrunken als früher, weil die Menschen gemerkt haben, dass Alkohol ihnen und ihren Familien schadet.
Es ist interessant, gut und auch sehr wichtig, dass die Voluntarier aus anderen Ländern zu uns in unser Dorf kommen. Ich finde die Idee der Freiwilligenarbeit interessant: Die Jugendlichen kommen aus anderen Ländern zu uns hier ins Dorf, einfach nur um uns zu unterstützen. Sie bieten uns ihr Interesse an und sie erwarten kein Geld. Wir haben die Gelegenheit, sie kennenzulernen, mit ihnen zu reden. Sie erzählen uns, wie ihr Leben in ihrem Land ist. Für mich ist es wichtig zu hören, wie sie in ihren Heimatländern leben. Und sie haben die Gelegenheit, uns und unser Land etwas kennenzulernen, unsere Traditionen. Die Freiwilligen sind für uns wichtig, denn sie unterrichten kostenlos in unseren Klassen. Vor allem Englisch. Sie helfen uns auch bei den Hausaufgaben. Für uns ist das eine Chance, denn in der Stadt müssten wir zum Beispiel für den Sprachunterricht bezahlen. Und manche von ihnen werden hier in meinem Dorf auch zu guten Freunden.
Für meine Zukunft wünsche ich mir, was die meisten sich wünschen: Mit Gottes Hilfe werde ich einen Beruf lernen. Ich möchte Lehrerin werden, weil es mir gefällt, mit Kindern zu arbeiten oder Jugendlichen. Ich möchte dann meinem Dorf helfen, auf dem Land arbeiten, den Leuten helfen, danach möchte ich ein Haus, möchte arbeiten, möchte eine Familie mit ein oder zwei Kindern, nicht mehr."

Das El Villar-ABC von und für HI-Bolivia-Freiwillige ...und für Reisende in die Dörfer

Anreise	Am besten nehmt ihr ab Sucre die Flota „12 de Marzo“ die direkt nach El Villar fährt, was auch die Endstation ist. Die Fahrtzeit beträgt ca. 7 Stunden mit einer Pause in Zudañez, wo man etwas essen kann. In El Villar angekommen, lauft ihr einfach die Straße hoch, das weiße, zweistöckige Haus, auf der rechten Straßenseite, ist das Hostal.
Baden	Mädchen und Frauen baden auf den Dörfern immer in Shorts und T-Shirt; nur in Bikini zu baden, das könnte falsch herüberkommen.
Chicha	Ist gegorener Maissaft. Je älter sie ist, desto mehr Alkohol hat sie. Man trinkt sie zu jedem Anlass. Einladen ist Pflicht! Vergisst man den Anderen einzuladen („te invito“) bevor man selbst trinkt, muss man selbst nochmal trinken. Vor oder nach dem trinken gibt man ein bisschen an Pachamama ab.
Don Carlos und Don Gaston	Don Carlos ist der Schulleiter des Colegio und Don Gaston der Leiter des hiesigen Hostals. Beide nehmen sich den Voluntarios jedes Jahr neu an, bei ihnen kann man auch Pferde ausleihen.
Duschen	Im Hostel gibt es Elektroduschen, dass heißt, ohne Strom kein warmes Wasser. Dreh den Hahn nicht voll auf, dann ist das Wasser wärmer.
Essen	Im Hostal gibt es Vollverpflegung. Fanny kocht (einseitig) lecker und mehr als genug.
Feiertage	Die Tradition der Bolivianer verlangt viele Feiertage. Aus jedem Anlass wird ein Feiertag gemacht und der Voluntariertag ist der 5. Juni, also mit viel Chicha, Kuchen und Lagerfeuer feiern.
Fotos	Bringt einfach Bilder von Deutschland und, ganz wichtig, von eurer Familie mit. Das interessiert die Bolivianer immer ganz doll.

Flöhe	Gewöhnt euch dran. Gegen den Juckreiz hilft: Mentisan oder reiner Alkohol. Außerdem könnt ihr im Dunkeln ein weißes Tuch auf den Boden legen und am Morgen ausschütteln. Oder Kleider und Schlafsack den ganzen Tag in die Sonne hängen, dann hüpft der Floh raus.
Gringo	So wird dir hier permanent auf der Straße hinterhergerufen (leitet sich ab aus dem Krieg Kalifornien- Mexiko und steht für „green go“. Green bezieht sich auf die Gesichtsfarbe der im Krieg geschwächten Amerikaner).
Geld	Du brauchst nicht viel, aber Kleingeld ist unverzichtbar. Geld brauchst du für: Tiendas, Reiten, Internet und Telefon.
Handynetz	Seit neuestem gibt es in El Villar ein Handynetz. Wenn ihr euch also einen Chip von Entel (ganz wichtig) und ein Handy mit Triband habt, könnt ihr in El Villar angerufen werden.
Hostal	Die Leiter des Hostal sind Gaston & Fanny. Sie haben eine kleine Tochter namens Dania. Das Hostal hat relativ viele Betten und ist somit auch größte Unterkunft in El Villar, deshalb kommen öfters mal Gäste vorbei.
Internet	Es gibt 2 Internetcafés, das Eine im Punto Entel (más abajo) und das Andere an der Plaza. Die Kosten für eine Stunde betragen ca. 5 Bs.
Jugend	Allgemein verlängerte Pubertätsphase. Bei Jungs von 9 – 18, bei Mädels von 12 bis 16. Beliebter Spruch: „Hello mi lau!“
Kleidung	Nimm dir am besten Klamotten mit, die dreckig werden können; feste Schuhe sind wichtig. Im Winter kann es sehr kalt werden und die Regenzeit ist auch nicht ohne, nehmt euch also Kleidung für alle Witterungen mit.
Küche	Sie ist sehr groß; ein schöner Aufenthaltsraum vor allem im Winter, wenn der Ofen Wärme spendet. Nicht von Don Gaston verwirren lassen. Der Ofen funktioniert und will benutzt werden!

Luxus	Es gibt im Hostel einen Fernseher mit DVD-Player sowie einen CD-Player. Es lohnt sich Schokolade und andere Lebensmittel (Obst) aus Sucre mitzubringen.
Mitbringen	Der Spielsalón an der Plaza braucht dringend Spiele. Bringt einfach alles mit was ihr in Deutschland nichtmehr benutzt.
Manchachi	3-Tagesausflug: 2 Tage zu Pferd, 1 Tag zu Fuss, Prä-Inka-Ruinen. Die Kosten betragen 400 Bs. Die Tour müsst ihr bei Don Gaston anmelden, am besten ein paar Wochen vorher.
Menschen	Alle kennen sich, sind freundlich und laden dich öfter zum Trinken, oder auch zum Kartenspielen ein. Zudem spielen einige Dorfler fast jeden Tag Basketball oder Futsal (Hallenfußball) auf den Canchas im Dorf.
Nationalhymne	Sie wird jeden Montag um 9 Uhr in der Schule gesungen.
Orangenbaum	Steht zur Selbstbedienung im Hostal-Garten (Vorsicht Stacheln!)
Post	Auch in der Zeit in El Villar behältst du deine Adresse in Sucre. Pakete holst du dann dort auf der Post ab. Briefe direkt nach El Villar sollen schon mal angekommen sein, brauchen aber ein halbes Jahr.
Quechua	Quechua bezeichnet die Sprache der Hochlandindianer in den Zentralanden und damit auch der Inkas. Sie ist in Peru und Bolivien neben Spanisch und Aymara Amtssprache. Ca. 5 Mio. Menschen sprechen Quechua. Der Begriff fasst darüber hinaus die Indiovölker zusammen, die diese Sprache sprechen. Auch in El Villar sprechen viele Menschen Quechua. Die Dorfbevölkerung versucht auch immer den Voluntariern etwas beizubringen.

Reiten	Das Hostal hat ein Pferd, dass jedoch noch relativ störrisch ist. Don Carlos hat auch Pferde, die er gerne gemeinsam mit euch suchen geht und dann kann man den ganzen Tag reiten (er verlangt nichts, aber normalerweise kostet es 30Bs. pro Tag, also lasst euch nicht lumpen). Ihr könnt aber auch einfach zu einem abendlichen Zusammensitzen ein paar Bier mitbringen.
Schlafsack	Warmer Schlafsack ist nicht schlecht (Mai bis September).
Strom-/ Wasserausfall	Kommt ab und zu vor. Du kannst dir eine Taschenlampe mitnehmen, Kerzen gibt es auch in den Tiendas. Kochen geht, da Gasherd, auch bei Stromausfall.
Tiendas	Gibt es überall im Dorf und sie haben mehr als man erwartet, aber weniger als man sich wünscht. Außerdem ist es gut immer mal wieder bei verschiedenen Tiendas einzukaufen, so haben mehrere Verkäufer was von uns Voluntarios.
Telefon	Am Punto Entel (más abajo) gibt es 2 Telefone, für 6 Bs. nach Deutschland. Bald soll es aber im Hostal auch eine Telefonverbindung geben.
Umgebung	Es lohnt sich, sie zu erkunden, egal ob zu Pferd oder zu Fuß. Man kann auch mit der Ambulancia oder mit Camionetas am Wochenende in die umliegenden Comunidades fahren.
Wetter	Im Winter wird es sehr kalt, vor allem nachts. Dafür kann man die Sonne öfters genießen. Im bolivianischen Sommer (Nov-Feb) kann es längere regnerische Tage geben.
Wäsche	Viel Spaß bei der Handwäsche. Jedoch kann man sich auch im Dorf umhören wer gerade wäscht und dann evtl. seine Wäsche waschen lassen (5Bs. für 12 Stück Wäsche).

Kleine Schritte führen zum Ziel

Max Steiner

„Wir sitzen alle in einem Boot." Nach Wiederaufbau und Wirtschaftsaufschwung im kriegszerstörten Europa mussten wir alle erkennen, dass wir auch für die globale Entwicklung unserer Menschheit Mitverantwortung zu übernehmen haben. Daraus erwuchs der Wunsch, politisch, ökologisch und humanitär Mitverantwortung für die Armen in den sich langsamer entwickelnden sogenannten „Dritten Weltländern" zu übernehmen. Heute ist daraus längst das Bewusstsein der „Einen Welt" entstanden. In den Industrieländern sollten die jeweiligen Regierungsprogramme wichtige, wenn auch etwas schwerfällige, bürokratische Antworten auf die Not der weniger entwickelten Ländern geben. Neben den staatlichen Konzepten zur Entwicklungszusammenheit entstanden immer mehr kirchliche, überkonfessionelle und private Hilfsorganisationen, die rasch und unkompliziert Lücken in der staatlichen Entwicklungshilfe schließen wollen. Nebst der professionellen Zusammenarbeit in technischen, medizinisch-chirurgischen oder landwirtschaftlichen Bereichen bot sich immer öfter die Gelegenheit, junge Menschen als Freiwillige in sozialen und ökologischen Bereichen einzusetzen.

In diesem Sinne erkannte die Stiftung Hostelling International Bolivia (HI-B) vor rund zehn Jahren, dass sich das Konzept der Freiwilligenarbeit, wie es auch im DeutschenJugendherbergswerk (DJH) gepflegt wird, sich sehr gut auf den Andenraum übertragen lässt. Dabei werden dem Rucksack-Touristen viele Erleichterungen auf seiner Reise geboten und zusätzlich viel tiefere Kontakte zu gleich Gesinnten und zur einheimischen Bevölkerung ermöglicht. Doch das allein reichte noch nicht aus, den gerade von jungen Leuten oft gehörten Wunsch zu erfüllen, sich intensiver persönlich einzubringen und sich vor Ort direkt mit der originären, einheimischen Bevölkerung treffen zu dürfen.

Zur gleichen Zeit wurde in Bolivien die soziale und ökonomische Kluft durch die ungebremste Landflucht zwischen den abgelegenen Bergregionen und den Städten immer größer. Alle wichtigen Hilfsorganisationen wollten in den Stadtslums helfen, aber niemand war da draußen in den abgeschiedenen Problemregionen – außer den Kirchen und Sekten. So konkretisierte sich der Hilfsbedarf auf drei bis vier grosse Themenkreise.

1. Durch die Gemeinde- und Schulrevolution bekam anfangs der 1990er Jahre jede Gemeinde ein eigenes Budget und eine eigene Oberstufe, das „Colegio" als Gymnasium. Doch es fehlten die Lehrer und vieles mehr, vor allem im Bereich des heute universitär vorgeschriebenen Englischunterrichts ebenso wie beispielsweise in der Anwendung von Computern. PCs stehen zwar nun überall rum, da sie von der Zentralregierung frei geliefert werden, aber vor allem die ältere Lehrergarde hat keine Ahnung wie damit umzugehen ist. Sie wissen oftmals nicht einmal, wo der Anschaltknopf ist. Hier können junge AbiturientenInnen aus Europa bestens helfen, da sie ja aus der Turnschuh-Generation in die Chat-Messenger-Facebook-Szene fliegend gewechselt haben.

2. Durch den Aufbau von Kleinspitälern und Notfall-Gesundheitsstationen in nun allen Landgemeinden ist die Versorgung glücklicherweise in den letzten zehn Jahren gewaltig verbessert worden. Verbessert wurden auch die Lebensbedingungen durch Programme der technischen Entwicklungszusammenarbeit bei der Wasserversorgung und Abwasserentsorgung, gerade im besondern von der GTZ und THW Deutschland. Auf dem Lande hat dies nun eine enorme demographische Auswirkung. Die originäre Campesino-Familie hat weiterhin acht bis zwölf Kinder. Nur ist die Kindersterblichkeit um 70-80 % reduziert, so dass erfreulicherweise heute fast alle überleben werden. Das lässt aber neue Lücken entstehen. So stillt die Mutter die ein oder zwei Jüngsten, aber nachher werden diese weitgehend zu Hause vernachlässigt, da so viel auf den Feldern zu tun ist, um die Nahrung für die Grossfamilie täglich aufzutreiben. Ab dem fünften Lebensjahr besteht dann in Bolivien eine allgemeinen Schulpflicht, die dank der staatlichen Förderprogramme auch greift und seit 2009 sogar durch einen Schulbonus (genannt Juancito Pinto: Der heute in Bolivien als Heldenfigur bekannte Waisenknabe starb als Trommler während des chilenisch-bolivianischen Pazifikkrieges), finanziell mit umgerechnet zwanzig Euro pro Halbjahr unterstützt wird.

3. Doch da fehlten Kinderhort und Kindergarten in den weit auseinander liegenden Streusiedlungen. HI-B hat diesen Mangel erkannt und nun bereits sieben Kinderhorts/-gärten initiieren können. Immer wird dabei zuerst eine Muttervereinigung gegründet, welche die Bedürfnisse abklärt und die praktischen Wünsche konkret formuliert. Erst auf dieser Basis wird mit den Schul-, den Kirch- und Politischen Gemeinden nach einem geeigneten Grundstück/altem Haus Ausschau gehalten, um dieses zu renovieren und als Kinderzentrum in Betrieb zu nehmen. HI-B hilft bei der Ausbildung der Erzieherinnen, beschafft Kindermöbel – Inneneinrichtung und Spielzeug. Ebenso wichtig ist die verbesserte Ernährung, hier vor allem das Anreichern mit Gemüse. So wird jeder Kinderhort mit einem eigenen Gemüsegarten ausgestattet und dies wiederum bietet interessante Einsatzmöglichkeiten für den Freiwilligen Ökologischen Dienst. In den angebauten einfachen Schulküchen werden dann ein Frühstück und eine nahrhafte Suppe zum Mittagessen vorbereitet.

4. Noch haben alle diese Landdörfer kein Abfallkonzept, geschweige denn, dass die Bevölkerung

sensibilisiert ist für Themen des Umweltschutzes. Hier helfen dann junge Freiwillige erstmals Abfalleimer aufzustellen, alte Batterien einzusammeln. Ein früher Erfolg der Freiwilligen war es denn auch, die leeren Strombatterien nicht als „Spielzeug"-Figürchen im Sandhaufen nutzen zu lassen. Weitere Themen sind: Zentrale Deponien anregen oder gar die Hausbesitzer endlich zu überzeugen, dass eine vor zwei Jahren gebaute Abwasserleitung nichts nützt, wenn die einzelnen WCs nicht angeschlossen werden, sondern weiterhin im Dorf nur versickern lassen.

Nebst all den gezielten Hilfsaufgaben durften wir aber eine nachhaltige Wirkung unserer Unterstützungsprogramme in den ersten Dörfern feststellen: Die früher weitgehend abgeschiedenen Einheimischen haben nun das Gefühl, nicht in Vergessen geraten zu sein. Impulse setzen, Anregungen geben durch den gemeinsamen Arbeitsalltag und die Begegnungen im spielerischen Kontakt, ohne den arroganten Ehrgeiz von Umerziehung oder Besserwisserei. Man kommt sich näher, es entstehen Freundschaften aufs Leben. Wohl eines der schönsten Erfolge unserer Zusammenarbeit in den Dörfern.

Dazu braucht es aber bessere Sprachkenntnisse und so betreiben wir ebenfalls seit fünf Jahren mit Erfolg die „Casa Andina de Lenguas" in Sucre. Bereits weit über fünfhundert ausländische Studenten haben sich mit viel Fleiß und Schweiß im Lernen von Worten und Grammatik die aufstrebende Weltsprache Spanisch angeeignet. Und was die Sprachschüler im Unterricht gelernt haben, können sie in der Freiwilligenarbeit direkt praktisch anwenden.

Richtig ist, dass das Deutsche Bundesministerium für Zusammenarbeit, das BMZ, beim Start zum neuen „Weltwärts" Programm festhält, dass es sich dabei um einen Lerndienst in der Entwicklungshilfe handelt. Das war uns und unseren Teilnehmern schon vorher lange klar. Sie selbst waren mindestens zur Hälfte Nutznießer während diesen Praktika im Ausland, wo sie andererseits Hilfe bringen durften.

Welch ein Gewinn an Persönlichkeit, an Charakter und an eigenem Durchstehvermögen, in einem schwierigen Umfeld, unter einfachen Verhältnissen, meistens erstmals soweit von zuhause weg, durften diese jungen Menschen aus den Industrieländern erzielen. Unvergessliche Erlebnisse und kulturelle Eindrücke ergänzen und verstärken sich noch mit den unglaublichen Naturschönheiten dieses großen Landes.

War da vielleicht anfangs noch ein Zögern zuhause bei dem Gedanken: „Und für meinen ganz freiwilligen Einsatz soll ich auch noch zahlen müssen?" so wird doch den Freiwilligen vor Ort rasch klar, dass es nicht die armen Dörfer sein können, die Unterkunft und Unterhalt für die Gäste aus Europa bereitstellen. Für den finanziellen Beitrag versuchen wir, nicht nur die Unterkünfte und sanitären Einrichtungen auf einen einigermassen europäischen Standard zu bringen. Das Geld wird ebenso eingesetzt für die Verpflegung und die Transporte der Freiwilligen, vor allem aber sind sie ein ganz wesentlicher Beitrag zur Aufrechterhaltung all der gemeinsam geschaffenen Einrichtungen wie Kindergärten, Schulen und weiteren sozialen oder ökologischen Projekten, dort wo finanzielle Zuschüsse dringend benötigt werden.

HI-B ist wohl eine Nicht-Regierungsorganisation nach bolivianischem Recht, aber als Stiftung natürlich finanziell selbst verantwortlich für die eigenen Einnahmen und Schenkungen, da es dazu keine staatlichen Unterstützungen gibt.

Erfreulicherweise haben sich nebst dem Schwelgen in tollen Erinnerungen gerade in Deutschland und der Schweiz Ehemaligentreffen gebildet, welche gezielte Sammlungen und Spendenaufrufe durchführen, wie „Raton Perez" – „Zehne für Zähne" – als Schulzahnprogramm für jährlich rund 500 Kinder oder dem Neubau eines Kinderhortes „Centro Comunal" in Lagunillas – einem Weiler in der Gemeinde El Villar, die auch im Jahre 2011 viel Freude auslösen werden.

Wirtschaftskrisen hin und politische Veränderungen her, dieses Modell der freiwilligen Hilfsbereitschaft junger Leute im Alter von achtzehn bis dreißig Jahren, gepaart mit einer professionellen Sprachausbildung und abgerundet mit ein- bis zweiwöchigen Reisen zu den unterschiedlichsten Naturschauspielen, wie dem Salzmeer, dem Titicacasee oder in den bolivianischen Teil des Amazonasbeckens und als kulturelle Höhepunkte: die koloniale Hauptstadt Sucre, die Bergbaustadt Potosí sowie dann die kaum zu übertreffenden Gegensätzlichkeiten der Schwesternstädte La Paz und El Alto, ist glücklicherweise eine Erfolgsgeschichte geworden und muss es einfach zugunsten der armen einheimischen Bevölkerung bleiben

Ganz erfreulich kennen diese Initiativen keine Altersgrenzen und schon fast im Sinne eines Generationenübergreifenden Freiwilligendienstes durften wir in den vergangenen Jahren immer wieder auch Berufstätige, die eine Auszeit aus dem Job zugunsten eines Sozialeinsatzes nutzten, Pensionierte und einfach im Geiste aktiv Gebliebene mit genauso viel Motivation willkommen heißen.

Für alle und die jährlich über 1.000 Einsatzwochen sind wir von Hostelling International Bolivia auch im Namen der Campesions, der indigen-originären Bewohner in den nun sieben Einsatzdörfern und Kleinstädtchen quer durch Bolivien herzlichst dankbar.

Paso a paso, a un mundo más solidario

Max H. Steiner

En el proceso de la reestructuración de Europa, después de la segunda guerra mundial, se presentó un fuerte movimiento económico que se llama globalización. Este desarrollo ha apoyado más al primer mundo y a los países del norte, pero mucho menos, al sur y sus países en desarrollo; una buena parte de la gente del norte ha reconocido que hoy, el problema central son las grandes diferencias entre el capitalismo y la pobreza, se ha creado la conciencia que todos vivimos en un mismo mundo y que falta buscar soluciones sostenibles, mejorando las condiciones de más de la mitad de la población mundial. Muchos de los programas institucionales de los gobiernos son pesados y burocráticos, más y más se han creado ONG (organizaciones no gubernamentales) que quieren a lo rápido, sin mucha burocracia, apoyar cooperando profesionalmente: en tecnología, medicina, infraestructura y agricultura, habiéndose desarrollado el apoyo a través de jóvenes, como voluntarios.

Diez años atrás, la Fundación Hostelling International Bolivia, introdujo la filosofía del alberguismo y su larga tradición en el mundo, al corazón de Sud América – Bolivia, como pioneros en la Capital del país, Sucre, y multiplicando hasta la fecha con 21 hosteles en todo el territorio; con esto se ha facilitado, el turismo social de los mochileros y estudiantes del mundo. Sin embargo, no fue suficiente porque justamente estos jóvenes querían apoyar más, entrando en contactos más personales, querían salir de las ciudades y visitar los pueblos. Al final de los años noventa la diferencia en Bolivia entre las ciudades y las regiones rurales, ha llegado a su peor momento, muchas ONG ayudaron a los pobres en las ciudades, pero poco en las regiones más deprimidas y lejanas.

Los responsables de HI-Bolivia, Max H. Steiner y Arturo Zamorano Villarroel, identifican cuatro grandes temas de fallas en este proceso de desarrollo del área rural y en los pueblos pequeños:

Primero. En los años noventa hubo una reestructuración en la economía boliviana (ley de la participación popular) donde las municipalidades ya son autónomas, con presupuesto propio y los gastos de salud y educación pasan a depender de las alcaldías (servicios básicos, infraestructura y otros). Sin embargo, en muchos aspectos se continúa dependiendo del gobierno central hasta la fecha, como ser, la dotación de ítems para cargos nuevos. Como consecuencia, en muchas escuelas y colegios, se continúa con muchas deficiencias en la educación, por falta de profesores. Entonces ante esta situación, HI-BOLIVIA, mediante sus voluntarios extranjeros, coadyuva en esta sentida necesidad, habilitando *auxiliares en apoyo a la educacion, la cultura, la salud y el medio ambiente*. En educación, se refiere principalmente a las asignaturas de idiomas: inglés y también computación, dado que estos jóvenes voluntarios, desde temprana edad, tienen acceso a computadoras y son casi expertos en la comunicación, chat, búsqueda de informaciones por internet, transcripción de textos, elaboración de formularios, etc. Y en el campo de la salud, como auxiliares en hospitales y postas sanitarias.

Segundo. Con la Ley de la Participación Popular los municipios empiezan a administrar sus fondos propios y como consecuencia se construyen: escuelas, centros de salud, alcantarillados para la evacuación de aguas negras, postas sanitarias en los pueblos y las comunidades, etc. Entonces la salud de la población mejora, el índice de mortalidad disminuye y se percibe en esta última década un nuevo crecimiento de la natalidad en la población (antes las familias tenían entre 8 y 12 hijos) Los padres requieren trabajar más, para cubrir las necesidades de sus familias y surgen necesidades para la educación de los niños, especialmente para los comprendidos entre 1 a 5 años, sintiéndose la falta de infraestructura e ítems, para crear Centros de Educación Inicial o Guarderías, que pudieran alivianar el trabajo de las madres, dar seguridad, alimentación y cuidados a los pequeños. Entonces bajo esta óptica y percepción HI-BOLIVIA, se decide crear

Centros de Educación Inicial en los pueblos y el campo, con el respaldo de nuestros jóvenes voluntarios del mundo.

Tercero. La vivencia con nuestros amigos del área rural, nos ha permitido nutrirnos de muchos valores, culturales y tradicionales, que valen mucho. Sin embargo, no todo lo que brilla es oro y un tema que nos ha preocupado siempre es el de la alimentación nutritiva, que es lo que falta en estos lugares alejados, con tradiciones alimenticias que no incluyen las verduras, y no hay una alimentación balanceada acorde a la edad de las personas, hasta se puede identificar desnutrición. Ante lo cual HI BOLIVIA se empeña en implementar huertos escolares, en kínder, escuelas y colegios del área rural, como paliativo a este álgido problema. También la creación de viveros en los pueblos nos permitirá de inmediato luchar contra la erosión de la tierra, por la tala de árboles, especialmente alrededor de los pueblos, por la búsqueda de combustible para cocinar sus alimentos. A la fecha miles de plantines esperan su lugar en la madre naturaleza, trabajo que realizaremos conjuntamente: estudiantes, campesinos y nuestros queridos voluntarios.

Cuarto. El medio ambiente, es patrimonio y propiedad de todos, pero el abandono y descuido, en los pueblos y el área rural en este tema es grande: no hay enseñanza, ejemplo, reglamentación, etc. Este llamado de auxilio de la madre tierra, nos ha sensibilizado. Contra viento y marea, con el apoyo de los voluntarios y la decisión de muchos profesores, empezamos la lucha titánica con muchas actividades: ferias ecológicas en las escuelas, los colegios, eliminación de basurales, concientización de vecinos para el recojo de la basura de sus casas y aceras, colocado de basureros en plazas, calles, aulas, pintado de lemas y advertencias, etc. Sabemos que la lucha apenas empieza, somos concientes de ello, sin embargo ya ganamos algo, aunque sea una escaramuza, E*n la lucha contra la basura, para una mejor conservacion del medio ambiente.*

Un aspecto prominente, de altísima importancia en la vida de los pueblos y el área rural, que no hemos mencionado hasta el momento es el tema de la *relacion socio-cultural*, entre bolivianos y europeos. Hay que ser honestos al aceptar que nuestros pueblos estuvieron olvidados, que la gente rural siempre fue introvertida, temerosa, poco comunicativa y que a la fecha, roto el hielo de los voluntarios con la gente local, se han ido abriendo a la amistad, al trabajo en equipo, al intercambio cultural, ya no hay más miedo de darle la mano o hablar con un extranjero, llamado con simpatía *gringuito(a).* Tenemos que celebrar que a la fecha nuestros jóvenes del área rural, llegan a las ciudades sin el complejo de antes y las deserciones escolares son menores.

Para la comunicación en Bolivia y el mundo el idioma es determinante, nuestros voluntarios requieren conocer el *español* para relacionarse con nuestra gente y cumplir eficientemente con su trabajo, por lo cual HI BOLIVIA crea la *escuela andina de lenguas*, con profesionales en idiomas, para capacitar a nuestros visitantes en el aprendizaje correcto del idioma español. Cuando los voluntarios están dotados de los conocimientos necesarios, son enviados a los diferentes proyectos en el área rural, donde la práctica del idioma es permanente y en el futuro podrán disfrutar de un español fluido que les permita conocer más de Bolivia y AméricaLatina.

En el nuevo programa del Ministerio de Desarrollo Internacional de Alemania, que se llama *"hacia el mundo"*, las actividades de los voluntarios tienen un carácter educativo por sí mismos, quienes por la mitad de los efectos positivos de su estadía, ellos mismos son beneficiarios con sus prácticas, pero mucho más en su personalidad y su carácter, aprendiendo disciplina, integrándose en un ambiente difícil, tal vez por primera vez lejos de sus hogares y en situaciones humildes; el precio por todos estos esfuerzos son: las memorias y recuerdos inolvidables, impresiones culturales que se incrementan con la riqueza inmensa de Bolivia.

Al principio, puede ser que en Europa algunos hayan pensado: ¿Cómo puede ser que por mi apoyo como voluntario, con mi sacrificio, adicionalmente tengo que pagar? Buena pregunta. Una vez en Bolivia, se dan cuenta que estos pueblos humildes, no pueden pagar el hospedaje y la comida de sus huéspedes. Aparte de estos gastos, nuestra fundación utiliza constantemente fondos, para el manejo de sus instalaciones, de sus kínder y sus proyectos. Como ONG en la ley de Bolivia y como fundación nacional, no recibimos ningún subsidio estatal y somos responsables para encontrar el equilibrio de nuestros ingresos, donaciones y nuestros gastos de operación.

Qué alegría para nosotros que en Alemania y Suiza, se hayan organizado eventos de los ex-voluntarios, quienes continúan con sus memorias y añoranzas por Bolivia, buscando donaciones para proyectos como el *"Raton Perez"*, para el tratamiento de dientes, o el de la construcción de un kínder en cooperación con la municipalidad, etc.

Hasta en la nueva crisis de la economía mundial, nuestro modelo, del voluntariado combinado con la educación profesional del español, con lindos viajes a través de las capitales coloniales, Salar de Uyuni, lago Titicaca y La Paz, no tiene cambios y es un éxito, éxito que no tiene límites de edad, un voluntariado sin edades para todas las generaciones, adoptando a Bolivia, como su segunda patria.

Halbzeit. Die Arbeit bei HI-Bolivia

Patrick Elison

Nach über sechs Monaten in Bolivien – über Volunta (Rotes Kreuz) in Deutschland und für Hostelling Bolivia im Einsatzland – wird es Zeit ein Zwischenresümee zu ziehen. Auch wenn meine Halbzeit schon am 1. März war, möchte ich (in bekannter bolivianischer Pünktlichkeit) versuchen, das letzte Halbjahr zu reflektieren und damit zu zeigen, wieso sich ein Besuch beziehungsweise ein Voluntariat im Herzen Südamerikas auf alle Fälle lohnt.
Die meisten der Voluntarier bei HI-Bolivia kommen aus Deutschland. Momentan sind wir neunzehn Voluntarier in ganz Bolivien, davon ein Schweizer, ein Kanadier und wir acht Zivis (in den neunzehn eingeschlossen). Dazu kommen noch vier Eltern, die grade zu Besuch sind, aber inzwischen auf Reisen irgendwo im Land. Wir Zivis bleiben naturgemäß elf Monate und müssen uns in Deutschland beim Roten Kreuz bewerben. Bei den anderen Voluntariern sieht das anders aus. Diese bewerben sich direkt bei HI-Bolivia (bei Max Steiner, ein Schweizer), wobei da eigentlich nicht von „bewerben" die Rede sein kann: Eine Email genügt in der Regel. Also wer sich für eine Stelle hier interessiert, kann ohne Probleme eine Voluntarierarbeit hier in Bolivien machen, auch als Praktikum für ein entsprechendes Studium. Dabei ist auch die Zeit des Aufenthaltes egal, wenn man das entsprechende Kleingeld hat.

Um mit dem Wichtigsten anzufangen, will ich mit dem Aspekt der Arbeit loslegen. Ob Unterricht in jeglicher Form, pflegende und betreuende Arbeiten mit behinderten, Klein- oder Waisenkindern, handwerkliche Arbeiten, organisatorische Aufgaben oder sonstige eigene Ideen, kann hier jeder seinen Talenten entsprechend machen, was ihm am besten liegt. So

Llegando al medio tiempo con HI-Bolivia

Patrick Elison

Tengo 6 meses en Bolivia, el medio tiempo de un proyecto que me ha ofrecido la Cruz Roja de Alemania, en cooperación con la Fundación de Hostelling International Bolivia, un buen momento para analizar la mitad de mi año de trabajo social, aquí en Bolivia.
Actualmente somos 19 voluntarios en Bolivia, la mayoría de Alemania, una de Suiza y uno de Canadá y qué lindo, también cuatro familiares de voluntarios en viajes turisticos por este lindo país, en los programas de compensación del servicio militar o del Ministerio de Desarrollo, tienes que inscribirte en Alemania, pero si quieres llegar a Bolivia por tu cuenta, debes escribir a Max Steiner, un suizo–boliviano. Quién te dará toda la información que quieras.
Para mí y mis amigos, el punto más importante es la multitud de trabajos sociales en los cuales podemos trabajar e integrarnos: en asistencia escolar, ayudando en el kindergarten, con los huérfanos o discapacitados, ejecutar trabajos manuales, en mantenimiento y desarrollo de ideas propias, cada uno aquí puede seguir sus talentos y sus intereses.
La organización nos da mucha flexibilidad; ellos están muy interesados de ver en nuestras actividades la más alta motivación.
HI BOLIVIA, tiene en diferentes pueblos de Bolivia su hostel, nosotros como voluntarios somos bien acomodados con facilidad y nos sentimos como llegando a casa. Claro que en los pueblos mismos, eres el gringo, siempre te ven como una cosa especial, pero bastante rápido se crean amistades. En Bolivia, especialmente en Sucre, que suerte se habla un español, muy claro y vocalizado, excelente para aprenderlo, tuve que empezar de cero y gracias a las tres semanas de clases y la conversación obligada en los

konnte ich bei meinem Englisch- und Computerunterricht schon einen späteren Lehrerberuf ausschließen und bei meinem Praktikum vieles über Pflanzen lernen. Andere geben ihre Englischkenntnisse im Unterricht mit den städtischen Taxifahrern zum Besten, andere – vor allem Mädchen – arbeiten mit Klein- und Waisenkindern in städtischen Einrichtungen. Der große Vorteil ist, dass man keine Arbeit machen muss, die einem überhaupt nicht liegt. Somit ist man nicht ein Jahr lang dazu verdammt, eine Arbeit machen zu müssen, die einem vielleicht nicht gefällt, wie das die Gefahr bei anderen Organisationen ist. Aufgrund der äußerst flexiblen Organisation, wird hier jeder dort eingesetzt, wo er am Dringendsten gebraucht wird und wo er am besten hinpasst. Da an jedem Einsatzort immer genug Voluntarier sind, kann man sich das Anstehende gut unteReinander aufteilen. Und mit genügend Flexibilität und Toleranz, was man als Voluntarier auf jeden Fall mitbringen muss, kommt man fast immer zu Lösungen, mit denen man sich gut anfreunden kann. Denn wenn man so wie wir in einer Schicksalsgemeinschaft lebt, in der man sich die Mitbewohner nicht aussuchen kann, ist es öfters wichtig, seine eigenen Ansprüche zurück zu stellen.

Unsere Unterkunft in Hostels der Gruppe „Hostelling International (Bolivia)“ bringt natürlich viele Vorteile mit sich. In jedem Hostel des Landes sind uns angenehme Zimmer und Badezimmer mit fließendem Wasser garantiert. Da es in jeder größeren Stadt in Bolivien ein Hostel gibt, hat man immer eine Anlaufstelle und kann auch von „Zuhause“ aus schon ein Zimmer buchen, wenn man unterwegs ist. Und das zu in der Regel den günstigsten Preisen. Dieser Komfort hat natürlich enorme Vorteil, wenn man nach einer anstrengenden Reise zurück kommt und, vor allem, wenn man krank ist. Kehrseite davon ist aber, dass man grade in den Dörfern in Häusern wohnt, die mit zu den besten und edelsten der Siedlung gehören. Wenn man dann als „Gringo“ auf dem Balkon sitzt – was in Deutschland nichts besonderes wäre – fühlt man sich teilweise wie der König, der sein Volk von oben grüßt, da man als einzige einen Balkon hat. Das kann manchmal echt ein unangenehmes Gefühl sein, wenn man sich doch nichts mehr wünscht, als sich anzupassen und integriert zu werden. Auf der anderen Seite fällt man als Gringo in einem Dorf aber sowieso immer auf und bleibt immer etwas besonderes. So haben wir selbst schon die Erfahrung gemacht, dass innerhalb weniger Minuten die Neuigkeit durch das ganze Dorf gedrungen ist, wenn wieder neue Gringos mit dem Bus angekommen sind. Klar, dass man so als Voluntarier immer etwas

pueblos he mejorado mucho, mis conocimientos y mi gramática.
La diferencia entre los voluntarios fijos y nosotros los anuales es el concepto de la rotación, ellas se quedan todo el año en un pueblo y nosotros los varones tenemos el derecho cada tres meses de rotar hacia un nuevo lugar, cuál de las dos formas es la mejor, es una respuesta difícil. Bolivia tiene diferentes facetas, a veces muy difícil: del calor de la selva tropical, al frio del altiplano con 4000 m/s/n/m, honestamente para mí corre el tiempo muy rápido, me gusta conocer las diferentes culturas, por eso con mucha motivación, mañana me voy a mi nuevo destino: Alcalá.

ausgeschlossener ist, als wenn man in einer Gastfamilie wohnt.

Bolivien – noch genauer das Bundesland Chuquisaca, indem ich mich befinde – ist das Land, in dem das klarste Spanisch gesprochen wird. Die Aussprache ist deutlich besser und klarer als beispielsweise die der Spanier, was anfangs eine große Hilfe ist. Beste Voraussetzungen also, um hier Spanisch zu lernen. Seit ich im September hier angekommen bin, ist mein Wortschatz von Null ab stetig gewachsen, so dass ich es, was Unterhaltungen angeht, fast mit jedem aufnehmen kann und mein Spanisch meinem, in neun Jahren hartem Schulunterricht erlernten – Englisch, nicht mehr in Vielem nachsteht. Die tägliche Praxis kombiniert mit dem Willen und der Disziplin, sich täglich hinzusetzen um Vokabeln oder Grammatik zu lernen – oder einfach nur ein Buch zu lesen – lassen das Ausdrucksvermögen in rasender Geschwindigkeit wachsen. Als Nachteil ist nur zu nennen, dass man hier ständig von anderen deutschen Voluntariern umgeben ist, mit denen man viel zu viel Deutsch spricht. In diesem Punkt ist ein Einsatz in einer Gastfamilie nicht zu toppen.

Der wohl umstrittenste Punkt unsere Arbeit hier sind die wechselnden Einsatzstellen. Spätestens nach zweieinhalb Monaten verlassen wir Zivis die Einsatzstellen und wechseln uns in den Orten ab. Zwar gibt es auch hier Ausnahmen, so ist einer von uns acht Zivis seit schon einem knappen halben Jahr in einem Dorf um dort einen neuen Kindergarten zu bauen, aber in der Regel bleiben wir nicht länger als drei Monate an einem Ort. Die Freiwilligen, die mit „Weltwärts“ ins Land kommen, bleiben dagegen die ganze Zeit an einem Einsatzort. In den Projekten selbst heisst es dann, Hand in Hand zu arbeiten und eine gewissen Kontinuität zu gewährleisten.

Durch den Wechsel lernt man natürlich auch viel mehr Facetten kennen. Bolivien ist ein Land der extremen Gegensätze: Vom Dschungel bis zum kalten Hochland auf 4000 Metern. Um das ganze nochmal zusammen zu fassen: Was man hier erlebt, ist unglaublich und das letzte halbe Jahr, das ich grade erleben durfte ist an Eindrücken wohl nur schwer zu überbieten. Eine andere Kultur mit andern Leuten, die einem trotzdem herzlich aufnehmen und trotz der großen Unterschiede an ihrem Leben teil haben lassen. Genauso unglaublich ist es, wie schnell das halbe Jahr vorbei geht und dass die Uhr von nun an wieder rückwärts läuft! Umso mehr bin ich froh hier zu sein und genieße jeden Tag in „mi Bolivia“! Nur so geht es voran und ich kann meinem neuen Einsatzort „Alcalá“ mit Spannung entgegensehen.

Bau des Kindergartens „Marikolas“ in Lagunillas

„Hola, ich heiße Alex, danke für den tollen neuen Ball.“ Freudestrahlend steht der fünfjährige Indiojunge in einer kleinen dunklen Hütte vor uns. Er hat uns bereits erwartet, damit er endlich mit dem neuen Ball spielen kann. Es ist Alex´ erster Ball. Ohne Pause flitzt der kleine Junge den ganzen Vormittag über den Rasen, immer dem Ball hinterher. In diesem Moment merken wir, dass es richtig ist, was wir tun und dass wir damit Menschen glücklich machen.

Der neue Kindergarten und die am Bau Beteiligten.

Nikolas Kaselow und Marieke Diehl

Nachdem ich nach dem Abitur 2007 für drei Monate in Bolivien als Freiwillige in der Vorschule und im Kindergarten arbeitete, war für mich klar, dass ich dieses Land auch noch ein weiteres Mal besuchen würde. Was an Bolivien fasziniert, sind zum einen die unbeschreibliche Lebensfreude, Dankbarkeit, Herzlichkeit sowie die unglaubliche Ruhe und Gelassenheit der Menschen der zum Großteil sehr armen Bevölkerung und zum anderen aber auch faszinierende Landstriche.

Da mir die Menschen vor Ort ans Herz gewachsen sind und ich gute Freunde unter ihnen gewonnen hatte, stand ich auch weiterhin mit ihnen in Kontakt, war über neueste Entwicklungen in den Projekten informiert und schickte hin und wieder Spendenpakete. Als ich erfuhr, dass ein Kindergarten, in dem ich auch selbst gearbeitet hatte, aufgrund seines schlechten Zustandes geschlossen werden sollte, stand für mich fest, dass ich etwas dagegen tun musste. Innerhalb kürzester Zeit konnte ich auch meinen Freund Nikolas davon begeistern und so beschlossen wir in den Semesterferien für zwei Monate nach Bolivien zu fliegen. Wir waren auch bereit, den Kindergarten finanziell zu unterstützen. So setzten sich der Bürgermeister, die Frauenbewegung, die Kirchengemeinde, die Erzieherin und unser Projektleiter Arturo Zamorano zusammen, um einen Plan auszuarbeiten. Uns erreichte die Nachricht, dass sich die Gemeinde über unser Engagement freue und gerne mit uns zusammenarbeiten würde. Darüber hinaus hieß es, wenn wir es schafften 1.500 Euro zu sammeln, würde die Gemeinde 3.000 hinzugeben. 3.000 Euro sind viel Geld für Bolivien. Doch auch für uns war die Aufgabe keine leichte. Denn wir hatten nur knapp eineinhalb

Nuevo centro de educacion inicial en lagunillas

Mareike Diehl y Nikolas Kaselow

Hola, mi nombre es Alex, tengo 5 años y estoy muy feliz con mi nueva pelota. El hijo de una familia campesina nos ha esperado y muy feliz con su regalo corre toda la mañana con su primera pelota en su vida; ese fue el momento en que Nikolas y yo Mareike, supimos qué hacíamos en este olvidado comunidad de Lagunillas, en el municipio de El Villar: queremos ayudar y ver feliz esta gente humilde.
Todo empezó en el 2007 después de mi bachillerato cuando me fui por primera vez a Bolivia por tres meses de trabajo como voluntaria, fascinada por Bolivia y agradecida por su hospitalidad he jurado retornar algun día; gracias a mis amistades sabía siempre detalles y necesidades del pueblo de El Villar.
Escuchando que faltaba un kindergarten en Lagunillas, he convencido a mi novio Nikolás y juntos decidimos volver otros dos meses a Bolivia en las vacaciones de la universidad en 2009. Paralelamente, Arturo Zamorano de HI BOLIVIA movilizó al alcalde, las madres de familia, la iglesia y a una educadora presentando nuestras ideas, estableciendo un presupuesto para este proyecto. Espontáneamente, organizamos una primera campaña en nuestra universidad; en una tarde y en una noche recibimos 130 euros de donaciones, con esta motivación continuamos, nuestras actividades en una campaña, hasta recaudar casi 3000 Euros. Con esta cantidad de dinero fue posible no renovar un antiguo edificio de adobe, pero mejor construir un nuevo edificio de ladrillo, un ambiente limpio y sano para los niños que lleguen, la alcaldía nos ha apoyado y la iglesia estaba de acuerdo para que lo hiciéramos en este terreno.

Monate Zeit und standen kurz vor der Prüfungsphase in der Universität. Innerhalb weniger Tage planten wir die erste Aktion, den Verkauf von Grußkarten mit bolivianischen Motiven, auf dem Campus. Das Ergebnis war ein Erlös von knapp 130 Euro. Mit diesem Resultat rechneten wir uns aus, wie viele weitere Aktionen wir durchführen müssten, um auf die
1.500 Euro zu kommen.

Doch schon bald war das Sammeln der Spenden wesentlich erfolgreicher. Der katholische Kindergarten St. Michael in Ingelheim erklärte sich bereit uns zu unterstützen, sodass es uns nun auch möglich war über den Förderverein des Kindergartens Spendenquittungen auszustellen. Um bei den Kindern des Kindergartens in Deutschland ein Bewusstsein für das Projekt zu entwickeln, machten wir gemeinsam mit ihnen eine virtuelle Reise nach Bolivien. Auf diesem Weg zum bolivianischen Kindergarten lernten wir bolivianische Musik und Tiere kennen. Wir entdeckten den typischen Kleidungsstil der Einheimischen und aßen Papayas. An unserem Ziel angekommen, unterhielten wir uns über den schlechten Zustand des Gebäudes, überlegten gemeinsam wie die Kinder vor Ort wohl auch ohne Spielsachen spielen können und dachten darüber nach, wie wir ihnen helfen könnten. Das Interesse und die Motivation der Kinder waren überwältigend. Ein Junge erklärte sich dazu bereit, uns seinen Opa mitzuschicken, dieser könne uns beim Bau der neuen Küche helfen, meinte der Kleine. „Ich habe noch kein eigenes Geld", meinte ein anderes Mädchen, „aber ich habe euch meine Sandförmchen mitgebracht, die könnt ihr den armen Kindern mitbringen, damit sie auch etwas zum Spielen haben."

Mit den Sandförmchen im Gepäck machten wir uns also Mitte August 2009 auf die lange Reise nach Bolivien. Vor Ort wurden die Baupläne für den neuen Kindergarten noch einmal überarbeitet. Mit Hilfe des Kindergartens St. Michael, zahlreichen weiteren Aktionen wie dem Verkauf von Kuchen auf dem

En mi segunda llegada rápido he verificado, que hay bastante movimiento en los pueblos y que el nuevo presidente Evo Morales, ha aumentado el presupuesto para los pueblos, habiéndose construido un coliseo en el pueblo.
Para nosotros fue muy interesante ya que con nuestras propias donaciones empezamos a comprar materiales directamente en Sucre, faltó contratar un camión para llegar a esta comunidad lejana llamada *lagunillas* qué lindo el gesto de nombrarnos en la ceremonia al poner la primera piedra fundamental, al bautizar el centro con el nombre de *Marykolas* (Mareike y Nikolas), en nuestro honor, claro que no pudo faltar la chicha y el singani en la challa. Estamos muy contentos que desde el principio se empezaron las actividades pre-escolares en el antiguo edificio, la educadora Alicia Loayza Flores con un grupo de 10 a 15 niños. HI-BOLIVIA está dispuesta a garantizar el funcionamiento los primeros tres años, cubriendo los gastos de operación del Centro Inicial y muy importante para los niños, incluido el desayuno escolar. Qué pena que nuestras tres semanas pasaran muy rápido, pero nos ha tranquilizado mucho la coordinación de HI-BOLIVIA, especialmente con el apoyo de los voluntarios Pablo y David que continúan nuestro trabajo y con quienes mantenemos contacto. Para la navidad llegaron los paquetes con los regalos para nuestros niños y la buena noticia de que se ha terminado el techo de la construcción. Esperamos que en los próximos meses sea la inauguración y con esto se garantiza la continuidad de nuestro proyecto para los niños.

Ingelheimer Volkfestival, sowie Artikeln in unserer Lokalzeitung hatten wir es geschafft, anstatt 1.500 Euro 3.000 Euro zu sammeln. Mit dieser immensen Geldsumme hatten wir die Möglichkeit, nicht wie ursprünglich geplant den alten Kindergarten zu renovieren, sondern einen komplett neuen zu bauen. Allerdings mussten hierfür zunächst Verträge mit dem Architekten und den Bauarbeitern abgeschlossen werden und die Verantwortung und Aufgabenfelder an alle Beteiligten verteilt werden. Dadurch verzögerte sich der Start des Baus etwas. Doch schon bald waren die Aufgaben verteilt. In Zusammenarbeit mit dem Jugendherbergswerk waren wir für den Bau der Küche und des Bades, sowie für die pädagogische Betreuung im Kindergarten verantwortlich. Der Bürgermeister stellte die Materialien für den Spieleraum. Die Bewohner des Dorfes organisierten Steine und Sand für den Bau, der mit den Bauarbeitern und dem Architekten koordiniert wurde. Das Ganze erfolgte darüber hinaus in Zusammenarbeit mit der Erzieherin Alicia Loayza Flores.

Doch bis zu dem Beginn des Baus gab es vorher noch genug zu tun. Zunächst entdeckte ich einige infrastrukturelle Veränderungen in Bolivien, die sich innerhalb von zwei Jahren entwickelten. So bemerkte ich, dass es in den Städten wesentlich weniger bettelnde Kinder gibt, was unter anderem mit den politischen Veränderungen unter Evo Morales (beispielsweise der Einführung von Schulgeld) zusammenhängt. Außerdem hat sich auch im Dorf in zwei Jahren vieles verändert. So ließ der Präsident in El Villar (260 km von Sucre entfernt) eine neue Schule und eine neue Sporthalle für umgerechnet je 100 000 Euro bauen.

In der Stadt bestanden unsere Aufgaben darin, unser Spanisch aufzubessern und für den Bau des neuen Kindergartens Materialien einzukaufen. So erstanden wir unter anderem Ziegel, Steine, Farbe und eine Toilette. Bald war auch ein Lastwagen organisiert, sodass wir uns mit jeder Menge Materialien und Motivation im Gepäck auf den Weg ins Dorf machen konnten.

Der neue Kindergarten wurde uns zu Ehren nach den Anfängen unserer Vornamen „Marikolas" benannt. Zunächst legten wir im Dorf den Grundstein für den neuen Kindergarten und feierten den Neubau mit zahlreichen Reden und Chicha (gegorenem Maissaft) sowie Singani (gebranntes Hochprozentigen aus Trauben).

Nach einigen Startschwierigkeiten ging der Bau des neuen Gebäudes gut voran. Für uns war es interessant, einmal mitzuerleben und mitzuhelfen wenn in Bolivien ein neues Haus entsteht. Denn der Bau funktionierte mit weitaus primitiveren Mitteln als wir das von Deutschland her kannten. So wurde der Zement beispielsweise nicht mit Hilfe eines Betonmischers, sondern mit Schaufeln auf dem Boden gemischt. Nach einem eineinhalbstündigen Fußmarsch zum Kindergarten war die körperliche Arbeit auf einer Höhe von ca. 2000 Metern sehr anstrengend, sodass wir bald beschlossen uns vormittags im alten Kindergarten mit den Kindern zu beschäftigen und nachmittags auf der Baustelle zu helfen, bevor es wieder auf den eineinhalbstündigen Rückweg ging.

Das Beschäftigen mit den Kindern bereitete uns sehr viel Spaß, da die Kinder unheimlich dankbar und neugierig waren. Die Mädchen freuten sich besonders über das neue „Baby" und die Holzeisenbahn. Doch sie waren einfach glücklich damit in den Arm genommen zu werden. Eine besondere Bedeutung hatte auch das Frühstück. Viele der 10 bis 15 Kinder, die den Kindergarten besuchen, kommen aus armen Verhältnissen. Ihre Eltern sind Selbstversorger und arbeiten den ganzen Tag auf den Feldern. Genüsslich schmatzten die Kleinen jeden Morgen ihre Portion gebratene Maiskörner und schlürften ihre Milch.

Unterstützt wurden wir in unserer Arbeit außer von den bereits genannten Personen auch von Pablo, einem brasilianischen Arzt, der in Sucre von unserem Projekt gehört hatte und davon so begeistert war, dass er sich dazu entschloss, uns zu begleiten. Als kleine Gegenleistung dafür bekam er Unterkunft und Verpflegung gestellt. Er selbst sagt: „Solange ich etwas zu essen und ein Dach über dem Kopf habe, bin ich zufrieden.“ Diese Art Menschen zu helfen und selbst auf einfachste Art zu leben, habe ich als faszinierend und unglaublich motivierend empfunden. Doch bald mussten wir leider Abschied nehmen von Pablo und unseren zahlreichen neu gewonnenen bolivianischen Freunden, da wir uns wieder auf den Heimweg machen mussten. Bei unserer Abreise war das Gebäude bereits brusthoch und ein zweiter Lastwagen mit Materialien auf dem Weg. Paulo versprach uns, dass er bis zur Fertigstellung des Kindergartens in unserem Projekt arbeiten würde. Darüber hinaus wurden wir von David Digomann, einem deutschen Zivildienstleistenden in unserem Projekt abgelöst, mit dem wir auch weiterhin in Kontakt stehen. Kürzlich erreichte uns die Nachricht inzwischen sei das Dach des neuen Gebäudes gedeckt und die Inneneinrichtung würde nun beginnen. Vor einigen Tagen haben wir ein Weihnachtspäckchen mit Spielsachen, Kleidung und Hygieneartikeln nach Bolivien geschickt und sind auch weiterhin daran interessiert, den Kindergarten „Marikolas“ zu unterstützen. Innerhalb der nächsten drei Jahre trägt Hostelling International die Kosten für das Projekt. Es wurde aber auch ein Konzept entwickelt, wie sich der Kindergarten danach durch die Unterstützung der Gemeinde in Zukunft selbst tragen soll.

Der Teufel tanzt in Oruro.

Indigener Karneval als UNESCO-Weltkulturerbe

Judith Grümmer

Ein strahlend blauer Morgenhimmel über Oruro. Nichts erscheint absurder als ausgerechnet an diesem herrlichen Sonnentag einen Regenponcho oder Schirm kaufen zu wollen. Trotzdem sind in Oruro in diesen frühen Morgenstunden vor allem die farbenfrohen Ganzkörperverhüllungen aus Plastik der Verkaufsschlager. Sicherheitshalber kaufe ich, warum auch immer, tatsächlich einen knallroten, knielangen Gummiponcho mit Kapuze. Könnte ja auch als Verkleidung gut sein.

Der Weg zu den Tribünen, die entlang des Zugwegs aufgebaut sind, führt durch die Seitenstraßen, vorbei an wohl hunderten von wohlduftenden, mobilen Garküchen mit gesottenem Fleischstücken, vorbei an Holzkohlegrillen vollgepackt mit Würstchen, an Schubkarren mit frischem Obst und Verkaufständen mit süßen Leckereien.

Unmengen von Bier, Wasser und Limonade liegen in Eiseimern und Kühltaschen verkaufsbereit. Daneben ganze Batterien von Spraydosen – mit irgendwelchem Reinigungsschaum? Und aus riesigen Wasserbottichen füllen Vater, Mutter, Kinder, wie kleine Familienunternehmer, gemeinsam hunderte von Luftballons. Es geht ruhig und geschäftig zu. Auf dem Weg zur Tribüne decken sich die Zuschauermassen, die seit dem Morgengrauen unterwegs sind, mit

El diablo bailando en Oruro.

Por Judith Gruemmer, en el carnaval declarado patrimonio cultural por la UNESCO.

Hay un cielo azul espléndido, hoy en la mañana en Oruro, nada parece más estúpido, justamente en estas condiciones comprar un abrigo o paraguas para lluvia, pero no puedes creer, exactamente en estas horas, son estos dos productos los más vendidos en Oruro. En el camino a las tribunas hay cientos de cocinas a gas o carbón con ricos pedacitos de carne o chorizos, hasta corazones de pollo o res, increíble la cantidad de cerveza fría, montañas de cilindros con espuma y muy raro para mí, docenas de familias llenan globos con agua para vender. Ninguno de los visitantes está disfrazado, otra gran diferencia con el carnaval de Europa.

En la ciudad minera de Oruro, a 3700 m/s/n/m se encuentra la capital del carnaval andino, el más importante de toda la región con más de 80000 personas entre visitantes y participantes. En una procesión muy grande, empieza la fiesta con innumerables grupos de baile, en honor y a devoción de la Virgen del Socavón, siendo los grupos más importantes: los mineros de Antaño, la Diablada, la Morenada, los Mineros, etc., del periodo colonial: los Caporales, Pujllay de Tarabuco, etc., del periodo precolombino: los Tinkus, la Saya, etc.

Proviant, Spraydosen und Wasserbomben ein. Kostümiert ist hier niemand.

Kaum auf der Tribüne angelangt, ist nun tatsächlich und im wahrsten Sinne des Wortes der Teufel los. Oder vielmehr: Es sind tausende von Teufeln, bösen Geistern und furchterregenden Fabelwesen. In farbenfrohen, kostbar bestickten Gewändern tanzen fantastische Ungeheuer, kurzröckige Mädchen und gestandene Indiofrauen in traditionellen Gewändern komplizierte Schrittfolgen. Mitreißend: Die rhythmischer Blasmusik, die jedoch nicht im entferntesten an brasilianische Samba erinnert.

Hier, auf 3700 Meter ü.NN, in der bolivianischen Bergarbeiterstadt Oruro liegt die Hochburg des indigenen Karnevals. 64 000 Tänzerinnen und Tänzer werden bis tief in die Nacht in genau einstudierten Tanzschritten durch die Stadt tanzen. Ihre Schrittfolgen, ihre Melodien, ihre Maskeraden erzählen vom Sieg des Heiligen Michaels über den Teufel, über das beschwerliche Leben der indigenen Bergarbeiter, vom Überlebenskampf der schwarzen Sklaven, von bösen Minengeistern und kolonialen Eroberern. Selbstbewusst zeigt die indigene Bevölkerung Boliviens in diesen Karnevalstagen, wie sehr 500-jährige Kolonialgeschichte, katholisches Gedankengut und indigene Traditionen miteinander verschmolzen sind. 2001 erklärte die UNESCO diesen Karneval von Oruro zum schützenswerten Weltkulturerbe der Menschheit.

Doch anstatt diese Tänze genießen zu können, ziehe ich erst mal den Kopf ein. Wasserbomben jagen kreuz und quer über die Tribünenplätze, undefinierbarer, weißer Dosenschaum sprüht meterweit und aus Plastikpistolen schießt literweise das Wasser. Unter meinem roten Regenponcho halbwegs geschützt, beobachte ich erstaunt das Geschehen. Jeder Treffer auf einen neu ankommenden Sitzplatzsuchenden wird mit Applaus belohnt. Ob jung, ob alt, ob mit Schutzhülle oder ohne, hier bleibt niemand trocken. Einzig die Tänzer und Musiker in ihren prächtigen, viele Kilo schweren Kostümen und Masken werden während ihres rund sechsstündigen Tanzes halbwegs trocken bleiben. (Das gilt aber nur für Oruro! – In Sucre werde alle nass gemacht, die sich in den Karnevalstagen überhaupt auf die Straße trauen.)

Die Hoffnung, auf den unterdessen gut gefüllten Tribünen könnte der Vorrat an Wasser und Spraydosenschaum ja recht bald erschöpft sein, ist vergeblich. Denn zugegeben: Mir wird das wüste Treiben unheimlich. Ich möchte nicht mit Seifenschaum in Mund, Nase und Ohren vollgesprüht werden. Und die Wasserbomben, fest geworfen, sind nicht nur nass, sondern auch schmerzhaft. Denn schon schleppen Hundertschaften geschäftstüchtiger Händler Nachschub an allem, was das bolivianische Herz begehren könnte und sich zu Geld machen lässt: belegte Brote, gefüllte Teigtaschen, frisches Obst, wichtiger aber noch Flüssigkeiten jeglicher Art und Dosenschaum in unvorstellbaren Mengen. Unterdessen kriechen Kinder und alte Frauen unter den Tribünenplätzen hindurch und sammeln die leeren Dosen ein, sowie alles, was so aus Taschen und Hosen herunter gefallen ist.

Zu Ehren der „Jungfrau von Socavon", der Schutzheiligen der Minenarbeiter, werden die Tanz- und Musikgruppen bis tief in die Nacht über die „Avenida Folclorica" zu ihrer Wallfahrtskirche ziehen, dort ihre Masken ablegen und ihre Opfergaben darbringen. Wasser statt „Kamelle und Strüßcher" – dass in den Karnevalstagen so viel Wasser verbraucht werde, wie sonst in einer Hand voll Monaten, glaube ich sofort.

Juan Bustillos: Kunst ist die Antwort

Bildhauer in Santa Cruz

„La manzana" ist das spanische Wort für Apfel. Aber auch für Häuserblock. Und so ist die „Manzana 1" die erste Adresse direkt an der „Plaza mayor," der Anlaufpunkt einer jeden spanischen Kolonialstadt. In Santa Cruz de la Sierra öffnete in dieser ersten Cuadra – und auch dieses Wort bedeutet Häuserblock oder Karree – vor einigen Jahren eine Galerie gleichen Namens ihre schweren Holztore, die als herausragend gilt. Es waren die Künstler Ejti Stih, Valia Carvalho und Juan Bustillos, die im Jahr 2005 die Ratsherren von Santa Cruz davon überzeugen konnten, ihnen jene zerfallenen Räume zu überlassen, die heute „Manzana 1" heißt und zu den feinsten Adressen der südamerikanischen Kunstszene gehört.

„Damals haben wir drei Kunstschaffenden zunächst einen großen Raum gesucht, um unsere Arbeiten zu präsentieren. Und wir stießen auf dieses Gebäude, dass aufgrund seiner Vergangenheit seit mehr als fünfzehn Jahren leer stand," wird Juan Bustillos Jahre später erzählen und seine Besucher durch das Erdgeschoss eines weiß gestrichenen Kolonialbaus an der Plaza führen, dem man das Entsetzliche nicht mehr ansieht. Kunst als eine unmissverständliche Antwort auf Gewalt, Folter, auf Angst und Sprachlosigkeit?

„Mit unseren Kunstausstellungen wollten wir in die alten Polizeiverhörräume und Folterzellen der Diktatur wieder Ausdruck und Leben zurückbringen. Nie haben wir daran gedacht, dass dieses Experiment so erfolgreich werden könnte. Als wir unsere Ausstellungsräume in der „Manzana 1" erstmals 2006 öffneten, legten wir ein Gästebuch aus. Und erlebten eine großartige Überraschung: Wir hatten uns nicht vorstellen können, wie viele heute ältere Menschen

Juan Bustillos: El arte es la respuesta

Las cuadras de 100 metros, girando alrededor de 400 metros, en una ciudad colonial se llama manzana. La manzana 1 no sólo está muy cerca de la plaza mayor en Santa Cruz, sino que le da el nombre a una galería de arte. Los artistas EJTI STIH, Valia Carvallo y Juan Bustillos han convencido al consejo Municipal, para que les entreguen los edificios deteriorados, que hoy se llaman manzana 1, que es una de las mejores direcciones de arte de Latinoamérica: Juan Bustillos nos explica que al principio sólo buscaban un lugar para presentar sus trabajos y como este edificio, no fue utilizado por más de 15 años, más y más una vergüenza para la ciudad, queríamos darle un nuevo uso.

Qué cambio, porque en estas paredes estaba la central de la policía de los tiempos de la dictadura, había cuartos de tortura para las interrogaciones, con celdas para los presos políticos. No teníamos miedo porque, estamos hasta hoy convencidos, que el arte es la mejor respuesta a la tortura, contra el miedo y las palabras contra la brutalidad.

En la inauguración el año 2006, hemos puesto un libro dorado para registro de nuestros visitantes, que sorpresa tan linda, nunca pensamos que gente mayor o de la tercera edad, pusiera los sentimientos de sus memorias íntimas en este libro; el arte los ha llevado a retornar a este lugar de terror, donde ellos mismos fueron torturados y encerrados. Qué alegría en sus líneas, apreciando el nuevo espacio de libertad, como símbolo del gran cambio del tiempo, desde el principio el éxito de nuestra galería es su neutralidad, abierto a todos e independiente en su economía.

uns ihre überwältigenden Gefühle in diesem Gästebuch offenlegten. Die Kunst hatte sie zurückgeführt, an diesen grauenhaften Ort, an dem sie gefoltert und gefangen gehalten worden waren. Welche Freude, so schrieben sie in das Gästebuch, dass nun aus dem Folterkeller ein Raum für Meinungsfreiheit geworden war, für Kunst in aller Form. Für mich ist das eine Mahnung, als Galeristen alle Künstler gleich zu behandeln und ihren Werken jenen Respekt einzuräumen, den wir uns auch für uns selbst erwarten. Unterstrichen wird diese Freiheit der Kunst natürlich durch Veranstaltungen, in denen eine politische Konfrontation mit der Macht möglich ist. Es ist uns dabei wichtig, alle Spektralfarben des Denkens, von der aktuellen Regierung bis zur Opposition, gleichgewichtet auftreten zu lassen und niemandem irgendwelche Restriktionen aufzuerlegen. Und das ist zweifellos der Erfolgsfaktor unserer Galerie. Und so gerne wir manchmal die finanzielle Unterstützung von Behörden hätten, so liegt doch der große Vorteil unserer Arbeit darin, ohne solche Finanzhilfen wirtschaften zu müssen, darin, ohne Beeinflussung oder Diktate agieren zu können."

Die Besucherzahlen der „Manzana 1" ließen in Europa so manchen Galeristen und Museumsdirektor neidisch werden. Doch die wenigsten in Europa ahnen, dass es in diesem sogenannten Entwicklungsland, dem ärmsten Land Südamerikas einen solchen Frei-Raum für Kunst gibt." Das Ausstellungsprogramm ist vielfältig: Hochwertige Wanderausstellungen in Kooperation mit dem deutschen Goetheinstitut und dem Institut Francais, dann junge, noch fast unentdeckte Künstler aus allen Teilen des Landes und dann wiederum Maler und Bildhauer von internationalem Rang. „Für die reichen bolivianischen Kunstsammler ist der Galeriebesuch ein gesellschaftliches Ereignis von Rang und gleichzeitig schauen tagtäglich hunderte rein, die im Zentrum arbeiten, einkaufen oder spazieren gehen. Die Hemmschwelle, unter der viele Museen leiden, weil beispielsweise Tagelöhner und

El número de visitantes en la Manzana 1 serían muy buenos números para las galerías de arte en Europa, pero nadie en Europa pensará que en el país más pobre de Sur América, un país en desarrollo, haya un espacio tan grande para el arte, el programa para las exposiciones es muy variado, con cooperaciones del instituto Goethe o de Francia con jóvenes artistas de las diferentes regiones de Bolivia, en intercambio con pintores y escultores de rango internacional. Aparte de los coleccionistas y ricos de este país, está abierta la galería para todos, cualquier gente y en los últimos años, han llegado un promedio de 7 a 10 mil visitantes al mes, algunas exposiciones con más de 30 mil. Los dos co-fundadores, EJTI STIH y JUAN BUSTILLOS, representan dos estilos totalmente diferentes, ella, probablemente en la actualidad, la pintora más exitosa de Bolivia, es muy conocida por sus cuadros, muchas veces monumentales, hasta murales, se tratan de los conflictos sociales, temas de la actualidad de Bolivia, del terror, de la injusticia, de los pobres y su tristeza, de los ricos y sus esperanzas, de los indígenas y los sin tierra, de sus realidades. Juan Bustillos de su parte está muy presente en Santa Cruz, gracias a sus esculturas en parques, rotondas, en jardines privados, como en museos. Los resultados de sus temas favóritos son: El desnudo de la mujer, esculturas de caballos, vacas, toros, en dimensiones reales. Y en madera son, sus máscaras y estatuillas monumentales. Qué suerte, dice él: en nuestro país en desarrollo, suficiente gente ha confirmado que nuestra vida sería muy monótona y triste. Juan Bustillos nació al principio de los años cincuenta en los yungas; con su adolescencia en Cochabamba, no tiene el privilegio de pertenecer a la clase alta. Como joven tuvo la suerte de entrar a un taller de madera, donde mostró su talento. Este artista mestizo, goza de la aceptación y admiración de los diferentes grupos de la sociedad boliviana. El arte da la respuesta: Juan Bustillos recuerda muy contento, el día internacional de la paz, en septiembre del 2008, cuando justamente, la situación

Menschen ohne akademische Bildung sich nicht zur Kunst trauen, kennt die „Manzana 1" nicht: „Zu Beginn kamen in unsere Ausstellungen, die jeweils vier bis sechs Wochen dauern, etwa sieben- bis zehntausend Besucher. Diese Zahlen sind in den letzten anderthalb Jahren markant angestiegen. Man könnte die Besucherzahlen mit der herausragend guten Lage im Zentrum der Stadt erklären. Aber wir spüren, dass die Leute auswählen, welche Ausstellung sie sehen wollen. Denn es gibt immer noch Ausstellungen mit nur 3000 Leuten, andere aber, die mit Rekordzahlen von über 30.000 Besuchern abschneiden. Damit sind wir nun im Monatsschnitt bei rund acht- bis zehntausend Besuchern angelangt."

Als die Mitinitiatorin Ejti Stih, als ganz junge Künstlerin Anfang der 80er Jahre aus Slowenien eingewandert und heute die erfolgreichste Malerin Boliviens, im Frühjahr 2009 ihre jüngsten Arbeiten präsentierte, sorgte sie für Gesprächsstoff in allen politischen Lagern. Ihre oft monumentalen Bilder setzen sich seit Jahren mit aktuellen politischen Themen Boliviens auseinander. Mit Konflikten zwischen Regierung und Opposition, mit Gewalt und Gegengewalt, mit Recht und Rechtlosigkeit, Armut und Reichtum, Hoffnung und Trostlosigkeit. Indigene, Arme, Landlose ebenso wie Weisse, Reiche und jene, die sich bis heute als Kolonialherren aufführen, viele fühlen sich in den Arbeiten Stihs wieder. Aufrüttelnd, verstörend, provozierend, ja fast sezierend hält sie den Betrachtern das Brennglas vor die Augen. Doch ebenso schmücken ihre lebensfrohen, karikaturähnlichen Alltagsszenen – oft in wandfüllenden Formaten – die angesagten Szenecafe´s der Stadt. Und als Europäer kann man sich nicht des Eindrucks erwehren, als ehrten die Bolivianer ihre Künstler, selbst wenn sie mit den Aussagen nicht immer einverstanden sind. „Kunst nährt die Seele. Glücklicherweise haben in unserem Entwicklungsland genügend Personen erkannt, dass es ohne Kunst ein doch sehr armes eintöniges Leben wäre," erklärt Bustillos, der sich nur wundern kann, dass es

política del país se había complicado al borde de una guerra civil. La invitación publicada por la galería para todos los cruceños, para mostrar su intención pacífica de entregar sus armas tuvo un gran éxito, increíble pero frente a reporteros de televisión y radio, muchos llegaron con sus armas y en presencia de todos, las destruyeron. Para nosotros los artistas en la temporada de la más alta confrontación, fue una manifestación contra el terror y la violencia, en un acto muy valiente y significativo.
De la misma importancia fue la retrospectiva en los últimos meses del 2008, del artista Emilio LUJÁN Sandóval, que es el escultor del Cristo Redentor, el monumento más conocido en toda Santa Cruz. Antes de la exposición, la gran mayoría de los habitantes de esta ciudad no sabían quien fue el diseñador de este monumento característico de la ciudad; fue un cochabambino, no sabían donde fue producido; fue en La Paz, en la publicidad para el evento, nosotros hemos mostrado esta fuerza del símbolo del Cristo, como una figura que unifica Bolivia en todos los sentidos, pero las preparaciones de la exposición fueron muy difíciles, como la misma familia del desaparecido artista Lujan , tenían miedo presentar sus obras en Santa Cruz, teniendo miedo de llegar a la ciudad , por las confrontaciones que se vivían en la ciudad, fue todo un éxito, con más de 25000 visitantes con excelentes comentarios de la prensa y televisión, reconciliaron los ánimos entre oriente
y occidente, también en esta situación el arte fue la respuesta, por buscar y encontrar el equilibrio contra la confrontación. Puede ser que nosotros aportamos algo para no llegar a la guerra civil.
Gracias a la buena reputación de la galería y especialmente de Juan Bustillos, es también patrocinador de jóvenes artistas bolivianos en la escena del arte nacional e internacional, sin duda todos queremos exponer nuestros trabajos en el exterior, pero es un largo proceso, por esto soy uno de los promotores de: PUERTA ABIERTA, con esta actividad queremos lograr primeras exposiciones, en la Argentina,

Künstler in Europa sehr viel schwerer haben, den täglichen Kühlschrank zu füllen.

Juan Bustillos ist – ebenso wie Stih – aus dem öffentlichen Raum von Santa Cruz nicht mehr wegzudenken. Seine Skulpturen stehen auf Plätzen und Strassen, in öffentlichen Parks und Privatgärten, in Museen und Ausstellungsräumen sowohl im tropischen Tiefland, in den Andentälern und oben im Hochland Boliviens. Mit seinen skulpturalen Aktdarstellungen hat er sich ebenso einen Namen gemacht wie mit seinen lebensgroßen Tierskulpturen aus Bronze, Stahl, Eisen, aus Holz und Knochenmaterial. Und mit seinen monumentalen hölzernen Masken und Statuen.

Der Bildhauer und Galerist kommt nicht aus der weißen Oberschicht, wie etwa die 1919 geborene Bildhauerin Marina Nuñes del Prado, die es als einzige bolivianische Künstlerin bisher zu Weltruhm gebracht hat. Juan wurde in den Yungas geboren und wuchs in Cochabamba auf. Schon als Junge arbeitete er als Kunsthandwerker mit Holz. Seine Begabung öffnete ihm dann die Türen der Kunstakademie von Santa Cruz. Dass Juan Bustillos heute in diesem zwischen Armut und Reichtum, Tiefland und Hochland, zwischen Stadtmenschen und Landbevölkerung so zerrissenen Bolivien auf allen Seiten Anerkennung findet, hängt auch damit zusammen, dass er als Mestize („gemischt“ mit europäischen und indianischen Vorfahren) beides kennt: Das indigene und das koloniale Bolivien. Und so gibt er auf aktuelle soziale, politische und ökologische Themen mit seinen Arbeiten und Kunst-Aktionen Antworten, die beide Seiten verstehen.

Gerne erinnert er sich an den Internationalen Friedenstag im September 2008: „Wir hatten als Kunstgalerie die Bevölkerung von Santa Cruz eingeladen, uns ihre alten Waffen abzuliefern. Dieser Aufruf fiel in eine innenpolitisch schwierige Phase. Es kam damals zunehmend zu Konfrontationen zwischen indigenen

al revés nosotros hemos logrado participaciones de Japón y Francia en la Manzana 1, ahora esperamos una invitación de ellos.
Como Bolivia no tiene una alta producción industrial para la exportación, pienso que sería muy importante darse cuenta mucho más, sobre los valores de la gran y muy diversa cultura boliviana en su expresión especial tradicional a través de los trabajos artesanales; pienso que muchos artistas pueden vivir bien en nuestro país y desarrollar su talento; es muy importante que con más autoestima, nosotros los artistas podemos crear nuevos empleos.
Bolivia misma con todos sus problemas sociales y confrontaciones políticas me tienen despierto, tengo que dedicarme a los sentimientos, el miedo, las dificultades de la gente, para exprimirlos artísticamente; en los últimos años he sufrido de la migración, hacia Europa o EE.UU., en una desesperación por su futuro, actualmente es la decepción, el fracaso, de los que tienen que volver, porque el primer mundo está en una fuerte crisis económica, estos son los temas que Juan Bustillos quiere incluir en sus trabajos.
En su último proyecto Bustillos da la respuesta, por una zona abandonada en la misma ciudad de Santa Cruz. Esta ciudad que en los últimos 30 años ha crecido en anillos, de ser un centro agrícola de dos mil habitantes a una metrópoli con más de 1,5 millones, pero siempre hay sombras, entre dos autopistas se han construido grandes canales de desagüe contra las inundaciones, pero también fueron utilizados, por los drogadictos y abandonados que dormían bajo sus puentes. Hablando con el alcalde, éste instruyó la limpieza del canal Isuto, para que lo incluyan como un lindo parque, conectado por un elegante puente peatonal. Qué linda sorpresa, pudimos convencer al Concejo y tenemos el gran honor de enriquecer esta nueva zona, con un nuevo espacio de arte y encuentro. Algunos años atrás la conocida ONG WWF me ha invitado para buscar juntos, arboles en la selva y cortándolos mostrar que

und weißen Kräften und so bekam das Thema Waffenbesitz eine enorme Brisanz und Aktualität. Und es war unglaublich, vor laufenden Kameras und in Anwesenheit vieler Presseleute, die erstaunlich vielen abgegebenen Handfeuerwaffen im wahrsten Sinne des Wortes zu brechen, sie also funktionsuntüchtig zu machen. Für uns Künstler war diese Aktion in einer Zeit der innenpolitischen Konfrontation ein unglaublich wichtiges Zeichen gegen die Gewalt.

Genauso wichtig war es dann, an der geplanten Retrospektive über Ramon Lujan festzuhalten. Der Bildhauer hatte für Santa Cruz das Skulpturenmonument „El Cristo Redentor" geschaffen, das dann im aufblühenden Santa Cruz zu einem Wahrzeichen an zentralem Ort wurde. 99% der Bevölkerung hier in der Stadt wusste bis dahin nicht einmal, dass der Künstler, der dieses künstlerische Wahrzeichen der Stadt entworfen hatte, ausgerechnet aus dem indigenen Cochabama stammt. Und der Symbolik nicht genug, ist diese Statue tatsächlich bolivienübergreifend, da sie nämlich im Hochland von La Paz produziert wurde. Wir betonten dann diese Symbolkraft und machten damit der Öffentlichkeit klar, dass wir als Künstler für ein geeintes Bolivien einstehen. Diese große Kunstausstellung mit Arbeiten von Ramon Lujan hier in Santa Cruz zu realisieren war sehr schwierig. Tatsächlich hatte selbst die Familie des verstorbenen Künstlers Angst, seine Arbeiten in Santa Cruz ausstellen zu lassen. Sie fürchteten sich sogar, angesichts der innenpolitischen Spannungen, selbst in diese Stadt zu kommen. Der Erfolg der Ausstellung versöhnte dann die Familie und es entstand eine bis heute tiefe Freundschaft zwischen uns hier im Tiefland und Künstlern im Hochland. Kunst kann ein ausdrucksstarkes Plädoyer für Ausgleich und gegen Konfrontation sein – und vielleicht haben wir damals auch ein wenig beigetragen, dass es nicht zum Schlimmsten, einem Bürgerkrieg, kam."

podemos disfrutar del 75 % que normalmente la industria no utiliza de un árbol, esta vez para actividades artísticas, con eso se ha creado la iniciativa de una competencia internacional de escultores en madera en la ciudad de Santa Cruz. Durante tres días los artistas nacionales e internacionales tuvieron tiempo para esculpir sobre bloques de 2 a 3 metros de madera silvestre; este taller se organizó al aire libre en la manzana 1 siendo visitado por más de 50 mil personas, al final los mejores son premiados y con estos trabajos se ha embellecido nuestro paseo de esculturas con más de 30 trabajos, fue muy simpático que muchos artistas, hayan regalado sus obras de arte para adornar la ciudad en ambos lados el canal.

Para el futuro tengo dos grandes objetivos: Primero, queremos con artistas y amigos ad honoren continuar a este alto nivel de la galería Manzana 1. Segundo quiero continuar mi propio camino dedicándome al proyecto de un taller en formas, cerca de la tierra como el famoso arquitecto Hundertwasser en la municipalidad de las misiones jesuíticas de San Javier en la Chiquitanía. El éxito a su tiempo de mi casa en forma de un BUO blanco me ha animado mucho y quiero repetirlo para que vuelva la concentración interna y que presentaré con una nueva temporada de trabajos en excelencia. Solo más tarde quiero pensar en una presentación internacional de mis esculturas, porque me faltaría mucho dinero y apoyo de un museo o galería en Europa.

Juan Bustillos, Anfang der 50er Jahre in den Yungas geboren und in Cochabamba aufgewachsen, ist heute als Skulpturist weit über die Grenzen Südamerikas hinaus bekannt. Und als Kunstförderer ist er beseelt vom Wunsch, auch anderen bolivianischen Künstlern den Weg in die internationale Kunstszene zu ebnen. „Ohne Zweifel stehen Auslandsausstellungen für alle bolivianischen Künstler ganz oben auf der Prioritätenliste. Aber machen wir uns nichts vor, bis dorthin ist es ein langer Weg. Auch aus diesem Grunde gehöre ich zu den Initiatoren von „Puerta abierta." Wir möchten damit jungen Nachwuchskünstlern die Tür für eine Erstausstellung im Ausland öffnen. Ein erster erfolgreicher Schritt war dabei ein Künstleraustausch mit Argentinien. Umgekehrt gelang es uns auch eine japanische und eine französische Künstlerbeteiligung an Ausstellungen in der „Manzana 1" zu realisieren. Nun hoffen wir auf die eine oder andere Gegeneinladung."

„Ich denke, dass wir Bolivianer, insbesondere weil unser Land kaum über exportfähige industrielle Produktionsmittel verfügt, uns umso mehr auf unsere großartige bolivianische Kultur besinnen und sie auch präsentieren. Die kulturellen Ausdrucksmöglichkeiten sind unglaublich vielseitig, sowohl im Bild, in der Skulptur, in der Schrift als auch im traditionellen Kunsthandwerk. Ich denke, dass wir Künstler hier in Bolivien gut leben und arbeiten können, wenn wir unsere Talente ernsthaft nutzen und engagiert arbeiten. Auch in einem Entwicklungsland können wir Werke von internationalem Rang schaffen. Es scheint mir sehr wichtig, dass wir selbstbewusst erkennen, dass wir mit unserem künstlerischen Schaffen Arbeitsplätze schaffen."

„Natürlich werde ich in Bolivien immer wieder aufgerüttelt, mich mit den vielen sozialen Problemen und Konfrontationen auseinanderzusetzen. Auch wenn ich nicht weiß, ob es mir immer gelingt, so versuche ich doch stets, die Ängste und Gefühle der Menschen, ihre sozialen Probleme in künstlerischer Form auszudrücken. Beispielsweise im spannungsgeladenen Umfeld der Migration und der erzwungenen Auswanderung."
Nach wie vor suchen viele Bolivianer im südamerikanischen Ausland, in Europa oder den USA eine Zukunft. Legal, aber auch illegal. Es sind die Armen ohne Schulausbildung ebenso wie die Hochqualifizierten, die außerhalb des Landes Arbeit, Wohlstand und Zukunft suchen. Doch auch die Enttäuschung, das Scheitern der Rückkehrer, die nach einigen Auslandsjahren ins Land zurückkommen, sind für Juan Bustillos Themen, die er künstlerisch aufgreift. Kunst ist Sprache und die weiß Juan Bustillos sehr genau umzusetzen.
Die ehemaligen Folterzellen stehen heute für den Sieg der Freiheit. In seinem jüngsten Projekt antwortet Bustillos mit Kunst auf die Probleme eines verwahrlosten städtischen Brachlandes inmitten von Santa Cruz. Die Vorgeschichte: Um die Cuadras der kolonialen Altstadt entstanden in den letzten 30 Jahren ringförmig neue sogenannte „Barrios". Siedlungen, die die bäuerliche Kleinstadt in rasantem Tempo zu einer Millionenstadt anschwellen ließ. Große Gas- und Erdölvorkommen, schnelle Industrialisierung und anhaltende Landflucht der verarmten Hochlandbevölkerung begünstigen bis heute die Erfolgsgeschichte des ehemals eher trostlosen Landstädtchens. Die Schattenseiten folgten: „Dort, wo in der Mitte einer befahrenen Schnellstraße breite Entwässerungskanäle Santa Cruz gegen die zerstörerischen Hochwasser der tropischen Regen schützen, fanden dann Drogensüchtige, Kleinkriminelle und Obdachlose zwischen illegalen Müllkippen und unter den Kanalbrücken gute Unterschlupfmöglichkeiten. Jeder, der hier entlang musste, war gefährdet. Wir Künstler haben dem Bürgermeister empfohlen, diesen rund einen Kilometer langen Straßenabschnitt aufzuräumen, um ihn dann in eine schöne Parkanlage umzubauen und die beiden Kanalseiten durch eine attraktive Fußgängerbrücke zu verbinden." Tatsächlich ließ die Stadtverwaltung sich überzeugen, diese vermüllte Brachfläche mit einer öffentlichen Dauerausstellung in einen ganz besonderen Kunst- und Begegnungsraum umzubauen.

„Damit gelang uns nun schon zum zweiten Mal, einen von der Gesellschaft aufgegebenen Ort in eine viel besuchte Kunstmeile zu verwandeln." Mit Erfolg. Rund dreizig Holzskulpturen von Künstlern locken fast rund um die Uhr Besucher an: Autofahrer, die mal kurz anhalten, Schulklassen, Familien, Touristen, die gezielt vorbeikommen, um zu schauen, was die Künstler aus dem In- und Ausland geschaffen haben. Einen kritischen Vergleich mit Skulpturenparks in den USA, Japan oder Europa bräuchte Santa Cruz nicht zu scheuen. Doch welcher Kunstkenner, dem kein Weg zu weit ist, um die „Musentempel" in Europa, den USA oder Japan zu besuchen, findet den Weg nach Santa Cruz de la Sierra? Noch ist Bolivien für Kunstsuchende ein Geheimtipp.
„Ich bin vor einigen Jahren von einer Nichtregierungsorganisation aufgefordert worden, mit ihnen gemeinsam Bäume auszusuchen und zu fällen. Zusammengesetzt war diese interdisziplinäre Arbeitsgruppe neben mir als Künstler auch mit Architekten, Handwerkern, Umweltschützern und anderen. In Analogie zur englischen Künstlerinitiative „One tree" wollten wir mit einer Aktion gegen die erschreckende Tatsache demonstrieren, dass von einem einzelnen Urwaldbaum nur 25% genutzt werden. Wir organisierten also eine Baumfällaktion und ich schlug den WWF-Beauftragten vor, diese überschüssigen 75% Holz für künstlerische Zwecke zu nutzen. Damit war der mittlerweile sehr bekannte alljährliche internationale Holzskulpturenwettbewerb in Santa Cruz geboren. Drei Tage haben Künstler, die aus dem In- und Ausland zu uns nach Santa Cruz eingeladen werden, dann Zeit, um sich ein Stück vom unbehauenen Holzstamm auszusuchen und zu bearbeiten. Der Workshop für diesen Wettbewerb findet in aller Öffentlichkeit vor der „Manzana 1" statt. Sonntagabends werden die fertigen Skulpturen dann den Juroren

präsentiert. In Santa Cruz wurden die bisherigen Aktionen von mindestens 50.000 Leuten besucht. Aus den bisher entstandenen Arbeiten haben wir dann für unseren Skulpturengarten fast dreizig Werke ausgesucht, die seit September 2009 auf beiden Seiten des Kanals zu sehen sind. Erfreulicherweise waren bisher alle Kunstschaffenden von der Idee so angetan, dass sie ihre Kunstwerke gegen Reise- Aufenthaltskosten und für ein bescheidenes Honorar in den Besitz der Stadt Santa Cruz gaben. Ganz im Sinne von WWF wollen wir mit diesem Skulpturenpark zeigen, wie auch künstlerisch gestaltete Holzarbeiten selbst im feuchten, subtropischen Klima viele Jahre überdauern werden. Außerdem ist angedacht, in den nächsten Jahren aus einem dritten und vierten Event noch weitere zwölf Werke beizusteuern.

Ich persönlich habe für die nähere Zukunft zwei große Ziele. Erstens: Ich möchte versuchen, die Galerie „Manzana 1“, die wir nach wie vor gemeinsam mit anderen Künstlern und Freunden ehrenamtlich und ohne Entschädigung tragen, auf dem Niveau zu halten, das wir im vergangenen Jahr erreicht haben. Zweitens: Vor zehn Jahren habe ich mir ein Haus in Form einer weißen Eule gebaut. Ohne irgendwelche finanziellen Zuschüsse organisierte ich dort Kindertheater, Zirkusaufführungen und andere künstlerische Veranstaltungen. Zugunsten der Galerie musste ich dieses sehr persönliche Projekt später einschränken. Erst jetzt, mit dem Bau einer zweiten „Weißen Eule“ draußen im Jesuitendorf San Javier mit neuen Atelierräumen ganz im Stile der erdnahen Formen Hundertwassers, erwachte meine eigene Schaffenskraft zu neuem Leben. Jetzt freue ich mich, wieder zurück zur inneren Konzentration zu finden und in eine neue Schaffensperiode einzutreten. Erst in fernerer Zukunft werde ich dann auch über eine mögliche internationale Präsentation meiner eigenen Arbeiten nachdenken. Dafür müsste ich allerdings auf die finanzkräftige Unterstützung von ausländischen Museen oder Ausstellern zählen können.“

Die Erdgöttin in Cajamarca.

Wiederaufforstung als ökologisches Freiwilligen-Projekt

Judith Grümmer

Zwölf Kokablätter müssen es sein. Dazu kleine Figürchen, die Haus, Wasser, Tiere und Alltagsgegenstände symbolisieren, außerdem falsche Geldscheine, verschiedene zerstoßene Heilkräuter, eine Filterzigarette, etwas Honig. Opfergaben für Mutter Erde, wie es sie auch überall auf den Bauernmärkten zu kaufen gibt. Ein Topf mit frisch gekochten Kartoffeln, ein Salat aus Choclo, dem bolivianischen grobkörnigen weißen Mais, gemischt mit Paprika, dicken Bohnen, Zwiebeln, Tomaten und Bananen, etwas Wein, dazu Hochprozentiges. Auch Wasser und Limonade stehen für alle bereit, die gleich um die glimmende Feuerstelle herumgehen werden. Geopfert werden darf nicht in offener Flamme!

Aleja legt ihre Opfergaben auf einem Stück Papier behutsam zusammengelegt in die Holzglut. Sie nimmt einen Becher Rotwein, dann eine kleine Plastikflasche reinen Alkohols und gießt murmelnd einige Tropfen der Flüssigkeiten an den Rand der Glut. Anschließend reicht sie die Getränke an Annelie Dehmel weiter. Die Frau aus Europa schreitet ebenfalls um die verglühenden Opfergaben und auch sie bittet Pachamama um deren Schutz fürs kommende Jahr: Genügend Sonne und ausreichend Regen, wachsende Bäume, ertragreiche Felder und blühende Blumen, dafür soll Mutter Erde auch im kommenden Erntejahr sorgen. Ebenso kann sie vor Hagel und Sturm schützen, vor Krankheit und Leid. Katholizismus und Naturreligion – der Gott im Himmel und die Mutter Erde – gehören in den bolivianischen Anden untrennbar in den Alltag der Menschen.

Aleja lebt seit vielen Jahren in Cajamarca. Das Hochtal ist 30 Kilometer von Sucre entfernt und liegt 3.300

La pachamama de Cajamarca.

Reforestación como proyecto del medio ambiente

Annelie Dehmel

Tienen que ser 12 hojas de coca, adicionalmente faltan figuritas de casitas y animales, con otros objetos de la casa, del trabajo, hasta pequeños billetes de dinero impreso en papel, todos ellos son símbolos del agradecimiento y de los deseos de la gente originaria de la región de Cajamarca, increíble, pero hay hasta un mercado: Las alasitas (Mercado de miniaturas).

Aleja es la mujer cuidante desde hace muchos años del CEJ (Centro Ecológico Juvenil de Cajamarca) que cultiva plantas medicinales, hace cigarrillos a mano y dedica un poco de su tiempo también a la apicultura (miel). Para la ceremonia de la ofrenda a la Pachamama, prepara todos los ingredientes en un paquete. El ritual alrededor del fuego : hay fuentes de cerámica con papas cocidas, ensalada de choclo, porotos, cebollas, tomates, bananas cocidas, hasta vino y alcohol puro; Aleja prepara el fuego sin llamas, sólo brasas; después invita con un mate de vino tinto a la señora Anelie Dehmel a continuar la ceremonia, quien dando una vuelta por el fuego, piden a la Pachamama suficiente sol, lluvia, para que haya suficiente producción y que no llegue la maldita granizada, con enfermedades de hongos a esta zona. Una buena muestra es que el catolicismo y los elementos naturales se complementan, Dios en el cielo y la madre tierra van muy bien juntos en las tradiciones de los Andes bolivianos.

En su niñez Aleja vivía en un valle cuyo nombre es Cajamarca, a 30 km al noroeste de Sucre, a una altura de 3300 m/s/n/m, toda esta región no tenía árboles y era apta sólo para algunas vacas y ovejas, maíz

Meter über NN. Als sie noch ein Kind war, gab es hier in dieser Gegend einige wenige Eukalyptusbäume, etwas Weideland für die Rinder und Schafe, ein paar Felder an den Hängen der kargen Berge. Was ein Wald ist, war dem Mädchen damals unbekannt. Die kargen, teils nackten Böden waren der erodierenden Kraft von Wasser und Wind fast schutzlos ausgesetzt. Gab es früher, vielleicht bevor die Spanier das Land eroberten, hier Wälder? Niemand weiß es.

Heute steht ihr kleines Haus inmitten eines kleinen Fichtenwaldes. Aleja erwacht morgens mit Vogelgezwitscher und wenn sie den Berg hinaufgeht, dann federn ihre Schritte weich auf dem Humusboden, der sich zehn-, zwanzigzentimeterdick unter den Bäumen gebildet hat. Die alleinstehende Quechua-Indigena ist die Verwalterin des „Zentrums für ökologische Aktivitäten" in Cajamarca. Sie lebt hier mit einer Handvoll Hühnern und Enten, einer zahmen Gans und einem Pferd namens Amerika. Zwei Neffen hat sie großgezogen, aber selbst niemals geheiratet, weil sie unabhängig bleiben wollte. Sie kümmert sich um das Zentrum, wenn Annelie Dehmel unterwegs oder in Deutschland ist. Aleja, die traditionell gekleidete Quechua-Indianerin mit der sanften Stimme, lebt in der Tradition ihrer Ahnen. Gleichzeitig ist sie eine aufgeschlossene Frau, die ihre Chancen nutzen kann. Und diese Chance hieß vor Jahren Cajamarca.

Hier hatten Annelie und Peter Dehmel 1990 ein Stück Land gesucht. Die beiden Pädagogen aus Deutschland arbeiteten und lebten damals schon seit fast zwanzig Jahren immer wieder in Sucre. Eines ihrer Bolivienprojekte sollte hier entstehen: Ein Zentrum für einheimische, indigene Familien, in dem Entwicklungshelfer, Voluntarier und Einheimische zeitweise gemeinsam lernen, arbeiten und ihre Freizeit aktiv gestalten können. Gesundheitsfürsorge, Alphabetisierung, Haustechniken wie Nähen, Weben, Kochen und Tierzucht, all das sollten Familien hier lernen können.

In diesem Tal, aus dem die bolivianische Hauptstadt Sucre seit hundert Jahren ihr Trinkwasser bekommt, kauften die Dehmels mit Hilfe von deutschen Sponsoren zunächst fünf Hektar erosionsgefährdetes Land. Gemeinsam mit den Bauernfamilien des Tales bauten sie ein kleines Tagungshaus, einfache Übernachtungsmöglichkeiten für maximal 90 Gäste und eine Tienda, einen Laden. Sie waren die ersten weit und breit, die Solarenergie nutzten. Und sie begannen im Cajamarcatal mit der Aufforstung.

„Anfangs warnten die Alten im Tal vor den Gefahren des Waldes," erinnert sich die über 70-jährige temperamentvolle Annelie Dehmel heute. „Tiger und Wölfe werden uns angreifen, Pumas werden die Tiere rauben und Vögel werden die Ernte von den Feldern picken," fürchteten die Quechua-Indianer von Cajamarca und sahen gleichzeitig ihre kargen Weideflächen weiter schwinden. Die beiden Autodidakten in Sachen Forstwirtschaft mussten zunächst viel Überzeugungsarbeit leisten, erinnert sich die Entwicklungshelferin und vierfache Mutter heute. Ohne den Segen und die Mitarbeit der Talbewohner wollten sie ihre Idee von einem ökologischen Zentrum nicht beginnen. Den Dehmels war damals schon klar, dass es die kleinen, die finanziell sich selbst tragenden und gemeinsam mit der indigenen Bevölkerung entwickelten Projekte sind, die wachsen können und die Bestand haben. Dazu gründeten sie 1990 das Jugendzentrum Centro Ecológico Juvenil, CEJ.

Die Warnungen der Stammesältesten von damals haben sich nicht bewahrheitet. Aus den kleinen angepflanzten Schonungen sind beachtliche Wälder geworden, aus den fünf Hektar wurden nach und nach immer mehr. Und: Diese Aufforstungsgebiete gehören den Mädchen von Cajamarca. Annelie Dehmel ließ einen Großteil des Landes auf die Töchter des Tales eintragen, mit der Verpflichtung, zwanzig Jahre lang keinen gesunden Baum zu fällen. Unterdessen leben die Dehmels im Ruhestand. Und das bedeutet

y papa; ella no sabía qué era un bosque, sólo conocía la erosión, producida con la fuerza del agua y de los vientos, que destruyen la tierra Hoy Aleja tiene una casita al medio de un gran bosque de pinos, y al despertarse siempre está acompañada del trinar de los pájaros. La indígena quechua es la jefa del cuidado de este centro por más de 15 años, mezclando en sí misma las tradiciones de sus ancestros, las tradiciones de los incas y las oportunidades del cambio, los conocidos pedagogos, Annelie Dehmel y Peter, como profesores, coordinadores y directores de los colegios alemanes, con una trayectoria de casi 20 años en Sucre, tuvieron la idea de este lindo proyecto, en el área rural abandonado: Crear un centro para familias originarias en intercambio y con apoyo de voluntarios europeos, mejorando su medio ambiente, su salud, sus trabajos en tejidos, el cuidado de animales y especialmente en el manejo de bosques; desde este valle la capital boliviana, Sucre, desde alrededor de 100 años recibe el agua potable. Los Dehmels compraron cinco hectáreas al principio, junto con las familias del lugar, plantando pinos para frenar la erosión y una primera construcción de un edificio para los eventos y el hospedaje de 90 visitantes en la naturaleza, en toda la zona ellos han utilizado por primera vez la energía solar. Recuerdo bien a la dinámica: Annelie Dehmel bordeando los setenta, quien recuerda como los ancestros del valle tenían miedo al tigre, al lobo y a los pumas, pensando que van a matar sus animales, camuflándose gracias al bosque y los pájaros que iban a robar sus semillas. Los dos autodidactas en la reforestación, tenían que trabajar duro para convencer a los indígenas, para incorporarlos en la creación de empleos e ingresos; qué suerte las alertas de los ancestros de los indígenas no fueron reales o no se cumplieron y hoy en día el bosque se ha poblado con más de 20 mil árboles. Annelie tuvo la idea excepcional de regalar en propiedad un lote a la hija menor de cada familia, con la obligación que por 20 años, los padres no tenían derecho a vender o cortar un árbol, con la finalidad de garantizar el éxito del proyecto. A la fecha, Annelie es jubilada y cada año llega a Sucre a su segunda patria, para controlar su proyecto.

Falta cortar los pinos de la primera fase, cuidar el bosque y según se corte reforestar nuevamente, para todo este trabajo se firmó un convenio interinstitucional con HI - BOLIVIA en coordinación con la Cruz Roja, para trabajar en actividades sociales y de cuidado del medio ambiente. Como ejemplo de buen trabajador, tenemos al voluntario alemán Krister, quien vivió meses en Cajamarca, construyendo un parque de madera de pino para los hijos de los visitantes al centro, también para niños del centro médico oncológico, etc. Qué lindo, como efecto secundario en Cajamarca se han producido hongos, mejorando la calidad de la tierra de nuestro bosque y además muy agradables al paladar una vez deshidratados, constituyéndose en otro pequeño ingreso importante para las familias. Definitivamente la vida en Cajamarca ha mejorado, en el invierno hay menos heladas y las vacas, los chivitos y las ovejas han encontrado pasto nuevo en el bosque. Seguramente el éxito más importante para Annelie es saber que la alegría, el orgullo y la autoestima de las jóvenes señoritas ha aumentado y como propietarias de un lote con bosque, pueden empezar a vender sus primeros árboles y crear ingresos para sus familias; Aleja con algo más de 50 años está muy contenta, quiere continuar en el proyecto y junto a su la fundadora Annelie Dehmel sigue con sus ofrendas a la Pachamama.

für Annelie Dehmel, dass sie sich nun ganz auf ihre kleinen bolivianischen Projekte konzentrieren kann. Drei bis fünf Monate im Jahr lebt sie in Sucre und kümmert sich um das, was sie auch ihre zweite Heimat nennt. In Cajamarca sind die Bäume der zweiten Aufforstungsphase gut gewachsen.

Die Fichten aus der ersten Phase dagegen schauen heute etwas kränkelnd aus. Sie müssen nun nach und nach ausgeschlagen und durch junge Bäume ersetzt werden. Junge Leute, vorwiegend aus Deutschland, kommen regelmäßig nach Cajamarca, um gemeinsam mit bolivianischen Studenten die Ärmel hochzukrempeln und an dem Projekt weiter zu arbeiten. Für die Bolivianer ist die Arbeit in Cajamarca eine wichtige Nebeneinkunft.

In Kooperation mit Volunta, einer Organisation des Roten Kreuzes, betreut das Bolivianische Jugendherbergswerk Zivilersatzdienstleistende, Freiwillige im sozialen oder ökologischen Jahr und Teilnehmerinnen am Weltwärtsprogramm der Bundesregierung. Wochenlang hat Krister, Zivi aus dem Ruhrgebiet, mit jungen Bolivianern hier in Cajamarca gelebt und einen großen Holzspielplatz in den Wald gebaut. Dazu haben sie gemeinsam die kranken Fichten geschlagen und verarbeitet. Vor der nächsten Regenzeit sollen hier junge Bäume zwischen die alten gesetzt werden. Diese Aufgabe werden neue Voluntarier übernehmen. Krister ist stolz darauf, was er mit seinen eigenen Händen in Cajamarca geschaffen hat. Neben seinen handwerklichen Fähigkeiten lernte er in den vergangenen Monaten in den verschiedenen ökologischen und sozialen Projekten seiner Zivilersatzdienstzeit auch sehr gut Spanisch.

Aus den vielen kleinen Fehlern der Anfangszeit haben die Dehmels, gemeinsam mit den Campesinos und den vielen freiwilligen deutschen Mitarbeitern, viel gelernt. „Zwanzig verschiedene Fichtenarten haben wir angepflanzt, um auszuprobieren, welche Bäume hier gut gedeihen. Und als der gut anwachsende Wald nach drei oder vier Jahren anfing, vor sich hin zu kränkeln, haben wir herausgefunden, dass dem Boden die Waldpilze fehlten." Also reiste ein Projektmitarbeiter nach Kanada, um dort Sporen von Maronenröhrlingen zu besorgen. Die verstreute er in den Aufforstungsgebieten von Cajamarca. Heute sind die Pilze des Hochtals eine von mehreren Nebeneinkünften für Aleja und andere Talbewohnerinnen. Sie sammeln und trocknen die Maronenröhrlinge und verkaufen sie für einträgliche Summen nach La Paz.

Das Leben im Tal hat sich für die Menschen in Cajamarca deutlich verbessert: Die Erosion konnte in den Aufforstungsgebieten gestoppt werden, die Winternächte bringen keinen Frost mehr und machen den Alltag in den ungeheizten Häusern einfacher. Die wenigen Rinder, Ziegen und Schafe haben keine Weideflächen verloren, wie einst befürchtet, sondern sie grasen nun auch im Schutz des Waldes, wo sie zahlreiche bisher unbekannte Gräser, Kleearten und Kräuter finden, die nur auf dem humusreicheren Waldboden gedeihen.

Aber der schönste Erfolg für die beiden Entwicklungshelfer aus Deutschland: Die kleinen Mädchen, auf die vor Jahren das aufgeforstete Land überschrieben wurde, sind zu jungen, selbstbewussten Landbesitzerinnen herangewachsen, die den Wert ihres Waldes ahnen. Nun können sie die ersten Bäume, die gefällt werden müssen, verkaufen. Zwar noch unter Wert, aber auch das werden sie noch lernen, hofft Annelie Dehmel.

Die heute 52jährige Aleja ist mit der Entwicklung in ihrem Tal sehr zufrieden. Und deshalb ist es für Aleja selbstverständlich, dass sie gemeinsam mit Annelie Dehmel der Pachamama ein Opfer bringt.

http://www.cajamarca-bolivien.de/

Der Aufbruch

Inselbewohner und Hostelbesitzer auf der Isla del Sol Martin Mamani Condori

„Mein Name „Mamani" ist wohl der geläufigste unter uns Aymara-Indianern und bedeutet „Fliegende Biene," so wie beispielsweise auch der Geschlechtsname „Condori" an die große Bedeutung des Königs der Anden, an den größten Vogel dieser Erde, den Kondor, erinnert. Wir Aymaras haben natürlich heute fast alle Verwandtschaft in Peru, da wir ja ein Volksstamm sind, der erst später durch die Staatsgründung getrennt wurde. Ich bin 38 Jahre alt, hier auf der Insel geboren und ich bin hier, bis ich 8 Jahre alt war, zur Schule gegangen. Später fuhr ich vier Jahre lang mit dem täglichen Boot zwei Stunden rüber in die Schule nach Copacabana. Die Abiturprüfung habe ich dann in La Paz abgelegt, nachdem ich die Möglichkeit hatte, Gymnasien in Santa Cruz und La Paz zu besuchen. Dafür bin ich heute meiner 80-jährigen Mutter sehr dankbar. Sie war es auch, die uns Kindern, den zwei Jungs und vier Mädchen, mit ihren Geschichten und alten Weisheiten den Horizont öffnete und uns anspornte zu lernen, damit wir eines Tages mehr Wissen hätten als unsere Eltern. Genau das Gleiche erwarte ich jetzt auch von meinen beiden Töchtern.

Wir Aymaras haben einen Jahrtausende alten Kalender (21. Juni 2010 = Winternachtwende und Start ins Jahr 5519). Wir feiern den Neujahrstag am Tag der Sonnenwende, also am Ende der längsten Nacht in den Anden, am 21. Juni. Wie schon unsere Vorfahren feiern wir Aymaras dann auf dem Altiplano und auf der Sonnen- und der Mondinsel des Titicacasees die Rückkehr der Sonne. Am Vorabend treffen sich die Delegationen der Gemeinden an den historischen, heiligen Orten wie der alten Königsstadt Tiawanacu, dem alten astronomischen Zentrum von Copacabana und dem Inkatempel der Isla del Sol, um sich auf den anstehenden Sonnenaufgang vorzubereiten. Die Stunde vor dem Erleuchten der Sonne und die ersten

Me levanto antes que el sol

Por Martín Mamami – Originario de la Isla del Sol y propietario del HI Hostel Inka Pacha.

Mi apellido es Mamani, seguro uno de los más frecuentes en esta región, con el significado en aymara de AVEJA VOLANDO, así como el apellido" Condori "que hace referencia al Rey de los Andes, el ave milenaria más grande de las alturas. Nosotros los aimaras casi todos tenemos familiares en el Perú, porque somos de una sola civilización alrededor del lago Titicaca, que se ha dividido con la creación de BoliviaTengo 38 años, nací en la Isla y me fui por muchos años al colegio de Copacabana, cada día muchas horas en barco, agradezco a mi mamá, hoy con 80 años, quien después me mandó a Santa Cruz y Cochabamba para terminar mi bachillerato, ella también ayudó al resto, a mis cuatro hermanas y dos hermanos, también con sus historias y sabiduría para abrirnos el horizonte, para motivarnos, para saber más que ellos, nuestros padres; a la vez tengo dos hijas; estoy casado con Justina, ella es de Tiwanaku.
La vida de los Aymaras tiene su base en un calendario milenario, en el cual festejamos el año nuevo en el día del solsticio el 21 de junio, en la noche más larga de los Andes, este año vamos a entrar al 5519 en nuestro cálculo, puede ser el tiempo desde la llegada de los primeros hombres a estas tierras. Como nuestros ancestros seguimos festejando en el altiplano, en la isla del sol y la luna del lago Titicaca por la salida del sol, muchas delegaciones se encuentran en la antigua capital de Tiwanaku, en los centros astronómicos, ruinas de los templos de los incas, para preparar la ceremonia de la salida del sol; con los primeros rayos se conectan todas nuestras esperanzas y deseos para el año nuevo y el futuro.
"El Cambio". La nueva política socio-cultural nos ofrece muchas oportunidades a los indígenas, pero también hay muchas inquietudes y nuestra autoestima para creer en mejores posibilidades: en la isla

Sonnenstrahlen bilden dann den Höhepunkt der Zeremonien so ab 5.30 bis 7 Uhr. Mit all unserem Glauben danken wir mit den ersten Sonnenstrahlen für das Erlebte des vergangenen Jahres und sind gleichzeitig voller Hoffnungen und Wünsche für das neue Jahr und unsere Zukunft.

„El Cambio," der heutige politische und gesellschaftliche Aufbruch bietet ohne Zweifel viele Chancen für uns indigene Bevölkerung. Doch innerhalb unserer Volksgemeinschaften gibt es auch viel Unruhe. Und noch immer fehlt uns das nötige Selbstvertrauen, um an unsere eigenen Möglichkeiten zu glauben. Früher hatten wir hier auf der Sonneninsel nur die Landwirtschaft und den Fischfang. Heute bieten sich für uns neue Perspektiven im touristischen Bereich. Aber damit sind auch Gefahren verbunden, der Verlust unserer Gebräuche und Kulturen. Die Besucher der Sonneninsel sind für uns die größte Einnahmequelle geworden, mit der Folge, dass es Streit unteReinander gibt, Neid, Bettelei und Umweltverschmutzung. Das macht mir Sorgen. Auf diese Folgen waren wir schlicht nicht vorbereitet und uns fehlen bis heute Lösungsmöglichkeiten für unsere neuen Probleme.

Der Tourist möchte nebst der herrlichen Landschaft natürlich auch unsere Kultur kennenlernen. Wenn wir nun, dank der gestiegenen Einnahmen eine falsche Modernisierung einleiten und unsere Traditionen aufgeben, anstatt sie so wie unsere schönen alten Trachten zu pflegen, dann verliert unser Gast irgendwann auch das Interesse an uns und wird die Sonneninsel nicht mehr besuchen kommen.

Die Zusammenarbeit mit den Freiwilligen, die auf die Insel kommen, kommt uns sehr gelegen, weil sie uns unterstützen können, die anstehenden Probleme zu lösen. Unsere Besucher sprechen mehrheitlich nicht unsere Sprache. Die Freiwilligen unterstützen uns dabei, dass wir junge Einheimische als Touristenführer mit Englischkenntnissen ausbilden können. Wir kümmern uns mit den Freiwilligen zusammen um Themen wie Umweltschutzsensibilisierung. Dabei ist das Aufstellen erster Abfalleimer sowie die Beschilderung der Wanderwege zu den Inkaruinen nützlich. Interessanterweise haben wir dabei festgestellt, dass je abgelegener ein Dorfteil hier auf der Insel ist, je weiter weg vom Tourismusstrom, umso willkommener sind die europäischen Freiwilligen.

Mein größter Traum ist ein besseres Bolivien. Ein Bolivien, das sich auch nachhaltig im Tourismus verankert. Die See- und Insellandschaft des Titicaca gehört zu den wichtigsten Naturschönheiten dieser Erde. Wie schön wäre es, wenn mehr Menschen hier hoch zum Dach der Anden kämen und mit freudigen Erlebnissen und nachhaltigen Eindrücken von Bolivien heimreisten. Im lokalen Bereich sollten meine Landsleute lernen, dass man keine Eintrittsgelder verlangen kann, bevor man die sehenswürdigen Ruinen nicht reinigt und renoviert hat. Es geht umgekehrt, zuerst müssen alle hart arbeiten, um diese archäologischen Werte auch im richtigen Lichte zeigen zu können und dann erst darf man einen bescheidenen Obulus verlangen. Mein größter Wunsch aber wäre, die Menschlichkeit und die Wärme unserer Gastfreundschaft gegenüber den ausländischen Ankömmlingen zu bewahren. Ich wünsche mir, dass auch meine Töchter lernen, den Fremden mit offenem Herzen und in freudiger Ansprache zu begegnen. Gerade wir Aymaras müssen noch hart an unserer Zurückhaltung arbeiten, unsere Abneigung gegenüber dem Neuen überwinden. Da ich ein sehr positiv denkender Mensch bin, bin ich überzeugt, dass wir das alles gemeinsam und in internationaler Zusammenarbeit schaffen werden."

del Sol antes vivíamos de la agricultura y la pesca, hoy hay grandes nuevos potenciales con el turismo, pero también mucho peligro que se vaya perdiendo nuestra cultura y sus costumbres. En pocos años los visitantes han generado grandes ingresos, con la consecuencia que hoy se han multiplicado las peleas y la envidia en la isla, con la destrucción del medio ambiente, estoy muy preocupado porque se fue la armonía y nadie nos ha preparado para las consecuencias, y nos faltan soluciones para resolver este problema. El turista llega por la increíble naturaleza, el azul del lago Titicaca y el blanco de los nevados de la Cordillera Real, también quiere conocer nuestra cultura. Hoy gracias a mucho más dinero, empezamos una falsa modernización olvidando nuestras tradiciones, ya no nos ponemos nuestros lindos trajes y si no seguimos con las grandes fiestas, el visitante perderá su interés y no llegará más a la Isla del Sol. La llegada y cooperación de voluntarios internacionales está muy bien para la isla, apoyándonos justamente para buscar soluciones, como la mayoría de los visitantes no habla español, los voluntarios dan capacitación a los futuros guías, se han lanzado programas de cuidado del medio ambiente, poniendo basureros en los senderos, indicando con letreros los lugares de interés histórico, qué interesante, hasta para mí la observación, mientras más abandonada es la comunidad, más bienvenidos fueron los voluntarios, por eso ahora se han quedado en CHALLA (comunidad al centro de la isla del sol). Mi deseo más grande, es tener una Bolivia mejor, una Bolivia con turismo sostenible, sólido y que llegue más gente a visitar, a una de las maravillas de la naturaleza del mundo, el lago Titicaca. En la parte local, mis compañeros, tendrían que aprender que no se debe empezar cobrando entradas, sin antes mantener las ruinas incaicas, limpiar los senderos y ofrecer una infraestructura de baños y cocina; mostrando nuestra hospitalidad, con una buena bienvenida a los visitantes, hasta mis propias hijas deben abrir sus corazones, porque nosotros los aimaras vivimos ligados a la excitación del pasado, en la tradición conservadora, contra cualquier cambio o novedad. Como hombre positivo estoy convencido, que sólo juntos podemos crear un buen futuro.

Rodolfo Avendaño: Die zweite Chance

Lehrer in El Villar

Fünf hohe Stufen geht´s hoch zum Schulgebäude. Direkt an der Stirnseite der Plaza von El Villar, fünf Stufen hoch und dann steht man vor der Eingangstür. In Großbuchstaben steht darüber: „IPEPRO" und hier gibt es für viele Jugendliche eine zweite Chance.

Im ersten Zimmer rechts, noch bevor es auf den quadratischen Hof hinaus geht, hat Rodolfo Avendaño, der Direktor des „Instituto poltytecnico y educativo de profesionalisaciones IPEPRO de El Villar," sein Büro. Durch die weit geöffnete Tür wirft er den Blick auf jeden, der hier ein und aus geht: Die Jugendlichen, die Lehrer und auch auf diejenigen, die hier in El Villar ihren freiwilligen sozialen Dienst tun. Beispielsweise Ronja und Mareike, zwei junge Frauen aus Deutschland, die nun freiwillig im Dorf die verschiedensten Sozialprojekte unterstützen. Die beiden haben in den vergangenen Tagen aber vor allem auch selbst etwas ganz Neues gelernt, freiwillig und mit Begeisterung: Stricken, genauer Sockenstricken, mit einem Nadelspiel aus fünf „palillos", was eigentlich so viel wie „Zahnstocher" heißt, aber auch für Stricknadeln stehen kann. Und diese Stricktechnik geben sie nun im IPEPRO an andere Jugendliche weiter, als Handarbeitslehrerinnen sozusagen. Aber das, was in deutschen Schulen – warum auch immer – nur noch selten gelehrt wird, ist hier auf dem Dorf eigentlich schon ein kleiner Schritt in Richtung Existenzgründung.

Hundertundfünfzig Nadelspiele hat die deutsche Handarbeitsindustrie nach Bolivien gesandt, damit die Freiwilligen vor Ort das „Palillo-Projekt" weiterführen können. Nun soll es in einem zweiten Schritt darum gehen, herauszufinden, ob die Socken nicht nur als Fußwärmer für die Familie, sondern auch als Erwerbsquelle funktionieren können.

Otra oportunidad más

Rodolfo Avendaño, director del IPEPRO El Villar

Cinco gradas faltan subir al edificio del instituto de profesionalización en la plaza de El Villar, cinco gradas para dar otra oportunidad a los adolescentes, ingresando a la derecha está la oficina del Director del Instituto Politécnico y Educativo de Profesionalización de El Villar, controlando a los estudiantes, los profesores y voluntarios que llegan a realizar su apoyo social. Por ejemplo Ronja y Mareike, dos jóvenes mujeres voluntarias, en su estadía anual, han traído una nueva técnica de tejer medias, la de los cinco palillos. Con el apoyo de la industria alemana han llegado materiales, para que los estudiantes no sólo aprendan a tejer medias de mejor calidad para sus familias, sino también que puedan disfrutar de la venta con algún ingreso. El Profesor Rodolfo está entusiasmado de esta idea, porque su credo es: Quien sabe crear valores con su propia mano ha dado un paso para mejorar su propia autoestima.
Este instituto fue fundado para jóvenes que han fallado en su primera oportunidad: la educación escolar o secundaria. Por motivos muy diferentes, los que fueron sacados del estudio para trabajar, las chicas embarazadas que tuvieron que salir del colegio o no aprobaron el bachillerato, para todo ellos el IPEPRO ofrece la segunda oportunidad: con la carpintería y metal mecánica para varones y un centro de corte y confección para chicas (os); la municipalidad de El Villar nos apoyó dotándonos de un internado y garantizando su funcionamiento, nos dice Rodolfo. Los que vencen estos cursos, tienen buenas oportunidades para ganarse la vida. Con el nuevo gobierno, más y más los campesinos, están en el centro de la política, se presentan como alcaldes y concejales, seguramente un gran adelanto de este cambio, sin embargo también con un poco de vergüenza puedo confirmar que tenemos en el campo gente floja y sin motivación, declarándose pobres exigiendo apoyo y bonos de ONG y del estado. En verdad somos

Als Rodolfo Avendaño, der Direktor des IPEPROs hört, dass es wieder einen Sockenstrickkurs geben soll, hat er sofort sein Interesse angemeldet. Er ist begeistert von der Idee, in drei Tagen eine Handfertigkeit erlernen zu können, für die seine Schülerinnen und Schüler wiederum lediglich ein Knäuel Wolle und Geduld mitbringen müssen. „Wer mit seinen eigenen Händen Werte schöpfen kann, der geht damit seinen ersten Schritt hin zu einem neuen Selbstwertgefühl," sagt Don Avendaño, der Direktor und lädt zum Gespräch:

„Dieses Institut wurde für junge Leute gegründet, die in ihrem Leben eine erste und wohl ganz entscheidende Chance verpasst haben: ihre abgeschlossene Schulausbildung. Die Gründe können sehr verschieden sein. Vielleicht haben ihre Eltern sie mit 14, 15 Jahren zum Arbeiten anstatt in die Schule geschickt. Nicht selten ist aber auch leider die zu frühe Mutterschaft der 13- oder 14-jährigen Mädchen der Grund dafür, dass sie von der Schule verwiesen werden oder die Schule ohne Abschluss verlassen. Hinzu kommt, dass wir hier in Bolivien nicht die mittleren Schulabschlüsse (so wie in Europa) kennen und auch die berufspraktischen Ausbildunggänge fast völlig unbekannt sind. So scheiden dann in Bolivien alle Jugendlichen aus dem Bildungssystem aus, wenn sie kein Abitur machen oder wenn sie durch die sehr anspruchsvollen Aufnahmeprüfung an den Universitäten fallen."

Um den Innenhof des IPEPROs liegen die Klassenräume, die Küche, der Speisesaal und Schulungsräume für die handwerklichen Übungen. Ein paar Dorfstrassen weiter gibt es eine Schreinerei für die Jugendlichen. Auch hier haben schon Freiwillige aus Deutschland mitgearbeitet, ebenso wie im Internat, in dem die Auszubildenden leben können, wenn ihre Familien zu weit vom Dorf entfernt leben.

„Das IPEPRO gibt den Jugendlichen der Gemeinde von El Villar eine zweite Chance, nämlich einen zweiten Bildungsweg. Altersunabhängig können bei uns frühe Schulabbrecher wieder einsteigen und in drei Fachbereichen, dem Holzhandwerk, dem Metallbauer und der Schneiderei nicht nur eine fachliche Reife, sondern sogar nach drei Jahren das Abitur machen. Damit wollen wir mittelfristig auch der Landflucht in die großen Städte oder ins Ausland wie nach Spanien und Argentinien etwas entgegensetzen. Ursprünglich ist das IPEPRO aus einer Initiative der katholischen Kirche in Zusammenarbeit mit dem Staat entstanden. Heute werden die laufenden Kosten von der Gemeinde

bastante más optimistas hoy en día, porque con el poder del pueblo todos los bolivianos somos millonarios, porque todos juntos somos propietarios de la riqueza minera y gasífera, de la naturaleza y de la pluralidad cultural, que ahora tenemos que aprender a disfrutar de estos valores, creando empleos en los pueblos. Proyectos que apoyan a esta dirección es la mecanización de la agricultura, producción de miel y ají, mantequilla de maní, un uso razonable de los bosques y desarrollo de la producción lechera. Si queremos en nuestras posibilidades, aprender y estudiar para que después con mucha disciplina y responsabilidad desarrollar los proyectos, tenemos que ver un futuro positivo y menos dependiente de la globalización.

El Villar getragen und der sind wir deshalb sehr zum Dank verpflichtet.
Aber machen wir uns da nichts vor: Bei den von uns gestellten Anforderungen brechen innerhalb des dreijährigen Ausbildungsprogramms immer wieder Jugendliche ab. Umso mehr bin ich natürlich von der Idee eines dreitägigen Kursus zum Rundstricken mit fünf Nadeln äußerst angetan. Ich sehe darin die gute Chance, bereits nach kurzer Zeit Strümpfe und Strickerzeugnisse herstellen zu können. Sinnvolle Produkte, die in der Familie genutzt oder später sogar verkauft werden können. Damit stünden die SchulungsteilnehmerInnen mit einfachsten Mitteln vor der Möglichkeit, selbst eine gewerbliche Kleinstfirma zu gründen. Solche Initiativen sind natürlich ideal für unsere oft etwas ungeduldigen Jugendlichen, die das schnelle Geld suchen, sich oft von den einfachen Verdienstmöglichkeiten verleiten lassen und damit kurzfristig denken. Deshalb ist gerade diese Initiative der Stricknadeltechnik für alle bolivianischen Dörfer äußerst sinnvoll.

Gerade aus meiner Verantwortung als Ausbildungsleiter im abgelegenen ländlichen Gebiet freue ich mich, dass unter dem ersten indigenen Staatspräsidenten Evo Morales in Bolivien ein echter Wechsel eingetreten ist. Waren es früher nur die Städter und deren wirtschaftlich potenten Vertreter, die das Sagen hatten, so ist heute der Campesino, der einfache Landbauer, in den Mittelpunkt gerückt worden. Das ist wohl das wichtigste Verdienst der neuen Regierung. Gleichzeitig muss ich auch mit eigenem Schamgefühl einräumen, dass wir gerade in der Landbevölkerung und bei der Jugend viele Faulenzer haben, wenig motivierte Menschen, für die es leichter ist, sich heute für arm zu erklären und deshalb um Hilfe und Almosen zu bitten. Aber natürlich möchte ich mich auf die wirklich Armen konzentrieren, die Landlosen, die Familien, die leider noch immer viel zu viele Kinder haben und mit Fleiß und Können gerne das tägliche Einkommen verdienen möchten. Wir hier im IPEPRO sind überzeugt, dass eine der machbarsten und effektivsten Lösungsansätze gegen diese Armut, die Förderung möglichst vieler Mikrogewerbe darstellt.

Bis zum Ende der 90er Jahre hatte die Landflucht wirklich eine fast komplette Entvölkerung der Dörfer zur Folge. Die jungen Leute gingen, zurück blieben nur die Alten. Für die Überwindung dieser Hoffnungslosigkeit ist das IPEPRO damals angetreten und wir begrüßen natürlich all diese vielen kleinen Initiativen wie das Strickprojekt oder das Anschaffen von Bienenvölkern zur Honigproduktion, die Verarbeitung von Chilischoten zu getrocknetem Pulver, die Herstellung von Erdnussbutter etc. Nur so wird es uns gelingen, auch unsere jungen Leute hier in den Dörfern vor den falschen Erwartungen und den großen Enttäuschungen in den Städten und im Ausland zu schützen. Denn wir können täglich in den Zeitungen lesen und im Fernsehen miterleben, wie unqualifizierte Campesinos in der Ferne ausgebeutet und beinahe sklavenähnlich gehalten werden. Viel besser ist es doch, im eigenen Dorf, in der eigenen Familie und zum Wohle der eigenen Region, die Zukunft selbst in die Hand zu nehmen.

Und tatsächlich sind wir heute etwas optimistischer. Denn seit das Volk wirklich die politische Macht hat, sind wir Bolivianer doch alle Millionäre, weil uns allen gemeinsam die Bodenschätze, die Naturschönheiten und die kulturelle Vielfalt gehört. Jetzt müssen wir lernen, diesen Reichtum zu nutzen und damit in den Dörfern Arbeitsplätze zu schaffen. Dazu zählt eine schrittweise Mechanisierung der Landwirtschaft, ein verantwortungsvolles Nutzen der Wälder und der Ausbau einer umweltschonenden Viehzucht mit Milchwirtschaft. Wenn wir daran glauben und wenn wir bereit sind, das dafür notwendige zu lernen und zu studieren, um dann anschließend mit Disziplin und Ausdauer zu arbeiten, da werden wir in der Lage sein, unsere Zukunft positiv zu gestalten ohne stets von anderen abhängig sein zu müssen."

TURISCOLL
2010
MANCO

Nachtfahrt nach La Paz. Unterwegs in Bolivien

Judith Grümmer

Als ich zum ersten Mal vor dieser Glas-Beton-Fassade stehe, schießen mir zwei Gedanken durch den Kopf. Erstens: Hier bin ich falsch! Wo sind die Busse? Zweitens: Hier sieht es aus wie vor einem westdeutschen Regionalflughafen aus den 1970er Jahren. Kein Bus weit und breit, dafür aber eine geräumige Empfangshalle, in der die aktuellen Reisemöglichkeiten aufgelistet sind: La Paz, Santa Cruz, Cochabamba, Villazon an der argentinischen Grenze, Camiri im subtropischen Chaco Richtung Paraguay usw., vor den zahlreichen Check-In-Schaltern werben die verschiedensten Anbieter um ihre Kunden. Es gibt eine lange Reihe von Gepäckschaltern mit Gepäckwaagen und Lastkarren. Und wenn man dann sein Ticket in der Hand hält, dann sind darauf Passagiername, Sitzreihe, Platznummer und Bussteig säuberlich notiert. Wer südamerikanische Improvisationskunst sucht, wird hier nicht fündig, denn vom Chaos fehlt jede Spur.

Der Schlafbus ist die angenehmste und auch populärste Art, um in diesem riesigen Land von einer Stadt in die nächste zu reisen. Man geht vor Sonnenuntergang zum „Terminal de Buses", um am nächsten Morgen, vielleicht auch erst am nächsten Abend, je nach Zielort, mehr oder weniger ausgeschlafen, hunderte von Kilometern später wieder auszusteigen. Und das funktioniert prima, sofern kein Bergrutsch, keine weggerissene Brücke, keine überflutete Straße – und ganz wichtig: Keine Straßenblockade die Fahrt zum Abenteuer macht. Was für den europäischen Neuling strapaziös klingt, ist mit ein wenig Übung dann auch fast genussvoll, zumal die etwas feineren „tres filas" mit drei richtig bequemen Schlafsesseln und großer Beinfreiheit wie in der Business-Klasse samt Bordtoilette zu bieten haben. Trotzdem empfiehlt es sich, am

Cruzando Bolivia en la noche – bus cama Sucre a La Paz, sólo 900 km

Judith Gruemmer

La primera vez frente a este edificio de cemente y vidrio en Sucre, tuve dos ideas en mi cabeza: primero, aquí no puede ser. Segundo, esto es más que un pequeño edifico de un aeropuerto de Alemania en los años setenta, ni un bus, con un salón de recepción amplio, con todos los destinos y las distancias en una pizarra, Villazón la frontera con la Argentina 580 km, Santa Cruz 520 Km, a Camiri 480 km, Paraguay, a Buenos Aires, etc. Al lado se presentan todas las boleterías de las diferentes compañías de buses. Una vez depositada tu maleta, tienes el boleto en tu mano, con tu nombre, fila, asiento y hasta número de andén de salida, si pensabas encontrar la improvisación tradicional, qué bueno que aquí es más profesional, no hay caos. CERCIS S.R.L. es una organización privada administradora de la terminal. El bus cama es la forma más cómoda para viajar de una ciudad a otra. Saliendo en la tarde, durmiendo en la noche en el bus, hasta la otra mañana habrás viajado cientos de kilómetros a tu nuevo destino. Aparte de los aproximadamente 3000 km de carreteras asfaltadas en Bolivia, hasta hoy muchas conexiones se hacen por tierra, en la temporada de lluvias es muchas veces difícil viajar, por los daños en las carreteras y los derrumbes. En esta noche de luna llena entre Sucre y La Paz, hay gente de todas las clases sociales, pero todos tienen lo mismo en su mano, la frazada caliente, en algunas horas, a miles de metros más altos, nos va a faltar contra el frío. El bus para La Paz nos espera en el andén 12 y adicionalmente nos falta el pago de 2,50 bolivianos de impuesto por el uso de la terminal; dos policías controlan el bus, las luces y la calidad en las llantas,

Vortag auf ein Übermaß an Chilisoße, Frittiertes oder auch Maisbier, also Chicha, sicherheitshalber zu verzichten. In einem Land, in dem es so gut wie keinen Schienenverkehr gibt und die Mehrzahl der Bevölkerung keinen eigenen PKW besitzt, hängt der öffentliche Nah- und Fernverkehr von Bussen, Taxis und für den besonders kleinen Geldbeutel von den improvisierten Mitfahrgelegenheiten auf den Ladeflächen der Lastwagen oder Viehtransporter ab. Wenn der Busterminal in Sucre also wie ein Flughafen anmutet, dann unterstreicht diese Architektur die Bedeutung der öffentlichen Verkehrsbetriebe.

Ob über staubige Schotterwege, aufgewühlte Schlammpisten, ob entlang von Weiden und Ackerland, durch Wüstengebiete, Urwälder und endlose Pampas, ob endlos geradeaus oder rauf und runter, ob gut durchgerüttelt oder sanft geschaukelt, jenseits der etwas mehr als 3.000 km asphaltierten Landstraßen, ist in Bolivien immer noch sehr viel Off-Road angesagt. Der Fortschritt lässt sich in den letzten Jahren allerdings zunehmend im wahrsten Sinne des Wortes „erfahren". Allen geologischen und klimatischen Widrigkeiten zum Trotz wird viel investiert, um Nord und Süd, Ost und West, Stadt und Land und vor allem Hochland und Tiefland endlich miteinander zu verbinden. Denn ohne zuverlässige Transportverbindungen ist eine wirtschaftliche Entwicklung gerade der ländlichen Regionen nun mal nirgends möglich. Am Ende der Regenzeit werden also nicht nur die alljährlich aufs Neue die schlimmsten Strassenschäden behoben, weggeschwemmte Brücken saniert und abgerutschte Berghänge stabilisiert. Das Straßennetz wird seit kurzem deutlich ausgebaut. Und wo die Asphaltiermaschine nicht hinkommt, da schaffen die Anwohner – kooperatives Arbeiten von jeher gewohnt – selbst große Flusssteine heran und pflastern mit viel Eigeninitiative und geringen Gemeinschaftskosten Kilometer für Kilometer die Verbindungswege zwischen den Dörfern. Und seit 2007 die Präsidenten von Chile, Brasilien und Bolivien, allen bisherigen Feindseligkeiten zum Trotz, sogar vertraglich vereinbart haben, den Pazifik mit dem Atlantik quer durch Bolivien durch eine Schnellstraße zu verbinden, hoffen viele, dass das Binnenland bald verkehrstechnisch und wirtschaftsstrategisch näher an die anderen Märkte Südamerikas und an die einst verlorene Küste heranrücken wird.

Die Reisenden in dieser Vollmondnacht zwischen Sucre und La Paz sind ebenso gegensätzlich wie alles in diesem Land. Und doch haben die Wartenden etwas gemeinsam: Der smarte Geschäftsmann in Schlips und Kragen, mit Laptop-Tasche in der Hand und Mobile am Ohr, trägt sie unterm Arm. Das Jeans- und T-Shirt-Mädchen hat sich schon jetzt rosarot mit ihr umwickelt. Kleinkinder sind darin fast gänzlich verborgen. Eine westlich-elegant gekleidete Señora läßt sie von ihrem Gatten tragen. Der wiederum scheint einzig seinem dickgefütterten Sportanzug zu vertrauen und verzichtet auf weiteren Schutz. Die alleinreisenden Geschäftsfrauen aus dem Hochland, in ihren traditionellen, seidig glänzenden, von mehreren Unterröcken aufgebauschten Rüschenröcken und dicken farbenfrohen Schultertüchern sowie schon bestens gefeit, werden sie erst in ein paar Stunden aus bunt gewebten Tragetüchern herausholen. Und für die Gruppe Koka kauender Campesinos aus Tarabuco, was man an ihren halblangen weißen Leinenhosen und schwarzen Leinenhemden unschwer erkennen kann, gehört sie in Form von handgewebten tiefroten Woll-Poncho traditionell über die Schulter. Und bei mir baumelt sie als Sack, leicht und atmungsaktiv am Tagesrucksack. Die warme Decke! In wenigen Stunden und mehr als tausend Meter höher werden wir sie dringend brauchen.

Das Handgepäck darf in den Bus, alles andere muss auf die Waage. Auch hier wieder genau wie beim Fliegen: Zwanzig Kilo sind frei. Wer mehr mitnimmt, zahlt. Und schon verschwinden Koffer, Rücksäcke und Gepäckbündel aus dem Blickfeld. In einem etwas miefigen Pappkarton darf auch eine Kleingruppe lebender Gänse mitreisen. Außerdem noch sieben weiße Plastikgartenstühle, vier alte Autoreifen, mehrere schon halb zusammengebaute Badezimmerschränke, fünf Bürodrehstühle. Erstaunlich, was so alles in den Laderaum eines Überlandbusses reinpasst.

Der Bus nach La Paz wartet an Steig 12. Und jeder, der da hinwill, braucht ein zusätzliches Zutrittsticket für den Busbahnhof. Während zwei Polizisten die Scheinwerfer und Reifenprofile des Busses kontrollieren, schleppen drei Lastenträger mit Kindergesichtern die Gepäckstücke an die Verladerampe. Ein weiteres Mal wird jedes Teil, das in den Busbauch geladen wird, mit Ticketnummer und Passagiernamen notiert. Und während die eingestiegenen Fahrgäste es sich in den Schlafsitzen bequem machen, steigen die ersten Händlerinnen in den Bus: Heißer Kaffee, selbst gebackene, noch warme und mit Käse oder Fleisch gefüllte Teigtaschen, frischer Kuchen, Schokoriegel, Kaugummi, Limonaden in Plastikflaschen, die aktuelle Tageszeitung, die Auswahl an angebotenem Proviant ist reichhaltig. Den Händlerinnen folgen vor jeder Abfahrt die Sänger. Heute ist es ein blinder, vielleicht sechszehnjähriger Gitarrespieler. Er stellt sich zwischen die Sitzreihen, zupft eine Melodie an und erhebt seine Stimme und auf einmal wird es ruhig. Auch die ins Gespräch vertieften Passagiere verstummen: Kraftvoll und ergreifend gut seine Stimme, fantastisch sein Gitarrenspiel. Dieser blinde Betteljunge hätte in Europa eine Chance als Musiktalent entdeckt zu werden – und in Bolivien? Die meisten Fahrgäste legen ein paar Münzen in seinen Pappbecher. Der Blinde bedankt sich, wünscht eine sichere Reise und tastet sich zum nächsten Bus.

Der Motor wird angelassen. Ein leichtes Nervenkitzeln, eine gewisse Anspannung ist nun deutlich zu spüren. Viele Fahrgäste sprechen ein Stoßgebet und machen ein Kreuzzeichen, andere stecken sich die Kopfhörer in die Ohren. Was mich beruhigt, das ist

dos jóvenes bajan nuestro equipaje hacia el bus y los comerciantes detrás de nosotros venden muchas cosas: charque con mote, empanadas de queso, chicles, agua, limonada y periódicos; en el momento de salir la gran mayoría de pasajeros se hacen la señal de la cruz y piden que Cristo los acompañe y proteja; después de innumerables curvas serpenteantes subiendo a la montaña, luego ya se ven miles de luces, que muestran la ciudad de Potosí a más de 4000 m/s/n/m, luego de cuatro horas más hay la única pausa por veinte minutos, todos cansados con tres sacos, dos gorros, en el frío bárbaro del altiplano, un cruce de caminos, es CHALLAPATA, donde podemos tomar un té con pan y queso fresco o un mate de coca. Los últimos 300 km son planos y todos duermen tapados con frazadas en la lucha contra el frío. Al amanecer a la derecha se ven los primeros cerros blancos de la cordillera, el más dominante es el ILLIMANI, pero primero llegaremos a El Alto, como un hongo de casi 15 km de extensión ha crecido aquí la ciudad de los aymaras, con un caos vehicular a toda hora, pasando una última tranca de control policial, a mi derecha hay un inmenso hueco, mil metros abajo se ve la ciudad de LA PAZ, la sede de gobierno, probablemente con algunos extremos, llamada por muchos extranjeros CRAZY CITY: una ciudad que casi es el espejo de su país, sólo al revés, en las colinas más altas viven los pobres y mil metros más abajo los ricos, en un ambiente con palmeras y café con leche. No puedo creer pero llegamos puntualmente 6:30 am a la terminal de buses de La Paz, un edificio increíble de la temporada colonial. La bolsa de coca al lado del chofer está vacía gracias al consumo nocturno, los dos chóferes nos han llevado bien por los más de 900 km. De mi parte no quiero nada más que una ducha y un buen desayuno.

die kleine Plastiktüte, prall gefüllt mit Kokablättern baumelt sie unübersehbar am Lenkrad. Das bolivianische „Hallo Wach", lässt darauf hoffen, dass die beiden Busfahrer zwölf Stunden konzentriert ihre Arbeit tun. Durch das abendliche Verkehrschaos von Sucre geht es langsam bis zur „Tranca" (Mautstelle) am Stadtrand. Die Polizei kontrolliert die Passagierliste. Der Busfahrer zahlt die Mautgebühr und nun beginnt sich der Bus mit laut heulendem Motor die Serpentinen hochzuarbeiten. Im Dämmerlicht sind die frischen Erdrutsche noch deutlich zu erkennen, die herausgebrochenen Teile der geteerten Straße und die losen Felsbrocken oberhalb der Fahrstrecke. Je höher der Bus die Anden hinauffährt, umso spektakulärer die Weitblicke, umso schwindelerregender die Tiefen der Talböden, fast unendlich die Weite der Berggipfel.

Anderthalb Stunden dauert es bis zum meist dramatischen und vorzugsweise auch blutigen Happyend, dann erlöschen Fernsehmonitore und Innenbeleuchtung im Fahrgastraum und die Reisenden versuchen in ihren „Camas" einzuschlafen oder einfach nur die Nacht an sich vorbeiziehen zu lassen: Wie Scherenschnitte, tiefschwarz, schroff und kantig, dann wieder sanft und abgerundet ragen die Kordilleren gegen den Sternenhimmel. In einem Land, das fast frei von Lichtverschmutzung ist, ist der Himmel sogar bei Vollmond mit unendlich vielen Sternen überzogen. Silbrig reflektieren die Ackerfurchen der abgeernteten Felder das kalte Himmelslicht. Bizarr springen die Schatten der wenigen Sträucher und Bäume am Busfenster entlang. Ganz selten taucht ein schlafendes Dorf auf und verschwindet gleich darauf in der steinigen Einöde. Es wird spürbar kälter und die Luft immer dünner. Irgendwann, schon fast im Halbschlaf, bemerke ich, dass tausende von weißlichgelben Lichtern die Berghänge überziehen: Das ist die Bergarbeiterstadt Potosi, 4.200m hoch gelegen. Sogar der noch mehr als 700 Meter hohe „Cerro Rico", der einst reichste Silberberg der Welt, ist deutlich zu erkennen. Eine silberne Brücke bis nach Spanien hätte man aus seinem Edelmetall bauen können, erzählen die „Mineros", die Bergleute, deren Vorfahren zu Millionen in diesem einen Berg verreckt sind.

Nach sieben Stunden gibt es den ersten und einzigen zwanzigminütigen Busstopp. Schuhe an, Jacke an, aussteigen, Beine vertreten. Viele schauen müde und verfroren aus ihren Kapuzen, Mützen und Wolldecken. Fast surreal diese Straßenszene: An dieser Kreuzung irgendwo am Ende der Welt und hoch oben in den Anden liegen sich vier Schnellküchen gegenüber. Davor, auf den betonierten Gehsteigen, spenden kleine Holzfeuer etwas Wärme. Daneben Holztische, auf denen weißer Frischkäse und warme Brotfladen zum Verkauf liegen. Aus den Küchen duftet es verführerisch nach gebratenem Fleisch, frittiertem Gemüse und heißem Nescafé oder einem „Mate de Koka", der die Höhe erträglicher macht. Kaltes Neonlicht fällt symmetrisch durch die offenen Eingänge der blaugrün gestrichenen Gasträume auf den staubigen Lehmboden der Straße. Mehr ist vom Dorf nicht zu erkennen, der Rest bleibt in tiefstem Dunkel versunken. Wenn hier nicht Nacht für Nacht Reisebusse und Lastwagen auf ihrem Weg zwischen Potosi und Ouro nach La Paz anhielten, gäbe es nicht viel, was hier oben Geld einbringen könnte. Nach 20 Minuten drückt der Busfahrer einmal kräftig auf die Hupe. „Vamos, vamos!" Weiter geht´s!

Auf der topfebenen, lang gestreckten Hochebene der bolivianischen Anden geht es nur noch geradeaus. Der Motor läuft leise und monton vor sich hin, die letzten Dachluken sind fest verschlossen, Decken und Schlafsäcke werden über die Ohren gezogen, Sombreros über die Augen und bald schlafen die meisten. Bis zum Morgengrauen. Dann tauchen die ersten schneebedeckten Gipfel der bolivianischen Königskordilleren am Horizont auf. Das Mondlicht wird von Minute zu Minute mehr vom Rotgoldgelb der aufgehenden Sonne überstrahlt und die karge, bisher fast menschenleere Hochebene füllt sich bis zum Horizont mit unverputzten Lehmhütten, deren Bewohner schon alle auf den Beinen zu sein scheinen. Dann tauchen die ersten Ziegelsteinhäuser aus den tief verschlammten Strassen auf: Wir sind fast am Ziel. El Alto, die arme, indigene Schwester des stolzen Regierungssitz La Paz, wächst hier mit ungeheurer Kraft über das Altiplano. Hier leben die Armen, die Landflüchtigen, die Gestrandeten und auch die Hoffnungsfrohen, die Kraftvollen, die Arbeitsamen, die es in dieser endlosen Kargheit schon zu Wohlstand gebracht haben. Schon bei Sonnenaufgang herrscht in den Strassen von El Alto ein so unglaubliches Verkehrschaos, dass der Reisebus nur noch im Schritttempo vorankommt. Und dann, nach der letzten Mautstation, tut sich direkt an der rechten Fahrbahnseite plötzlich und atemberaubend ein „Loch" auf: Willkommen in La Paz.

Bis zu 1000 Meter tiefer und durch eine mächtige Abrisskante deutlich von El Alto abgegrenzt, liegt die Hauptstadt der Gegensätze auf mehrere Täler verteilt und am Fuße des sechseinhalbtausend Meter hohen, gletschertragenden Ilimani. Es braucht viele Besuche, viele verschiedene Perspektiven und noch mehr Geduld, um zu erahnen, was diese Stadt so anziehend macht. Wer unten im Tal, in der „Zona sur", windgeschützt und sonnenverwöhnt, nur mit Designer- T-Shirt und schicker US-Jeans bekleidet, seinen „Cafe con leche" trinkt, der gehört zu den Reichen des Landes. Und das schon, weil er auf der wohlhabenden Sonnenseite des Lebens geboren wurde. Wer aber 700 oder 1000 Höhenmeter weiter oben lebt, der braucht zur selben Stunde eine Wollmütze und eine warme Decke, wie sie die meisten indigenen Bewohner ständig bei sich tragen. Aber er trägt auch die Hoffnung in sich, hier sein Glück zu machen, auch wenn er noch einen weiten Weg vor sich hat bis er sich den Luxus eines „Café con leche" leisten kann.

In steilen Serpentinen zieht sich die einzige Schnellstraße tief hinein in die Millionenstadt. Ausgeschlafen rolle ich den Schlafsack zusammen und klettere aus meinem Schlafsessel. Wir fahren pünktlich in den prunkvollen Busbahnhof von La Paz ein. Die Kokatüte der beiden Busfahrer hängt leer am Armaturenbrett. Ein paar grüne Blättchen liegen noch im Fußraum. Ich freue mich auf eine warme Dusche und ein gutes Frühstück.

imba

Himmel über El Alto.

Ein bayerischer Pfarrer in der Aymara-Großstadt

Judith Grümmer

„Hace frio?" Nein, eigentlich nicht. Heute morgen, da war es kalt. Minus sechs Grad in El Alto und noch kühle plus zwei Grad unten in La Paz. Aber jetzt, nachdem schon den ganzen Tag die Sonne schien, ist der Himmel blauer als dunkelblau, keine einzige Wolke trübt den Blick über die Stadt und die Frühwintersonne wärmt. Aber diese Antwort löst im voll besetzten Kleinbus auf dem Weg durch El Alto nur Kopfschütteln aus. „Hace frio?" ist eben nur eine unter Alteños beliebte Begrüßungsformel mit klagendem Unterton. Eine ausführliche Antwort wird deshalb auch weder erwartet noch wirklich gewünscht.

Schnell wenden sich Busfahrer und Mitfahrende einem wesentlich interessanteren Thema zu. Wir, die Gringos aus Deutschland, sind nämlich zu Padre Sebastiano unterwegs, zu Pfarrer Sebastian Obermaier. Den Mann aus Bayern kennt hier oben in El Alto fast jeder und dass wir ihn besuchen wollen, bietet dann doch wesentlich mehr Gesprächsstoff als das Wetter. Viele, mit denen wir ins Gespräch kommen, auch hier im Bus, haben dann direkt eine Anekdote über ihn parat. Sie bewundern seine starken, deutlichen Worte während der Gottesdienste oder täglichen Fernsehpredigten auf dem gemeindeeigenen Fernsehkanal, seine unerschrockene Art während des sogenannten Gaskrieges von 2003. Damals, als heftige innenpolitische Auseinandersetzungen in El Alto viele Opfer forderten, unterstützte er unter Einsatz seines Lebens die Bergung von Schwerverletzten zwischen den Fronten. Ein Engagement, das ihm von der bolivianischen Presse die Auszeichnung „Mann des Jahres" und noch mehr Ansehen in der Bevölkerung einbrachte. Mehrmals hören wir auch die Geschichte, wie er einen Politiker, der seine Kirche besuchte, nicht wie sonst üblich am Ende der Messe mit Weihwasser bespritzt haben soll, sondern ihm direkt das ganze

El cielo sobre el cielo

Un padre de Baviera (Alemania) en la nueva capital de los aymaras – El Alto

Judith Gruemmer

¿Hace frío? No, nada grave, hoy en la mañana me dijeron que hacía frio, seis grados bajo cero, con un cielo azul el sol ha calentado bien, mi segunda pregunta les interesó más a mis compañeros en el micro: En cuál de las iglesias voy a encontrar al padre Sebastián Obermayer, el hombre que llegó dos décadas antes, de Baviera, donde es conocido por todos en estas calles. Algunos lo admiran por sus palabras claras en las misas o cuando lo ven y escuchan en su canal de televisión, muchos lo recuerdan como el hombre que ayuda a las víctimas de octubre del 2003, en este mes de fuertes confrontaciones internas, sin pensar en el riesgo de su propia vida se fue a rescatar, heridos graves en la ceja de El Alto, la zona de la batalla, por primera vez después la prensa declaró a un extranjero El hombre del Año. Inolvidable para otros, es también la anécdota de un político de la clase blanca, quién llegó a su iglesia para pedir su bendición, el padre Obermayer no sólo lo echó con algunas gotas de agua bendita, sino que vació todo el contenido del recipiente plateado en su cabeza con las palabras: *esto falta para limpiar tus errores y pecados*, todo frente a las cámaras de televisión. Desde hace 20 minutos veo bien la torre alta de la iglesia en su único estilo: blanco y azul, pero el tráfico del mercado sólo permite acercarnos a paso de tortuga. Obermayer, mientras que me tomaba un té, me contaba muchas cosas: que tiene 73 años, nació en la misma región que nuestro actual papa Benedicto XVI, ambos alemanes. Que El Alto fue fundado el año 73 y que pronto llegará al millón de habitantes, desde su oficina no vez La Paz, la ciudad en el hueco pero, ves los impresionantes cerros de la cordillera Real, con picos de más de 6000 ms, con este panorama y el cielo azul puedes olvidarte de la

Gefäß gesegneten Wassers übers Haupt schüttete. Und weil wir auf dem Weg zu diesem in El Alto hoch geschätzten Mann sind, diskutieren nun alle im Bus auch gemeinsam über den besten Fahrweg zu Padre Sebastiano. Denn, damit wir Fremden in dieser ständig weiter wachsenden Fast-Millionen-Stadt nicht verloren gehen, sollen wir bis vor seine Haustür gefahren werden. Leichter gesagt als getan.

Auf der Hauptstraße des Stadtteils, in dem wir den Pfarrer zu finden hoffen, wird an diesem Nachmittag der Jahrestag der Taxifahrerinnung gefeiert. Vor gut einer Stunde habe Padre Sebastiano genau hier unter freiem Himmel noch eine Messe zelebriert, hören wir, und anschließend auch alle Taxis gesegnet, damit der göttliche Segen die Fahrzeuge und Insassen auch ein weiteres Jahr vor Unfällen und anderen Unbillen des Lebens schütze. Jetzt sitzen vor einer Bühne mit Livemusik viele, viele „Taxistas“ mit Frauen und Kindern grüppchenweise, in kleinen eng geschlossenen Kreisen um ein, zwei oder drei Bierkästen zusammen und erfreuen sich feuchtfröhlich ihres Lebens. Weil aber die gesegneten Blechkarossen ebenso wie die Bierkästen und kleinen Imbissbuden die Hauptstraße zur „Parroquia“ versperren, weicht der rappelige Kleinbus auf die schmalen, unasphaltierten Seitenstraßen aus, holpert über einen staubigen Fußballplatz und dann auch noch über einen von Kanalisierungsarbeiten übriggebliebenen fast kniehohen Erdwall.

Und dann steht sie vor uns: Eine inmitten der flachen Bebauung fast mächtig anmutende blau-weiße Steinkirche, deren freistehender, schmaler, aber riesenhoher Glockenturm mit einer gewaltigen Zwiebelspitze der Blickfang des ganzen Stadtteils ist. Allerdings fühlen wir uns eher in ein kleines Dorf auf dem Land versetzt. Einstöckig die schmalen Ziegel- und Lehmbauten um die riesige, saubere Plaza. Hier haben Bäuerinnen ihre Waren ausgebreitet: Mindestens zweiundzwanzig verschiedene Kartoffelsorten neben Tomaten, Spinat, Weißkohl, Gurken, Avocados, Bananen, Äpfel, Granatäpfel. Frische Hühner, saftiges Rindfleisch in Scheiben oder auch eingesalzen und getrocknet. Inmitten ihrer Waren hocken die Frauen in dicke Wolldecken gehüllt, mit dem hier obligatorischen Hut, der wie eine zu klein geratene britische Melone mehr oder weniger schief auf den Köpfen thront. Kleinkinder schlafen in bunt gewebten Tüchern auf die Rücken gebunden, mit wollenen Mützen gegen den kühlen Wind geschützt, während die etwas größeren Kinder, auch warm eingemummelt, eng angelehnt bei ihren Müttern oder großen Schwestern sitzen, oft leise, passiv, anscheinend unendlich genügsam.

„El Cuerpo de Christo“ steht in großen Lettern über dem Eingang des Gotteshauses, dem „Templo“, wie Kirchen in Bolivien auch genannt werden. Auf der Wand des daneben liegenden weiß getünchten Pfarr- und Gemeindehauses schleppt ein mit Foltermalen über und über bedeckter, sichtlich gequälter Jesus schwer und tief gebeugt das Kreuz. „El Cuerpo de Christo, maltratado por Borrachera, Aborto, Adulterio y Falta en la misa“ . „Der Körper Christi, misshandelt durch Sauferei, Abtreibung, Ehebruch und Abwesenheit in der Messe.“

Der 73-jährige aus Rosenheim empfängt uns mit frischem Tee und dem typischen bolivianischen weißen Pan (Brot) auf der verglasten, kühlen Terrasse im ersten Stock des Gemeindehauses. Heiße Getränke tun gut gegen die Kälte der überall im bolivianischen Hochland ungeheizten Häuser, die sich auch in der brennenden Höhensonne nicht erwärmen. Das Panorama von hier über El Alto ist atemberaubend: Etwas schräg von der Seite beleuchtet die Nachmittagssonne ein Meer aus unverputzten, zumeist einstöckigen, rotbraun leuchtenden Ziegel- und Lehmbauten, aus deren Flachdächern fast überall vorsorglich schon die Moniereisen für die zukünftigen zweiten oder auch dritten Stockwerke ragen. Das „Loch“ ist von hier oben aus nicht einzusehen. Das „Loch“, so nennen viele hier oben die altehrwürdige Kolonialstadt La Paz, den bis zu tausend Meter tiefer liegenden bolivianischen Regierungssitz, das Verwaltungszentrum, die reiche Schwester der Doppelstadt. Dort unten leben die Reichen, die Mächtigen und jene Menschen, die es aus der kalten Hochebene hinunter ins Tal geschafft haben.

Doch dieses La Paz, die Unterstadt der Erfolgreicheren, ist vom Gemeindehaus „ El Cuerpo de Christi“ aus nicht zu sehen, so als verrate der Ausblick aus Sebastian Obermaiers Arbeitszimmer schon viel über sein Selbstverständnis als Seelsorger: Konzentriert auf die grademal dreiundzwanzig Jahre junge, explosionsartig weiterwachsende Fast-Millionenstadt El Alto. Von hier aus zieht es den Blick über die Flachdächer hinweg und weit hinaus – über die Kanten der schluchtartigen, tief abfallenden Täler von La Paz hinweg – auf die fast unendliche Weite des flachen Altiplanos, wo weit hinter dem Horizont seine Landgemeinden am Lago Titikaka liegen. Die klare Sicht zeigt die drei schneebedeckten Berggipfeln des 6.322 Meter hohen Illimani und die weiteren Bergketten der Königskordillieren. Was für ein Panorama. Verengt man den Blick wieder, kehrt zurück nach El Alto, dann sieht man noch weitere blau-weiße Kirchen, die ihre Turmspitzen in den Himmel strecken. Von hier aus sieht die ärmste Stadt Boliviens fast wunderschön aus. El Alto, dieses schnell wachsende Problemkind, dieses bolivianische Schmuddelkind mit dem immer stärker werdenden politisch-trotzigem Selbstbewusstsein.

Als Pfarrer Obermaier vor dreißig Jahren auf die Andenhochebene unweit von La Paz kam, standen hier gerade mal siebenhundertfünfzig, wie er sagt, jämmerliche Lehmhütten. Zuvor hatte er schon elf Jahre in Venezuela gearbeitet. Hier nun, oberhalb von La Paz, wo es zu der Zeit weder eine Kirche noch einen Pfarrer gab, sollte sein neuer Einsatzort sein. Hugo Banzer, der damalige Präsident, wie Obermaier jenen Mann nennt, den andere als Diktator bezeichnen,

ciudad más pobre de Bolivia. 30 años atrás, cuando llegó el padre, no había más que algunas casitas en estado lamentable y sólo fueron dominadas por el aeropuerto internacional de la sede del gobierno. La única infraestructura en el lugar, fue la autopista hacia el centro que había construido el General Hugo Banzer. Obermayer dice: Dios me ha mandado, para multiplicar sus ideas y pensamientos y fue un gran honor para mí llegar a un pueblo, donde la gente supo sobrevivir en esta vida muy dura por más de 4000 años; por eso lo veo hasta hoy en su forma más suave hablando con las cholitas, estas madres que son la columna vertebral de la familia aimara. La explosión de esta ciudad ha empezado con la fuerte crisis en la minería al final de los años setenta cuando la única esperanza fue llegar a la ciudad y buscar una vida mejor. He llegado para predicar y no para construir iglesias. Cuando llegas hoy aterrizando al aeropuerto de La Paz y ves más de sesenta iglesias, cada una con su cúpula en forma de cebolla, no puedes creerlo, claro, algunos no pueden entenderlo, pero Sebastián Obermayer lo ve con mucha responsabilidad, en la creación de barrios nuevos en esta ciudad, con alrededor de 33 mil nuevos habitantes cada año. Pero como no puedes crear una familia en la calle, también en una comunidad religiosa falta una iglesia. El padre Obermayer muy inquieto recordaba sus clases de geometría en el colegio y empezó a dibujar sus propias iglesias; no hay un mejor catalizador que una torre, hoy sé que las torres son capaces de invitar a la gente a participar de las misas. Con mucha ayuda de sus amigos y seguidores de Alemania, casi sin pausa ha construido más de 60 templos en los últimos 20 años y la cúpula ha ganado la aceptación de sus nuevos miembros. El padre es un luchador como siempre, como hay más oposición en los últimos dos años contra futuros planes de iglesias, ha cambiado para buscar donaciones para centros de mujeres y niños maltratados, para enfermos de sida y un primer centro para la tercera edad. Su respuesta a la pregunta ¿cómo

podrían los europeos ayudar más a la gente de Bolivia? contesta: Bolivia es tan linda que nos falta *etno eco turismo sostenible*, se presenta como promotor de caminatas, escaladas a las montañas, visitando la herencia de los Incas alrededor del lago Titicaca, admirador de las dimensiones inmensas del Salar de Uyuni, laguna colorada, verde y sus variedades; los turistas de Europa pueden ayudar creando empleos con su llegada a los pueblos. Al retornar a La Paz tienes que pasar por la Ceja de El Alto, a la hora de cenar se puede ver a miles que han retornado de su trabajo en La Paz y aquí en sus mercados centrales de El Alto muestran su lado más fascinante.

hatte eine Schnellstraße vom Flughafen hinunter in die Stadt bauen lassen. Die Bewohner, die diesem Straßenbau hatten weichen müssen, waren teilweise in der Nähe des Flughafens in diesen einfachsten Lehmhütten wieder angesiedelt worden. „Als ich ankam, klopfte ich an jede Tür und stellte mich als der neue Pfarrer vor," erinnert der Bayer heute. Zu den ersten Gottesdiensten versammelten sich in der ersten Zeit seiner Amtszeit ein paar Handvoll Menschen an irgendeiner Straßenkreuzung. Es reichte damals aus, einen Tisch aufzustellen und dann kamen sie, die Aymaras des Hochlandes, die Ureinwohner der Anden, die Christentum mit ihrem Glauben an Pachamama, an die Mutter Erde und ihre indigenen Götterwelten zu verbinden gewusst hatten, die mit der Kolonialisierung missioniert worden waren, ohne ihre kulturellen Wurzeln verloren zu haben.

„Auch wenn wir heute Pachamama, also der Erdgöttin, dafür danken, dass sie uns wie eine gute Mutter ernährt, dass sie uns vor Hagel und Sturm schützt, so geht es doch immer um den Herrgott. Es kann für die katholische Kirche kein Problem sein, wenn wir Gott dafür danken, dass er uns eine gute Mutter gegeben hat." Wenn der Theologe aus Süddeutschland von seinem Leben, von seiner Arbeit spricht, dann ist es das „wir", das spüren lässt, wie verbunden er nach dreißig Jahren mit den Menschen seiner Gemeinde fühlt. „Gott hat mich hierher geschickt und wenn er mich morgen woanders haben möchte, dann kann ich sofort gehen, denn meine Aufgabe ist es zu predigen, nicht mich selbst zu verwirklichen. Aber wenn mich jemand fragt, was mich hier fasziniert, dann sind es diese Menschen, die es seit 4000 Jahren schaffen, dieses harte Leben zu überleben: hart, trocken, streng und schön."

Streng, klar im Wort, streitbar und unerschrocken, so erscheint mir Padre Sebastian auch im Gespräch. Doch so facettenreich wie seine Aufgaben, so unterschiedlich sind auch seine Gesichter: Im Gespräch mit den einfachen Cholas, jenen kleinen stämmigen traditionell gekleideten Indiofrauen, die ihn um Hilfe oder Rat bitten, auf den Strassen seiner Gemeinde, wo ihm die einfachen Menschen begegnen, die Kinder, die Alten, auch die Kranken, da verändert sich sein Blick, seine gesamte Körperhaltung. Die strenge Miene legt sich in unendlich viele freundliche Lachfältchen, herzlich umarmt er hier ein altes Mütterchen, redet dort mit dem Straßenkehrer oder der Marktfrau, hat für jeden ein paar passende Worte in Aymara bereit. Er begrüßt, lachend wie ein junger Spund, die lautstarken Jugendlichen, in dem er kraftvoll seine gegen ihre erhobenen Handflächen klatscht. Der Seelsorger weiß, welche Ehefrau Probleme mit ihrem saufenden Mann hat, wo der Vater im Sterben liegt oder in welchen Familien die Kinder vielleicht auch mal Schutz gegen die Trostlosigkeit und Gewaltausbrüche ihrer Eltern brauchen.

Trotz des rauen Klimas dieser auf 4.100 Meter über dem Meeresspiegel liegenden andinen Hochebene, trotz des extremen Klimas mit eisiger Kälte, brennender Sonne, ungebremsten Winden, dem Wechsel aus Regen, Schneestürmen und Trockenheit explodierte Padre Obermaiers kleine Gemeinde innerhalb weniger Jahre zu einer Großstadt und blieb gleichzeitig lange das Armenhaus am Rande der Regierungshauptstadt. Schuld war unter anderem das Minensterben der 70er Jahre, als hunderttausende von Minenarbeitern ihre Arbeit verloren. Hinzu kam die immer noch anhaltende Landflucht, verbunden mit der Hoffnung, in der Stadt ein besseres Leben und für die Kinder eine bessere Schulbildung zu finden. Irgendwann reichte dann der Tisch auf der Straße, das Klassenzimmer und auch der Gemeindesaal für seine Gläubigen nicht mehr aus. „ Ich wollte immer nur das Wort Gottes verkündigen, aber auf keinen Fall eine Kirche bauen," schmunzelt der agile Mittesiebzigjährige heute. Lange hatte er sich gegen einen ersten Kirchenbau gewehrt. Wer heute auf dem Flughafen von La Paz landet oder startet, der kann sich das nicht mehr vorstellen, so augenfällig sind die blau-weißen, mal auch grün-weißen Kirchturmspitzen, die überall über die Flachdächer von El Alto herausragen. Und viele Fremde schütteln den Kopf, verständnislos angesichts so vieler Gotteshäuser. Aber Sebastian Obermaier sieht sich in einer städtebaulichen Mitverantwortung, denn wer hätte die Kirchen in diesem Armenhaus bauen sollen, wenn nicht er gemeinsam mit seinen Unterstützern? Früher sei er mal davon überzeugt gewesen, dass Kirchenbauten unnötig seien, weil Kirche dort sei, wo Menschen im Namen Gottes zusammenkommen. Er hatte geglaubt, dass eine lebendige Gemeinde keine speziellen Gebäude bräuchte und dass Kirchtürme unwichtig seien.

„Aber so wie man auch keine Familie auf der Straße gründen kann, so brauchte meine Gemeinde hier irgendwann doch eine Kirche." Eine von der Regierung gestellte Architektin aus La Paz zeichnete die Pläne und die erste Kirche in El Alto wurde errichtet. Als es schließlich an die Feinarbeiten ging und der Architektin die Änderungswünsche nicht schnell genug von der Hand gingen, erinnerte sich Sebastian Obermaier daran, dass er als mittelmäßiger Schüler am bayrischen Realgymnasium das technische Zeichnen gelernt hatte. Ungeduldig begann er die nötigen Baupläne selbst zu zeichnen. Und als eine zweite Kirche nötig wurde, zeichnete er die Baupläne kurzerhand von vorneherein selbst. Dabei ist es bis heute geblieben. „Irgendwann habe ich eingesehen, dass ein Gotteshaus auch eine Kirchengemeinschaft formt. Wenn ich irgendwo eine Kirche baue, entsteht dadurch auch ein Volk Gottes. Und eine bessere Katechistin als einen Kirchturm gibt es auch nicht. Heute weiß ich, dass Kirchtürme die Menschen sammeln und einladen."

So begann der agile Pfarrer fast unermüdlich eine Kirche nach der anderen zu bauen. „Wenn wir für je 10 000 Katholiken eine Kirche bauen, dann ist das nicht übertrieben. Ich kann Ihnen nicht sagen, wie viele Kirchen ich gebaut habe, fragen Sie den Herrgott,. Es müssen so um die sechzig sein." Doch es fehlen noch mindestens hundert, wenn man der „urbanistischen Vision" des heute (dienst)ältesten, aber keineswegs mehr einzigen katholischen Seelsorgers glaubt. „Auch wenn die katholische Kirche es nicht sagt, es gibt genügend Nachwuchs. Auf einen sterbenden kommen hier zehn nachwachsende Priester." Und wenn mal ein, zwei, drei Kirchen leer stehen, was macht das schon, wenn doch in den meisten schon heute junge Priester predigen? Dass El Alto auch in Zukunft weiterhin rasant wachsen wird, steht für den alten Pfarrer ebenso außer Zweifel wie seine Gewissheit, dass diese Stadt eine Zukunft hat. Unterdessen hat sich eine Mittelschicht entwickelt und die ersten Anzeichen deuten darauf hin, dass sich die ärmlichen, einstöckigen Häuschen nach und nach zu stattlichen, mehrstöckigen Stadthäusern entwickeln werden. „Für je zehntausend Katholiken brauche ich ein Gotteshaus. Und wenn ich das heute nicht baue, dann müssen in dreißig Jahren sechs Wohnhäuser abgerissen werden, um den Raum für einen Kirchenbau zu schaffen." Da sei es doch besser, wenn die Kirchen für die Zukunft schon heute gebaut würden. Die Logik des Kirchenerbauers scheint bestechend. Doch müssen es ausgerechnet weiß-blaue bayrische Zwiebelturmkirchen sein? Natürlich hat Pfarrer Obermaier auf diese Frage gewartet und ganz geduldig erklärt er, dass sich an bayrische Zwiebelturmkirchen nur der erinnert fühlt, der eben nicht an russisch-orthoxe oder muslimische Architektur denke. Die Zwiebelform habe seinen Gemeindemitgliedern einfach am besten gefallen. Und außerdem hätten alle von ihm gebauten Kirchen sehr unterschiedliche Turmvariationen. Dass nicht alle in der Stadt, nicht alle Freunde und Förderer seine Städtevision mit weiteren hundert Kirchen teilen, das weiß der streitlustige und energische Geistliche. Aber es gibt auch noch andere wichtige Betätigungsfelder für ihn: Die Sozialarbeit, die Sorge um das alltägliche Wohl und um die Zukunftschancen seiner Gemeindemitglieder. Und das ganz besonders in einem sozialen Brennpunkt wie El Alto.

Wie viele Menschen heute hier oben in El Alto leben, das weiß keine Stadtverwaltung, kein Statistiker und auch kein Padre Sebastiano. Aber er schätzt die Bevölkerung auf eine knappe Millionen Menschen. Und weil jedes Jahr mehrere zehntausend hinzukommen, kann die Stadt, selbst wenn sie genügend Geld hätte, mit dem Ausbau einer funktionierenden Infrastruktur nicht nachkommen. Eine feste Arbeitsstelle mit Sozial- und Krankenversicherung, eine gute Schulbildung, ein intaktes Gesundheitssystem, das sind Wohlstanderrungenschaften, die hier oben die Mehrzahl der Menschen noch nicht kennt. Selbst Elektrizität und fließend Wasser sind in manchen Stadtteilen nach wie vor unbekannt, weil die Stadt einfach zu schnell wächst und in den städtischen Kassen das nötige Geld fehlt. Dennoch kämpft Pfarrer Obermaier, wie viele andere engagierte Menschen in El Alto, unermüdlich gegen die Folgen von Verelendung und Armut. Häuser für misshandelte Kinder und vergewaltigte Mädchen, Kindergärten, Krankenstationen, ein Jugendzentrum. Er predigt gegen die Trunksucht der Männer und versucht, jungen Menschen eine Zukunft jenseits von Bandenkriminalität und Hoffnungslosigkeit aufzuzeigen. Ein Altenheim ebenso wie ein Hospiz für Aidskranke sind in Planung. Nur mit dem Bau weiterer Kirchen, da tun sich manche Mitstreiter zurzeit schwer. „Aber ich danke meinen vielen Unterstützern aus Deutschland, die mit ihrem Geld die vielen Kirchen möglich gemacht haben."

„Noch in zweihundert Jahren wird in diesen Kirchen das Wortes Gottes verkündet werden und deshalb ist es so wichtig, diese Kirche jetzt zu errichten.Wo vor dreißig Jahren noch Pampa war, wird bald das Zentrum einer starken Großstadt sein. Und aus den Jugendbanden, die heute auf der Straße herumlungern, werden junge Menschen erwachsen, die zu verantwortungsbewussten Führungspersönlichkeiten heranreifen."Auch dafür setzt sich der Mann, der von sich behauptet, er sei Pfarrer, aber kein Sozialarbeiter, kraftvoll ein. Mit Spendengeldern aus Deutschland unterstützt er die Ausbildung junger Menschen in berufsbildenden Instituten ebenso wie er sich für den Aufbau der ersten Universität in El Alto eingesetzt hat. Irgendwann wird man von El Alto nicht mehr als dem armen Schmuddelkind unter den bolivianischen Städten sprechen, sondern von der kraftvollen, lebendigen Großstadt, die auch in der Politik des Landes eine wichtige Rolle einnehmen wird. Pfarrer Obermaiers Optimismus klingt überzeugend. Die Armut, das Elend und auch die politische Zerrissenheit des heutigen Boliviens werden die Aymaras des Hochlandes dann gut überstanden haben. Auch davon ist er schon heute überzeugt. Dass der erste indigene Präsident Boliviens, Evo Morales, ein Aymara ist, ein Mann des Hochlandes, der als Kind mit seiner Familie, während des großen Minensterbens, in die tropischen Yungas ausweichen musste, dort zum wichtigsten Gewerkschaftsführer der Koka-Bauern wurde und eine einzigartige politische Karriere antrat, das muss Padre Sebastiano gar nicht erst erwähnen, um das wachsende Selbstwertgefühl seiner Gemeinde zu erklären.

„Und wenn Sie mich heute fragen, was kann Europa für diese Menschen und für dieses Land tun, dann sage ich: Bolivien ist so schön, kommt einfach her. Denn das, was wir brauchen, ist ein sanfter Tourismus." Und auf einmal beginnt der rüstige Bayer dann regelrecht zu schwärmen: Von Wandertouren und Kletterpartien in unberührten Berglandschaften, vom kulturellen Erbe der Inkas in den Dörfern rund um den Titikakasee, von der unendlichen Weite der Salzseen, den farbigen Lagunen im Süden des Altiplanos und den Schönheiten des tropischen Tieflandes. „Die Reisenden aus Europa schaffen Arbeitsplätze und bringen Geld in die Dörfer. Mit diesem Geld können wir das Lebensniveau der Menschen heben. Die

Gäste aus Europa können dazu beitragen, dass nicht alle aus den Dörfern abwandern. Und mit den Einkünften aus einem nachhaltigen Tourismus wird auch der Umweltschutz weiter verbessert werden."

Der Weg zurück nach La Paz führt über die „Ceja" direkt am Rande von El Alto. Hier hat die Stadt ihren Dorfcharakter schon verloren: Die Häuser sind breit und mehrstöckig. In ihren Glasfassaden spiegeln sich die Lichter der Großstadt. In den Strassen sind hunderttausende von Menschen unterwegs, jetzt am Abend, nachdem die Alteños, die unten in der Stadt La Paz ihr Geld verdienen, zurückgekehrt sind. Tausende von Micro-Bussen und Taxis drängen sich laut hupend durch die Fußgängermassen, vorbei an den Auslagen der „Tiendas", die ihre Waren direkt auf den Gehwegen anbieten: Säcke voller Reis, Nudeln, getrockneten Hülsenfrüchten. Zucker, Salz, duftende Gewürze neben Kanistern mit Speiseöl und sorgfältig aufgebauten Pyramiden aus Früchten und Gemüsen. Es ist die Zeit der Garküchen, heißen Suppen und einfachen Tellergerichte, Gebratenes und Gesottenes direkt aus den riesigen Pfannen der Cholas, köstlich duftend. Die „Ceja" ist der Hauptverkehrsknotenpunkt, von wo aus die Busse runter nach La Paz abfahren. Nachts soll es hier gefährlich sein, aber kurz nach Sonnenuntergang, zeigt sich hier El Alto von seiner faszinierenden Seite: Lebendig, sinnesfroh und schön anzuschauen.

Die Königin des Alpakas

Beatriz Canedo Patiño , Stardesignerin in La Paz

Judith Grümmer

„Zwei Wochen vor seinem Amtsantritt wurde ich gebeten, den Präsidenten für diesen wichtigsten Tag einzukleiden. Dieser Tag sollte nicht nur für Señor Evo Morales wichtig werden, sondern auch für Bolivien und alle indigenen Stämme weltweit. Denn zum ersten Mal in 500 Jahren übernahm ein Originario, also ein Ureinwohner, das bolivianische Präsidentenamt. Ich spürte als Künstlerin und als Bolivianerin natürlich eine große Verantwortung und Herausforderung."

Unabhängig von ihrer eigenen politischen Anschauung nahm sie diese stilistische Herausforderung an: Heute gibt der Präsident von Bolivien in modischer Hinsicht vor allem auf internationaler Ebene in schlichten, eleganten, auf sein indigenes Selbstverständnis zugeschnittenen Alpakaanzügen eine sehr gute Figur ab. „Wir Designer entwerfen ein Kleidungsstück wie ein Haus. So wie ein Mensch in seinem Haus lebt, so muss er auch in seine Kleidung passen. Ich wusste, dass Evo Morales keine Krawatten trägt und dass er etwas wollte, was ihn mit seinem Aymaravolk identifiziert. Als Bolivianerin erschien mir das wirklich eine schöne Geste, denn er hätte auch einen klassischen Designeranzug wählen können." Seitdem hat Evo Morales mit der spanischen Königin Sophia, mit Hillary Clinton, mit Nelson Mandela und sogar mit dem verstorbenen Papst Johannes Paul II eines gemeinsam: das kleine Schildchen
„BCP – Hecho en Bolivia" an der Innenseite eines Kleidungsstückes.
„Als ich meine Kollektion vor einiger Zeit auf der Internationalen Modemesse in Düsseldorf präsentierte, haben mich die Leute doch tatsächlich gefragt, ob meine Mode aus Italien oder Frankreich käme. Sie haben diese Qualität einem südamerikanischen Entwicklungsland einfach nicht zugetraut." Lachend

La reina de la alpaca

Beatriz Canedo Patiño, la diseñadora del Presidente

Judith Gruemmer

Dos semanas antes de la ceremonia de la posesión del primer presidente indígena, fui consultada para diseñar su traje oficial, este día fue muy importante, no sólo para el señor Evo Morales, no sólo para Bolivia, sino para todos los grupos indígenas originarios, por primera vez, en los Andes fue elegido un originario presidente, como artista me sentí honrada con esta alta responsabilidad y el gran desafío, pero con mucho gusto acpeté. Antes el mundo había conocido a Evo Morales por su chompa azul y rojo, hoy todos hablan de un presidente que nunca va a lucir una corbata, pero siempre con trajes en el estilo indígena, de una calidad excepcional de lana de alpaca. Desde este año el presidente boliviano tiene ropa como los reyes de España, la actual canciller de los EE.UU., Hillary Clinton, Nelson Mandela, la canciller Ángela Merkel, hasta el fallecido Juan Pablo II una cosa en común: una pequeña marca BCP – Hecho en Bolivia, en el interior
del cuello del traje. Beatriz Canedo Patiño, después de muchos años en Francia, Londres y con estudios de diseño en Nuevo York, volvió en los años 90 a sus raíces, a la ciudad del Illimani. Diagonal a la embajada de Alemania en un lindo edificio colonial encerrado por los modernos rascacielos de La Paz se presenta hoy su colección de faldas, conjuntos para señoras, abrigos para ambos sexos en el más suave material de alpaca bebé. Mucha gente en el mundo es cliente de la conocida diseñadora, ella tiene las medidas de cada uno. Retornando de Nueva York, todos me han dicho que estoy loca, que nunca podré mantener la misma calidad en un país en subdesarrollo, qué suerte que 15 años después he convencido a todos mis críticos, y con mucho orgullo puedo confirmar que en Bolivia tenemos gente con mucha calidad y disciplina, como en las capitales de

la moda en el norte, soy un ejemplo que Bolivia no siempre tiene que pedir ayuda al exterior y seguir dependiente de otros. Paso a paso tenemos que profesionalizarnos en Bolivia mismo y por eso no voy a salir de mi país, siempre voy a capacitar a mis trabajadores para que sigan produciendo el mejor producto para la exportación. Como trabajamos sólo con las lanas de los camélidos: llamas, alpacas y vicuñas, no sería posible producir en Asia.
Hoy en día, cualquier visita diplomática a la sede del gobierno, tiene la presentación de la más linda moda en alpaca del mundo como parte de su programa, BCP es exportado a los cinco continentes y en España ha sido declarado como el otro oro de los Incas, de esto Patiño está convencida y dice que los aimaras deberían dedicarse más a las alpacas que a la coca. En sus talleres se ha creado empleo y a la vez la compra de material con los mismos ingresos de las ventas y no tiene el riesgo de la producción ilegal como la cocaína. Doña Beatriz está muy feliz con la moda del presidente, más y más gente indígena ha empezado también a comprar ropa de alpaca, especialmente gracias a la bonanza de la minería de los últimos años, por este motivo tenemos una colección nacional, también con otros precios. Aquí tengo una empresa privada, con la obligación de garantizar trabajo a más de 50 familias, pagar el seguro, beneficios sociales, como manda la ley; por la alta calidad que tengo que exigir, con gusto siempre he ofrecido un almuerzo nutritivo y si falta trabajar en la noche también una cena. Como tengo la suerte del éxito quiero también apoyar a la sociedad, estoy involucrada en la lucha contra el sida y muy personalmente ayudando a niños en las cárceles, una mala costumbre en Bolivia, porque estos niños tienen que ser sentenciados por los crímenes de sus padres ¿Por qué tienen que sufrir por la culpa de otros? Esa es la motivación de Beatriz Canedo Patiño ayudando con su programa de ayuda a los niños de la cárcel. Qué lindo, gracias a su posición personal

prominente, muchas señoras del exterior le ayudan en sus trabajos sociales.
Para terminar tengo dos deseos para el futuro, dice: primero, que los mismos bolivianos agarren finalmente la responsabilidad social y reduzcan su dependencia de las ONG internacionales. Segundo: quiero ver que algun día, la marca HECHO EN BOLIVIA tenga la misma reputación internacional como Hecho en Alemania.

schüttelt sie den Kopf und ergänzt: „Ich habe es sogar in die deutschen Fernsehnachrichten geschafft, denn niemand erwartet Haute Couture aus Bolivien." Beatriz Canedo Patiño kann heute zwar über so viel westliche Ignoranz schmunzeln. Dennoch ist sie sofort bereit, die Reisende aus Deutschland auf eine Tasse Tee oder Kaffee zu empfangen. Sie möchte sich mit mir über Bolivien, über ihre Arbeit und über den edelsten Andenstoff unterhalten.

Bevor Beatriz Canedo Patiño in ihre Heimat zurückkehrte, zählte ihr Atelier auf der Fifth Avenue zu den wichtigsten Adressen der New Yorker Modewelt. Sie feierte internationale Erfolge und viele ihrer Kollegen sagten ihr in Bolivien den sicheren Bankrott voraus. Doch sie, die seit ihrem dreizehnten Lebensjahr mit ihrer Familie in Frankreich gelebt hatte, die in Paris ihr Designstudium begann und später in London und New York lebte , entschied sich allen Unkenrufen zum Trotz im Andenhochland Boliviens ein neues Unternehmen zu gründen. Seit 1994 lebt und arbeitet die „Königin des Alpakas", zu der sie vor Jahren von der New York Times gekrönt wurde, in La Paz.
Schräg gegenüber der Deutschen Botschaft, im Diplomaten- und Wirtschaftsviertel der bolivianischen Metropole, dort wo selbst die altehrwürdigen, prächtigen Kolonialbauten zwischen den modernen Hochhäusern klein und bescheiden wirken, könnte man das schwarz-weiß gestrichene, schlichte Stadthaus auf den ersten und zweiten Blick fast übersehen, stünden da nicht die Initialen „BCP" über dem Eingang der Glastür. Im schmalen Schaufenster fließt ein einziges, schlicht geschnittenes Kleid aus schwarzem Babyalpaka dahin wie ein seidenweicher, zärtlicher Traum. Mehr ist nicht nötig, um Liebhaberinnen unaufdringlicher Eleganz auf Beatriz Canedo Patiño aufmerksam zu machen. Von ebenso gediegener Einfachheit ist der kleine Laden selbst. Spiegelwände von der Decke bis zum Boden. An einfachen Kleiderstangen hängen in Schwarz, Anthrazit, Ziegelfarben und Grün die aktuelle Damen- und Herrenkollektion zum Anfassen, Anprobieren und Auswählen. Edle Kostüme und variantenreiche Röcke, kostbare Abendroben neben eleganten Alltagskleidern, verschwenderisch geschnittene Capes und zeitlos-geschmackvolle Mäntel, sportliche Herrenjacketts und klassische Businessanzüge, lange Schals mit passenden Mützen, Handschuhen und Alpakataschen. Die edlen Stücke werden direkt im Laden von fachkundiger Hand auf den Leib gemessen, nach der Kaufentscheidung zugeschnitten und innerhalb weniger Tage im ersten Stockwerk des Hauses maßgeschneidert. Die meisten ihrer Kunden jedoch, die im Auslandlebenden und jene aus der Welt von Macht, Geld oder Prominenz ordern „BCP" sowieso direkt vom Laufsteg, aus dem Katalog oder via Internet. Wer sich einmal bei Patiño ein Kleidungsstück hat schneidern lassen, dessen persönliche Maße bewahrt sie in einer Kartei auf. So können die Kunden auch in Zukunft und aus der Ferne perfekte Maßanfertigungen bestellen.

Als Beatriz Canedo Patiño der mondänen Modeszene New Yorks den Rücken kehrte und in das wirtschaftlich unterentwickelte Bolivien zog, aus dem man bis dahin nur folkloristische Strickpullis oder indigene Alpaka-Webstoffe kannte, hatte sie ein klares Konzept vor Augen. „Glauben Sie mir, ich habe sehr genau darüber nachgedacht, ob ich wirklich in mein Heimatland zurückgehen kann, ohne dabei die Qualität meiner Arbeit zu verringern. Ich war so stolz – und ich sage es ganz bewusst – als ich „entdeckte", welches ungeahnte, handwerkliche Geschick in Bolivien existiert und mit welcher Qualität ich in Bolivien produzieren kann." Es habe in den 1990ern weder Designschulen, noch Schneiderlehren gegeben und niemanden, der eine Modeshow organisieren konnte. Geschweige denn professionelle Laufsteg-Models. Aber sie selbst sei schon damals davon überzeugt gewesen, dass „wir in Bolivien genauso intelligent sind wie die Menschen in jedem anderen Land. Viele von uns haben vielleicht nur nicht genügend Eigeninitiative. Ich denke, Bolivien sollte nicht nur von ausländischer Hilfe, vom technischen Know How des Auslands abhängig sein und immer die Hand ausstrecken, als ob die reicheren Länder verpflichtet seien, uns zu helfen. Irgendwann muss Bolivien selbstständig und unabhängig werden. Daher war und ist es für mich als Unternehmerin sehr logisch, in meinem Land zu produzieren und dann diese hochwertigen Produkte zu exportieren."

Viele ihrer Mitarbeiter waren anfangs reine Autodidakten, alle sind sie handwerklich ungeheuer geschickt, fleißig und zuverlässig. Es sei die Dankbarkeit dieser einfachen Handwerker aus El Alto, denen die Arbeit nicht nur ein gutes Monatseinkommen, sondern auch Selbstachtung einbringt, die sie immer wieder rühre und darin bestätige, damals die richtige unternehmerische Entscheidung getroffen zu haben. „Wenn man mit größeren Auftragsmengen arbeitet, dann entscheiden sich viele Designer von internationalem Ruf beispielsweise in asiatischen Billiglohnländern arbeiten zu lassen. Aber für mich, die ich mit Kameliden arbeite – und Alpakas gehören als Lamas zur Familie der Kamele – für mich wäre es unmöglich gewesen, nach Asien zu gehen. So kehrte ich in das Land heim, in dem auch die Alpakas zuhause sind. Ich ging zurück an die Quelle meiner Inspiration."
Wer auch immer es wagt, eine bolivianische Doña zwischen zwanzig und achtzig nach ihrem Alter zu fragen, darf keine Antwort erwarten. Bei einer Beatriz Canedo Patiño ist diese Frage auch unnötig, denn diese zierliche Señora ist so zeitlos, temperamentvoll, ungeheuer lebendig, dass sie sowieso jünger erscheint als sie an Jahren tatsächlich zählen mag. Wenn sie dann nach Alpaka gefragt wird, ist sie fast überschäumend jugendlich, „denn es war Liebe auf den ersten Blick, als ich damals in Paris zum ersten Mal dieses Material sah." Als die junge Designerin in Paris, London und später in New York mit der Wolle aus den Anden zu experimentieren begann, galt in Südamerika Lama- oder Alpakawolle als minderwertig, getragen fast ausschließlich von Campesinos,

Touristen und Kunden sogenannter „Eine-Welt-Läden“ in Europa. Wer in Bolivien „ein gewisses wirtschaftliches Niveau“ hatte, wie Patiño es zurückhaltend formuliert, der bevorzugte die Mode aus New York, Buenos Aires, Santiago de Chile oder Europa und lehnte den „Campesino-Stoff“ strikt ab.

„Zu Beginn meiner Arbeit hatte ich keine Geschäfte, keine Boutiquen in Bolivien. Und es war dann wohl mehr ein Zufall, dass mich viele Ausländer in meiner Näherei besuchen kamen, Botschaftsangehörige beispielsweise, und die kauften meine Kleidungsstücke. Irgendwann kam dann die Gattin des damaligen Präsidenten zu mir – und ich möchte betonen, dass ich mich aus der Politik immer rausgehalten habe – und diese Señora wollte auf ihren Auslandsreisen etwas von einer bolivianischen Designerin tragen. Der Rest ist Geschichte...“ Heute exportiert Beatriz Canedo Patiño in fünf Kontinente. Für Staatsgäste und Bolivienreisende mit Sinn für schlichte Eleganz gehört der Besuch bei „BCP“ in La Paz seit Jahren ganz selbstverständlich zum Bestandteil des Reiseprogramms.

„Wissen Sie eigentlich, wer Alpaka zum ersten Mal industriell gewoben hat?“, wirft die bolivianische Modekönigin Patiño als Zwischenfrage in den Raum, um mit ungezügeltem Temperament weiter vom Stoff ihrer Inspirationen zu erzählen. „Treten Sie mich einfach gegen mein Schienbein, wenn ich zuviel rede... ich kann einfach nicht mehr aufhören, wenn ich einmal begonnen habe von Alpaka zu erzählen“, und nimmt im gleichen Atemzug ein Cape aus anthrazitfarbenem Babyalpaka vom Bügel. Leicht und zart wie Seide und gleichzeitig warm und robust. „Das andere Gold der Inka“, diese Formulierung eines spanischen Journalisten in „El País“ umschreibt deutlich jene Wertschätzung, die dem Alpaka nach Einschätzung der Unternehmerin eigentlich zustünde... und nun beginnt Doña Patiño ein leidenschaftliches Plädoyer für den ökonomischen Mehrwert des Alpakas, verbunden mit der Analyse eines Kapitels der jüngeren Geschichte bolivianischer Hochlandindeginas: Seit Jahrzehnten wandern die verarmten Aymaras aus dem Hochland in die tropischen Regionen ab, auf der Suche nach neuen Existenzgrundlagen. Besonders lukrativ: Der illegale Anbau von Koka zur Kokainproduktion. Dazu muss man wissen, dass in Bolivien traditionell auch legal Koka angebaut wird, der allerdings nicht zu Kokain verarbeitet, sondern zum Kauen, als Tee oder für rituelle Aufgaben gebraucht wird. Es sind die verarmten Hochlandindígenas, die aus der Not geboren, den illegalen Anbau begannen und für Bolivien wirtschaftlich ertragreichreich wurde, aber außenpolitisch negative Konsequenzen hatte. Die moderne Produktion von Alpaka und eine hochwertige Weiterverarbeitung der edlen Stoffe ist eine echte Alternative zum Kokaanbau, davon ist die Modemacherin heute überzeugt. Mit dem Aufbau moderner Alpakawebereien entstünden neue Arbeitsplätze, die sogar dem kulturellen Selbstverständnis der Aymaras entsprächen. Mit fairen Preisen für die Züchter ebenso wie für die Arbeiter in den Webereien und Nähstuben von El Alto oder La Paz. Doch bisher, so bedauert Beatriz Patiño, habe kaum ein bolivianischer Unternehmer oder Politiker das ungeheure wirtschaftliche Potenzial und die damit verbundene politische Bedeutung der Andenwolle als mögliche Alternative zum illegalen Kokaanbau erkannt.

Klar, dass Doña Patiño nicht auf geschichtliche Anekdoten rund um Alpaka verzichten mag: Es war nämlich kein bolivianischer, sondern ein englischer Textilunternehmer, der im 19. Jahrhundert den ersten Alpakastoff industriell weben ließ. Eines Tages waren einige Ballen Alpakarohwolle herrenlos in irgendeinem englischen Hafen angelandet, wo zufällig ein Engländer auf eine Lieferung asiatischer Seide wartete. Neugierig berührte er die ihm unbekannte Rohfaser, wohl wissend weder Schafswolle, noch Seide, noch Kaschmir vor sich zu haben. Kurz entschlossen kaufte er sämtliche Ballen auf und ließ daraus den ersten industriell gefertigten Alpakastoff weben. Der Brite hatte die königliche Exklusivität des Materials erkannt und tatsächlich war Königin Viktoria die erste Kundin, die sich für ein Cape aus industriell gewebtem Alpaka erwärmte. Trotzdem blieb das edle Material in seiner wirtschaftlichen Bedeutung immer weit hinter anderen 'königlichen' Garnen wie Seide oder Kaschmir zurück.

Heute hat Beatriz Canedo Patiño es geschafft: Sich einen Schal oder gar einen Mantel oder ein Kleid von Beatriz zu leisten, ist auch in Bolivien gesellschaftsfähig geworden und kostet ungefähr zwei Monatsgehälter eines bolivianischen Dorflehrers. Besonders erfreut ist sie darüber, dass sich unterdessen auch indigene Kundinnen aus den wieder aufblühenden Bergarbeiterstädten Potosi und Oruro ein Stück BCP-Mode leisten wollen und können. Dafür muss die Designerin allerdings das unternehmerische Zugeständnis eingehen, ihre Kollektion in La Paz oder Santa Cruz zu einem Bruchteil dessen anzubieten, was Kunden in den Vereinigten Staaten, in Europa oder Asien für BCP auf den Tisch legen müssen. „Ich habe dieses Unternehmen ganz allein als einfache, alleinstehende Frau in Bolivien hochgezogen. Und glauben Sie mir, ich brauche keinen Luxus und so habe ich jeden Pesos, den ich eingenommen habe, wieder in das Unternehmen investiert.“ Dass ihr nationaler und internationaler Erfolg unterdessen viele bolivianische Arbeitsplätze sichert, ist der Frau mit sozialem Selbstanspruch wichtiger als eine möglichst hohe Gewinnspanne im eigenen Land.

Schockiert über die landesübliche Korruption, die oft miserablen Arbeitsbedingungen ohne Kranken-, Sozial- und Rentenversicherung, hatte die Unternehmerin sich von Anfang das Ziel gesetzt, ihre Firma so zu führen wie sie es von ihren Eltern gelernt hatte: Mit Liebe, Disziplin und sozialer Verantwortung. „Ich führe eine Firma mit Gewinnziel, das muss auch so sein, denn ich ernähre mehr als fünfzig Familien. In meinem Betrieb vergebe ich keine Almosen. Ich habe sogar den Ruf, sehr fordernd und fanatisch zu sein, wenn es um die Qualität meiner Arbeit geht. Denn stellen Sie sich mal vor, ich würde etwas Mittelmäßiges nach Deutschland verkaufen und Sie würden sagen, „dieses 'Prodüktchen' aus Bolivien ist aber schlecht genäht..." Doch dafür zahle ich gerechte Löhne und alle Mitarbeiter sind kranken- und rentenversichert." Auf diese Zusatzleistungen, die in Bolivien unüblich sind, lege sie besonderen Wert, erklärt sie, denn: „... auch wenn sich meine Unternehmerfreunde über mich lustig machen, ist mir das Wohl und die Gesundheit meiner Mitarbeiter sehr wichtig. Sie bekommen alle kostenlos ein vollwertiges Mittagessen. Und wenn sie länger arbeiten, dann zahle ich die Überstunden und eine weitere komplette Mahlzeit."

Alpaka mag ihre große berufliche Liebe sein, doch die Heimkehrerin bewegt sich in bolivianischen Realitäten, die mit der schönen Glamourwelt der Mode nichts gemeinsam haben: Sie engagiert sich gegen AIDS und sorgt sich höchstpersönlich um Gefängniskinder. „Das ist ein Trauma und wirklich unvorstellbar, dass in den Gefängnissen von Bolivien tatsächlich Kinder, vom Neugeborenen bis zum Jugendlichen, leben. Und ich meine damit nicht nur die Frauengefängnisse, in denen Kinder bei ihren Müttern leben. Ich spreche auch von den Männergefängnissen wie San Pedro hier in La Paz, direkt um die Ecke, wo Mütter den Vätern im Gefängnis einfach das Kind in die Hand drücken und gehen." Von der kreativ-sensiblen Künstlerin, der charmant-geschäftstüchtigen Doña, der bolivianischen Patriotin Beatriz Canedo Patiño ist kaum noch etwas zu spüren. Vor mir sitzt eine Frau, die genau hinschaut und weiß, welches Leiden aus Armut und Chancenlosigkeit entsteht. Sie leidet mit den Kindern und scheut sich nicht, selbst in diese Höllen zu gehen.

„Ich möchte Ihnen ein Erlebnis erzählen, das mich noch immer sehr beschäftigt: Es gibt dort im Gefängnis zwei Kindergärten. Wir verteilten dort gerade Medikamente als, wenige Schritte von uns entfernt, ein Gefangener erstochen wurde. Wenig später beobachtete ich im Kindergarten ein kleines Mädchen, das gerade aus Legosteinen etwas zusammenbaute. Ich näherte mich diesem Kind... und in meiner Ignoranz glaubte ich, dass es ein Baum war, den sie zusammenbaute. Ich sprach sie an, fragte: „Was baust du?" ... also schaute sie mich an und sie hatte das Gesicht einer alten Frau, obwohl sie nicht älter als sieben Jahre war. Sie schaute mich auf die ernsteste und natürlichste Weise an und sagte mir: „Eine Pistole, Señora." Und dann sagte ich: „Entschuldige, ich habe dich nicht verstanden." Und das Mädchen wiederholte: „Einen Revolver, Señora.". Als ob sie dachte: „Wie dumm sind Sie, dass Ihnen das nicht klar ist!" Also wollte ich wissen: „Aber wozu willst du einen Revolver zusammenbauen?" Und sie antwortete: „Wozu? Natürlich, um zu töten!" Ich war sprachlos. Dieses Kind mit dem Gesicht einer alten Frau werde ich nie vergessen."

Warum müssen Kinder für die Verbrechen ihrer Eltern bestraft werden? Warum müssen sie unter der Schuld ihrer Eltern leiden? Fragen, die Beatriz Canedo Patiño beschäftigen. Hilfe für „los niños de la carcel", die Kinder im Gefängnis, ist ihr zum persönlichen Anliegen geworden. Dabei nutzt sie ihre Prominenz, um beispielsweise zusammen mit „Safe the Children" in Bolivien Wohltätigkeitsveranstaltungen zu organisieren. Sie sammelt an solchen Galaveranstaltungen nicht nur Geld für Hilfsprojekte zugunsten der Gefängniskinder, sondern sensibilisiert auch die bolivianische Prominenz aus Politik und Wirtschaft für soziale Themen. „Doch leider, oder glücklicherweise, seid es immer noch vor allem Ihr Ausländer, die mich am besten unterstützen, mir helfen und in diesen Hilfsprojekten mitarbeiten. Dabei sollten doch gerade wir Bolivianer uns mit den grundlegenden Problemen unseres Landes beschäftigen." Bevor sich Beatriz Canedo Patiño nach fast zwei Stunden verabschiedet, um höchstpersönlich bei einer wartenden Kundin Maß zu nehmen, nennt die Modemacherin aus La Paz noch zwei Wünsche für die Zukunft: Dass die Menschen in Bolivien endlich die soziale Verantwortung für das eigene Land übernehmen, anstatt sie den ausländischen Hilfsorganisationen zu überlassen. Und ihr zweiter Wunsch: Eines Tages soll „Hecho en Bolivia" ein international ebenso anerkanntes Gütesiegel sein wie „Made in Germany".

http://www.beatrizcanedopatino.com

Galaxias – die Höhle zwischen Meer und Sternenhimmel

Judith Grümmer

„Es war der 23. August 2003, nachmittags um 4.30 Uhr, als wir hier etwas entdeckten, das unsere irdische Vorstellungskraft überstieg. Hier ist alles wie auf einem anderen Stern und nach langen Beratungen haben wir dieser Höhle den Namen „Galaxias" gegeben."

Bis heute ist die Entdeckung weltweit einzigartig, bestätigen die in den darauffolgenden Jahren herbei eilenden Geowissenschaftler. Für Reisende aus aller Welt eröffnet sich an jenem 23. August die Chance, trockenen Fußes eine außerirdisch anmutende Sensation zu besichtigen, eine geologische Formation, wie sie höchstens noch von erfahrenen Tiefseetauchern im Ozean betrachtet werden könnte. Zu verdanken ist dieser Fund der konsequenten Suche zweier Aymara-Bauern nach einer Chance, unweit des Salar de Uyuni, auf dem Land ihrer Vorfahren mit ihren Familien weiterhin leben zu können. Stolz und mit einem offenen Lächeln, wie es den zumeist scheu und verschlossen wirkenden Hochlandindeginas nur selten im Gesicht steht, beginnt Nemecio Copa vor dem Höhleneingang den bolivianischen Spätwintertag zu beschreiben, an dem sich für ihn das Leben so glücklich wendete.

Dazu holt er tief Luft und weit aus: Wie seine Vorfahren lebte er die meiste Zeit seines Lebens als

La cueva entre el mar y el cielo

Excursion con Max Steiner descubriendo la Galaxia

Fue el 23 de agosto del año 2003 a las 4:30de la tarde, cuando nosotros descubrimos una cosa que es más de lo que podemos descubrir en la tierra, que parece de otra estrella. Son las "*Galaxias*", Nemesio Copa con mucho orgullo y satisfacción en la cara, nos invitó a visitar esta sensación, como lo confirmaron reconocidos geólogos y científicos, entrar en esta cueva es una oportunidad excepcional,. El y su vecino habían perdido una niña con algunas ovejas y pensaban encontrarlas en algunas formaciones rocosas fuera de su pueblo de *aguaquisa*, estas formaciones son volcánicas de erupciones en una época cuando había un mar en el altiplano, muchas de estas cuevas han sido utilizadas para enterrar sus momias en la civilización incaica. La noche del 23 tuvieron que dormir en uno de estos lugares y con su linterna descubrieron un hueco en la pared de atrás, donde encontraron otra cueva mucho más grande, cuando la abrieron la siguiente tarde, ingresando al espacio vacío con diferentes salas, donde se puede observar paredes finas, calcáreas como telarañas calcificadas- De nuevo nuestro amigo Nemesio Copa nos confirma que no es una cueva de estalactitas o estalagmitas, porque no fueron creadas por la fuerza del agua, aquí había lava con dos a tres mil grados de temperatura, chocando y explotando con el mar, una impresionante muestra de explosiones en el cosmos Para los aimaras no es una gran sorpresa

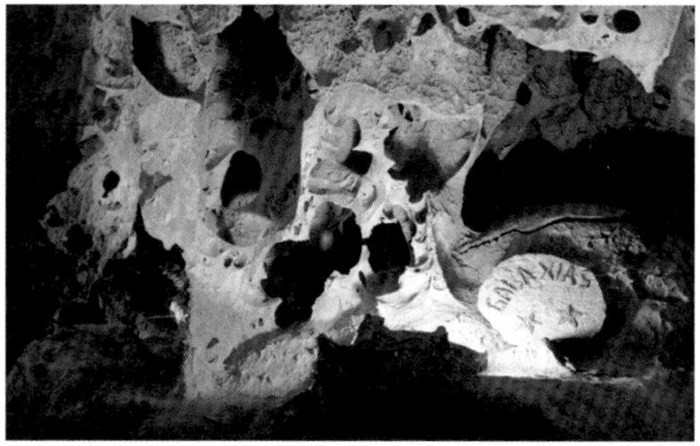

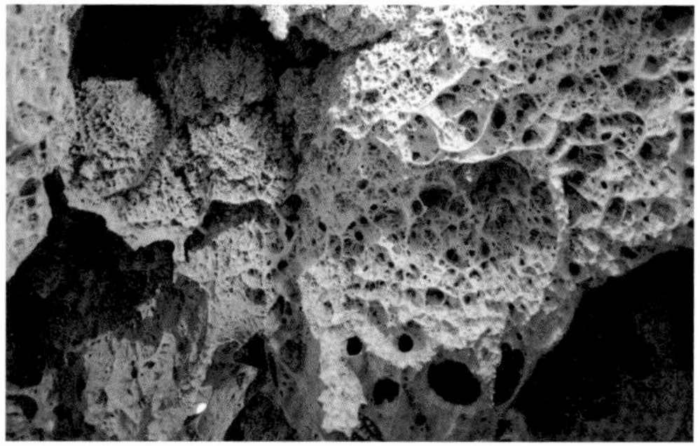

Campesino vom Anbau des „Inkagetreides“ Quinua und der Lamazucht. Er lässt seinen Blick schweifen und wirkt zufrieden: Nicht weit von hier liegt Agua Quizas (was übersetzt „Wasser vielleicht“ bedeutet), sein Dorf, winzig klein, erdfarben und eng an einen windschützenden Hügel geduckt. Nur noch zwei Familien leben dort. Vom Eingang der Galaxias hat man einen herrlichen Blick über die steppenartigen Uferregionen des Salars, über die Salzwüste hinweg bis zum 180 Kilometer entfernten 5432 m hohen Vulkan Tunupa. Eine Herde Lamas zieht vorbei, dazwischen Vicuñas, jene gazellenartigen, einst vom Aussterben bedrohten Kameliden, deren Bestände sich in den letzten Jahren erfreulich erholt haben. Auf dieses staubtrockene, vegetationsarme Land fiel 2001 und 2002 kein einziger Tropfen Regen und brachte die Bauern in große Existenznöte. Die meisten Dorfbewohner sahen sich damals gezwungen ihre Heimat zu verlassen, obwohl sie es seit Generationen gewohnt waren, in dieser kargen Landschaft zu überleben. Nur Nemecio Copa und sein Dorfnachbar wollten nicht aufgeben und suchten nach alternativen Einnahmequellen. Sie verfolgten die Idee, eine bereits bekannte Höhle in Dorfnähe zu einem neuen Touristenziel zu machen. In ihr hatte ein dreitausend Jahre alter Friedhof aus der Vor-Inkazeit überdauert. Mit ihrem walfischartig geöffneten Schlund könnte die Teufelshöhle ein durchaus lohnenswerter Abstecher für die Fremden sein, hofften die beiden. Doch die Gräber waren längst von Schmugglern und Räubern leergeräumt. Deshalb begannen die Männer im Umland nach weiteren Inkagräbern oder Mumien zu suchen, um den alten Friedhof wieder so herzurichten, dass er für Touristen interessant werden könnte.

An dieser Stelle beginnt Nemecio eine weitere Geschichte in seine Erzählung einzuflechten: In den 1950er Jahren suchte eine junge Lamahirtin in der uralten Begräbnishöhle Schutz vor der Kälte, nachdem sie es mit Einbruch der Nacht nicht rechtzeitig zurück ins Dorf geschafft hatte. Noch in derselben Nacht begannen die Dorfbewohner nach dem vermissten Kind zu suchen. Doch als man sie am nächsten Morgen fand, lag sie leblos, aber äußerlich unversehrt, zwischen den sarkophagähnlichen, lehmgemauerten Gräbern und gruftartigen Erdlöchern, wo die Ureinwohner ihre Toten zur letzten Ruhe gebettet hatten. „Der Teufel hat sie getötet,“ glaubten die trauernden Eltern, erinnert sich Copa noch genau. Die präkolumbianische Beerdigungsstätte wurde von da an furchtsam „La cueva del diabolo“ genannt und gemieden. Doch das hinderte die beiden Männer, die heute vermuten, dass das arme Mädchen wohl in der Höhle eingeschlafen und dann erfroren ist, nicht daran, ihre

porque en su leyenda había un mar prehistórico en el altiplano y siempre sabían que en el lago Titicaca, no hay truchas, pero sí salmones y que en las orillas de las lagunas viven flamencos.

Más de 65 millones de años atrás, los diferentes continentes empezaron a moverse y con esta fuerza, una parte del pacífico se levantó como en un ascensor a 4000 ms de altura que hoy conocemos por el nombre de altiplano, el cual tiene como 260 mil km cuadrados, casi cinco veces la superficie del departamento de Chuquisaca. Últimamente científicos de la famosa Organización National Geografic han visitado esta cámara de alta presión pre-geológica, confirmando su único origen, apoyada con paneles solares y una puerta para su protección y conservación. Son pocos los turistas que la visitan; al salir de la obscuridad total, te quedas ciego por unos instantes, pero también sin palabras. Esta colina tiene una vista espectacular del salar de Uyuni, planicie con sal que pasa los 300 km, hasta la montaña emblema de la región, el volcán Tunupa.

Suche fortzusetzen. Nemecio Copa und Kompagnon konnten allerdings weit und breit keine einzige Mumie finden.

Das Schicksal aber wollte es, dass die Beiden eines Nachts nur wenige Meter neben der besagten Teufelshöhle in einer zweiten, sehr viel kleineren und weniger Furcht einflößenden Höhle übernachteten. „Da sah ich im Schein meiner Taschenlampe ein winziges Loch in der Rückwand der Höhle, leuchtete hinein und erkannte einen zweiten Hohlraum. Am nächsten Tag schlugen wir neugierig diese recht dünne Feldwand ein. Rückblickend ist diese kleine Öffnung für mich das Schlüsselloch zu einem magischen Schatz, der unser Leben grundlegend verändert hat." Es war für die beiden wie eine Expedition auf einen anderen Planeten. Was die beiden Hochlandindeginas damals nicht wussten: Sie waren an jenem 23. August, nachmittags um 4.30 Uhr, wahrscheinlich die ersten Menschen, die jemals eine ehemals unter dem Meeresspiegel erkaltete Lavagasblase trockenen Fußes betraten. Den Hohlraum hatte das Meer beim Abtrocknen im Laufe der Erdgeschichte frei gegeben und war dennoch bis dahin unentdeckt geblieben.

„Was Sie gleich sehen werden, ist keine Tropfsteinhöhle, sondern eine außergewöhnliche Gaskammer, wie sie nur unter Wasser entstehen kann," betont er noch einmal, schaltet die dezente, Solarzellen betriebene Beleuchtung an und überlässt die Besucher ihrem Staunen. Schweigend und mit eingezogenen Köpfen betreten wir nacheinander jene 'irdische Galaxie', die uns mit wenigen Schritten in die Unendlichkeit des Sternenhimmels zu tragen scheint: Wer in seiner Vorstellungswelt nach einem Geburtsort unseres Planeten sucht, glaubt sich nun inmitten einer versteinerten, galaktischen Gebärmutter. Die in mehrere saalartige Blasen unterteilte Höhle ist von feinstem, weißen Gewebe durchzogen. Wie zarte, versteinerte Spinnenweben, zigtausendfach vergrößert, von den Wänden hinabhängend. Wie zähflüssiger Teig von der Decke tropfend und im Fall erstarrt. Wie klebriger Schaum aus den Felsen quellend und wie scharfklingige Fallbeile scheinbar auf den Betrachter herabstürzend. Die Höhle war entstanden aus einem Zusammenspiel vulkanischer Hitze, austretender Gase, Kalk, Schlamm und Salzwasser. Man muss beim Besichtigen der engen Hohlräume höllisch aufpassen, dass man sich weder den Kopf stößt, noch die zarten, skulpturalen, in den Raum hängenden Gebilde abbricht.

Mancherorts scheinen die von der Decke herabgewachsenen Formen sich mit aus dem Boden herauswindenden steinernen Gewächsen zu einem fantastischen Dickicht zu verweben. Hier wurde ein Kapitel geologischer Urzeit konserviert und für die Gegenwart bewahrt.

Vor rund sieben Millionen Jahren, erklärt der kundige Nemicio den wenigen täglichen Besuchern, hat sich hier 2.000 bis 3.000°C heiße Lava brodelnd, zischend, explodierend ins Meer ergossen. Im Inneren dieser glühenden, gashaltigen vulkanischen Materie bildeten sich Hohlräume, vergleichbar mit gewaltigen, von außen schon abgekühlten, zu hartem Vulkangestein erstarrten Überdruckkammern. „Galaxias" kann nur unter Wasser entstanden sein, betont er immer wieder und für ihn ist diese Genesis auch nicht weiter verwunderlich, denn im Bewusstsein der Aymaras ist das Wissen um ein uraltes Meer in den Anden fest verankert.

Hier oben auf dem Altiplano schlug vor rund sieben Millionen Jahren tatsächlich die salzige Brandung eines prähistorischen Meers gegen die Füße der immer wieder ausbrechenden Vulkane. In den präkolumbianischen Kultstätten, wie dem dreitausend Jahre alten Tiahuanaco, ist dieses indigene Wissen in Stein gehauen überliefert und heutzutage zu besichtigen. Während der Titikakasee, den die Aymaras immer nur als Meer betrachtet haben, bis heute salzhaltig

geblieben ist, trockneten die südlich gelegenen Teile des ehemaligen Meeres allmählich aus. Schon lange vor den Inkas wussten die Menschen des Altiplano, dass Meerestiere wie Lachse, Seemuscheln, Krebse, sogar Seepferdchen im Titikakasee beheimatet sind und Flamingos in den Küstenregionen des ‚Lagos' leben. Im etwas tiefer gelegenen Süden der Andenhochebene entstand später der Salar de Uyuni, mit 12.000 km die größte Salzwüste der Welt.

Fast fünf Jahre nach der Entdeckung der „Galaxias" ist aus dem ehemaligen Bauern ein Experte in Sachen Erdgeschichte geworden, der den aktuellen Stand der geologischen Wissenschaftsdiskussion mit Temperament und Begeisterung zu referieren weiß: Bei der Entstehung des südamerikanischen Kontinents haben sich die driftenden Erdplatten mit so unvorstellbarer Kraft über- und unteReinandergeschoben, dass ein Teil des Urmeeres liftartig, wie eine mit Wasser angefüllte riesige Schüssel, auf fast 4.000 Meter hoch gehoben wurde. So entstand das heutige Altiplano, jene Andenhochebene, die im Norden vom Lago Titicaca und im Süden von Salzwüsten, Lagunen und Geysiren begrenzt wird. Sogar Stranddünen entlang den ehemaligen, später zerborstenen Küstenzonen zeugen heute noch von den maritimen Ursprüngen. Im Osten dieses prähistorischen Meeres faltete sich die unter die westlich liegende Pazifikplatte geschobene Erdkruste zur mächtigen, mancherorts mehr als 6500 Meter hohen „Cordillera Real de los Andes" auf. Im Westen des Altiplanos hingegen entstand die immer noch aktive „Cordillera occidente vulcanico" im Grenzgebiet von Chile.

Mit den Einnahmen aus ihrer Entdeckung können die zwei im Dorf zurück gebliebenen Familien unterdessen ein kleines Zubrot verdienen. Wissenschaftler aus Europa und die altehrwürdige National Geographic Society haben die Höhle untersucht und die Entdeckung der beiden Männer geehrt. Wenn Nemicio Copa täglich mit seinem rostigen Motorrad zur ‚Galaxias' fährt, hofft er auf eine Handvoll Besucher. Dass dieser zarte Schatz empfindlich ist und die manchmal hauchdünnen Formationen leicht zerstört werden könnten, ist den Entdeckern schmerzhaft bewusst. Doch woher sollten sie das Geld nehmen, um diese geologische Einzigartigkeit zu schützen? Wer aus der galaktischen Urwelt wieder ans Tageslicht zurückklettert, bleibt zunächst einfach nur sprachlos und dankbar, diese weltweit wohl einmalige vulkanische Überdruckkammer am Rande des Salars betreten haben zu dürfen. Gleichzeitig bleibt die Sorge, wie lange „Galaxias" wohl so unzerstört erhalten bleiben mag.

Währendessen ist die Teufelhöhle ebenfalls als zweite Attraktion zu besichtigen – in ihrer geplünderten Ursprünglichkeit, ohne herbeigeschaffte Mumien, denn die sind dank „Galaxias" nicht mehr nötig.

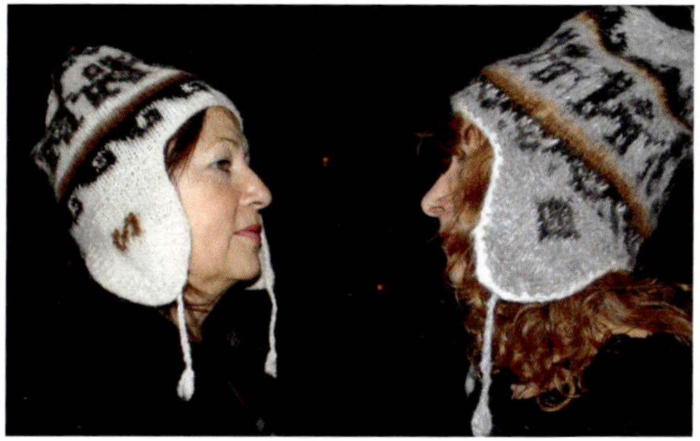

Suchende im Spiegel einer großartigen Kultur!

Eine Bolivianische Künstler-Reise

Ulla Horký und Franziska Becker

Wir werden in den Bauch – oder in die Gebärmutter – Boliviens geführt ... Wir erleben ein Höhlen-„Höpperli" (Originalzitat Max, übersetzt: „Quickie") seitens der uns begleitenden Köchin und des Fahrers (immerhin ein Ehepaar) ... Wir durchqueren Flussbetten und haben Angst, das Ufer nicht zu erreichen ...

Wir frieren ... Keine Heizung nirgends... Wir begegnen Schmugglern, Brücken, die im Nichts enden ... Wir schlafen bei Minus 16 Grad in einem Salzhotel unter allen nur verfügbaren Kleidungsstücken ... Wir wünschen uns, nie mehr aufstehen zu müssen ... Wir sind erschöpft und sooo müde ...

Wir haben Magenverstimmung und die Höhenkrankheit ..., aber zum Glück am Düsseldorfer Flughafen eine riesige Flasche Wodka gekauft – sie wird zum „Über-Lebenselixir" ... Wir entdecken, dass die Inkas bereits vor vielen Hunderten von Jahren für die Kinder der herrschenden Inkafürsten feinste Strümpfchen stricken konnten – zu sehen im Museum in Sucre.

Wir stehen tief berührt vor der Würde der Grab-und Kultstätten der frühen Inkakultur ... Wir erleben hervorragende Restaurants, man serviert uns riesige Fleischberge, die wir an unsere BegleiterInnen verfüttern ... Wir erleben mutige junge Leute aller Nationalitäten, die sich für den Fortschritt des Landes engagieren ... Wir fotografieren den Stuhl, auf dem Evo (Morales) eben noch der Neujahrs-Zeremonie zur Wintersonnenwende beigewohnt hat... Wir bewundern beeindruckende Kultstätten, uralte astronomische bis auf die Schalttage genaue Berechnungen ...

Exploradoras en el espejo de una cultura magnifica

El viaje a Boliva de Ulla Horký y Franziska Becker – artistas famosas de alemania

Max nos llevó a la barriga o mejor dicho a la matriz del mundo y donde casualmente somos testigos cuando copulan el chofer y la cocinera de nuestro coche en medio de chimeneas calcáreas de los tiempos geológicos. Cruzamos ríos en coche con mucho miedo, estamos casi congeladas porque en ningun lugar hay calefacción, encontramos contrabandistas y quisimos pasar puentes que terminaban en la nada. Con suerte dormimos en un hostal de sal, tapándonos con toda la ropa y el contenido de nuestras maletas, que no fueron suficientes. Tenemos un deseo, no queremos levantarnos. Tenemos problemas con nuestro estómago, la diarrea y el soroche, pero contra todos estos pequeños malestares, había comprado de Alemania una gran botella de Vodka en el aeropuerto, ésta sería nuestra medicina para sobrevivir estas semanas, descubrimos que los incas sabían tejer su ropa muy fina, hasta medias para bebés, vistas en el museo de Sucre. Con muchas emociones visitamos tumbas de momias de los incas y como contraste visitamos excelentes restaurantes con grandes cantidades de carne. Vivimos con jóvenes valientes de otras nacionalidades, con actividades sociales como voluntarios en Bolivia, sacamos una foto del asiento del presidente EVO, de la última ceremonia del solsticio en Tiwanaku donde admiramos una puerta astronómica, con informaciones de un calendario correcto hasta el año bisiesto.

Fuimos testigos de las elecciones presidenciales en Bolivia, hubo demostraciones del gobierno y de la oposición, nos explican los problemas de los originarios contra la clase media, clase media alta. Max nos llena con informaciones y números, mitos y leyendas. Estamos sorprendidas, hasta con choques

en la confrontación con todas estas culturas del otro mundo y del proceso difícil del cambio. Hasta hoy sigue la carcajada de las dos señoras indígenas en el barco hacia la isla del sol cuando nosotras dos europeas, nos sentamos encima de nuestros lentes de marca muy caros, estamos felices que esa risa pudiera romper el hielo, sería mucho mejor para un entendimiento internacional, con nuestras pocas palabras en español. Reparamos los lentes con cinta amarilla, los cuales nos han ofrecido sus servicios protegiéndonos del fuerte sol, por muchos miles de kilómetros más por el lago Titicaca y el salar.
Vamos a conocer a Martín, la encarnación de un conde de los incas al comparar su fisonomía con una máscara de ceremonia en el museo, él que a las cuatro de la madrugada nos va a invitar al ritual místico de la salida del sol en el solsticio y a la bienvenida de un año nuevo incaico y aimara. Desde muy lejos escuchamos el canto espiritual de los mallkus y aprendemos que se han llevado los muertos en sus chuspas. Sacando fotos secretas en los museos de la cultura Tiwanaku, confirmamos que no sólo los lugares sagrados están llenos de hojas de coca sino también las mejillas de los chóferes. Nuestros propios experimentos de copiarlos son un fracaso total, no nos dan un estímulo. Nuestros planes se han presentado llenos de creatividad, y queremos terminar cada día un trabajo de arte y no podemos hacer nada de eso, cada noche estamos muertas; Max tiene que ayudarnos con sorojchi pil, contra la enfermedad de la altura, pero hasta con esta medicina tenemos ahogos, nos falta la respiración y no faltan ataques nocturnos.

Podemos ver el lindo baile de los caporales, donde las chicas se mueven con sus faldas cortas, muy coquetas. Cruzamos el salar más grande del mundo, una superficie muy blanca, que los astronautas pueden ver con sus ojos de sus naves espaciales, estamos impresionadas de la belleza inmaculada infinita en su color blanco. Contemplamos con asombro los milenarios cactus, casi como en un parque de esculturas en la isla de INKAWASI, donde nos quedamos a visitar el lugar de las ceremonias incaicas, pensamos que mientras más nos quedamos en el ambiente salado nuestro cuerpo mismo se seca como una fruta, como un durazno, haciéndonos envejecer muchos años. Qué alegría retornar a Uyuni, donde en el restaurante podemos calentar nuestros huesos congelados, delante del fuego abierto de una chimenea y con una pizza caliente. Con mucha gratitud, ponemos algunas moneditas, en manos curtidas de mujeres campesinas, niñas, que con toda su gracia, piden una ayuda.

Vamos a descubrir arte en el cementerio de los trenes de Uyuni, esta gigantesca instalación, los europeos podrían declararla arte. Vamos a encontrar algunas cosas y nos las llevamos. Nos perdemos en el mercado de brujas de La Paz, nos atrae mucho la magia de los embriones de llamas y cóndores, las garras de las parabas, sapos secos, etc., que usan como ofrendas en las ceremonias. (Mínimamente ya tenemos huesitos de codorniz en nuestra maleta).

Horas y horas pasamos sentadas en la terraza del primer piso de nuestro restaurante favórito, en la plaza mirando la juventud de Sucre, encontramos llamas y vicuñas, compramos su lana, las frazadas, los sacos, las alfombras, bolsas, gorros y guantes hechos de su lindo pelaje, para protegernos mejor en las noches frías de nuestro viaje. Entramos en la historia de los conquistadores; la búsqueda del maldito oro o la plata en Potosí, en esta montaña, el cerro rico, donde no sólo habían sacado la más grande cantidad de mineral, sino también encontraron la muerte innumerables esclavos. Qué alegría sentarse de tiempo en tiempo junto a Max, nuestro piloto estilo rally, y no sentirnos como sardinas en los asientos de atrás, pero qué alegría, cada noche Max nos invita a los rincones más alejados de la geografía boliviana, una botella de vino tinto para relajar

Alguna vez ha faltado una palabra clara a nuestro chofer para frenarlo, ya que sigue en su dinámica de alta velocidad, ya que ni siquiera un ataque de perros después de la media noche en Río Mulatos, pudo hacerlo.

En Sucre visitamos el cementerio colonial, donde jóvenes con altas escaleras cambian las flores y limpian las tumbas, alguna vez hasta en un octavo piso o con emociones llegamos a los nichos de los niños donde con todo el corazón de sus padres siguen sus juguetes y queques preferidos bien decorados; en este momento tenemos que pensar en la fría y anónima muerte en Europa.

En los últimos días en la región sub tropical de Santa Cruz, como sorpresa Max nos invitó a un hotel de cinco estrellas, hasta hoy queremos besar sus pies por este gesto, donde disfrutamos mucho de una linda piscina, así como de todos los contactos con su familia y con los artistas colegas de Bolivia. En el último vuelo pudimos observar hasta el último cerro, los Incas han ordenado bien sus campos y sus cultivos; nos da la impresión de que seguimos como "buscadoras en el espejo de esta cultura maravillosa".

Wir erleben die Wahlen, oppositionelle Demonstrationen und Gegen-Kundgebungen, die Problematik der Ureinwohner, der Aymaras, die Ober-, Mittel und Unterschicht, wir werden mit Fakten und Zahlen, Mythen und Legenden gefüttert, wir staunen, wir sind schockiert, wir begegnen dieser uns fremden Kultur und ihrer mühsamen politischen Erneuerung ...

Wir haben noch das schallende Gelächter der beiden Indianerfrauen im Motorboot im Ohr, als sich die Europäerin mit Verve auf ihre teure Designer-Sonnenbrille setzt ... Wir freuen uns, daß Gelächter so einfach für internationale Verständigung sorgt, wertvoller als unsere stammelnden Brocken Spanisch ... Mit gelbem Klebeband geflickt tut die Brille noch tausende von Kilometern ihren Dienst in erbarmungsloser Höhensonne ...

Wir lernen Martin kennen, die physiognomische Reinkarnation eines Inkafürsten, der uns um vier Uhr Morgens am mystischen Zauber des Sonnenrituals bei Ankunft des neuen Inka-Jahres teilhaben lässt ... Wir hören von Ferne die murmelnden spirituellen Gesänge der Schamanen ... Wir lernen, dass die Allerfrühesten der Hochkultur ihre Toten in gehäkelten Bast-Beuteln mit sich trugen ... und machen ein heimliches Foto im gut bewachten Museum von Tiahuanaco ... uns entgeht nicht, dass die uralten Grabstätten und die Backen der Fernfahrer mit beeindruckenden Mengen frischer Kokablätter versorgt werden, doch eigene Versuche, uns damit ein bisschen zu stimulieren, scheitern kläglich ...

Wir hatten uns vorgenommen, unendlich kreativ zu sein und täglich ein gemeinsames Kunstwerk zu schaffen, stattdessen sind wir selbst so geschafft, dass wir abends gerade noch ins Bett fallen ... Wir werden von Max gegen die Höhenkrankheit mit Sorochi-Pillen versorgt, und haben trotzdem noch Atemnot und nächtliche Panikattacken ...

Wir erleben indigene Jugendliche, die sich nächtens in der Tradition des unglaublich schönen „Schellentanzes" üben, bei denen die Mädchen kokett ihre vielen Lagen von kurzen Röckchen um die Popos schwingen ... Wir fahren über den größten Salzsee der Erde, der von Astronauten mit bloßem Auge aus der Raumkapsel gesehen werden kann ... und sind erschlagen von so viel gleißender Schönheit ...

Wir bestaunen den von der Natur erschaffenen Skulpturenpark gigantischer, tausendjähriger Kakteen und archäologische Stätten, die uns die Sprache verschlagen ...Wir trocknen aus wie Dörrpflaumen durch die salzige Luft und altern um Jahre wie in einer Zeitmaschine ... Wir freuen uns – zurück in Uyuni – an den an jeder Ecke geheimnisvoll flackernden Johannisfeuern und wärmen im Restaurant unsere eiskalten Knochen an offenem Kamin und heißer Pizza ...

Wir werden am letzten Tag in Santa Cruz von Max mit dem Komfort eines Luxushotels überrascht, für das wir ihm bis heute die Füße küssen möchten ... Der eiskalte Swimmingpool im Garten für unsere klammen Muskeln hochwillkommen, uns kann keine Kälte mehr schrecken ...

Wir geben hier und da einen kleinen Obulus in die verwitterten Hände uralter, winziger Indiofrauen, die mit Würde um eine Gabe bitten, entgegen aller Verbote und Aussagen „die werden bloß von ihren Familien geschickt, hier haben alle genug zu essen, hier braucht niemand zu betteln ..."

Wir lassen uns die Schuhe putzen (selbst wenn sie nicht aus Leder sind) von der Gilde der vermummten Schuhputzer, die ihr Antlitz nicht zeigen, um an ihren Schulen und Universitäten ihr Gesicht nicht zu verlieren ... die Jüngsten, eine in Windeseile anschwellende Bande von Kindern, laden wir noch zu einer Eis-Orgie ein, und ein glücklicher Eisverkäufer schiebt fröhlich winkend sein ausverkauftes Wägelchen in den schnell-verdienten Feierabend ...

Wir sitzen stundenlang in Sucre in der Balkon-Loge im 1. Stock unseres Lieblingsrestaurants an der Piazza und betrachten den überall auf der Welt sich gleichenden Flirt- und Annäherungs-Korso der Jugend ... Wir machen die Bekanntschaft von Lamas und Vikunjas und kaufen ihre Wolle, zu Decken, Jacken, Teppichen, Taschen, Mützen, Stulpen und Handschuhen verarbeitet, als kleinen Beitrag zur Wirtschaftsförderung – und unserer nächtlichen Erwärmung auf bitterkalten Lagern ...

Wir tauchen ein in die Geschichte der Conquistadores, dem Fluch des Goldes – und des Silbers in Potosi, wo unter dem „Menschenfresserberg", in der ehemals größten Münzstätte der Welt, Sklaven die monströsen Holzräder der Münzpressen antreiben mussten ... Wir erfahren zu unserem maßlosen Erstaunen, dass in Potosi Dynamit neben Lollies am Kiosk verkauft wird und bei rabiaten Demonstrationen auch gerne zum Einsatz kommt ... Davon können unsere heimischen Gewerkschaften nur träumen ... Wir finden herzliche Aufnahme bei Künstlern und Kindern, in Schulen und Kaschemmen, Hotels und Hospitälern, Galerien, Museen, Kirchen und Kommunen, in der Familie von Max und Martha und ihren Kindern und Verwandten ...

Wir entdecken „unentdeckte" Kunstschätze, wie den Eisenbahnfriedhof von Uyuni, dessen gigantische Installation im europäischen Kontext zum Gesamtkunstwerk deklariert werden könnte ... wir machen „Funde" ... Wir verlieren uns im Hexenmarkt von La Paz und können uns kaum lösen von der Masse an Magieträgern in Form von Lama- und Condorföten, Vogelkrallen und getrockneten, mit Glasaugen verzierten Fröschen, Glücksbringer für die Opfergaben zur Wintersonnenwende ...

Wir wünschen alle den begehrten Beifahrersitz neben Max, unserem schnittigen Rallye Fahrer, statt im Dreierpack auf dem schaukelnden Rücksitz bis zur Bewegungslosigkeit erstarrt unserem Ziel näher zu hoppeln ... Und wir sind überglücklich, dass es Max immer wieder gelingt, nach stundenlanger Fahrt auch am entlegensten Winkel des Landes eine Flasche Wein zum „Abspann" hervor zu zaubern ...

Wir beobachten Flamingos, Kormorane, Tapire, Schlangen, Äffchen, Leoparden, Gürtel- und Faultiere, und das nicht nur im Zoo, sondern zu architektonisch einladenden Telefonhäuschen verarbeitet ... Über so viel Kreativität können wir sachlichen Europäerinnen nur staunen... Trotz reichlicher Köstlichkeiten, die uns täglich serviert werden, versorgen wir uns ausgiebig an kleinen Straßenrand-Buden auf einsamen Routen mit klebrigen Lutschern gegen die Höhen-Übelkeit – die Waage freut's – und sehen später, dass auch das Militär dieser Nascherei frönt ...

Wir sehen die erste Straßenbauarbeiterin, ein begehrter Beruf von Frauen – so weit geht unsere westliche Emanzipation denn doch nicht ... Wir schauen ergriffen auf den gigantischen „Pueblo", das Häusermeer von Cochabamba, das sich an den Berg schmiegt, von einer riesigen Christusstatue gesegnet, ein unvergessliches Erlebnis ...

Wir wagen gelegentlich ein „Machtwort", wenn unser rasanter, nimmermüder Führer und Fahrer Max nicht zu bremsen ist und, selbst durch einen Hundebiss nicht lahm gelegt, über Pisten und Furten fliegt ... Wir besuchen den bunten Friedhof in Sucre, wo zahllose Leiterträger für frische Blumen der Hinterbliebenen die schwindelnde Höhe zu luftigen Gräbern überbrücken und die Verbindung der Irdischen zum Himmel herstellen... Gerührt betrachten wir die unzähligen ausgebleichten Kindergräber, liebvoll mit Plastikspielzeug, Nuckelflaschen und Küchlein dekoriert ... Und denken an die riesige Kluft von Lebenserwartung hier und bei uns in Europa ...

Wir überqueren nach stundenlangen vergeblichen Anläufen auf der windumtosten Piste in Sucre in einer Militärmaschine die Anden ..., in unseren Mägen rumpeln die leckeren bolivianischen Schokotrüffel aus dem Duty-free-Shop wie Wackersteine ...

Bei klarem Tageslicht erblicken wir die gigantischen Felsformationen, die unter uns liegen ... Die Erkenntnis, dass auf den allerhöchsten Bergen auch heute noch menschliche Zivilisation in Form geordneter Aufteilung in Felder und Flächen nach alter Inka-Kultivierung erkennbar ist, lässt uns erschauern und erahnen, was (wer?) wir sind – Suchende im Spiegel einer großartigen Kultur!

Über 4000 Meter hohe Andenpässe geht es nach Cochabamba

El Condor pasa (Skelett u Condor am Salar)

Talk und Commerz (Telefonhäuschen)

Im Strudel der Eindrücke

Landleben (Reiter/Schafe Ziegen)

Der Maler Edwin Bustamante

Es ist in der Gegenwart. Es ist in der Ferne.

Treffpunkt: Ein Currywurststand am Ausgang der U-Bahn, irgendwo im Osten von Berlin. Ich bin mit Edwin Bustamante verabredet. Studium der Freien Kunst in Braunschweig, lebt und arbeitet in Berlin... viel mehr weiß ich zunächst nicht über ihn, außer: dass er irgendwas mit Bolivien zu tun habe, ein Maler, so scheint es, ein interessanter interkultureller Wanderer.

Wie ich ihn erkennen werde? Am Telefon lacht er. Als er vor mir steht, weiß ich warum. Dass Edwin in den bolivianischen Anden geboren wurde, ist unverkennbar. Edwin Bustamante ist ein Mann, der seine Worte wohl überlegt, der abwartet, der sich selbst die Zeit einräumt, die er für eine Antwort nehmen möchte. Das Leben habe es gut mit ihm gemeint, als er zu seiner deutschen Familie kam. Aber natürlich habe ihn die Frage aller Fragen, die fast jeden Adoptierten beschäftigt, umgetrieben: Wo komme ich her? Wer ist oder war die Frau, die mich geboren hat? Wo liegen meine Wurzeln?

Nach dem Studium der Malerei macht er sich auf den Weg nach Bolivien. Er findet einen Vater, Geschwister, das Grab seiner leiblichen Mutter. Er ordnet die Fragmente seiner bolivianischen Lebensgeschichten zu neuen Bildern, empfindet seine Wurzeln, die Geschichte seiner Suche als Bereicherung, die auch in seine künstlerische Arbeit einfließt und in verschiedenen Ausstellungen seinen Dialog nach außen in seinen Heimatländern Bolivien und Deutschland zeigen.

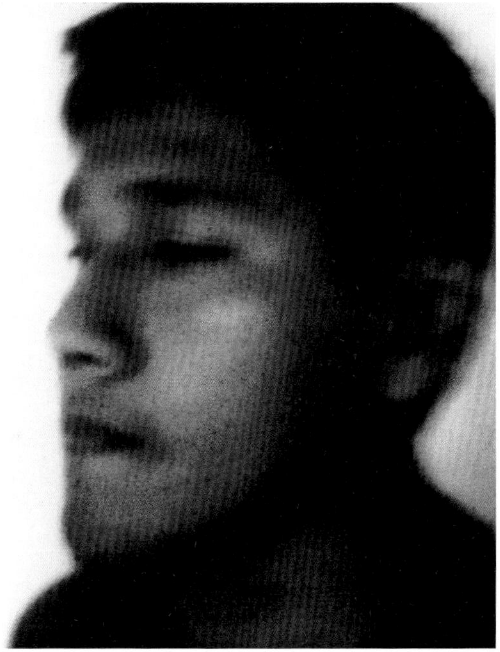

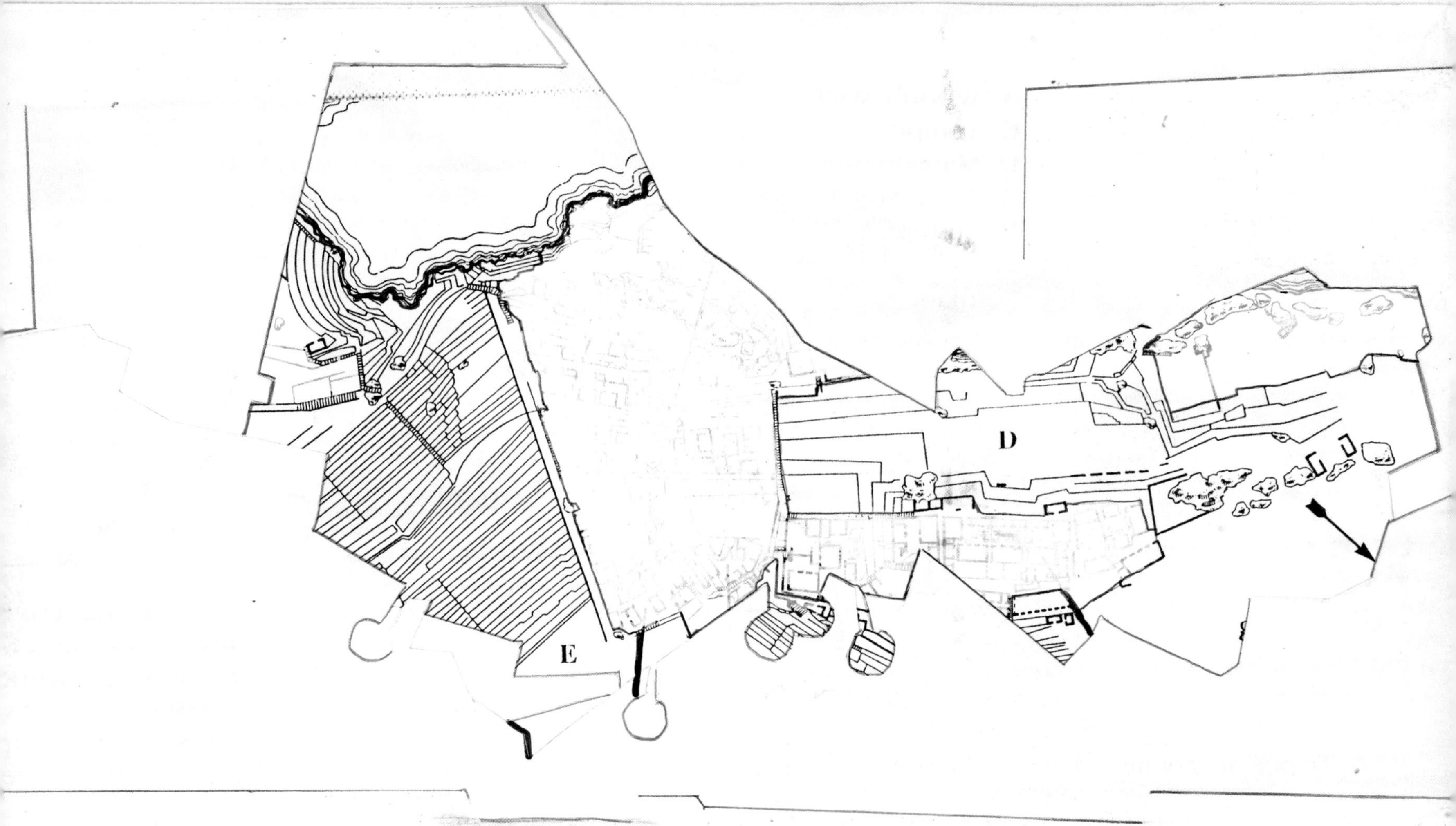
D
E

~~AN~~ORDNUNG

entschuldige, dass ich mich seit längerem nicht mehr gemeldet habe. du willst wissen, was in der letzten zeit passiert ist. es wird nicht einfach sein, zu rekonstruieren, zu beschreiben, mit worten zu bebildern. ~~wenn auch ich das land nicht mit dem fahrrad bereiste wie don nunca in solanas „el viaje“, so erschienen die orte mit ihren begegnungen und umständen nicht weniger surreal.~~

ES WAR IN DER GEGENWART

rückblickend überwog sicherlich die heimkehr in die dörfer und städte an diesem tag. wieder traf ich mittlerweile bekannte, von weit her „angereiste“. wie ich nachbarschaft, besuch, fremde und doch verwandte familie, kennengelernte. alles für mich fast unüberschaubar. so liefen an diesem tag kinder bei doña teodora ein und aus. es hat sich schnell rumgesprochen, dass ich dort anzutreffen bin. auch der tischler ist gekommen.

ES IST IN DER FREMDE

es gibt immer etwas zu berichten, erfahren und zu begreifen. in der fremde erschließen sich kleine verschiedenste welten wie „mosaikteilchen“, die sich nicht nur geografisch vom hoch- bis zum tiefland erstrecken. immer selbstverständlicher von x nach y reisend, wurden so fast fremde ortsnamen, personen zu bebilderten erinnerungen, zu begegnungen mit mir selbst, mit den wurzeln der vertrauten fremde in mir. auch sicherlich durch die herkunft überkam mich so oft ein gefühl von heimkehr.

VERGANGENHEIT

um gewißheit zu bekommen und auf den tag vorbereitet zu sein, schaffte ich es mit hilfe von don mario und anderen, nachdem wir uns durch das grün der erde gegraben hatten, die stelle ausfindig zu machen, die die natur sich nach jahren wieder zurück genommen hatte.

WIRD ~~DANACH~~

auf der reise treten begegnungen ein, die mich bis heute begleiten. so das zusammentreffen vom vergangenheit und gegenwart, von altem und neuem, vom wandel im alltag. wie die urkupina oder gran poder. puzzelteile aus begegnungen, zusammenhängen und ereignissen, die ineinander greifen. kreise, die sich schließen. wie später in quillacollo, ~~wo die geschlagenen steine der urkupina mit chicha und weihrauch gesegnet wurden, damit ich sie zurückbringe an ihren ursprungsort. dort,~~ wo teile meiner wurzeln ihre vergangenheit hatten.

ZUM TAG

es war einer der seltenen tage, an denen doña teodora und don mario und die kinder sich nach der arbeit auf dem feld sich gemeinsam zu hause einfanden. es wurden kekse & zigaretten und anderes besorgt - ich ging in die tienda am ortseingang. umgeben von falschen blumen, konnte ich jetzt den bestellten kranz entgegennehmen, um das gefundene zu schmücken.

WISSEND ~~ER~~WACHEND

was mich mein land gelehrt hat, tauchte wie von selbst auf, öffnete perspektiven und ich ging meinen weg. wenn man sich leiten, fast treiben lässt, dann öffnet sich dieses land. anders hätte ich mich nie im chapare wiedergefunden, geleitet nur von der auskunft, hoch oben auf dem berg bei der hütte, dort mein ziel zu erreichen. wäre nie von quillacollo aus ungeduld und „naivem vertrauen" zu fuß und „mas alla" richtung misiscuni gegangen um dann tatsächlich dort anzukommen. teils mit der camioneta, auto, zu fuß. umgeben von bergen und der sich einschleichenden kälte, hätte mich nie beim dirigente und seinen leuten in rede und antwort wieder gefunden, um sie dann in ratlosigkeit über mein auftreten hinter mir zurück zu lassen, dem ziel folgend.

WERDEN FRAGMENTE

nach jahren habe ich meine taufpatin doña carmen mit ihrem mann don tito wiedergetroffen. sie hat mir das fotoalbum gezeigt, aus ihrer zeit als krankenschwester bei den dominikanerinen. wo ich mich wiederfand neben anderen, ebenso ihre zwei kinder der familie samt verwandte, das jüngste kind, mein namensvetter, mir auf dem bild engegenlächelnd. rückblickend schau ich so nun in die gegenwart. vieles erklärt sich. So wie fragen antworten aufwerfen. ohne hilfe hätte ich mich verloren ~~wieder~~gefunden.

BILD

durch zufall konnte man diese tage in la paz beim durchblättern der zeitung erfahren, dass don paredes candia an krebs erkrankt ist. ebenso offen wurde sein derzeitiger aufenthaltsort genannt. dort angekommen wurde mir wie selbstverständlich geöffnet. er hat mich schnell als den deutsch-bolivianischen "verlorenen" sohn wiedererkannt. als ich ~~ihn von einem mir bekannten fall von krebserkrankung berichtete und~~ ihn nach ärztlicher versorgung frage, antwortet er einfach, klar und unmissverständlich, dass er medizinische eingriffe ablehne. er vertraue dem leben. und wenn seine zeit gekommen sei, dann vertraue er sich wohlwissend dem leben ein weiteres mal an.

SEIN

yerba buena, es kam todos santos, ein weiteres mal auf dem weg zum ziel, die strasse entlang, um die kostbare arbeit des schreiners aus pampa grande abzuholen. den kranz aus plastikblumen unter dem arm, die samen zum pflanzen in der tasche, holte ich so endlich das kreuz ab. wenn auch die daten verständlicherweise nicht vollständig waren, so gab es doch keinen zweifel, für wen es bestimmt war. zum glück hatte wir ja zuvor die in frage kommende stelle wieder gefunden. nun kam das wunderbar geschnitzte kreuz an seinen daubestimmungsort. so fande ich endlich bei chicha, keksen und zigarettenrauch auf den friedhof meinen frieden. im gedenken an alle und in gedanken – sein - bei dir, alberta.

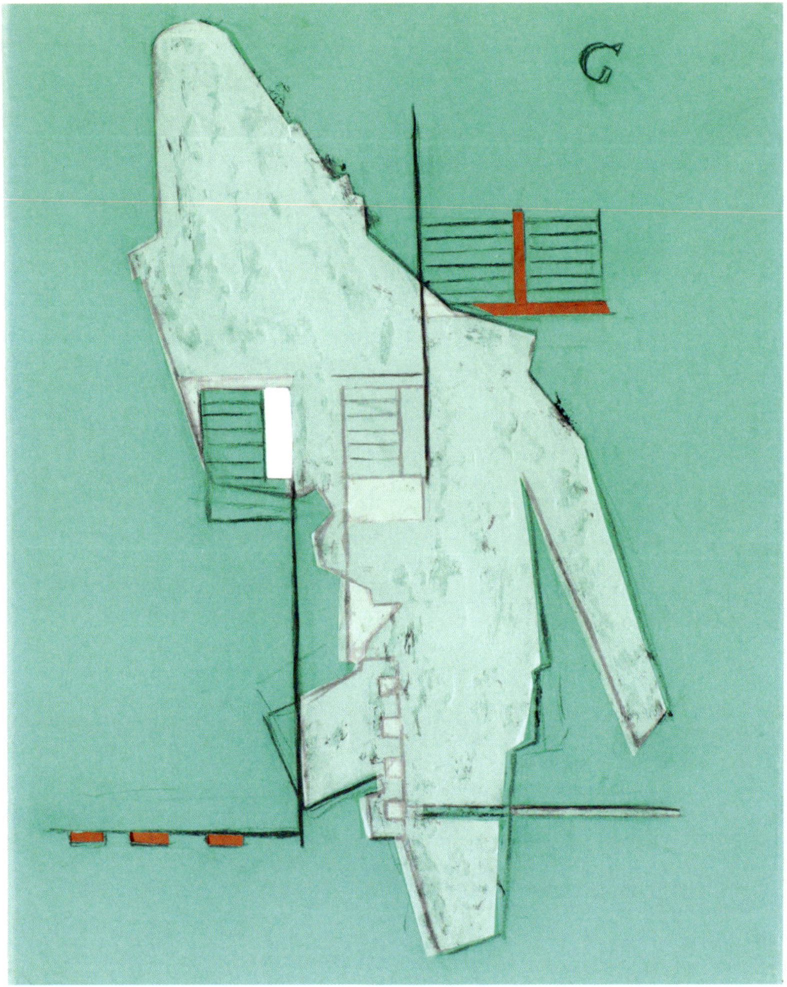
G

Salz und Silber. Ein Reisetagebuch

Matthias Schmidt und Max Steiner

Ein Montag, wann immer, kann auch jeder andere Tag im Jahr sein – in Bolivien ist man flexibel.
Erster Programmpunkt des heutigen Tages ist der Besuch eines Stollens im Cerro Rico, wo in immerhin noch rund 150 der einstmals ca. 500 Stollen Erz gefördert wird. Diesem „reichen Berg", wie die Spanier den hoch hinter der Stadt aufragenden Berg nannten, verdankt diese mit 4.065 Metern höchste Großstadt der Welt ihren einstigen unermesslichen Reichtum. Als Diego Huallpa im Jahr 1545 das Silber im Berg entdeckte, legte er damit den Grundstein zur schnellstwachsenden Stadt Amerikas. Die Ausbeutung des Berges wurde von den Spaniern unverzüglich und im großen Stil vorangetrieben. Bis heute wurden 46.000 Tonnen Silber aus dem Berg geholt, der in seinem Inneren durchlöchert ist wie ein Schweizer Käse. Während der Cerro Rico für die spanischen Eroberer zur Schatzkammer Amerikas wurde, bedeutete er für die Indigenen hingegen den Eingang zur Hölle. Zu Tausenden wurden sie zur Zwangsarbeit gezwungen und erlagen dabei den unmenschlichen Arbeitsbedingungen oder verunglückten in den Stollen. Ebenfalls sind durch das Quecksilber, das zur Gewinnung des Silbers eingesetzt wurde, die Stauseen und Flüsse am Fuß des Berges verseucht.

Wir werden vor unserem Hostel abgeholt und fahren zunächst in ein Materiallager, wo man uns mit Schutzanzügen, Helmen und Beleuchtung bergbautauglich ausstattet. Danach bringt uns der Kleinbus das letzte Stück hinauf bis zum Eingang unseres „Besucherstollens". Fast zwei Stunden werden wir durch die Stollen geführt, kriechen und klettern, krabbeln und rutschen durch die manchmal nur ein Meter hohen Gänge, mal rauf, mal runter. Was wir hier

La ruta de sal y plata y a las raices de los incas

Dos sitios históricos del Patrimonio de la Humanidad UNESCO. Doce días y noches de aventura

Llegada del vuelo o de la flota de Santa Cruz para Sucre.

1er. día:
Transporte del aeropuerto o de la Terminal de buses hasta el *Hostelling International Sucre*, check in y una noche en el Centro HI-SUCRE
Cena y programa nocturno libre (con sugerencias)

2° día:
Desayuno en el HI de Sucre, City Tour por el centro de SUCRE (museos de la independencia CASA DE LA LIBERTAD y catedral, etc.) y en la tarde visita al sitio más grande en el mundo con las huellas de 13 diferentes ¡DINOSAURIOS!! noche libre, SUCRE la Ciudad blanca en la luz !

3er día:
Desayuno en el Centro HI - SUCRE, transporte en bus por 3 horas atravesando los valles de la cordillera andina central, de 2700 a 4000 metros de altura hasta Potosi, Capital De La Plata con el Cerro Rico, recepción en el Centro HI-POTOSI, en la tarde descubrir el centro histórico a pie, con visita a la Casa de la Moneda – Cena libre.

4° día:
Hospedaje y desayuno en el Centro HI-POTOSI. En la mañana visita a una antigua mina de ¡plata! con el mercado de los Mineros.
La aventura pura comienza: siete horas de viaje en bus por carretera de tierra, cruzando lindos paisajes, con casas de campesinos originarios y sus llamas, camino hacia Uyuni. Pernocte en el HI-UYUNI, Cena libre.

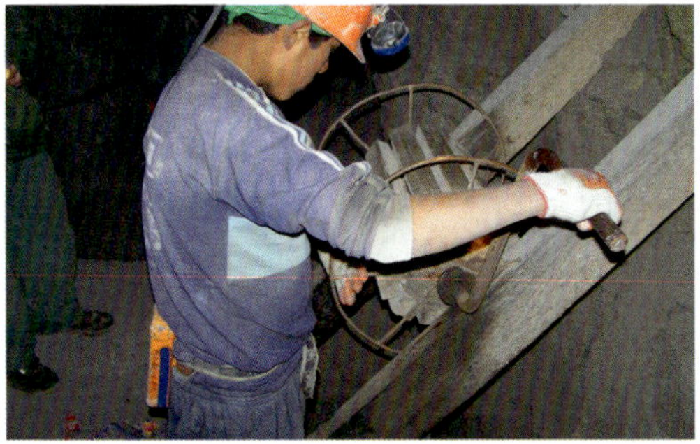

sehen hat nichts zu tun mit dem, was man sich bei uns unter Bergbau vorstellt. Die Stollen sind kreuz und quer durch diesen Berg getrieben worden, nur der Silberader folgend. Zahlreiche Stolleneinbrüche sind in der Vergangenheit bereits die Folge dieses planlosen Abbaus gewesen. Vermutlich nur nach Gefühl werden hier und da mal Wände und Decken mit Hölzern abgestützt, jedoch sagt mir mein eigenes Gefühl, dass die wohl wie Streichhölzer brechen und zermahlen werden, wenn der Berg durch permanentes Aushöhlen einmal mehr nachgibt und alles unter sich begräbt. Natürlich ist der Stollen, indem wir uns bewegen noch in Betrieb. Einen Stollen eigens für die Besucher, diesen Luxus kann man sich nicht leisten und so müssen wir immer mal wieder Platz machen, wenn einer der Arbeiter mit schwer beladener Schubkarre an uns vorbei keucht. Allerdings sehen wir so auch „aus erster Hand", wie hier gearbeitet wird, dürfen selbst mal Hand anlegen und den Meißel mit einigen Hammerschlägen dort weiter in den Fels treiben, wo später die Dynamitladung eingesetzt wird. Auch dem „Sprengmeister" schauen wir auf die Finger und sehen, wie er aus Sprengstoff, Zündschnur und Zeitungspapier Dynamitstangen herstellt. Als Dankeschön bringen die Besucher kleine Tüten mit in die Minen, die man fertig vorbereitet auf dem Mercado de Mineros am Fuß des Berges kauft. Sie enthalten die wichtigsten täglichen Dinge der Minenarbeiter, unter anderem Sprengstoff, Zigaretten, Geschenke für ihren Gott Tio und natürlich Koka-Blätter. Beim Verteilen dieser Dinge unter den Mineros ist unsere Führerin behilflich, gibt jedem Arbeiter angemessene Mengen. Ihr Vater hat selbst noch in der Mine gearbeitet, während sie sich nun ihr Geld mit den Führungen verdient. Nur durch ständiges kauen der Koka-Blätter können die Mineros ihre Arbeit unter diesen miserablen Bedingungen durchhalten, deren Wirkung Hungergefühl und Müdigkeit unterdrückt. Dass es um die Gesundheit der Mineros sehr schlecht bestellt ist, liegt daher auf der Hand und die durchschnittliche Lebenserwartung liegt noch immer unter 40 Jahren!

5° al 7° día:
Temprana salida hacia el Salar de Uyuni con 11.000 km², la más grande superficie salada del mundo, a 3.500 m de altura, en vagoneta especial 4x4 , para tres días y con más de 600 km en excursión dentro el salar y su isla del Pescado o *INCAWASI*), dos noches en albergues simples, dormitorio compartido con baño y toda la comida incluida para los tres días. El tour incluye la visita a Laguna Colorada, Verde, etc. – al llegar un descanso en el Centro HI-Salar de Uyuni. Salida en bus a Oruro y después a La Paz, recepción en el Centro HI en La Paz.

8° al 9° día:
Descanso y city tour en la tarde hacia el sur, en esta increíble ciudad hasta el Valle de la Luna. A continuación de la ruta sal y plata desde La Paz, el próximo día después del desayuno salida hasta Tiahuanaco, pirámide y cultura preincaica. Retorno en la tarde y por la noche paseo por el centro histórico de La Paz. Cena libre.

10° al 11° día:
Salida en bus hacia Copacabana. Registro y hospedaje en Centro Hostelling Copacabana, día libre en la playa del lago Titicaca y por la tarde tiempo para visitar la catedral de la virgen de Copacabana.
La siguiente mañana visita a la isla del Sol en lancha, caminata a las ruinas y el museo de la cultura Inca – por la tarde retorno en lancha a Copacabana. Otra noche en el HI Hostel de Copacabana.

12° día:
En la mañana, después del desayuno, salida de Copacabana cruzando el estrecho de Tiquina, retorno a La Paz.

Oft arbeiten sie 10 – 12 Stunden ohne ausreichende Pausen mit einfachstem Gerät in den Minen, um Silber, Zinn und Zink zu fördern und sind dabei hohen Temperaturen, Staub und den zum Teil giftigen Gasen ausgesetzt. Obwohl die Bedingungen zu Beginn des Bergbaus im Cerro vor rund 460 Jahren noch unvergleichlich schlimmer waren, erscheint mir die Arbeit hier noch immer wie die Hölle. Zum Abschluss unserer Führung erhalten wir noch eine Sprengdemonstration außerhalb der Mine. Gebannt warten wir, den circa 80 m entfernten Sprengpunkt im Kamerasucher fixiert, auf den großen Knall und zucken dann doch zusammen, als die Ladung detoniert. Um 13.00 Uhr sind wir dann wieder zurück aus dieser unwirklichen Welt und machen uns kurz darauf auf den Weg zu der 220 km entfernten Stadt Uyuni.

Und wieder bietet uns die Natur herrliche, abwechslungsreiche Landschaften. Zunächst fahren wir entlang der Eisenbahnlinie Uyuni – Potosi durch eine halbwüstenartige Wildwestlandschaft mit meterhohen Kakteen, müssen mehrfach Flüsse durchfahren und erreichen nach rund 2/3 der Strecke die Passhöhe der Cordillera Oriental mit 4.100 m. Es ist der letzte Pass, den wir überwinden müssen, bevor es nun auf´s Altiplano geht, dieser gewaltigen Hochebene, die sich in Nord-Süd-Richtung von der Südspitze Boliviens bis oberhalb des Titicacasees in Peru 700 km lang erstreckt und in der Ost-West-Richtung die gesamte Breite zwischen der östlichen und westlichen Kordillerenkette mit immerhin 200 km einnimmt. Hier, etwa auf der Höhe des 20. Breitengrades haben die Anden daher auch ihre größte Breite auf ihren insgesamt fast 8.000 km Länge. Das waldlose Altiplano hat selbst eine Höhe zwischen 3.600 und über 4.000 m und ist das Siedlungsgebiet der Anden. Hier wächst trockenes Büschelgras, werden große Lama- und Alpakaherden gehalten und befinden sich im trockenen Süden Steppengebiete, Lagunen und riesige Salzseen. Eben diese landschaftlich einzigartigen Gebiete zwischen dem Salar de Uyuni und der Laguna Verde an der chilenischen Grenze werden wir ab morgen auf einer mehrtägigen Expedition von Uyuni aus besichtigen.

Max, der ohnehin einen flotten Fahrstil hat, drückt heute besonders kräftig aufs rechte Pedal und diese faszinierenden Landschaften fliegen viel zu schnell an uns vorbei. Zwar erreichen wir dadurch Uyuni eher als erwartet, aber so manches Mal wird's einem doch recht warm ums Herz, wenn nur einen Schritt neben dem Wagen der Abgrund gähnt, oder wir ein ums andere Mal mit hoher Geschwindigkeit an Mensch und Tier vorbeirasen, die überall an den Straßen sitzen

oder entlang gehen. Mitten in der verlassenen Einöde der Cordillera de Chichas und nur noch 30 km vor Uyuni erreichen wir dann die Silberstadt Pulacayo. In dieser Geisterstadt gibt es ein Eisenbahnmuseum, indem man neben dem ältesten Zug Boliviens auch jenen sehen kann, der einst von Butch Cassidy und Sundance Kid überfallen wurde. Von Pulacayo aus fahren wir dann die letzte Serpentinenstrecke hinab ins Altiplano und sehen unter uns Uyuni liegen, mit der riesigen, weiß glänzenden Fläche des Salar im Hintergrund. Als wir uns der Stadt aber wenig später nähern, trauen wir unseren Augen nicht: Im weiten Umkreis um die Stadt ist die Ebene übersät mit Müll. Da der ewige heftige Wind eine Deponierung von Abfällen unmöglich macht, wird all der Unrat einfach achtlos weggeworfen. Irgendwann trägt´s der Wind schon fort....

Wir beziehen unsere Quartiere im Hostel und machen uns alsbald auf zum gemeinsamen Abendessen. Max kennt eine gute Adresse im Zentrum und empfiehlt uns Lama und wir sind begeistert von dem angenehmen, zarten Fleisch. Da wir morgen recht früh zu unserer Expedition aufbrechen, ist bald danach Bettruhe angesagt.

Dienstag

Nach dem Frühstück gehen wir zunächst gemeinsam in die Stadt, um letzte Einkäufe für unseren mehrtägigen Ausflug zu machen. Anschließend wird das Expeditionsfahrzeug, ein Toyota Landcruiser beladen. Die Fahrzeuge, mit denen die zahlreichen Touren in den Salar und zur Südspitze Boliviens durchgeführt werden, sind eigens dafür ausgerüstet, haben drei Sitzbänke für bis zu 9 Personen, einen stabilen Dachgepäckträger, einen besonderen Unterbodenschutz gegen das aggressive Salz des Salars und natürlich Allradantrieb. Gegen 11.00 Uhr ist alles „an Bord" und wir fahren los, um jedoch bereits 15 Minuten später für einen ersten Fototermin wieder zu halten, denn nur wenige Kilometer südlich von Uyuni befindet sich der größte Eisenbahnfriedhof der Welt. Uyuni war in früherer Zeit ein wichtiger Knotenpunkt des Eisenbahnverkehrs, denn hier trafen die Bahnlinien aus Norden von La Paz, aus Westen von Chile bzw. vom Pazifik und aus Süden von Argentinien zusammen und es wurden täglich viele Tonnen Güter umgeladen. Immer dann aber, wenn eine der mächtigen Dampfloks ausrangiert wurde, schob man sie hierher zu ihrer letzten Ruhestätte. Und da stehen diese Ungetüme noch immer, rosten vor sich hin und geben ein stilles Zeugnis des früheren Lebens hier.

Unsere erste Tagesetappe endet bereits um 17.00 Uhr in dem kleinen Dörfchen Villa Alota, dem ersten Nachtlager. Hinter uns liegt jedoch eine Fahrt durch traumhafte Landschaften bei strahlend blauem Himmel. Aber so schön die Natur sich uns hier oben auch präsentiert, kann es doch nicht darüber hinwegtäuschen, dass wir uns in einer der unwirtlichsten Gegenden der Welt befinden. Bereits seit Potosi sind Tages- wie Nachttemperaturen merklich kühler geworden und wir kommen aus unseren warmen Jacken nicht heraus. Hier auf dieser Ebene jedoch weht ein ewiger eiskalter Wind, dem wir uns nur dick eingepackt aussetzen. Abgesehen von der Kälte ist auch die UV-Strahlung in dieser Höhe derart intensiv, dass wir nie ohne Kopfbedeckung und Sonnenschutz umhergehen. Die Menschen, die hier oben leben, sind von diesen Bedingungen deutlich geprägt und trotzdem wir sie stets dick eingepackt umherlaufen sehen, verrät ihre dunkele, wettergegerbte Haut, wie extrem die Belastung ist. Es ist ohnehin verwunderlich, was die Menschen in dieser bitterkalten, windigen Hochlandöde hält und wie sie es schaffen, hier oben der Natur das zum Überleben Nötigste abzuringen.

Ivar, unser Fahrer ist gleichzeitig für das leibliche Wohl seiner Gäste zuständig, hat seine mobile Gasküche immer im Gepäck dabei und heuert hier im Ort

sogar noch eine Köchin an, die uns auf der weiteren Tour begleiten und bekochen wird. Da es bis zum heutigen Abendessen noch etwas dauert, gehen Constanze, Robert und ich noch ein wenig in der nahen Umgebung spazieren und erleben einen herrlichen, glutroten Sonnenuntergang hinter der westlichen Andenkette. Passend zum Charakter einer Expedition sind Unterkünfte und Verpflegung recht einfach und wir genießen unser Abendessen dick eingepackt und bei Kerzenschein aber mit einem leckeren Gläschen Wein. Anschließend werfen wir uns auf die harten, durchgelegenen Pritschen unseres Nachtlagers

Wegen der großen Höhe hier müssen wir tagsüber viel trinken und erwartungsgemäß bleiben mir nächtliche Gänge durch die eisige Nacht zum stillen Örtchen nicht erspart. Als ich jedoch auf dem Rückweg nach oben schaue, fühle ich mich augenblicklich für meine Tapferkeit belohnt und ich genieße den Anblick des Sternenhimmels minutenlang, bevor ich mich wieder in meine Decken einhülle und weiter schlafe....

Mittwoch

Um 5.30 Uhr ist die Nacht zuende, denn wir müssen frühzeitig weiterfahren. Dank unserer dicken Decken und Schlafsäcke haben wir trotz Außentemperaturen unter 0° Grad gut geschlafen. Die Dusche allerdings, die ich mir am Morgen gönne, könnte Tote wecken. Mit der Taschenlampe in der Hand springe ich in dem stockdunklen Raum von einem Wasserstrahl zum Nächsten und bin froh, als ich´s endlich geschafft habe. Wir nehmen noch ein einfaches Frühstück zu uns und starten dann in bester Laune zu unserer zweiten Etappe. Hasta luego, Villa Alota!

Das hübsche Dörfchen Villa Mar mit seiner interessanten Architektur lädt uns wenig später zum ersten Fotostopp ein. Um die Mittagszeit machen wir dann erneut Halt in einem recht neu gebauten Bergarbeiterdorf. Wenige 100 m davon entfernt hat man unter seinem einstigen Standort Bodenschätze entdeckt und das Dorf hier völlig neu errichtet, die alte Dorfkirche sogar Stein für Stein umgesetzt, um dort eine Mine zu bauen. Mittlerweile fertiggestellt, hat das Dorf nun ausreichend zusätzliche Gebäude für die benötigten Bergarbeiter der geplanten Mine, gleicht jedoch nahezu einer Geisterstadt, denn einerseits ist man sich heute überhaupt nicht mehr sicher, ob diese Bodenschätze so ertragreich sind, wie ursprünglich angenommen. Andererseits ist es bisher auch noch nicht gelungen, eine ausreichende Stromversorgung in diesen entlegenen Winkel der Erde zu errichten. Im weit und breit einzigen 5-Sterne Hotel neben der alten, neuen Dorfkirche machen wir Mittagsrast. Der einfallsreiche Architekt hat das kreisrunde urige Restaurant, das nach hinten ans Hotel angebaut ist, mit zahlreichen Materialien aus den umliegenden Bergbauminen errichtet – eine witzige und originelle Idee.

Bald darauf setzen wir unseren Weg fort und erreichen am frühen Nachmittag die Laguna Colorada. Sie trägt ihren Namen wegen der zahlreichen Farben, in denen das Wasser des ca. 60 qkm großen Sees schimmert. Borax, das sich stellenweise als Mineralkristall wie kleine Inseln aus der Lagune erhebt, bildet strahlend weiße Kontraste. Zusammen mit den seltenen

Anden Flamingos und den James Flamingos, die hier brüten, sowie dem strahlend blauen Himmel und den umgebenden fantastischen Bergen ist dies ein weiteres besonderes Bolivienerlebnis in der Stille und Einsamkeit dieser Höhe. Da wir heute Abend, auf dem Rückweg vom südlichsten Punkt unserer Expedition unser Nachtlager hier beziehen werden, halten wir jetzt nur für einige Minuten und setzen dann unseren Weg fort. Wir werden uns später noch etwas Zeit für diesen schönen Ort nehmen...

Nur wenige Kilometer weiter südlich – wir haben gerade unseren höchsten Pass und mit über 5000 m gleichzeitig den höchsten Punkt unserer gesamten Reise überwunden – erreichen wir den Geysir Sol de Manana. Kochend heiße Dämpfe schießen aus der Erde, Schwefelgestank liegt in der Luft und in zahlreichen Kratern im Boden blubbert und brodelt es, als wenn der Teufel in der Unterwelt gerade das Mittagessen bereitet. Nach dem kurzen Fotoshooting geht's wieder abwärts und entlang des Salar de Chalviri an dessen Rand die heißen Termas de Chalviri liegen. Auch hier ist erst auf dem Rückweg eine Pause eingeplant, denn jetzt fahren wir ohne Unterbrechung weiter zur Laguna Blanka und Laguna Verde, die wir nur 30 km später erreichen. Diese beiden Lagunen liegen an der Südspitze Boliviens, nur noch einen Katzensprung von der Grenze zu Chile entfernt. Wir machen Pause, genießen einfach diesen herrlichen Anblick. Besonders die grün schimmernde Laguna Verde ist atemberaubend schön und es fällt schwer zu glauben, dass ihr Wasser einen tödlich hohen Blei-, Kalzium- und Schwefelgehalt hat.

Auf dem gleichen Weg geht's wenig später zurück zum Salar de Chalviri und während unser Staff das Mittagessen zubereitet, aalen wir uns im 30 Grad warmen Wasser der Thermen am Rande des Salar und genießen diesen Traum. Am strahlend blauen Himmel kreisen weiße Möwen dicht über uns, immer auf der Suche nach Speiseresten der zahlreichen Tourgruppen, in der Nähe grasen friedlich einige der scheuen Vicunas, und plötzlich taucht hinter uns zwischen den Felsen ein Anden-Zorro auf, wie dieser kleine Wüstenfuchs genannt wird. Er schleicht ein wenig herum, posiert dabei für unsere Kameras und sucht ebenfalls etwas Essbares. Ach geht's uns gut! Ich kann mich auch kaum noch entscheiden, welcher der vielen wunderschönen Orte, die wir bereits gesehen haben, mir denn nun am besten gefällt, vertage die Entscheidung daher auf irgendwann und freue mich einfach darüber, dass ich das erleben darf. Mit gefüllten Mägen geht's am Nachmittag auf das letzte Stück unserer heutigen Etappe, zurück zur Laguna Colorada. Hier beziehen wir unsere Quartiere und gehen anschließend in den letzten Sonnenstrahlen hinaus auf die weiß glänzenden Boraxhügel. Von dort haben wir einen schönen Aussichtspunkt auf eine Gruppe Flamingos, die mit ihren Schnäbeln im Wasser herumfischen. Als die Sonne kurz darauf hinter den Bergen verschwindet wird es augenblicklich noch kälter und wir ziehen es trotz unserer dicken Kleidung vor, zum Camp zurück zu gehen, wo uns wenig später das Abendessen erwartet, dass unsere Köchin in ihrer Notküche für uns gezaubert hat. Dick eingewickelt legen wir uns danach auf unsere spartanischen Nachtlager – unsere kälteste Nacht liegt vor uns...

Donnerstag
Brrr, ist das kalt!! Eisblumen schmücken unsere Fenster am Morgen und zu mehr als einer Katzenwäsche kann sich keiner von uns durchringen. Satte minus 12° Grad hatten wir in der Nacht. Unsere Köchin hat sich gestern Abend noch ein wenig mit Wäsche waschen die Zeit vertrieben – wahrlich kein Vergnügen bei der Kälte und mit eisigem Wasser. Ein Vergnügen ist allerdings der Anblick der Wäsche, die sie, zu Eis erstarrt, einfach im Flur an die Wand gelehnt hat. Vermutlich hat sie die Kleidungsstücke zum verstauen heute morgen ein wenig passend schlagen müssen.... ;-)

Unserer guten Stimmung schon beim Frühstück kann die Kälte aber nichts anhaben, zudem die Sonne bereits wieder über die Bergspitzen lacht. Packen und los! Heutiges Tagesziel ist San Juan, wo wir ein letztes Mal nächtigen werden, bevor es dann endlich hinaus geht auf die riesige Salzfläche des Salar de Uyuni. Auch der heutige Tag bietet uns wieder zahllose wunderschöne Landschaften. So geht es zunächst vorbei an bizarren Gesteinsformationen wie dem Arbol de Piedras, einem scheinbar zu Stein gewordenen Baum, entstanden in Jahrmillionen durch Vulkanausbrüche und Verwitterung. Um die Mittagszeit umfahren wir einige weitere Lagunen von denen uns die größte, die Laguna Canapa zur Mittagspause einlädt. Das blaue Wasser, zahlreiche Flamingos, die fantastischen Berge ringsum bilden einen herrlichen Kontrast und wir genießen diese Landschaft bei strahlend blauem Himmel. Als wir unsere Fahrt weiter nach Norden und immer entlang der chilenischen Grenze fortsetzen, grüßt uns wenig später der einzige noch tätige Vulkan Boliviens, der Ollagüe, mit seiner weißen Rauchfahne. Seine Rückseite liegt bereits auf chilenischem Gebiet. Kurz darauf durchqueren wir den ersten kleinen Salzsee, den Salar de Chiguana und müssen unsere Papiere im Militärposten überprüfen lassen, bevor wir unsere Fahrt fortsetzen dürfen.

Es ist erst 16.00 Uhr, als wir bereits unser Tagesziel, das schöne Dörfchen San Juan mit stotterndem Motor erreichen. Der hiesige Treibstoff ist bei weitem nicht so sauber, wie wir es zu Hause gewohnt sind. Ivar, unser hervorragender Fahrer macht sich daher sofort nach der Ankunft in unserem einfachen, aber sehr sauberen Hostel daran, den Vergaser auszubauen und zu reinigen. Auch wir beginnen sofort mit der Reinigung, unserer eigenen nämlich und genießen einer nach dem anderen etwas, dass für uns daheim selbstverständlich, hier in dieser abgeschiedenen Welt des Altiplano aber ein wahrer Luxus ist: Eine warme Dusche. Mit Max mache ich dann noch einen Spaziergang durch den kleinen Ort und bald danach steht unser leckeres Abendessen auf dem Tisch.

Wir sind nicht das einzige Expeditionsteam, das heute hier sein Quartier bezieht und zwei Gesichter des anderen, neunköpfigen Teams kommen uns recht bekannt vor. Es sind die beiden Mädels, die wir unten am El Fuerte bei Samaipata getroffen haben. Sie haben sich mit Bussen bis Uyuni vorgearbeitet und machen nun zum Abschluss ihrer Bolivienreise ebenfalls die Expedition, bevor sie zurück nach Paraguay fliegen, wo sie derzeit für ein Jahr arbeiten.

Bis um Mitternacht vertreiben wir uns nach dem Essen noch die Zeit beim gemeinsamen Kartenspiel....

Freitag
Um 9.00 Uhr ist alles gepackt und wir sind unterwegs. Ivar hat gute Arbeit geleistet, denn unser Wagen läuft wieder wie ein Uhrwerk. Eine Stunde später erreichen wir dann den Rand des Salar de Uyuni und fahren ganz im Süden bei Chuvica auf diese riesige, gleißende Salzfläche.

Mit 160 km Länge und 135 km Breite ist der Salar die größte Salzfläche der Erde, und die Dicke seiner Salzkruste differiert zwischen zwei und sieben Metern. Entstanden sind die Salare, als das gewaltige Anden-Binnenmeer, das einst die gesamte bolivianische Hochebene bedeckte, vor Jahrmillionen austrocknete und die abflusslosen Altiplano-Seen Lago Titicaca und Lago Poopo sowie im Süden die Salzseen zurück blieben.

Das Sonnenlicht reflektiert sich 1000fach an den Salzkristallen und ohne Sonnenbrille könnten wir hier überhaupt nichts sehen. Auf der spiegelglatten Oberfläche lässt es sich traumhaft gut fahren – welch eine Wohltat nach mehreren hundert Offroad – Kilometern. Mitten im Salar ragen mehrere kleine Inseln wie Oasen aus dieser weißen Wüste heraus. Sie sind zum Teil vulkanischen Ursprungs und eine von ihnen, die Isla Incawasi ist das Ziel, auf das wir uns nun zubewegen. Obwohl wir die rund 80 km entfernte Insel bereits aus weiter Entfernung als kleinen Punkt erkennen können, will und will sie einfach nicht näher kommen. Da es auf der Salzfläche keinerlei Bezugspunkte für das menschliche Auge gibt, ist das Einschätzen von Entfernungen äußerst schwierig und wir Gringos liegen daher mit unseren vermuteten Fahrzeiten und Streckendistanzen mehr als einmal völlig daneben. Spaßvögel nutzen diesen Umstand gerne für verblüffende Fotos mit optischer Täuschung. Als wir die Insel endlich erreichen, haben wir auf unserem Fußmarsch vorbei an über 1000 Jahre alten, riesigen Kakteen faszinierende Ausblicke in alle Richtungen, sehen ankommende Fahrzeuge wie winzige Punkte aus der weißen Fläche auftauchen, von der Insel wieder abfahren und im Nichts verschwinden. Wieder am Ausgangspunkt der kleinen Wanderung zurück, steht das Essen bereits auf dem Tisch und anschließend gehts weiter zum Nordrand des Salar. Hier überragt der Vulkan Tunupa mit seinen fast 6.000 Metern alle anderen umliegenden Berge. Wir halten in einem kleinen Dorf am Fuß des Vulkans und machen uns auf den Weg zu einem Inca Grab aus der Zeit der spanischen Eroberung, das auf halbem Weg zum Krater in einem Seitental liegt und noch bis vor einigen Jahren von den Einheimischen geheim gehalten wurde. Der Aufstieg ist äusserst anstrengend in dieser Höhe, obwohl wir fast wie in Zeitlupe marschieren. Dann zweigt unser Weg plötzlich nach links ab und wir gehen nun noch einige hundert Meter seitwärts bis wir in das Seitental einbiegen und am gegenüberliegenden Talhang mehrere offensichtliche Gräber im Fels sehen. Das Grab, das wir jedoch Augenblicke später erreichen, liegt sogar auf unserer eigenen Talseite, aber so gut getarnt, dass es lange Zeit von Fremden unentdeckt geblieben ist. Wir betreten die große Felsnische, dessen Eingang inzwischen mit einer Gittertür gegen unberechtigten Zutritt verschlossen worden ist. An seiner Rückwand sehen wir die sechs Leichen jener Inca Familie, die sich beim Eintreffen der Spanier hierhin zurück gezogen und kollektiven Selbstmord begangen haben soll. Ganz rechts, unmittelbar neben dem Eingang ist zunächst eine vierköpfige Gruppe zu sehen, der Vater der Familie etwas abseits und hockend, dann die Mutter mit den beiden kleinen Kindern liegend. Auf der linken Seite befinden sich noch zwei weitere Personen in dem Grab, einzeln an der Felswand hockend. Vor ihnen allen liegen Geschenken wie z.B. Zigaretten, die die Einheimischen ihnen bringen. Obwohl sie nicht mumifiziert wurden, sind die Leichen noch in einem erstaunlich guten Zustand. Das Klima in dieser Höhe von immerhin fast 4800 m hat ihre Körper auch ohne menschliches Zutun bestens konserviert.

Wieder unten im Dorf angekommen gibt Max den Grabschlüssel an den Ortsvorsteher zurück, den er zuvor gegen einen kleinen Obulus von ihm erhalten hat und wir setzen unsere Fahrt fort. Vom Süden aus kommend haben wir den Salar inzwischen einmal bis nach Norden durchquert und fahren von hier aus in südwestliche Richtung. Ein letzes Mal halten wir am Palacio del Sol, einem vollständig aus Salz errichteten Gebäude. Einst ein Hotel, wird es heute nur noch als Restaurant betrieben, was seiner beeindruckenden Wirkung natürlich keinen Abbruch tut. Es ist bereits

später Nachmittag, als wir den Salar bei Colchani wieder verlassen. Diese kleine Stadt lebt fast ausschließlich von der Salzgewinnung aus dem Salar. Von hier sind es nun nur noch 35 km bis zum Endpunkt unseres 4-tägigen Ausflugs, die wir allerdings über äußerst schlechte Straßen zurücklegen müssen. Müde von den zahllosen fantastischen Erlebnissen und Eindrücken dieser Expedition treffen wir am Abend wieder in Uyuni ein, wo wir eine letzte Übernachtung haben. Morgen werden wir dann unsere lange Fahrt nach La Paz, dem Endpunkt der ganzen Gruppentour antreten...

Bolivien wird bilingual

Oder: Warum Sheirlyn Steiner als Schülerin der 6. Klasse an der Deutschen Schule in Santa Cruz eine indigene Sprache lernt

Die europäischen Kolonialherren haben überall auf der Welt, so auch in Südamerika nicht nur neue Strukturen geschaffen, das heißt, neue Ländergrenzen und Verwaltungsstrukturen, neue Rechts- und Wirtschaftssysteme uvm. Sie haben immer auch ihre eigene Muttersprache als Herrschaftssprache für alle als verbindlich vorgeschrieben und oft auch mit brutalsten Mitteln
durchgesetzt.

Genau das gilt für den ganzen Andenraum. Nicht ohne Grund entsetzt sich auch der indigene Präsident Evo Morales darüber, dass während der Kolonialherrschaft sogar als Bestrafung Finger abgeschnitten und Augen ausgestochen wurden, wenn eine indigene, eine „falsche" Sprache gelernt und gesprochen wurde. Mehr als fünfhundert Jahre durfte in Bolivien kein Aymara, kein Quechua und unten in der subtropischen Tiefebene auch kein Guaraní mehr gelehrt werden.

Guaraní beispielsweise konnte sich dennoch vor allem im steppenartigen Chaco, hauptsächlich im heutigen Paraguay erhalten und ist dort heute unbestrittene zweite Landessprache und weit verbreitet. In Bolivien gibt es schon seit längerem in der indigenen Bevölkerung des Tieflandes eine starke Rückbesinnung auf das Guaraní und seit kurzem wird es nun wieder sehr stark gefördert. Dank dieser auch „sprachlichen Befreiung" geht man aktuell wieder von schätzungsweise 250‘000 Ureinwohnern aus, die im Südosten Boliviens zu ihrer eigenen alten Kultursprache zurückgefunden haben.

Nicht genug damit: In der neuen plurinationalen Verfassung Boliviens ist festgeschrieben, dass alle Schulen einen zweisprachigen Unterricht beginnen müssen, der nebst dem Spanischen auch die dort jeweils dominierende indigene Ursprache beinhalten muss. Die Deutsche Schule hat sich dieser Auflage gerne unterzogen und unterrichtet nun seit drei Jahren Guarani in den Klassen der Grundschule.

Sheirlyn hat uns als Einblick ein einfaches Wörterbuch zusammengestellt und lädt ein, Guaraní doch mal selbst einmal zu versuchen: Die Aussprache entspricht rein phonetisch unserem (dem spanischen angelehnten) Alphabet.

Vielleicht können Sie dann – wenn Sie die Gelegenheit haben sollten, Santa Cruz oder die Chiquitania zu besuchen – auf ein herzliches „Willkommen/Guten Tag" . mit einem wohlklingenden „Püama oñemboerae – Kiraïpa pëi" antworten. Die Nachfahren der Guaranis/die Guaranis Boliviens werden es Ihnen danken!

Español	Guarani originarios del chaco Bolviano	Deutsch	English
Hola como estas (estan)	Kiraïpa reï – (pëi)	Hallo, wie geht es (Euch) ?	hello, how are you ?
Bien, como estás tu? – mi amiga	Ikañivo, nde noo? – Chëi, mbaepa ndere	Danke gut und Dir? Meine Freundin	Well, thanks, and you my friend ?
Donde estás? ...vas	Kiapepa pëi? Ekua kavi?	Wo bist Du? Wohin gehst du ?	Where are you? ...going?
Me llamo Sheirlyn, y tu?	Chere Sheirlyn, Jare nde?	Ich bin Sheirlyn und Du?	I am Sheirlyn and you?
Buenos días, tarde, noche	Püama oñemboerae, Karuma, Pituma	Guten Morgen, Tag, Abend	Good morning, afternoon, evening
Hombre – mujer	Kuimbae – Kuña	Mann-Frau	man-woman
Mama y Papa	Chesi – Cheru	Mutter und Vater	Mum and Dad
Hermana y hermano	Chereindi – Chekivi	Schwester und Bruder	sister and brother
Lunes, martes, miércoles, jueves, viernes, sábado, domingo	Araviki, Arapa, Arapöa, Arakavi, Arakuera, Arapi, Aratú	Montag, Dienstag, Mittwoch, Donnerstag, Freitag, Samstag, Sonntag	Monday, Tuesday, Wednesday, Thursday, Fritday, Saturday, Sunday
Yo tengo, tienes, tiene, tenemos, tienen etc.	Che noi, nde renoi, Jae guinoi, Ñande ñanoi, pe reta penoi	I habe, du hast, er/sie/es hat, wir haben, ihr habt, sie haben	I have, you have, he/she/it has, we have, they have, you have
Yo como – tu comes – el come	Che akaru – nde rekaru – jae okaru	Ich esse, du isst, er isst	I eat, you eat, he eats
Traigo Agua	Aru i ndeve	Bitte ein Wasser	A (bottle or cup) of water, please
Pan	guyape	Brot	Bread
Carne	Vaca	Fleisch	Meat
comida	tembíu	Essen	Food
Papa	chure	Kartoffeln	potatoes

Español	Guarani originarios del chaco Bolviano	Deutsch	English
Gallina	Uru	[das] Huhn	[the] chicken
Banana – futas	Pakova – Iareta	Bananen – Früchte	bananas – fruits
animales	Mimbareta	Tiere	animals
Cero, uno, dos, tres, cuatro, cinco, seis, siete, ocho, nueve, diez	Mbaeti, Metei, Mokoi, Mboapi, Irundi, Pandepo, Ova, Chiu, Juri Chau, Pañandepo	eins, zwei, drei, vier, fünf, sechs, sieben, acht, neun, zehn	one, two, three, four, five, six, seven, eight, nine, ten
Año – semana	Arasa – Kuarasiti	Jahr – Woche	Year – week
Pregunta – respuesta	Marandu – Jeivae	Frage – Antwort	Question – Answer
Nos vemos luego	Yayoecha Kuwi	Wir sehen uns später	ee you later
Colegio – professor – estudio	Ñemboerenda – Oporomboevae – Añemboe	Schule – Lehrer – Studium	School – teacher – study
Entré – siéntese – callate	Eike – Eguapi – Kiriri	Eintreten – [sich] setzen – schweigen	enter – sit down – shut up
Entonces te esperamos	Roärota jayave	Also warten wir auf dich	We'll wait for you
Cara – ojos – nariz – boca	Akaregua – tesa – ti – tai	Gesicht – Augen – Nase – Mund	Face – eyes – nose – mouth
Suma – mas – igual	Papakaregua – moiro – yovake	Summe – plus – gleich [*Ergebnis*]	sum – add – equals
Mañana	Kuriye	Morgen	tomorrow
Gracias, hasta luego	Yasoropai, ajayema	Danke, auf Wiedersehen	many thanks, good bye
Vaya con Dios	Tumpa ndiveño ekua	Gott behüte dich	God shall be with you

Español	Aymara	Quechua	Deutsch	English
Hola como estas	Kamisaki	Imaynalla	Hallo, wie geht es ?	hello, how are you?
Conoscámonos, amistad	Masi chuyma/Uñt'ata	Rexsinakuna	Kennen wir uns?	Do we know each other?
Donde vas	Kawqha Sarta	Mayman rishanki	Wohin geht du?	Where are you going?
Soy Arturo	Arturutwa	Noqa kani Arturo	Ich bin Arturo	I'm Arturo
Buen día	Suma Uru Tata / Suma Uru Mama / asqi cuarta	Allin Phunchay	Guten Tag	Good morning
Hombre	chacha	Runa	Mann	man
Mujer bonita	Jiwaki Warmi	K'acha warmi	Hübsche Frau	a lovely woman
Izquierda / derecha	Ch'iqa / Kupi	Lluq'i / Paña	Links / Rechts	Left / right
Deprisa	Maki / Laqa	Usqhay	Schnell	fast
Quiero ir a Sucre	Sucre Markaru Sarañ muntwa	Munani riyta Sucreman	Ich möchte nach Sucre gehen	I would like to go to Sucre
Comida	Manq'a	Mikhuna	Essen (Menü)	Eating menue
Quiero Agua	Uma Muntwa	Munani yaku	Bitte ein Wasser	A (bottle or cup) of water, please
Pan	T'ant'a	T'anta	Brot	Bread
Carne	Aycha	Aycha	Fleisch	Meat
Mercado	Qhathu	Qhatu	[der] Markt	[the] market
Cerveza	Janq'u K'usa	Yurax Aqha	[das] Bier	[the] beer
Huevo	Chhuya /K'awna	Runtu	[das] Ei	[the] egg
Azucar	Musq"a	Misk'ichana	Zucker	Sugar

Español	Aymara	Quechua	Deutsch	English
Quiero comprar	Alasiñ muntwa	Munani rantiyta	Das möchte ich kaufen	this one, I would like to buy
Estoy lleno, gracias	Janiw Muntwa,Yuspagara	Saxasqa Kashani, pachi	Ich bin satt, danke	I am fine, many thanks
Ayúdame	Yanapasita	Yanapaway	Helft mir!	Help me!
Donde está el doctor	Kauqinkis qulla tata	Maypi kashan Jampiry	Wo ist der Doktor	Where is the doctor
Quiero comprar Medicinas	Alañ qullanaka muntwa	Munani rantiyta jampi	Ich möchte Medikamente kaufen	I need to buy medicine
Hospital	qulla Uta	Wasy Unqusqhapax	Krankenhaus	hospital
Dolor de estómago	Purak Usu	Wisa nanay	Bauchschmerzen	stomachache / bellyache
Enfermo	Usuta	Unqusqha	[der] Kranke	sick person / invalid
Quién es tu padre / madre	Khitis Tatamax / Khitis taykamax	Pitax tatayki / mamayki	Wer ist Dein Vater / Deine Mutter	Who is your father / your mother
Buscar	Thaqhaña	Mask'ay	suchen	to search, to look for
Mentira	K'arisiña	Llulla	Lüge	lie
Ladrón	Lunthata	Suwa	Verbrecher	a criminal
Quiero dormir	Ikisiñani / Ikiñ Muntwa / Ikintañani	Munani puñuyta	Ich möchte schlafen	I would like to sleep
Hoy	Jichha	Kunan	Heute	today
Mañana	Alwa (temprano) / Qharuru (un día después)	Q"aya	Morgen	tomorrow
Marcharse	Me voy	Sarxaña Ripushani	ich gehe weg	I am leaving now
Me hace frío	Tayachitu	Chiriwashan	Mir ist kalt; ich friere	I am freezing

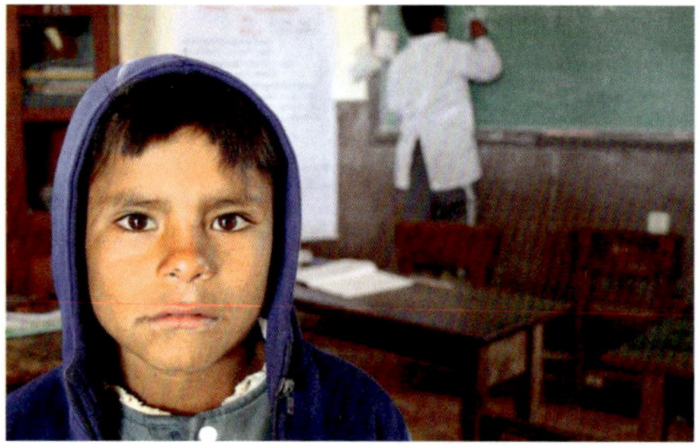

Español	Aymara	Quechua	Deutsch	English
Estoy cansado	Qaritatwa	Sayk'usqa kashani	Ich bin müde	I am tired
Tienes cama ?	Utjiw Pusiri ?	Kapusunki puñunapax?	Hat es ein Bett	Do you have a bed?
Quiero lavarme	Jarisiñ Muntwa	Munani mayllakuyta	Ich möchte mich waschen	I need to wash myself
Baño	Jamañ uta – Watira	Akanawasi	WC – Toilette	toilet
Quiero cocinar	Phayañ Muntwa	Munani wayk'uyta	Ich möchte kochen	I would like to cook
Me iré mañana	Arumanthi sarxawa	K'aya ripusax	Ich werde morgen gehen	I'll go tomorrow
Quiero orinar	Chhuxuraña Muntwa	Munani Jisp'ayta	Ich muss zur Toilette	I need a toilet now!
Donde para el bus	Kawkin flota Sayti	Maypi sayan flota	Wo fährt der Bus ab?	Where does the bus leave?
Alojamiento	Qurpa uta / Qamañ Uta	Waxyana Wasi	[die] Unterkunft	the hostel – accomodation
Cuando sale el bus	Kunapacha Flota Mistu	Mayk'a lloxsin flota	Wann fährt der Bus?	When does the bus leave?
Gracias	Yuspagara	Pachi	Danke	Many thanks

Rezept „Pastel de Quinoa“

von Martha Consuelo Steiner Zamorano – Sucre – Bolivien

Zutaten: berechnet für ca. 5 Personen

- Eine mittlere Tasse Quinoa Real (ca. 200g) – in Bioläden und Reformhäusern erhältlich
- 250 gr. Hähnchenfleisch
- 3 EL Sonnenblumenöl
- 3 mittelgroße Zwiebeln
- 4 Tomaten
- 2 Knoblauchzehen
- 1/4 Teelöffel Stick (oder Kurkuma)
- 5 Tassen Wasser
- 1 Würfel Hühnerbrühe
- 2 große Eier
- 150 g Käse zum Reiben
- 300 g Sahne
- Petersilie nach Geschmack
- Salz und Pfeffer nach Geschmack
- Eine Prise Muskatnuss

Zubereitung:

- Reinigen und waschen Sie die Quinoa und schütten Sie das Wasser dann mit dem Sieb ab.
- Bringen Sie einen Topf mit drei Tassen ungesalzenem Wasser zum Kochen, fügen Sie die Quinoa bei, nach dem ersten Aufkochen, auf geringer Hitze köcheln lassen, halb abgedeckt, bis die Körner platzen. Einen halben Teelöffel Salz in etwas Wasser lösen und erst beifügen, wenn die Quinoa-Körner aufgequollen sind und fast kein Wasser mehr da ist.
- Schalten Sie die Hitze ab und lassen Sie die Pfanne fünfzehn Minuten stehen.
- Kochen Sie das Hähnchenfleisch mit zwei Bechern leicht gesalzenem Wasser gar. dann von Hand zerfasern/zerkleinern Sie das Fleisch und entfernen die Knochen
- Petersilie, Zwiebeln, Tomaten säubern und schälen, fein hacken mit dem Knoblauch (extrafein hacken) zusammen mit drei Esslöffel Öl leicht anbraten und dann Hühnerbrühe (Würfel oder Instant) dazugiessen, zum Schluss Pfeffer und Hausgewürze (also den Gewürzen, die Sie in Küche besonders gerne zu Hühnerfleisch mögen, nach Geschmack beifügen. Wirkt die Sauce zu dickflüssig , kann man noch etwas von der Hühnerbrühe hinzufügen.
- Die Sahne in eine Schüssel gießen, ganze Eier hineinschlagen, etwas Muskatnuss dazu reiben und mit Salz abschmecken. Das Ganzegut mischen.
- Optional und als Rezeptvariante kann auch Blätterteig ausgelegt werden. Falls Sie den Auflauf als Quinoakuchen zubereiten möchten, dann breiten Sie nun unten in der Auflaufform den fertigen Blätterteig aus.
- Fuer beide Varianten legen Sie die gekochte Quinoa als erste Schicht aus, dann die zerkleinerten Hühnchenteile, dann die Zwiebeln-Tomaten-Sauce, dann wieder eine Schicht aus Quinoa, eine nächste mit Huhn, mit Sauce und schließlich oben drauf den geriebenen Käse. Dann geben Sie die Ei-Sahne Mischung langsam als Guss über alle Schichten.
- Ofen auf 220 Grad Celsius anheizen, circa ca. 30 Minuten backen. Mit Blätterteig benötigt das Gericht circa 45 Minuten Backzeit.
- Die ersten 20 Minuten mit Folie abdecken und die restlichen 10 Minuten zum Braunbacken offen lassen. Nun wünsche ich einen „Guten Appetit“ mit diesem Getreide der Anden, genannt auch „das goldige Korn der Inka“ – welches zu den nährstoffreichsten Lebensmittel unserer Erde zählen.

Quinoa in Latein: Chenopodium Quinoa.

Die Rettung der Orgelpfeifen

Robert Kleine: Wie ein Restaurator als Freiwilliger die über 200 Jahre alte Orgel der Iglesia La Merced zum Klingen bringt.

Zwei Besuche in Bolivien mit ganz unterschiedlichem Charakter konnte ich bisher erleben. Im Mai und Juni 2004 ergab sich die Gelegenheit, an einer Ferienreise durch Bolivien und Peru bis nach Ecuador teilzunehmen. Damals wurde vom Deutschen Jugendherbergswerk DJH eine Gruppenreise durch Bolivien angeboten, und zu zweit meldeten wir uns an. Beide waren wir, vermute ich, noch nie so weit gereist und dementsprechend gaben wir uns alle Mühe bei den Vorbereitungen.
Bei der Ankunft in Santa Cruz de la Sierra war die Überraschung groß: Von Max Steiner erfuhren wir zum einen, dass aufgrund von kurzfristigen Abmeldungen oder Erkrankungen die ganze Reisegruppe nur aus uns beiden und einer Freiwilligen bestand. Zum anderen signalisierte er, dass wir die Rundreise nun mit seinem Geländewagen zu viert unternehmen würden, denn er selbst wollte so die alljährlichen persönlichen Kontakte zu den Leiterinnen und Leitern der Hostals pflegen. Nun, so wurde es eine unvergessliche Reise, bei der wir nicht nur die mannigfachen überragenden Naturschönheiten und Aspekte aus der Geschichte Boliviens kennenlernten, sondern auch an herzlichen menschlichen Kontakten Anteil haben durften. Auch die Konsequenz materieller Armut lernten wir kennen, zum Beispiel, als uns ab dem zweiten Tag einer Rundreise durch den Salar de Uyuni eine Frau als Köchin begleitete. Sie hatte

Buscando salvar un organo precioso

Robert Kleine, Alemania

Como voluntario quiero restaurar un órgano del siglo XVII en la iglesia de La Merced en Sucre.
Este es mi segundo viaje a Bolivia, esta vez con intenciones diferentes. La primera vez lo hice como turista, entrando en el Salar de Uyuni y terminando en La Paz, continuando hacia el Perú. Dos antiguos órganos en Cuzco y Trujillo, son recuerdos y experiencias de mi trabajo profesional como restaurador., Desde hace algunos años estoy estudiando maestría en la universidad de Berlín y tengo que encontrar un órgano que valga la pena restaurar para la práctica final. En Europa no queda casi ninguno, porque el proceso de la protección de los monumentos históricos es total. Por eso se me ocurrió la idea de entrar en contacto con Max Steiner y gracias a los conocimientos de su cuñado Arturo Zamorano, se presentó la posibilidad de hablar con el padre Edson en la parroquia de San Roque y con eso lentamente se ha creado la confianza necesaria, para acercarme a este lindo órgano.
En un largo viaje interrumpido por los bloqueos tradicionales por parte de los mineros llegué a Sucre, linda como siempre con un cielo azul inmaculado, pero primero faltaba festejar en la gran fiesta de Todos los Santos, por este motivo tuve que esperar el gran momento para visitar la iglesia de La Merced: honestamente una catástrofe, en un estado muy triste; seguramente había diferentes renovaciones

Zahnschmerzen, und auf diese Weise konnte sie mit uns innerhalb von vier Tagen zum Arzt nach Uyuni gelangen, denn das Geld für die eintägige direkte Reise besaß sie nicht. Diese Frau erhielt dann aufgrund ihrer guten Arbeit eine Anstellung im Hostal in Uyuni, so dass sich die lang ertragenen Schmerzen sehr positiv für sie auswirkten.
Zwei optische Eindrücke in Perú, nämlich von den beiden alten Orgeln der Kathedrale in Cusco und eine Besichtigung der Orgel – oder besser ihres Torsos – in der Iglesia La Merced in Trujillo waren auf dieser Reise die einzigen, die ich in der Erinnerung meinem beruflichen Bereich zuordnen kann.
Seit einiger Zeit absolviere ich neben dem Beruf her ein Fernstudium Restaurierung an der HTW Berlin. Bei der Themenwahl für die Abschlussarbeit werden recht große Freiheiten zugestanden. Irgendwann, Anfang 2009, kam die Idee auf, dafür wenn möglich eine erhaltene alte bolivianische Orgel auszuwählen; des Weiteren, mögliche Arbeitsweisen im Bereich Restaurierung unter den Bedingungen eines Landes wie Bolivien zu thematisieren.
Rund um das Instrument Pfeifenorgel existiert eine „Szene" von Musikern und Interessierten, und mit wachsender Wertschätzung als Kulturgut wurde es auch zum Objekt der Denkmalpflege. Natürlich geschah das in einzelnen Ländern in unterschiedlichem Maß. Nicht viele, aber doch einige Instrumente lassen sich per Internet in Bolivien recherchieren. Freilich sind die dort gewonnenen Informationen mit Vorsicht zu genießen. Erneut Kontakt mit Max Steiner aufzunehmen, das glückte sofort. Bald geriet dann das Instrument in der Iglesia La Merced in Sucre in den Fokus. Sucres historische Altstadt mit vielen seit dem 16. Jahrhundert erhaltenen religiösen Gebäuden wurde 1991 in die UNESCO-Liste des Weltkulturerbes eingetragen. Natürlich wäre mir ohne die seit langem aufgebaute Infrastruktur von HI-Bolivia das Angehen solch eines Projekts nicht möglich gewesen. Das Hostal von Hostelling International in Sucre wird von Steiners Schwager Arturo Zamorano geleitet. Hilfreich

en el transcurso de su vida útil y se había creado una mezcla de elementos, pero como mínimo un 90 % de sus tubos se han salvado; qué pena que el teclado original manual, fuera reemplazado en una improvisación por un armonio Internamente eso llamamos una mejoría con efectos que empeoran el todo, hasta que al final del mes haya terminado el inventario del órgano, con la confirmación que este órgano es uno de los últimos originales de su época, que es una muestra de construcción española en el proceso de la colonización, que definitivamente vale su protección, porque no sólo algunas partes son raras, por ejemplo las trompas y su concepto de aire, sino que también sería un instrumento para la música clásica del barroco mestizo. Qué suerte, Don Arturo y el padre se dieron cuenta de mi gran preocupación por el daño del techo de la iglesia y dispusieron muy rápido su reparación, un paso muy importante para la protección de algo histórico, mucho tengo que hacer a mi retorno, no sé las posibilidades para el futuro. Como cinco años atrás lo había apreciado mucho, la gran bienvenida y la impresionante hospitalidad del equipo de HI - BOLIVIA en Sucre.

stellte er den Kontakt zum Pfarrer der Gemeinde San Roque her. Es bedurfte mehrerer persönlicher Anläufe und eines Briefes, um Vertrauen aufzubauen und die Erlaubnis für den Zutritt zu erhalten.
So ging´s am 29. Oktober 2009 auf die mehrtägige Reise, zunächst bis La Paz. Der dort geplante Durchstart auf die 500 km lange Strecke mit dem Nachtbus nach Sucre war aufgrund eines Streiks der Mineure in Potosi inclusiv Straßensperrung nicht möglich. Auch 2004 hatten wir einmal ähnliches erlebt, so dass aus diesem Umstand keine Beunruhigung erwuchs. Dank der Organisation von Lourdes und Jennifer in La Paz war es kein Problem, im Hostal Onkel Inn zu übernachten. In La Paz kündigten verschiedene Vorbereitungen den Feiertag Todos Los Santos an: Vor der Kirche San Francisco wurden Gebäck und Figuren aus Brotteig mit eingebackenen gemalten Gesichtern verkauft – und in einem Innenhof neben dem Hostal baute man eine eindrucksvolle Sound-Anlage auf. Tatsächlich fand bereits in dieser Nacht eine ziemlich lautstarke Open-Air-Party statt. Nun, auch das ging vorbei, und schließlich konnte die Busfahrt in der Nacht zum 01. November stattfinden – am Feiertag wird halt nicht gestreikt.
Sucre zeigte sich bei der Ankunft am Morgen von seiner schönsten Seite weiß im Sonnenlicht unter strahlend blauem Himmel. Am Nachmittag bereits konnte ich Judith und Rosemary (die im Hostal für die gute Küche und mehr sorgen) und zwei junge Freiwillige aus Deutschland zum Cementerio Central begleiten. Geschätzt mehrere Tausend Menschen besuchen an Todos Los Santos die Gräber ihrer Verstorbenen und bereiteten davor zum Andenken jeweils ein symbolisches Mahl. Dabei geht es sehr lebhaft zu. Blechblaskapellen und Musiker mit Gitarren ziehen von Grab zu Grab und spielen eine eindruckvolle Trauermusik, die einem im Ohr bleibt.
Nun hieß es, Geduld zu haben, denn es dauerte noch zwei weitere Tage, bis der Zugang zur Orgel in der Iglesia La Merced möglich wurde. Dann kam die erste In-Augenschein-Name: Die 217 Jahre alte Orgel war – mit europäischen Augen betrachtet – in einem desaströsen Zustand. Zunächst waren Müll, eine Reihe leerer Getränkeflaschen (Relikte früherer Renovierungsarbeiten am Gebäude) und ein Haufen Kabel einer früheren Innenbeleuchtung aus dem Orgelgehäuse zu räumen. Viele Bauteile der Orgel ließen sich recht bald als ursprünglich, andere wiederum als späteren Umbau erkennen. Von so einem Umbau war auch das Gebläse mit zwei Faltenbälgen betroffen, die Orgel wurde im 20. Jahrhundert einmal mit einem elektrischen Gebläse betrieben. Dies befand sich zum Schallschutz im an die Kirche angrenzenden Nachbargebäude, war aber inzwischen abgebaut worden, so dass das Instrument ohne neues Gebläse und eine umfangreiche Reparatur gar nicht gespielt werden kann. Das Pfeifenwerk der acht Register ist ebenfalls verändert und beschädigt, jedoch zu mehr als 90% erhalten! Der Umstand, dass die Pfeifen wie üblich aus einer Zinn-Blei-Legierung, jedoch mit dünnen Wandungen hergestellt wurden, in Verbindung mit einer wohl von Anbeginn an mangelhaften Einrasterierung, führte zu Kriechdeformation des Metalls und damit letztlich zum Umfallen vieler Pfeifen im Werk. Die alte Manualklaviatur ist verloren gegangen und wurde in improvisierender Manier durch den Tastenaufbau eines Harmonium ersetzt – intern nennen wir so etwas Verschlimmbesserung. Bis zum 24. November, dem Abreisetag aus Sucre, konnte ich die Inventarisierung fortführen. Es waren noch eine Reihe Widerstände zu überwinden, mit denen man zu Hause eher nicht konfrontiert ist.

Man kann wohl formulieren, dass dieses Instrument wie die wenigen anderen erhaltenen andinen Orgeln aus dem 18. Jahrhundert Bedeutung in mehrfacher Hinsicht besitzt:

» Verkörperung eines einfachen und gleichzeitig durablen Orgeltyps.
» Eine von wenigen hier erhaltenen Orgeln aus der Zeit vor 1800.
» Tradierung von Kennzeichen alten spanischen Orgelbaus.
» Bereicherung des lokalen Kulturgut-Bestandes.
» Sehr passendes Instrument für authentische Aufführung alter Musik.
» Echtes Bindeglied zu außeramerikanischen Musiktraditionen.
» Einige erhaltene Teile (das Register Trompas, die Bälge) besitzen absolut Seltenheitswert.

Vielleicht erscheint eine Kirchenorgel in Bolivien heute als unzeitgemäß, weil in vielen Bereichen die indigene Tradition betont wird. Jedoch leistet die koloniale Geschichte auch einen Beitrag dazu, dass Bolivien seinen Bewohnern und Besuchern im Grunde genommen einen einzigartigen Reichtum an Natur- und Kultur-Erfahrung ermöglichen kann.

Während meines Aufenthalts stellte sich auch heraus, dass über der Orgel das Dach der Kirche undicht und der Regen auch einmal ins Instrument hineingelaufen war. Daraufhin erhielt der Handwerker Pastór, der auch für das Hostal arbeitet, den Auftrag, das Dach sofort zu reparieren. Der Unterhalt der Gebäude kann sicher als eine der grundlegenden Maßnahmen für den Kulturgut-Erhalt angesehen werden.

Vieles bleibt nach der Rückkehr aus Bolivien aufzuarbeiten. Wie schon fünf Jahre zuvor, gab es wiederum viele schöne menschliche Kontakte. Dafür bin ich sehr dankbar.

http://whc.unesco.org/en/list/566/

Mit Pauken und Trompeten

Marcello Raus, Präsident des Barockfestivals, Santa Cruz

„Barockmusik mitten im bolivianischen Urwald?“ Wer am Ende der Regenzeit Sonntagsvormittags nichtsahnend durch das Dschungeldorf San Javier geht, der traut seinen Ohren nicht: Barockmusik mit Geige, Cembalo und Fanfare begleiten die glockenklare Stimme einer jungen Guaraní-Frau, die Bach und Vivaldi in der tropisch-feuchten Hitze der bolivianischen Chiquitania intoniert.

Was die Jesuiten-Padres in Urwäldern Südamerikas vor rund 400 Jahren begannen und heute drei Autostunden nordwestlich von Santa Cruz im wahrsten Sinne des Wortes begreifbar und hörbar wird, nannte der kirchenkritische Aufklärer Voltaire später einen „Triumph der Menschlichkeit“. Und der französische Staatstheoretiker lobte ebendiese Reduktionen als „Verbindung der Religion mit der Idee der Menschlichkeit.“

Was andernorts in Südamerika längst Relikt einer längst vergangenen Zeit ist, blieb in Bolivien erhalten und eine Reise wert: Schachbrettartig angelegte Dörfer, die nicht weiß gestrichen sind wie die spanischen Kolonialbauten, sondern in rötlich-gelblichen Erdfarben. Die Hauswände mit blumigen Ornamenten verziert. Die Holzstützen der Vordächer aufwendig gedrechselt. Quadratisch gebaute Dorfplätze mit uraltem Baumbestand, in deren Schatten die Dorfgemeinschaften der Chiquitos bis heute lebendig geblieben sind. Barocke Holzkirchen mit reichhaltigen Schnitzereien, Wandmalereien und Gemälden, die weder Zerstörungswut noch Zerfall zum Opfer fielen und bis heute ihre einzigartige Schönheit bewahren konnten.

Marcello Raus
Con trompetas y tambores

Invitación a las Misiones Jesuíticas

¿Música Barroca en la selva boliviana? ¿Quién, pasando el pueblo selvático de San Javier, podría creer lo que escuchaba: acompañar a la música barroca, con violín, clavicordio y la fanfarria, la voz clara de una joven guaraní entonando a Bach y Vivaldi en el calor tropical húmedo de la Chiquitanía boliviana?

Lo que comenzó en la selva de América del Sur con los Padres jesuitas hace 400 años, hasta hoy sigue a tres horas al noroeste de Santa Cruz. En otra parte del sur de América son las reliquias de un tiempo pasado que se quedaron en Bolivia y harán que el viaje valga la pena, con aldeas modelo de rejilla que no están pintadas de blanco, como los edificios coloniales españoles, pero en tonos tierra de color rojizo-amarillo. Las paredes decoradas con adornos florales. Iglesias barrocas talladas en madera, murales y pinturas que todavía preservan su singular belleza en las regiones de los bosques de tierras bajas tropicales, influenciado por la idea de los filósofos europeos de la 16 ª Centuria, de la ciudad ideal fundada por los jesuitas en Bolivia entre 1691-1760 para hacer proselitismo del cristianismo a los pueblos indígenas, llamadas reducciones jesuíticas. En estas áreas protegidas, a los habitantes de los bosques indígenas se les permite
mantener su forma de vida tradicional, pero al mismo tiempo, con su conversión al cristianismo, también desarrollaron una cultura floreciente en la que la música juega un papel central. Ellos usaron el hecho de que en Chiquitos fascinó a los europeos la música barroca. Fue el poder de la música barroca, que hizo que el pueblo se mostrara receptivo ante la doctrina cristiana y la fé. El talento musical y creativo técnicamente indígenas, que aprendieron a

reconstruir instrumentos musicales como órganos, clavicordios y violines. Al mismo tiempo, los jesuitas fundaron una escuela de música en todos los pueblos con un coro y orquesta, enseñando teoría de la música europea. En los servicios diarios se jugaron ferias barrocas, letanías, las respuestas, sonatas en trío, y se convirtió así en eventos musicales.

Este modelo único de sociedad es el que se critica como "la colonización por otros medios", como "enriquecimiento directo de los jesuitas". Entonces los jesuitas se vieron obligados a dejar la cabeza sobre el continente y las reducciones fueron canceladas por orden de la corona española en su situación jurídica anterior.

Las seis de las mejores misiones jesuíticas de Bolivia conservadas desde 1990 se enumeran por la UNESCO como Patrimonio de la Humanidad y con 5'000 manuscritos en el Archivo musical de Chiquitos.
Mientras tanto, cada dos años hay un Festival Barroco de renombre internacional. Se celebra en la misión de las iglesias antiguas, no se puede perder nadie que tenga la suerte de residir en este mismo tiempo en Bolivia un festival de conciertos barrocos a nivel mundial, que no sólo es el talento y el entusiasmo de muchos jóvenes músicos y cantantes que vienen de los pueblos.

"Comenzamos esta iniciativa en 1996, con el apoyo de muchos amantes de la música y los amigos de culturas antiguas. Queríamos que el mundo no sólo pueda escuchar nuestro tipo de música barroca, sobre todo que podamos captar la atención de la comunidad mundial, para mostrar los grandes logros de las misiones jesuíticas.
Nuestros visitantes siempre se impresionan con el gran entusiasmo y dedicación a los pobres, especialmente por la población rural indígena de la música barroca. La formación musical, especialmente en

las aldeas en los últimos quince años ha aumentado enormemente en importancia y hemos observado que tiene un alto valor educativo la educación musical en los jóvenes adolescentes.

La Chiquitanía sigue siendo un refugio artístico, anclado en todos estos recuerdos y la conciencia de la calidad de la música en la población rural se mantuvo. A la fecha, muchos artesanos antiguos, enseñan a los jóvenes estudiantes no sólo a jugar con los instrumentos, también transmiten su conocimiento de los instrumentos musicales tradicionales.

In deutschen Geschichtsbüchern wird dieses Kapitel südamerikanischer Kolonialgeschichte selten erzählt. Deshalb seien an dieser Stelle ein paar Stichworte erlaubt: Während die leichter zugänglichen Andenregionen längst mit dem Gewehr und Gebetbuch erobert waren, waren die Kämpfer und Missionare im Namen der spanischen Krone noch nicht flächendeckend in den Urwaldregionen des tropischen Tieflandes vorgedrungen.

Beeinflusst von der Vorstellung europäischer Philosophen des 16. Jahrhundert von der idealen Stadt gründeten die Jesuiten allein in Bolivien zwischen 1691 und 1760 zehn Siedlungen für zum Christentum missionierte Ureinwohner, die sogenannten Jesuitenreduktionen. „Reduktion" lässt sich am besten mit „Rückführung" oder „Absonderung" übersetzten. In diesen Schutzgebieten sollten die indigenen Urwaldbewohner ihre althergebrachte Lebensweise behalten dürfen, gleichzeitig aber zum Christentum bekehrt werden.

Die Jesuiten bauten nicht nur Dörfer und prachtvolle Kirchen auf, sondern sie entwickelten auch eine blühende Kulturlandschaft, in der die Musik eine zentrale Rolle spielte. Dabei nutzten sie die Tatsache, dass die Chiquitos sich der mitgebrachten europäischen Barockmusik faszinieren ließen. Es war die Kraft der Barockmusik, die Menschen für christliche Lehre und Glauben empfänglich machte: Die musikalisch hoch begabten und handwerklich kreativen Indígenas lernten, europäische Musikinstrumente wie Orgeln, Cembali und Geigen zu nachzubauen. Gleichzeitig gründeten die Jesuiten in jedem Dorf eine Musikschule mit Chor und Orchester und lehrten die europäische Notenlehre. In den täglichen Gottesdiensten erklangen barocke Messen, Litaneien, Responsorien, Triosonaten und wurden so zu musikalischen Ereignissen.

Diese Jesuitengebiete entwickelten sich zu von der spanischen Krone relativ unabhängigen Missionen, in denen die „Bekehrten" in Wohlstand und Frieden leben konnten und gingen als „Jesuitenstaat" in die südamerikanische Kolonialgeschichte ein. Der „Jesuitenstaat" umfasste Teile Brasiliens, Argentiniens, Paraguays und erstreckte sich bis in den Südosten des heutigen Bolivien. Diese „Schutzgebiete" unterstanden auch nicht der Rechtsprechung der Kolonialregierung und durften von spanischen Kolonisten nicht betreten werden. Die hier lebenden Menschen sollten vor den Übergriffen der Sklavenjäger und der Unterwerfung durch Großgrundbesitzer verschont bleiben.

Dieses einzigartige Gesellschaftsmodell, das von den einen als „Kolonisierung mit anderen Mitteln", als „direkte jesuitische Bereicherung" kritisiert und von anderen als „gelungene Entwicklungshilfe" gelobt wird, währte bis Mitte des 18. Jahrhunderts. Dann sahen sich die Jesuiten gezwungen, Hals über Kopf den Kontinent zu verlassen und die Reduktionen wurden auf Befehl der spanischen Krone in ihrer bisherigen Rechtsform aufgehoben.

Die sechs in Bolivien am besten erhaltenen Jesuitenmissionen sind seit 1990 als UNESCO-Weltkulturerbe geschützt. Und wer sie heute besucht, wird sich dem besonderen Charme dieser Region nicht entziehen können: Ein tropisches Paradies mit üppiger, immergrüner und blütenreicher Vegetation, in denen endloserscheinende, artenreiche Urwälder sich mit riesigen Steppen und Weideflächen abwechseln und die Barockmusik einen ganz besonderen Charme entwickelt.

Doch die Jesuiten machten sich einflussreiche Feinde. Südamerikanische Großgrundbesitzer ebenso wie Feinde in Spanien erreichten, durch Druck auf den spanischen König Karl V., den Jesuiten-Orden zu verbieten, ihre Missionsgründungen in Südamerika aufzulösen, die Padres zu verhaften und auszuweisen. Doch in Bolivien pflegten die längst zum christlichen Glauben missionierten Dorfbewohner der Chiquitanía die jesuitische Traditionen bis ins 20. Jahrhundert hinein weiter. Vor rund dreißig Jahren entdeckte der Schweizer Architekt Hans Roth bei der Restaurierung zweier Kirchen der Chiquitanía ungefähr 5.000 Manuskripte, aus denen zum Teil noch musiziert wurde. Er sicherte den Bestand der alten Handschriften und gründete das „Archivo Musical von Chiquitos".

Unterdessen findet alle zwei Jahre ein international beachtetes Barockfestival in den alten Missionskirchen statt, das niemand versäumen sollte, der das Glück hat, sich in eben dieser Zeit in Bolivien aufzuhalten. Und wer in Europa sich vielleicht nicht für barocke Klänge erwärmen kann, wird möglicherweise hier mit ganz anderen Gefühlen den barocken Konzerten höchster Güte lauschen.

Marcello Raus ist der Präsident des Barockfestivals der Chiquitanía. Dass heute in diesem touristisch noch immer recht unerschlossenen und abgelegenen Landesteil im Departamento Santa Cruz ein Festival barocke Konzerte auf Weltniveau präsentieren kann, das ist nicht nur der Begabung und Begeisterungsfähigkeit der vielen jugendlichen Musiker und Sänger zu verdanken, die hier aus den Dörfern kommen. Es ist auch seinem Engagement zu verdanken, das seit einigen Jahren alle zwei Jahre die Musikwelt in die bolivianischen Urwalddörfer blickt – oder sogar die Mühe auf sich nehmen, hierher zu kommen.

„Wir gründeten diese Initiative 1996 und wurden dabei von vielen Musikliebhabern und Freunden alter Kulturen unterstützt. Wir wollten der Welt nicht nur unsere Art von barocker Musik, sondern vor allem auch die alten, wiederentdeckten Partituren aus den Archiven der Jesuitenkirchen zu Gehör bringen. Dass 1990 fünf Jesuitenkirchen restauriert und in den Rang eines UNESCO Weltkulturerbes erhoben wurden, in denen nun auch die Konzerte stattfinden können, hat uns dazu ermutigt, die Idee eines Musikfestivals anzugehen. Mit dem erfreulichen Nebeneffekt, dass wir die Weltgemeinschaft auch auf die großen Errungenschaften der Jesuitischen Missionen aufmerksam machen dürfen. Es ist beeindruckend, was in der doch sehr kurzen Zeit, von 1690 bis zu deren Rauswurf und bis zur Schließung des Ordens 1783, für eine große Anzahl von herrlichen Kirchen wie vor allem die dazugehörenden Dorfgemeinschaften entstanden sind, und wie die Bevölkerung im Rahmen einer sehr humanistischen Erziehung auch die ganze klassische Musik angenommen hat.

Das Festival fand zu Beginn ganz bescheiden in drei Kirchen statt und ist heute auf zweiundzwanzig Spielorte angewachsen. Das ist ein Spiegelbild der nachhaltigen Wirkung des jesuitischen Schaffens in einer großen Region der Departamentos Bení und Santa Cruz bis an die Grenze nach Brasilien und Paraguay, aber vor allem ist es auch Ausdruck des enorm gestiegenen Selbstwertgefühls der originären Chiquitos. Gegenwärtig nehmen Musikensembles aus über zwanzig Ländern an unserem Festival teil. Im Gegenzug zu unserer Veranstaltung profitieren dann auch die einheimischen Philharmonieorchester und auch die wiedererstarkten Chöre von zahlreichen Einladungen und Konzerttourneen nach Europa und in die USA.

Unserer Besucher sind stets sehr beeindruckt von der großen Begeisterung und der Hingabe für die barocke Musik, die sich insbesondere bei der ärmlichen, indigenen Landbevölkerung zeigt. Die Musikausbildung, gerade auch in den Dörfern, hat in den letzten fünfzehn Jahren enorm an Bedeutung zugenommen und wir haben beobachtet, welch einen hohen erzieherischen Wert der Musikausbildung auf die heranwachsende Jugend hat.

Der finanzielle Erfolg des Festivals, die eingegangenen Spenden, ein Grossteil von deutschen, katholischen Organisationen, ermöglichen es uns, nicht nur die Kirchen zu renovieren und zu unterhalten, sondern sie geben uns die Geldmittel an die Hand, um beispielsweise Reis und Zucker zu kaufen. Mit diesen Naturalien können wir die armen Landbauernfamilien dafür entschädigen, dass sie ihre Töchter und Söhne zur Musikausbildung schicken anstatt zum Familienunterhalt beitragen zu müssen. Durch die enge Zusammenarbeit mit mitteleuropäischen Priestern und Mönchen, Architekten und Musikern entstehen in dieser auch heute noch sehr abgelegenen Gegend Boliviens wertvolle Impulse für die Zukunft.

Mich erfreut auch besonders, wie sehr dieses Festival über alle Generationen hinweg die Menschen anspricht und begeistert. Einerseits hören die Jüngsten schon still und beeindruckt ihren älteren Geschwistern beim Musizieren zu, aber andererseits sind es gerade auch die Dorfältesten, welche sich daran erinnern, wer und wo noch die letzten Violinen oder Cellos selbst gebaut wurden.

Die Chiquitanía blieb eine künstlerische Oase, in der all diese Erinnerungen und auch das Bewusstsein für Musikqualität in der Landbevölkerung verankert blieb. Bis heute gibt es hier ältere Kunsthandwerker, die jungen Schülern nicht nur das Spielen mit den Instrumenten beibringen, sondern ihnen auch ihr Wissen zum klassischen Musikinstrumentenbau weitergeben."

Auf der Suche nach *Sulcorebutia*

Die ungebrochene Neugierde der Kakteenforscher

Max Steiner

Als Roland Müller aus Deutschland, Johan de Vries aus Holland, John Kerr aus England oder Alessandro Gentille aus Italien mich vor Jahren über einen E-Mail-Kontakt anfragten, ob wir ihnen mehrere 4x4-Expeditionsfahrzeuge für Oktober zur monatelangen Kakteenreise bereitstellen könnten, dachte ich natürlich rasch, dass deren grösstes Ziel die Incawasi-Insel im Salzmeer sei. Dort stehen ja die höchsten und mit über 1000 Jahren auch die ältesten Kakteen, die mir bekannt sind. Weit gefehlt, denn je grösser, desto weniger Interesse zeigten diese Forscher und ihre Begleitung. Das Team war auf der Suche nach kleinen, unscheinbaren Gewächsen. Jenen, die fast das ganze Jahr über unter dem Boden liegen und ihre seltene Pracht erst im bolivianischen Frühling, nach ersten Regenfällen, in Form von wunderhübschen kleinen Blüten zeigen. So wurde in den letzten Jahrzehnten hier in Bolivien eine neue Kaktusart entdeckt: Die Gattung der „Sulcorebutia".

„Durch die zunehmend intensiver werdende Beschäftigung mit den faszinierenden Kakteenzwergen der bolivianischen Anden wuchs bei mir das Bedürfnis, etwas von den inzwischen gesammelten Bildern und Pflanzen den anderen Kakteenfreunden in der Welt zugänglich zu machen," sagte Roland Müller, und mit GPS-ausgerüstet, wurden Koordinaten im Internet publiziert. Daraus ist eine ganz erstaunliche „Sucht" zum Aufspüren dieser so abgelegenen Pflanzen entstanden, und erstaunlicherweise war dann auch gleich noch das Departement Chuquisaca zwischen El Villar – Alcalá über Zudañez – Sucre bis runter nach Aiquile – Torotoro im Brennpunkt des Interesses.

Investigación de Cactus

Nuevos descubrimientos en Bolivia – prácticamente bajo tierra

Gracias a la curiosidad y duras expediciones de búsqueda para encontrar la nueva familia de cactus "Sulcorebutia"

Cuando Roland Mueller, de Alemania, Johan de Vries de Holanda, John Kerr de Inglaterra o Gentille Alessandro de Italia, años atrás preguntaban si podíamos proporcionarles varios vehículos de expedición 4x4 para un viaje de un mes para investigar sobre Cactus, pensé por supuesto que su mayor objetivo sería la Isla Incawasi en medio del Salar de Uyuni. De hecho, existen los más altos y con más de 1000 años, los más antiguos cactus, que yo sepa. Lejos de esto, cuanto más grande, menos interés demostraron estos investigadores y sus ayudantes. El pequeño cactus, discreto y sobre todo bajo la tierra casi todo el año, justo en la primavera en Bolivia después de las primeras lluvias muestra su flor hermosa en su rareza. Es cierto, en las últimas décadas se han descubierto aquí una familia nueva de cactus: el género de "Sulcorebutia".

Otra prueba de la gran biodiversidad de nuestro país. La "Sulcorebutia" impresiona por la enorme riqueza de sus formas, tamaño, espinos y color de las flores, con diferentes tipos de floración (rojo, amarillo y morado,). Bolivia es tan especial y puede ser mucho más, que todos estos investigadores retornan al país, por lo menos cada dos años y no pueden parar la eterna búsqueda de más riqueza natural.

Ein weiterer Beweis der hohen Biodiversität unseres Landes. Sulcorebutien beeindrucken durch die ungeheure Fülle an Erscheinungsformen in Größe, Bedornung und Blütenfarben. In verschieden blühenden Standortformen (rot-gelb und violett, solitär und sprossend). Diese nun bekannte Art ist so klein und zwischen dem Steinschutt, in dem sie wächst, so gut versteckt, dass das Auffinden ohne Blüten schon Lottotreffern ähnelt. Diese Aussage gilt für viele der klein bleibenden Arten mit Rübenwurzeln, die sich während der Trockenzeit fast völlig bis an oder sogar bis unter die Erdoberfläche zurückziehen. „Sulcorebutien haben niemals gehackte Dornen wie zum Beispiel Parodien. Die Dornen der Solcorebutien brechen auch nicht," erklärt mir Roland auf die Frage zur Unterscheidung. Bolivien bietet ihm und seinen Kollegen eine besondere Vielfalt – sie alle können das ewige Suchen nicht mehr lassen und werden daher mindestens jedes zweite Jahr wiederkommen.

SUCCESS
adidas

Forschen und entdecken in Bolivien
Studien und Praktika

Empfohlen von Max Steiner

Gerade im Studienumfeld europäischer Universitäten ist ein Praktikum im Ausland immer mehr erwünscht, es fördert die eigene Laufbahn ungemein. Aber auch um Erfahrungen und Praxis vor einem Studium zu sammeln, ist ein Praktikum oftmals willkommen.

Die Stiftung HI-Bolivia hat dazu breiteste Kontakte zu den verschiedenen Universitäten, Institutionen und bietet direkt im Rahmen ihrer Sozialprojekte Praktika an, welche die verschiedensten Studienrichtungen umfassen können.

Bolivien bietet für viele Wissenschaften interessante Forschungsfelder. Im Allgemeinen bieten sich vor allem die folgenden Themengebiete an:

» Bildungswesen
» Naturwissenschaften
» Gesundheitswesen
» Sozialwissenschaften

Waren es früher praktisch nur Ethnologen und Völkerkundler, die das eigentliche Hochland mit den noch weitgehend unentdeckten Urbewohnern als Studienziel hatten, erkennt man heute eine viel größere Breite an Studienfeldern, die hier interessante Themen finden.

Im Bildungswesen findet im Moment eine Öffnung zur Mehrsprachigkeit statt, und natürlich müssen endlich die Landschulen mit Computeranwendungen, Internet und moderner Kommunikation den Anschluss an das geforderte Universitätsniveau der Städte erreichen. Sozialpädagogisch relevant ist das

Estudios y prácticas en Bolivia

Max Steiner

En los últimos años varias universidades europeas han valorado las prácticas y estudios científicos en el exterior, apreciando una experiencia única en otro país donde se protagoniza la actividad en un nuevo ambiente y otra lengua.
La juventud del mundo entre 18 y 30 años de edad, viene a un país en desarrollo para ayudar en asistencia social en la práctica con gran espíritu y motivación. Durante este intercambio (1 a 6 ó 12 meses), el visitante tiene la gran oportunidad de aprender y apreciar una cultura diferente, en una estructura social diversa, también pueden aprender o mejorar su conocimiento del idioma español y de lenguas nativas como el quechua – aymara o Guarani.

Rubros.
En salud: En hospitales y centros de salud regionales se desempeñan como auxiliares en sus diferentes especialidades.
En apoyo a la educación: En nivel pre-escolar, guardería, kinder, escuela básica y secundaria, apoyo para mejorar las salas de computación, inglés, biblioteca, salones de juego con juguetes didácticos para niños, parques infantiles e institutos técnicos.
En cooperación directa con algunas universidades de Sucre, Santa Cruz y La Paz se presentan diferentes oportunidades para las prácticas: en el área rural, sub-urbano y urbano.
Experiencia de la vida rural en comunidades aisladas de Bolivia: Prácticas en agricultura; en sembradíos de verduras, cereales, experimentando las técnicas tradicionales de cultivo; también el trabajo con carpas solares para aumentar la producción en temporadas frías (2.300 m de altura).

weitgehende Fehlen der Kinder-Früherfassung im ländlichen Umfeld und dort der Aufbau von Kindergärten, sowie die Ausbildung der dringend benötigten indigenen Erzieherinnen. Sicher sehr interessant wird ein Projekt zur „Mobilen Schule", das wir auf Anregungen aus Kreisen der Freiwilligen angehen wollen, um damit auch den noch abgelegeneren Weilern und Außengemeinden die Chance zu modernen Lerninhalten und Präventionsthemen zu bieten. Dort fehlen am meisten die Geldmittel zu Lehrkräften und Schulmaterial.

Bei den Naturwissenschaften gibt es Themen für Biologen, da Bolivien ja über eine enorme Biodiversität verfügt und auch große Schutzzonen und Parks hat. Die großen Gegensätze in der Landschaft, wegen der starken Höhendifferenzen und Klimazonen, öffnen Inhalte für die beschreibenden Geografen. Völkerkundler treffen genauso auf ganz unterschiedliche Kulturen und Sprachen der 36 noch erhaltenen indigenen Stämme. Gerade auch die Probleme der „Campesino"-Kleinfelder-Landwirtschaft in den Tälern und den Hochebenen des Altiplanos fordern nach Studien und Verbesserungsideen.

Mehr und mehr Interesse tritt am Gesundheitswesen in einem Entwicklungsland auf – wahrscheinlich auch wegen des Numerus Clausus in Europa und der damit hohen Einstiegshürde an medizinischen Fakultäten. Die Abiturienten möchten sich vorher oftmals ein klareres Bild ihrer zukünftigen Arbeit machen und engagieren sich in Kleinkrankenhäusern oder Gesundheitsstationen, oft auch konfrontiert mit ihnen völlig unbekannten Krankheiten wie die hier sehr häufig auftretende Chagas (eine Art Arterienverkalkung mit Spätfolgen) und Dengue-Fieber.
Da besonders auf dem Land kaum genügend Personal von der Zentralverwaltung bezahlt werden kann, sind in den letzten Jahren durch die Zusammenarbeit zwischen dem bolivianischen Präsidenten Evo Morales

Implementación de huertos familiares (siembra de verduras).
Medio ambiente: Sensibilización para el cuidado del medio ambiente, con normas prácticas básicas, mediante la clasificación y tratamiento de la basura, el cuidado de ríos, bosques, etc.

Forestación y reforestación – Implementación de viveros: Siembra de plantines, plantando árboles contra la erosión de tierra, así como la construcción de muros de contención en torrenteras.

Fomento y apoyo a los atractivos turísticos locales: Creando valores turísticos en las comunidades campesinas (inventariación y promoción de atractivos turísticos locales), con las visitas a las comunidades de la región, creando fuentes de empleo o ingreso para los pobladores del lugar. Haciendo paseos a caballo, acampando, pescando, etc.

Estudios: En etnología y geografía, como también en historia latinoamericana.

und Fidel Castro weit über tausend Ärzte aus Kuba zu Hilfe geeilt, um diese Lücken zu schließen.

Wie verlockend sind nun für einen angehenden Medizinstudenten solche Kontakte! Nicht zu sprechen von den vielen Möglichkeiten aktiver Mitarbeit bei allen Vorfällen, ab dem Unfall, der Bergung und dem Transport im Ambulanz-Geländewagen über Stock und Stein, dem Notfall, der ersten Hilfe, ja bis zur Geburt voll dabei sein zu dürfen und all dieses hautnah erleben zu können.

Auch für Forschung in den Feldern Politologie und Soziologie ist Bolivien unglaublich spannend:
Kaum ein Stein bleibt auf dem anderen. So muss man sich den vorgesehenen und auch bereits seit drei, vier Jahren kräftig stattfindenden Umbau der Gesellschaft Boliviens vorstellen. „El Cambio“ bedeutet einen wahrlich fundamentalen Wechsel, den wir als Europäer klar links-sozialistisch einordnen würden.
Dazu kommt eine starke indigen-nationalistische Rückbesinnung, welche das Land nun aber mehr teilt als vereint. In eine Stimmenmehrheit dank originärer und Mestizen („Mischlingsbürger“) im Hochland und in eine „Media Luna“ (Halbmond) genannte Region im östlichen subtropischen Tiefland. Diese wird noch immer von weißen Einwanderern und starken brasilianischen und argentinischen Einflüssen dominiert und ist klar der Wirtschaftsmotor der Nation, mit der nun größten Stadt des Landes, Santa Cruz de la Sierra und seinen rund 1,6 Mio. Einwohnern.
Aber auch in den Bereichen Ethik (v.a. in Bezug auf Entwicklungshilfe/-Zusammenarbeit), Nachhaltigkeit und volkswirtschaftliche Wirkung bietet Bolivien viele interessante Themen.

Oft mündet die Arbeit hier in Bolivien in Bachelor- und Masterarbeiten. Die Themenpalette ist dabei unglaublich vielfältig. Neben den bereits erwähnten Themen gab es unter anderem Einsätze wie Orgel-Restauration, Mitarbeit beim Kulturfestival Sucre

(angehende Eventmanagerin) oder Untersuchungen eines angehenden Bauingenieurs zur Infrastruktur in Entwicklungsländern.

Die Niederschrift in einer Thesis oder Masterarbeit bringt beiden Seiten wertvolle Impulse: Dem Studierenden seine akademische Reife, welche er sich im Ausland und in der Praxis hart und selbstständig erarbeiten musste, sowie den bolivianischen Partnern am Projekt, neue Gedankenansätze, oft eine Art neuer Vision, wie man dieses oder jenes Thema besser anpacken könnte.

Hostelling International Bolivia bietet mit seinem Herbergsnetz, seinen Sozialprojekten und vielfältigen Kontakten innerhalb Boliviens immer wieder eine gute Plattform für Studien und Praktika aller Art.

Bolivien in Gegenwart und Zukunft

Max Steiner

Man darf ein Land und vor allem seine Bevölkerung nie aufgeben, auch wenn man darob fast verzweifelt! Nein, so schlimm sollte es auch für die weiße Elite und die eingefleischten „Cambas" (in den letzten 500 Jahren hierher migrierte Europäer) aus Santa Cruz nicht kommen, die ja doch herzhaft und fast aufständisch seit September 2008 für ihre Autonomie kämpfen und diesen gleichen Kampfgeist jetzt gerade wieder im Oktober 2010 zugunsten einer gefährdeten Pressefreiheit unter Beweis stellen.

Alle spüren natürlich den Wechsel: Seit dem Amtsantritt, und vor allem seit der Neuwahl des ersten indigenen Staatspräsidenten Evo Morales Ayma unter der neuen Bundesverfassung zum Plurinationalen Staat, haben viele originäre Volksgruppen ein ganz neues Selbstwertgefühl entwickelt. In vielen seiner populistischen Präsidentenreden schwingt Revanchismus mit. Er rechnet ab mit den spanischen Eroberern, mit der katholischen Kirche, die auch Gehilfe der Unterdrückung gewesen sei, mit den Diktatoren, mit den Mördern Che Guevaras ebenso wie mit den neo-liberalen Präsidenten und deren Ausverkauf von bolivianischen Bodenschätzen und staatlichem Volksvermögen. Vielleicht liegt in dieser durchaus berechtigten Kritik auch gleich die größte Schwäche der neuen Regierung: Sie dividiert gleich wieder, spaltet das Land

Bolivia en su actualidad y futuro

Max Steiner.

Nunca tendrías que abandonar tu país y tu gente, por muy decepcionado que estés. No puede ser tan grave, para los indígenas, mestizos, blancos, ni para los cambas de Santa Cruz, quienes lucharon por su autonomía en septiembre del 2008, eligiendo en abril del 2010 a su propio gobernador: Rubén Costas y en la oposición al gobierno de Evo Morales, presidente.

Todos sienten el cambio, desde la primera elección de Evo Morales Ayma, como presidente constitucional de la República de Bolivia a principios del 2006 hasta la fecha, ha cambiado mucho con grandes eventos, como la ceremonia de entronización, en la pirámide de Akapana en la antigua capital de Tiahuanacu, innumerables reuniones con los Mallkus, con sus trajes especiales para rituales ancestrales. Con todo esto, ha aumentado considerablemente la autoestima de la población indígena. El elemento más importante de los últimos meses del 2009 fue la modernización del registro de la Corte Nacional Electoral, con elementos de última tecnología para el registro de las huellas digitales y fotografía, denominado registro biométrico Qué sorpresa que en abril del 2010 hubiera más de cinco millones de registrados para votar, en comparación a los años 2003 y 2005 con sólo más de tres millones. ¿De dónde vino este crecimiento? Lo positivo de este

fenómeno es que los bolivianos verdaderamente aprendieran a participar en estas decisiones y particularmente en las elecciones generales, es una muestra del fortalecimiento de la democracia, sobre todo en un país con una historia deduras dictaduras militares. Por otra parte tenemos que ver que había programas, podemos decir para legalizar al individuo, al ofrecer en forma gratuita certificados de nacimiento y carnets de identidad, lo cual tuvo su influencia para el crecimiento del número de electores. También por primera vez se han registrado más de 200 mil bolivianos en el exterior con derecho a voto.

Para garantizar el progreso, las reglas son bien claras, falta una economía con un ciclo coyuntural positivo, falta que llegue más dinero a la gente sin recursos, faltan las relaciones internacionales estables para garantizar la exportación de sus productos. El nuevo gobierno ha cumplido con sus promesas de otorgar apoyo para la educación con el bono Juancito Pinto y para salud el bono Juana Azurduy y el de la renta de vejez con la continuidad del pago del bono dignidad para personas mayores de 60 años. Con estas medidas se ha distribuido bastante más dinero a la gente del área rural y se ha estimulado el consumo y la producción nacional; con la nueva orientación y creación de un frente político, en la forma del ALBA (Alianza bolivariana para los pueblos de nuestra América) Bolivia, se ha enfrentado a EE.UU. y parcialmente también con algunos países de Europa. En consecuencia, se ha retirado la DEA, en su lucha contra la cocaína y USAID en su apoyo social, con un presupuesto de casi 400 millones de dólares. Para equilibrar las necesidades de Bolivia, en el espíritu del bicentenario de la libertad boliviana, especialmente los presidentes de Venezuela, Hugo Chávez, Brasil, Lula, y Cuba, Castro, entraron con programas y proyectos fuertes, casi reemplazando el apoyo americano de antes. Estas iniciativas tienen la suerte del momento que los precios del diesel y del gas hayan subido, de 35 a 85 US$ por unidad. Claro, siempre falta preguntarse si este desarrollo es sostenible, la suerte del momento sigue, por dos motivos totalmente diferentes: Bolivia es un país pobre con pocos capitales extranjeros que nunca tuvo posibilidad de especular en la bolsa de valores de Nueva York, con lo que no ha perdido nada en la increíble crisis mundial del capitalismo. Como segundo motivo, Bolivia ha encontrado dos nuevas fuentes de minerales: el hierro en la montaña del Mutún, cerca de la frontera con el Brasil y el litio en el Salar de Uyuni, especialmente el litio por primera vez, con planes de realizar en línea directa la producción de baterías, como materia prima para la fabricación de baterías de coches eléctricos para todo el mundo.

El turismo denominado la industria sin chimeneas, sería un potencial muy importante para Bolivia, sólo lentamente hay algún cambio en los originarios conservadores, para abrirse y mostrar su naturaleza y especialmente sus atractivos culturales ; justamente el turismo sería una actividad para multiplicar fuertemente el empleo, para contratar a jóvenes orgullosos de su paísque entiendan bien el inglés u otro idioma de los turistas.

El éxito de este gobierno dependerá de la respuesta a la lucha contra la pobreza, en la eliminación del analfabetismo y en el mejoramiento de la educación, especialmente en la parte técnica industrial, y en la mejora de los servicios de la salud. La visión es trabajar con más profesionalismo y con relaciones internacionales estables, generando más ingresos estatales, con una distribución justa y solidaria, en favor de las clases desposeídas. Esperamos el éxito para el bien de nuestra patria Bolivia.

und verfehlt damit die Chance zu einem vereinten, gestärkten Bolivien.

Auf Basis der neuen vom Volk mehrheitlich angenommenen Staatsverfassung steht Bolivien vor einem wirklich bedeutenden Wechsel in seinem ganzen Staatsgefüge: Aus einer rein zentralistisch gesteuerten Nation entsteht eine plurinationale Gliederung mit mehr Autonomie für die Gemeinden und die Departamente (Bundesländer), aber auch für „Originäre Indigene Gebiete – TOC „. Die katholische Kirche verliert den Anspruch als Staatskirche und in der neuen Religionsfreiheit werden auch die naturreligiösen Bräuche und Riten einen ganz bedeutenden Stellenwert bekommen.

So ist es nicht verwunderlich, dass zu Evo Morales, zwei Tage bevor er im Parlament zum neuen bolivianischen Staatspräsidenten eingeschworen wurde, mehr als 80 Delegationen aller wichtigsten Indianerstämme aus ganz Amerika kamen, um an der Rituals-Pyramide Arkapana in der alten Königsstadt Tiahuanaco – 100 km nordwestlich von La Paz nahe beim Titicacasee – gemeinsam mit Beginn des Sonnenaufgangs eine mehrstündige Krönungszeremonie zu zelebrieren, mit Schamanen, Medizinmännern, mit hunderten von Opfergaben sowie geschlachteten Lamas und vor allem deren Föten, die dort als gute Geistbringer verbrannt wurden.

Zum ersten Mal seit über fünfhundert Jahren wurde einem Ureinwohner die Kronenmütze aus edelster Vicuña-Wolle aufgesetzt. Mit ihren vier Ecken ist diese das wichtigste Inka-Insignium und symbolisiert das Inkareich der „Vier Winde“ – Tiwantasuya in der Quechua-Sprache. Für alle originären Volksgruppen war diese Zeremonie damals viel wichtiger als der anschließende Staatsakt mit dem Präsidentenschwur. Den Eid legte Evo Morales Ayma übrigens mit hochgestreckter geballter Faust, als Zeichen der neuen Macht und nicht mit den westlich stilisierten Schwurfinger ab. Das bedeutet, es gibt nun wieder einen „Inka“, also wieder einen indigenen König, in Bolivien und Südamerika: Demzufolge ist Evo Morales der erste legitim gewählte oberste Stammesfürst nach fünf Jahrhunderten Kolonialzeit und dies auch noch grenzüberschreitend. Das erklärt dann leider auch umgehend, weshalb die Beziehungen zum Nachbarstaat Peru sich markant verschlechtert haben. Man befürchtet dort natürlich eine Art „Baskenland-Problem“ unter den rund vier Millionen Aymaras rund um den Titicacasee. Interessant ist, dass dies alles von der Weltöffentlichkeit fast gar nicht zur Kenntnis genommen wurde, da diese Bräuche und geschichtlichen Hintergründe in Europa nicht kommuniziert werden.

Ein sehr erfreuliches Ereignis der letzten Monate war der reibungslose Aufbau eines völlig neuen Stimmrechtsverzeichnisses für die bolivianische Bevölkerung. Das Dritt-Weltland besitzt heute eine der mit modernsten Mitteln erstellte biometrische Datenerfassung seiner wahlberechtigten Bevölkerung – mit zehn Fingerabdrücken und elektronischer Augenvermessung. Dies als wichtiger Hinweis darauf, dass die zukünftigen Wahlen einwandfrei und ohne Fälschungen ablaufen sollten. Aber die grosse Überraschung liegt nun in der Anzahl der sich gemeldeten Personen. Waren es beispielsweise bei den Wahlen 2003 noch 3,3 Millionen und bei Evo's Wahl 2005 schon 3,8 Millionen stimmberechtigter Einwohner, so ließen sich anfangs 2010 über 5 Millionen wahlberechtigte Bürger erfassen. Woher dieser große Zuwachs?

Vorab das Positivste: Die Bolivianer wollen wirklich an dieser wichtigen Weichenstellung aktiv und mit eigener Stimme teilnehmen. Dies ist ein unglaublich starkes Zeichen des gewachsenen Demokratieverständnisses in einem Land, das noch vor 25 Jahren von militärischen Diktatoren beherrscht war. Andererseits muss man auch einen gewissen Wahlzwang erwähnen. Denn wer nicht belegen kann, dass er seine Wahlpflicht wahrgenommen hat, wird anschließend

für einige Wochen in seiner wirtschaftlichen Handlungsfreiheit eingeschränkt. Er kann von einem Tag auf den anderen keine Bankgeschäfte mehr tätigen, keine beglaubigten Verträge für Grundstücke und Häuser abschließen etc. Diese wirtschaftlichen „Strafmaßnahmen“ beschäftigten in früheren Jahren die indigene Bevölkerung kaum, hatten sie doch gar nicht die Mittel für finanzielle Transaktionen. Dank unzähliger staatlicher Programme, die es der indigen Bevölkerung zum einen erlaubte, erstmals kostenfrei Geburtsscheine und Personalausweise direkt in den Dörfern zu beziehen und ihnen zum anderen ein breites Angebot an Mini- und Mikrokrediten zu annehmbaren Zinskonditionen zur Verfügung stellte, haben sich über eine Millionen Bolivianer staatlich erfassen lassen. Auch wenn man die knapp 200'000 registrierten Ausland-Bolivianer, welche ebenfalls erstmals wahlberechtigt wurden, abzählt, hat Bolivien also nochmals überraschenderweise in seiner statistisch erfassten Einwohnerzahl zugelegt und man geht heute klar von rund zehn Millionen Bürgern aus. (Im Jahre 2000 waren es erst 7,8 Mio.)

Langfristig lautet die eine wichtige Regel: Ohne einen wirtschaftlichen Aufschwung hält sich keine Regierung sehr lange. Ohne Zweifel wurde die Notwendigkeit der sozialen Umverteilung und der wesentlich solidarischer ausgestaltenen Programme für Gesundheit, für werdende Mütter, die Zahlung von Schulkindergeld und Volksrenten bereits ab dem sechzigsten Lebensjahren von der Regierung Evo Morales umgehend erkannt. Der letzte Punkt zeigt die unglaubliche Ignoranz der früheren Präsidenten. Die durchschnittliche Lebenserwartung der indigenen Bevölkerung des über 3.500m hoch liegenden Altiplanos liegt mit achtundfünfzig Jahren nach wie vor rund zehn Jahre niedriger als die der weißen Migrationsschicht im Tiefland. Wer sollte da ab fünfundsechzig dann noch eine Rente beziehen dürfen?

Ist das nachhaltig? Im Moment bewirkt es eine gewisse Konsumstimulierung, welche zu einem kleinen konjunkturellen Hoch, trotz Weltwirtschaftskrise, hier in Bolivien führt. Aber langfristig fehlen die wichtigsten Impulse, da wir in Bolivien praktisch keine eigene Industrie haben, sondern alles aus dem Ausland importieren müssen. In den letzten Jahren stand der Regierung von Evo Morales das Glück bei, dass die enormen Preissteigerungen von Gas und Öl beachtlich Geld in die Staatskasse spülte. Ebenso wurden viele Entwicklungsprogramme von Hugo Chavez, dem populistischen Staatschef aus Venezuela, als großzügige „Bolivarianische Hilfe“ (ganz im Zeitgeist der 200-Jahre-Erinnerungsfeier 2009-2010 zur großen Befreiung durch Simon Bolivar) im wahrsten Sinne des Wortes mit Checks in den Landgemeinden bar bezahlt.

Das ganze Augenmerk der zukünftigen Wirtschaftspolitik müsste also darauf liegen, einerseits die Steuereinnahmen auf diesem hohen Niveau zu behalten, um die so dringend erforderliche Umverteilung des Eigentums und die Unterstützung der Armen aufrecht zu erhalten, um auch andererseits gleichzeitig mit ersten entscheidenden Industrialisierungsprojekten endlich eine eigenständige, nationale Produktion aufzubauen.

Die Ausgangslage dazu wäre gar nicht schlecht, denn Bolivien ist reich an vielfältigsten Bodenschätzen. Zwei ewige Stolpersteine sind die hohe Korruption und die Unfähigkeit der Politikerklasse, aber auch einheimische Führungskräfte im Staatsdienst zu verpflichten. Außerdem fehlt es an ausländischem Kapital und Know How, welches aber nicht kommen will und wird, ohne eine befriedigende Antwort zur Rechtssicherheit und zur Frage der Gefahr von weiteren Nationalisierungen.

Um ideologischer und vermehrt unter ihresgleichen zu sein, hat man nun vor kurzem eine alternative Staatengemeinschaft gegründet – die ALBA – welche in ihrem Namen schon klar sagt: Bolivarianische Alternative Latein-Amerikas; die sozialistisch, nationalistische Antwort gegen die amerikanischen Bemühungen mit der ALCA, die Freihandelszone der NAFTA von Mexiko aus über ganz Südamerika zu erstrecken. Kolumbien und Peru sind dieser Einladung gefolgt. Kuba, Venezuela und nun auch Ecuador, Bolivien und Nicaragua, mit dem alten Fidel Castro Freund und Ex-Untergrundkämpfer Ortega als Präsidenten, sind der ALBA beigetreten. Ganz neu wollen diese sich nun vom US Dollar etwas lösen und haben sogar eine einheitliche Währung den „Sucre" eingeführt.

Der wirtschaftliche Motor in der Außenbeziehung für Bolivien bleibt aber der MERCOSUR, da man mit den ALBA-Freunden nicht mal 5 % des Export-Import-Volumens erzielt. Somit sind vernünftige Handelsbeziehungen zum Verkauf von Gas und Öl an Brasilien und Argentinien viel wichtiger. Aufgrund der unglückseligen Verhältnisse zu Chile seit dem „Salpeter"-Pazifikkrieg Ende des 19. Jahrhunderts, bestehen bis heute keine normalen Beziehungen zwischen diesen Nachbarn. So wurde auch nie mehr ein Botschafter ausgetauscht. Wasser- und Hafenrechte sind umstritten und nicht zu verschweigen, dass da oben im wüstenähnlichen Niemandsland (der letzte James Bondfilm „Casino Royal" lässt ja im Hintergrund grüßen) noch bis vor kurzem über 100'000 Personenminen lagen, verstreut an der südöstlichen Grenze Boliviens mit Chile.

Ganz neu bringen nun zwei Projekte Hoffnungen auf Verbesserung: Das Eisenerz im Hügelzug „Mutun" an der brasilianischen Grenze und die Lithium-Vorkommen unter der Salzkruste der mit 12'000 km2 größtem Salzfläche der Welt, einem alten abgetrockneten Meer. Beide Projekte erfordern internationale Partner, die nicht nur die Bodenschätze abbauen, um anschließend das gewonnene Rohmaterial auszuführen, sondern es werden in Zukunft zumindest die ersten beiden Verarbeitungsstufen in Bolivien realisiert werden müssen.
Indiens drittgrößter Stahlhersteller Jindal-Steel hat bereits Investitionen für die Nutzung des Eisenerzes bei Mutun zugesagt, allerdings stecken die Vertragspartner mitten in den üblichen Startschwierigkeiten zwischen Korruption und hoffnungslos überforderter Bürokratie. Beim Lithium will die Regierung vorerst ein technisches Verfahren zur umweltgerechten Gewinnung dieses für den sich abzeichnenden Auto-Elektro-Batterien-Boom so wichtigen Materials bestimmen und sogar patentieren lassen. Ebenfalls wird dann von internationalen Partnern (aus Frankreich, Korea und China gibt es Interessenten) verlangt, dass eine Fabrik zur Herstellung von Batterien lokal realisiert werden muss. All dies gäbe ohne Zweifel ganz wichtige Impulse und vermehrte Arbeitsplätze. Fazit: Hoffnung darf aufkommen!

Eigentlich schade, dass man dem Tourismus bis heute so wenig Bedeutung in diesem von Naturschönheiten und kulturellen Höhepunkten erfüllten Land beimisst. Diese „Industrie ohne Kamine" würde bereits mittelfristig viele Arbeitsplätze schaffen können. Dazu abschließend noch eine kleine Anekdote, die zeigt, wie wenig die Einheimischen bis heute das Prinzip Tourismus verstehen: Noch vor wenigen Jahren wurde ich von einem Mallku, einem indigenen Dorfältesten, auf der Anfahrtstrasse zum Salar de Uyuni ganz im Vertrauen gefragt: „Ich möchte doch mal ehrlich fragen: Was stehlen eigentlich die vielen Touristen da draußen auf dem Salar – ich habe noch bei keinem von euch grössere Salzblocks gesehen, was nehmt ihr dann mit? Warum tritt jemand eine so weite, äußerst anstrengende, abenteuerliche Fahrt überhaupt an?" Dazu muss man wissen: Die Einheimischen befahren den Salar bis heute fast nur für den Schmuggel! Was also lockt uns Ausländer auf den Salar? Bei der indigenen Bevölkerung fehlt bis heute häufig noch das Verständnis, dass Reisen kulturell bilden und der eigenen Selbstentfaltung dienen könnte. Für die Einheimischen zählt lediglich der tägliche Kampf für das Überleben der eigenen Familie. Verständlich, dass somit keine Visionen in Sachen Tourismus entstehen können.

Und somit stehen wir abschließend wieder vor der zentralen Frage Boliviens: Wie kann Armut so bekämpft, Gesundheit so gefördert und Schulbildung so vorangetrieben werden, dass die unglaublichen Klassengegensätze des Landes reduziert werden? Wie können gleichzeitig neue Visionen zugunsten Boliviens, mit mehr Professionalität und in stabiler internationaler Zusammenarbeit angegangen werden? Drücken wir dem ganzen Land Bolivien und seiner Bevölkerung ganz fest die Daumen, dass dies gelingen möge.

Zeugnis eines Jahrzehnts sozialer Einsätze

Prof. Carlos Guerra , Schuldirektor El Villar

An die Ankunft der ersten Freiwilligen kurz vor Weihnachten 2002 und im Februar 2003 in unser doch sehr abgelegenes Dorf El Villar (eine Sackgasse nach 210 km Naturstraße ab Sucre) erinnere ich mich noch sehr gut. Isabell Crone und dann Holger Tralls sind für uns unvergessen. Sie haben hier die ersten Computerkurse organisiert und uns Lehrer dazu motiviert, auf unseren Schreibmaschinen Schritt für Schritt zu verzichten. (Wenn wir allerdings mitunter von Stromausfällen geplagt werden, bin ich froh, dass ich meine alte Schreibmaschine hervorholen kann.) im Laufe der Jahre kamen immer öfter und in größerer Anzahl Freiwillige aus aller Welt, die wir alle mit offenen Armen willkommen hießen und von denen viele auch nach ihrem Abschied in unseren Herzen blieben. Nebst den vielen interessanten menschlichen und sozialen Beziehungen sind wir natürlich sehr dankbar über die große Unterstützung der Freiwilligen: Viele von ihnen engagieren sich im Bereich Bildungsassistenz. Oder sie bieten Sprach- und Computerkurse an, arbeiten im Gesundheitswesen mit, im Bereich Umweltsensibilisierung, im Sport und in der Jugendarbeit, ja manche bieten sogar Theater- und Musikklassen bei uns in der Gemeinde an. Für so viel kreative Freiwilligenarbeit sind wir froh und dankbar in unserer immer noch sehr abgelegenen Gemeinde.

Seit vielen Jahren unterstützt uns Hostelling International Bolivia in vielen Bereichen. Dabei verbindet uns mit den Verantwortlichen Max Steiner und Arturo Zamorano eine nun zwanzigjährige Freundschaft. Die Resultate lassen sich sehen. Ich bin froh darüber, dass wir gemeinsam einen ersten Kindergarten mitten im Dorf in Betrieb nehmen konnten. Ein zweiter

Testimonio de una decada y algo más

Prof. Carlos Guerra Palenque,
Director del Colegio Eduardo Abaroa.

Desde la llegada del primer voluntario (Alemán) a nuestro pueblo de El Villar, allá por los años 2003 – 2004 , recuerdo muy bien al inolvidable amigo Holguer Trulls, con quién se marcó una faceta muy importante para nuestra población, porque se organizó el primer taller de computación para maestros interesados en dejar la tradicional máquina de escribir (que sin embargo sigue sirviendo como en este momento, porque la dirección de nuestro colegio nació huérfana de padre y madre, que no tiene casi nada de equipamiento, excepto ganas de trabajar). Luego siguieron llegando poco a poco algunos voluntarios de diferentes países, los cuales siempre fueron recibidos con los brazos y el corazón abiertos. Aparte de las buenas relaciones humanas y sociales que hemos compartido con todos los jóvenes voluntarios que llegaron hasta la fecha, estamos muy satisfechos por el apoyo recibido; por ejemplo, en salud y en educación que es donde más hemos disfrutado de su cooperación, con su participación como auxiliares en las clases de idiomas, computación, sociales, educación física, matemáticas, etc., según sus aptitudes personales, incluso haciendo clases de teatro con nuestros alumnos y participando en las horas cívicas cada lunes.

Desde hace varios años Hostelling International Bolivia nos viene apoyando en muchas cosas que me permito compartir con ustedes y en las cuales también tuve la satisfacción de participar e impulsar en mi condición de educador. Me refiero al funcionamiento del Centro Inicial en el pueblo de El Villar y en la comunidad de Villarpampa, donde HI paga

Kindergarten folgte anschließend im ersten Außenweiler Villar Pampa. Und im Oktober 2010 konnten wir den Kinderhort und ein kommunales Zentrum einweihen. Diese Projekte entstanden immer in Zusammenarbeit mit den örtlichen Gemeinde- und Schulbehörden, aber auch mit den lokalen Müttervereinigungen. Als Erzieher freut es mich natürlich sehr, dass mit diesen Einrichtungen erstmals eine professionelle Förderung unserer Jüngsten erreicht werden kann. Spracherwerb und Kreativität werden ebenso gefördert wie alle anderen Bereiche, die heute auch im Dorf für Kinder wichtig sind, um sie pädagogisch gut auf die Zukunft vorzubereiten. HI-Bolivia übernimmt dabei zusätzlich die jährlichen Kosten für die Bezahlung der Erzieherinnen, für die Lebensmittel der Schulküche samt Köchin, sodass die Kinder jeden Tag ein Frühstück und eine warme, reichhaltige Suppe als Mittagsmahlzeit bekommen können.

Genauso unvergessen sind die Spenden für Kinderspielplätze, zwei Töpferscheiben und anlässlich der Eröffnung unseres neuen Schulgebäudes bekamen wir dann sogar noch eine Musikanlage mit Verstärker für Tanz und Spiel unserer Schuljugend. In Zukunft wird es nun ganz wichtig werden, gemeinsam mit den Freiwilligen auch in den enorm gewachsenen Außenweilen neue Schulassistenzen anzubieten. Als Beispiel erwähne ich den erfolgreichen Einsatz in Karachimayu: Dort arbeitet seit über einem Jahr eine deutsche Schulassistentin im Freiwilligeneinsatz. Sie hilft im neuen Internat mit und sich in diese bald Fünfhundertseelengemeinde mit vielen Ideen ein. Für die wenigen Lehrer und die nun schon mehr als achtzig Kinder ist sie eine wichtige helfende Hand. Ganz ausgezeichnet funktioniert die Kooperation mit dem Deutschen Roten Kreuz, Hessen und deren Leitern Bernhard Kühn und Norbert Wenzel, die wir in der Ausbildung als Partner und HI-Mentoren anlässlich der DRK-Andentagung im April 2010 in Sucre persönlich kennenlernen durften und denen wir grosse Unterstützung verdanken.

a las educadoras, arregló la infraestructura, paga el desayuno escolar. En la comunidad de Lagunillas se ha concluido la construcción y equipamiento de otro Centro de Educación Inicial con el apoyo de Marieke y Nicolás de Hostelling International, en cooperación directa con la HAM de nuestro municipio; este Centro de Educación se encuentra funcionando desde enero del 2010, pese a no haber estado listo, con gastos solventados por HI - Bolivia y el concurso incondicional de los voluntarios alemanes.
No quiero olvidar el apoyo para nuestra escuelita central en el pueblo, habiendo recibido el parquecito infantil, los dos tornos para hacer cerámica, la contraparte para la compra de nuestro equipo de amplificación.

Gracias al concurso de los voluntarios, el internado campesino y la escuela de Karachimayu, tienen otra dinámica. Seríamos muy felices si le diéramos continuidad a este apoyo, para que los niños cuenten con la mano amiga de un hermano de Europa, que los apoye en sus primeros pasos en inglés, supervisión del internado, etc., en vista de que no contamos con un ítem del gobierno para este trabajo.

También quiero agradecer a la Cruz Roja de Alemania, en la persona del Sr. Kuhn y Wensel, con quienes tuve la suerte de compartir buenos momentos de trabajo y de relación social, en ocasión de la Conferencia Andina de organizaciones en trabajo social con voluntarios, llevada a cabo en Sucre, en abril del 2010.

Mi testimonio, aprecio y reconocimiento a mis dos grandes amigos de Hostelling International, que en verdad son como mis hermanos, con quienes estoy vinculado por el servicio a la sociedad por casi dos décadas: Max Steiner y Arturo Zamorano y sus dignas esposas Marthita y Sandra, que acompañan el esfuerzo de sus maridos; también mi reconocimiento a aquellos que hacen posible la llegada de

Die dörfliche Schulleitung und die Lehrerkollegen wiederum sind froh, ihrerseits den Freiwlligen etwas mit auf den Weg geben zu dürfen: Sie bekommen einen tiefen Einblick in unsere Kultur und Traditionen; sie nehmen teil an unserem Alltagsleben in Leid und Freude; sie lernen und verbesserten ihre Spanischkenntnisse im Gespräch, in der Schule und in der Freizeit und sie bleiben unsere Freunde fürs Leben. Alle kehren als viel reifere, erfahrene Persönlichkeit zurück in ihre Heimatland. Oft bringen sie klare Vorstellungen zur zu ihrer Studienwahl und beruflichen Ausrichtung mit nach Hause und einige sogar die Liebe ihres Lebens – für immer.

Lassen wir unseren erfolgreichen gemeinsamen Einsatz unter das Motto stellen: „Auf unseren sprichwörtlich kargen Böden dieser Bergregion haben wir den Samen der Bildung gesät, denn Bildung ist eine Verpflichtung für uns alle und die alleine führt nachhaltig aus der Armut. „

Geschrieben in El Villar, in der 5. Sektion der Provinz Tomina, im Bundesland Chuquisaca, Bolivien am 24. November 2010

jóvenes extranjeros a nuestra querida patria Bolivia autoridades nacionales y extranjeras), para apoyar en Salud, en Educación, Cultura y Medio Ambiente, porque sin cuyo concurso sería imposible coordinar y hacer realidad algunos de nuestros sueños, por pequeños que sean; si miramos hacia atrás veremos algunos de nuestros logros, miremos hacia adelante que tenemos mucho por hacer, no desperdiciemos la oportunidad que nos brinda la vida *"podemos ser utiles a la sociedad del mundo, sin mirar fronteras"*

A las organizaciones internacionales que nos envían voluntarios a Bolivia, también quiero expresarles mi compromiso y mi concurso de seguir trabajando, a nombre de los colegas maestros, y para retribuirles en algo por el trabajo de los jóvenes voluntarios, mi compromiso es el de devolverles a estos jóvenes extranjeros, convertidos en personas más maduras, más experimentadas, tal vez hasta curtidos por las inclemencias del tiempo; pero, conocedores de la idiosincrasia de la gente de una nueva cultura y sus tradiciones, hablando un idioma más para su vida, el español que se habla en muchos países del mundo.

Al final de nuestros días todos juntos podremos expresar orgullosos: *"no hemos sembrado en tierra esteril"* y *"la educacion es una obligacion de todos "*.
¡¡ Muchas gracias, es mi testimonio y mi gratitud a todos, también a mis inolvidables ex voluntarios, con cuyo trabajo y amistad alimenté mi espíritu. De parte de su hermano mayor, de su amigo incondicional C.G.P. !!.

El Villar, 5ta. sección, provincia Tomina, Dpto. de Chuquisaca, Bolivia. 24 de abril del 2010.

Palillo-Projekt II – Zwei Rundmails

Liebe Freunde,

Sucre, im Oktober

erwartet bitte keinen ausgefeilten Text, denn es fehlen Zeit und Laptop, um ausfuehrlicher zu schreiben. So streite ich hier im Internet-Café mit dem spanischen Rechtschreib-Korrekturprogramm, das mich staendig verbessern moechte. Aber wenigstens finde ich jetzt endlich mal die Ruhe, Euch einen lieben Gruss aus Bolivien und ein paar Stichworte zu meinem aktuellen Aufenthalt zu mailen:

Mit 150 Nadelspielen im Gepaeck, gesponsert von der deutschen Handarbeitsindustrie, und mit Wolle vom Bauernmarkt in Sucre habe ich zunaechst sogenannte Startersets zusammengestellt. Und dann ging´s mit dem Nachtbus nach La Paz, von La Paz weiter mit der Flota nach Copacabana, dann noch drei Stunden mit dem Boot über den Titicacasee zur Isla del Sol, in Begleitung von Max Steiner, zwei gerade angekommenen Zivis und zwei jungen Weltwaerts-Frauen.

Auf der Insel, in Ch´alla, einem winzigen Doerfchen, sozusagen im Windschatten des Insel-Tourismus, unterstützen die FSJ´ler zurzeit die Einheimischen in punkto Schulassistenz, sanftem Tourismus und Umweltschutz. Bisher leben die Menschen in Ch´alla hauptsaechlich von der Landwirtschaft (auf den Jahrtausende alten Ackerterrassen). Doch insbesondere, weil die beiden anderen Inseldoerfer seit Jahren vom Fremdenverkehr profitieren, braucht Ch´alla etwas Unterstuetzung, um das „Wohlstandsgefälle“ und die damit einhergehenden sozialen Verwerfungen abzumildern. Denn natuerlich wollen auch sie vom Tourismusgeschäft profitieren.

Bei unserer Ankunft faellt der erste Fruehlingsregen nach langer Trockenzeit. Die Bauern sind gluecklich und beginnen in der erste Regenpause sofort mit der Fruehlingsaussaat. Wir dagegen fuehlen uns etwas nordseemaessig, vor allem weil unser Boot es gerade noch rechtzeitig in den Hafen geschafft hatte, bevor Sturm und Dunkelheit ein

Anlaufen an der Strandmole unmoeglich gemacht haetten und es auf der 3600 m hoch gelegenen Insel schnell lausig kalt wird, sobald die Sonne weg ist.

Am naechsten Morgen werden wir in der Versammlung der Dorfaeltesten erwartet. Sie treffen sich im Colegio mit dem Schuldirektor. Hier haben wir Gelegenheit, neben anderen Themen auch über das Palillo-Projekt zu sprechen. Die Vorzeigesocken werden mit den 5 Stricknadeln herumgereicht und die Dorfaeltesten zeigen sich einverstanden, dass wir einen Socken-Kurs anbieten. Und um das Gelingen des Strickprojektes zu begünstigen, werden wir eingeladen, an einem kleinen Ritual teilzunehmen. Pachamama wird um Unterstützung angerufen. Dafür werden Kokablaetter und Salz geopfert und dann noch ein Kreuzzeichen gemacht. Damit ist die Zusammenarbeit mit den Freiwilligen für ein weiteres Jahr beschlossen und gesegnet.

An diesem Nachmittag kommen zehn Inselbewohnerinnen an den Strand der Sonneninsel, um unseren Schnellkurs in Sachen Socken zu besuchen. Unterstützt werde ich von Sarah, die als Weltwaertsfreiwillige zwölf Monate auf der Insel lebt und arbeitet – und die schon waehrend unserer gemeinsamen Anreise zur Isla voller Elan das Sockenstricken erlernt hat. Sie wird das Projekt nun ein Jahr lang koordinieren und weiterfuehren. Abends sind dann tatsaechlich auch schon die ersten Socken fertig und die Frauen begeistert. Sie erkennen den Mehrwert, der in diesem winzigen Projekt steckten koennte: warme Fuesse „sin costura" fuer die eigene Familie (ohne Naht! weil mit fünf Nadeln rundgestrickt) und vielleicht spaeter sogar eine kleine zusaetzliche Einkommensquelle durch den Verkauf der „medias". Insbesondere die Dorfschullehrerinnen sind wild entschlossen, ihr neues Wissen in den Unterricht hineinzutragen. Und Sarah erlebt an diesem Nachmittag und Abend, wie sie mit Hilfe der Stricknadeln mit den einheimischen Frauen ganz zwanglos in Kontakt kommen kann.

Leider bleibt mir durch all das Stricken keine Zeit fuer Spaziergaenge ueber die herrliche Isla del Sol, die ganz zu Recht zu den schoensten Orten der Welt gezaehlt wird:

Das Panorama ist atemberaubend. Dieses unvergleichlich tiefe Blau des fast endlos erscheinenden Lago de Titicaca und dann die schneebedeckten Koenigskordilleren, die jenseits des Sees fast die 7000 m ue. NN beruehren.

Und weiter geht´s: zurueck nach Sucre und dann in die Andendoerfer Alcalá und El Villar. Auch hier werde ich von jungen Freiwilligen unterstuetzt. Erstaunlich, dass die Mehrzahl von ihnen freiwillig!!! stricken lernen moechte (oftmals sehr zur Verwunderung der Eltern daheim). Strickkurse also nun fast ganztaegig und mit grossem Hola, weil ich viele Frauen schon aus dem vergangenen Jahr kenne.

Don Téodore hatte ich schon in Sucre getroffen. Nachdem er gehoert hatte, ich sei wieder im Lande, ist er doch tatsaechlich im Hostel aufgetaucht, um Hallo zu sagen. Natuerlich habe ich ihn und seine Familie dann in ihrer casa besucht. Ich hatte ein Fotobuch fuer sie gemacht, mit den Bildern, die ich im vergangenen Jahre bei ihnen hatte machen duerfen … und ich glaube, ich habe selten in meinem Leben so glueckliche Gesichter gesehen. Jedes Detail haben sie sich genauestens angeschaut und sich so sehr gefreut, Alltagsszenen ihres Lebens zwischen zwei Buchdeckeln in der Hand zu halten. Ueberall im Dorf und auch bei ihnen, in ihrer einfachen Lehmhuette, ist die Entwicklung, der Aufbruch oder el cambio, der Wechsel, wie er hier in Bolivien genannt wird, deutlich zu sehen. Seit zwei Monaten gibt es Strom in diesem entlegenen Seitental und der aelteste Sohn hat sich einen Fernseher und einen DVD-Player erspart und gekauft. Nun kann er, der aelteste gehoerlose Sohn Don Téodores, sich und seinen ebenfalls gehoerlosen Geschwistern mit bewegten Bildern aus aller Welt das Leben erzaehlen lassen. Und darauf ist die ganze Familie stolz.

Ueberhaupt scheint die Weltwirtschaftskrise, die uns in Europa und weltweit in Atem haelt, hier keine dramatischen Auswirkungen zu haben – wie auch, in diesem immer noch aermsten Land Suedamerikas. Nein, hier ist der Aufschwung spuerbar, vor allem auf dem Land: Ueberall neue Baustellen, neue Projekte, auch neue tiendas, neue Strassen, frisch renovierte Plazas. Noch etwas weniger Muell in den

Strassen und Baechen, dafuer mehr Obst in den Geschaeften, wohl auch mehr Fleisch, aber das ist nur eine erste Momentaufnahme…

In El Villar habe ich dann nicht nur Frauen und Maedchen unterrichtet, die sich im Hostel zum Kurs susammensetzten, sondern auch in einem paedagogischen Zentrum fuer Berufsfoerderung. Der Direktor hatte mich gebeten, auch in diesem IPEPRO einen Kursus anzubieten und war vom Erfolg dieses Projektes sehr ueberzeugt, weil hier eben in kurzer Zeit ein Ergebnis, ein Produkt, in den Haenden liegt, ohne dass zuvor viel Geld und Zeit investiert werden muss. Nun brauchen wir Freiwillige, die die StrickerInnen beim Erstellen eines Vermarktungskonzepts unterstuetzen koennen.

Als zweites habe ich dann auch in der kleinen Landschule Villar Pampa, eine Fußstunde außerhalb des Dorfes, die ersten Strickreihen begleitet, nachdem der Dorfschullehrer Interesse angemeldet hatte: Dort wird Mareike, die als deutsche Schulassistentin des Weltwaertsprogramms, mehrmals die Woche in die Landschule wandert, zukünftig auch Handarbeitsunterricht geben.

Zusammenfassend kann ich heute schon sagen: Bisher haben weitere 56 Frauen/ Maedchen und auch vier Jungs mit dem Sockenstricken begonnen, wobei ich betonen moechte, dass die meisten Frauen und Maedchen mit zwei Nadeln sehr gut handarbeiten koennen, aber sie die 5-Nadeltechnik spannend finden, egal ob sie „nur“ fuer die eigene Familie oder auch fuer eine moegliche Vermarktung stricken.

Immer dort, wo die Menschen ueberhaupt kein Bargeld haben, habe ich die Kurse inklusive Nadeln und Wolle kostenlos angeboten, dort, wo Lehrerinnen, Landaerztinnen o.ae. hinzukamen, bezahlten die Teilnehmerinnen den Kursus mit 10 BS (1 Euro). Die in Sucre gekaufte Wolle wurde zum Selbstkostenpreis weitergegeben. Diese „Einnahmen“ fliessen sofort zurueck in den Etat, den ich aus privaten Spenden mitbringen konnte, und aus dem das Projekt auch in Zukunft weiterfinanziert werden wird. Mit der deutschen Handarbeitsindustrie, die die 150 Nadelspiele gesponsert haben, ebenso wie HI-Bolivia, dem bolivianischen Jugendherbergswerk und der dahinter stehenden gemeinnuetzigen Stiftung ist abgesprochen, dass auch die Einnahmen aus den Nadeln reinvestiert werden.

Und so kommt es, dass aus diesen vielen kleinen Arbeits-Schritten ein neuer Weg fuer die Frauen und Jugendlichen auf dem Land moeglich wird: Zu einem kleinen eigenen Einkommen, zu neuen Erfolgserlebnissen und auch zu neuen Nachmittagsbeschaeftigungen, in denen dann die einfache Landfrau mit der Dorfschullehrerin in einer gemeinsamen Strickrunde zusammensitzt… wo die eine Frau der anderen zeigt, wie die Ferse sich stricken laesst und wo Freiwillige aus Deutschland neue Freundschaften mit campesinas und professoras schliessen ….

Jetzt sind wir dabei, das Project in einem naechsten Schritt weiter zu entwickelt. Die Freiwilligen, die das Projekt nach meiner Abreise gemeinsam mit den bolivianischen Frauen weiterfuehren wollen. Fuer die Campesinas, gerade fuer die alleinerziehenden jungen Muetter, eine gute Chance dort, wo Einkommensquellen insgesamt rar sind.

Wo und zu welchem Preis kann man gute Wolle (Lama/Alpaca) erwerben? Das naechste Ziel wird es sein, hochwertige Lama-Wolle zu organisieren, anschliessend dann die Vermarktung zu begleiten, weil die Campesinas natuerlich auf dem Land wenig Verkaufsgelegenheiten haben. Die ersten Reuniones/Versammlungen der doerflichen Frauengruppen haben unterdessen stattgefunden und der Elan ist momentan gross.

Gestern sprach mich eine alte Schaeferin an. Ob ich schon mal ein Spinnrad gesehen haette. Es gaebe Holz-Raeder, mit denen man die Wolle schneller spinnen koenne als mit der Handspindel. Ob wir nicht helfen koennten, solche Spinnraeder zu bauen? Nach meiner Rueckkehr nach Deutschland werde ich bei der „Initiative Handarbeit“ nachfragen und bei den deutschen Herstellern von Handarbeitsbedarf.

Jetzt werde ich aber nach Tarabuco weiterfahren, einem Dorf hier in der Naehe von Sucre. Dort gibt es eine sehr ausgepraegte Handarbeitstradition und die Dorffrauen stricken schon jetzt eine Art Huettenschuh aus Rechtecken, die sie zusammennaehen.... An nahtlosen Socken mit 5 Palillos sind sie schon interessiert, bevor sie die Socken ueberhaupt gesehen haben.

Ich hoffe, es geht euch allen gut.

Hasta luego con abrazos y saludos aus Sucre und aus dem bolivianischen Fruehling – eure Judith

Liebe Mareike, liebe Janka-Violetta, lieber Max,

Sucre, am 1. November

zurueck aus Tarabuco, gebe ich euch eine erste Rueckmeldung:

Tarabuco selbst war durch Fiesta und alles moegliche im Sinne des Strickens nur semi-erfolgreich: Fünf Frauen waren da, davon drei Lehrerinnen, die aber ganz schnell die Technik und das System verstanden und umgesetzt hatten, aber die Idee, ihr Wissen nun wiederum in ihrem eigenen Unterricht weiterzugeben, wohl nicht besonders interessant fanden. Dann zwei sehr geschickte einheimische Frauen, die allerdings nur einmal da waren, ... naja, in Bolivien wird eben sehr gerne gefeiert.

Aber dann waren Balbino, Catalina und ich einen Vormittag in Puka Puka, einem Dorf anderthalb Stunden Fussweg von Tarabuco entfernt... und wir haben einfach nur Hallo sagen und das PalillosProjekt vorstellen wollen... die Lehrer, mit denen wir sprachen, waren mehr als begeistert, wollten schon am kommenden Tag mit Kursen a 40 SchuelerInnen beginnen.... das haben wir dann vorsichtig abgebogen und auf spaeter vertagt, so viele Nadelspiele hatten wir nicht mehr und ich musste ja heute nach Sucre zurueck. Und Catalina, die das ganze Jahr in Tarabuco als Freiwillige arbeiten wird, hat ja gerade erst das Struempfestricken gelernt und braucht noch etwas Zeit, bis sie sich als Handarbeitslehrerin sicher fuehlt. Ausserdem haben die Lehrer auch um Unterstuetzung beim Englischunterricht gefragt. Catalyna wird also schon ab morgen als Engisch-Assistentin nach Puka Puka gehen... und die Strickkurse in Puka Puka sollten dann wohl so schnell wie moeglich stattfinden, muessen aber noch koordiniert werden, vielleicht auch mit Hilfe einer Freiwilligen aus Sucre oder den anderen Doerfern, die den ersten Kursus unterstuetzen koennte. Interessant die Situation der SchuelerInnen in Puka Puka. Da die meisten von ihnen aus so armen Landfamilien kommen, dass die Eltern auch diese wenigen Bolivianos fuer einen Internatsplatz nicht zahlen koennen, haben die Doerfler in Puka Puka ein anderes Konzept entwickelt: Die Schueler werden direkt in den Familien des Ortes untergebracht und arbeiten dann für Kost und Logis. Besonders die Maedchen, die ihre Gastfamilien nur schwer durch harte Feldarbeit unterstuetzen koennen, waeren ueber anderweitige Verdienstmoeglichkeiten froh, mit denen sie sich den Schulbesuch verdienen koennten. Die Lehrer wollten sofort mit einer richtigen Strumpfproduktion beginnen.

Neben neuen Nadeln brauchen wir Ideen, wie beispielsweise in Puka Puka die massig vorhandene Wolle so hochwertig und sauber versponnen werden kann, dass man die Socken auch an Touristen in Bolivien oder gar an Kunden in Deutschland verkaufen koennte.

Also, ich bin gespannt, wie es weitergeht... und wuensche euch in den Doerfern und uns allen ein gutes Gelingen.

Lieber Gruss – Judith

Carlos und Reína II

Judith Grümmer

Dranbleiben, auch wenn irgendwann dann wieder mehr als zehntausend Kilometer, vierzehn bis zweiunddreizig Flugstunden und ein Weltmeer dazwischen liegen... Zurück in Deutschland gehen mir Carlos und Reína, die beiden gehörlosen Kinder aus Alcalá, nicht aus dem Kopf. Ich mache mich auf die Suche und werde fündig: Die Fachschaft der Kölner Gehörlosenpädagogikstundenten lädt mich zu einem kleinen Vortrag über Freiwilligenarbeit in Bolivien ein. Dort erzähle ich von den beiden Bauernkindern und von deren Lehrer, die diesem pädagogischen Problem hilflos gegen überstehen. Wie unterrichtet, wie fördert man Kinder, die nicht hören können? Beim zweiten Uni-Treffen ist Max Steiner dabei. Die Fragen der Studentenschaft: Welche Möglichkeiten bietet Bolivien für Auslandspraktika, als Arbeitsgebiet für Diplomarbeiten und Praktik? Die Antwort: Fast unbegrenzte, wenn fachliche Kompetenz mit Forschergeist, Improvisationstalent und Abenteuerlust gepaart ist. Und wieder kommt die Rede auch auf Carlos und Reína.

Vier Monate später hat Leanne Hohl ihre Koffer gepackt. Als sogenannte selbstzahlende Freiwillige wird sie vier Monate in Alcalá sein. Als ich sie vor ihrer Abreise umarme, bin ich fast so aufgeregt wie sie selbst.

Aus dem Blog: leanne-bolivien.blog.de

Nun, da ich schon 8 Wochen mit den beiden arbeite, kann ich doch ein bisschen was darüber erzählen. Ist schließlich das, wofür ich hier bin. Nach einer ziemlichen Tiefphase, in der ich fast dachte, dass ich es nicht schaffe, hat Carlos inzwischen einen richtigen Durchbruch. Manchmal lernt er drei Wörter am Tag. Er ist so motiviert, dass er seinen älteren (hörenden) Bruder um Hilfe gefragt hat und heute stand in seinem Heft „la vaca come pasto“. Ein richtiger kleiner Satz! Reína macht sich auch langsam, obwohl sie wirklich oft Schwierigkeiten hat mitzukommen. Sie merkt natürlich, dass Carlos alles viel schneller lernt und ist oft frustriert. Manchmal packt sie einfach ihr Buch weg und hat keine Lust mehr. Ich versuche immer, sie bei dem Lerntempo ihres Bruders nicht untergehen zu lassen und Lucia hilft mir dabei. Inzwischen bin ich mir aber ziemlich sicher, dass sie noch eine andere Behinderung hat. Sie ist sehr grobmotorisch, schüttet jede Stunde das Wasserglas um und vergisst Wörter, die sie schon seit 2 Wochen kann. Trotzdem hoffe ich, ihr mit meinen gebastelten Memory-. Scrubble- und Bingospielen ein bisschen Freude zu machen.
Bei Carlos bin ich mir recht sicher, dass er komplett Spanisch lernen könnte. Ich bin ganz verzweifelt und hoffe sehr, dass sich ein Nachfolger finden lässt. Inzwischen bin ich schon richtig traurig, dass ich nur noch 2 Wochen fördern kann... Zumal es gerade so gut klappt. Es wird sich sicher eine Lösung finden, immer bolivianisch denken („das wird schon!“).
Ich hoffe euch zuhause geht es gut!
Abrazos y besos, Leanne

Dranbleiben. Für Leanne ist schon bei ihrer Abreise aus Bolivien klar: Sie wird zurückkehren. Dann für ein ganzes Jahr und mit „weltwärts“. Als sie über die „Basiserziehung gehörloser Kinder“ schreibt, ist es nicht mal ein Jahr her, dass sie auf einem Treff ihrer Fachschaft das erste Mal von Carlo und Reína hörte. Damals sprach sie weder Spanisch noch wusste sie viel mehr von Bolivien als dass es irgendwo in Südamerika liegt. Unterdessen kennt sie sich im Land schon sehr gut aus und schreibt ihren Bericht direkt zweisprachig...

PIZARRON
Tema Nº 13
A-7-05-08
El género del nombre sirve para indicar el sexo de las personas, animales y de las cosas. Existen dos géneros: mas-culino y femenino.
Escribimos 10 oraciones identificando el género masculino y femenino

Basiserziehung gehörloser Kinder auf dem bolivianischen Land

Leanne Hohl

Als mich Judith Grümmer (Journalistin aus Köln) und Max Steiner (Präsident von HI-Bolivia) das erste Mal in der Universität zu Köln besuchten, hätte ich nie daran gedacht, nach Bolivien zu fahren. Dank der Flexibilität meiner Professoren, Prof. Frans Coninx und Pia Hübinger (wiss. Mitarbeiterin), ergab sich dann aber doch die Möglichkeit, meine erste Staatsarbeit für das Lehramt Sonderpädagogik über mein Projekt in Bolivien zu schreiben.
Tatsächlich ist es auch für eine wissenschaftliche Arbeit interessant, gehörlose Kinder auf dem bolivianischen Dorf zu unterrichten. Durch die praktische Arbeit können durchaus sinnvoll theoretisch-wissenschaftliche Fragen analysiert und diskutiert werden, wie mir diese Erfahrung zeigte. Wie lernen Kinder Sprache? Welche Faktoren beeinflussen das späte Erlernen einer Sprache? Welche pädagogischen Methoden sind sinnvoll, welche nicht?
In einem Alter zwischen 2 und 6 Jahren ungefähr befinden sich Kinder in der sogenannten sensiblen Sprachphase. Ihr Gehirn schafft täglich tausende Verknüpfungen, die durch die Stimulation ihres sprachlichen Zentrums entstehen. Diese Stimulation erfolgt natürlicherweise über das Gehör. Kinder verstehen schnell, dass die abstrakten Lautketten Bedeutung tragen und beginnen nach und nach, sinnvolle Laut-Bedeutungsverknüpfungen herzustellen. Bei hörgeschädigten Kindern erfolgt meist auch ein Teil dieser Sensibilisierung über das Restgehör (sofern effiziente Hörgeräteversorgung gewährleistet ist). Bei gebärdensprachlich aufwachsenden Kindern erfolgt eine Gebärden-Bedeutungs-Verknüpfung anstelle der Laut-Bedeutungsverknüpfung, die Muttersprache ist

Educación inicial con niños sordos al campo

Leanne Hohl

Reína y Carlos, mis alumnos sordos, viven más o menos a una hora de Alcalá, en una comunidad muy linda de Chuquisaca. La familia vive en una casita con dos habitaciones y todos los niños trabajan en el campo cada dia. Tres de los cinco niños no pueden oír, ni leer ni escribir. Su daño de oído se eleva a más de 90 dezibel. Claro que los profesores de la escuela no sabían que hacer.
Cuando llegué a Alcalá, Reína y Carlos tenían su propia lengua de señas, solamente para comunicarse con sus padres . También sabían escribir los símbolos, es decir, las letras de la lengua española. Pero no sabían qué significaban todas las cadenas de símbolos. Por eso tuve que empezar de nuevo. Trabajé con un método de Han Alferink (Países Bajos), que dice que los niños pueden aprender lenguas mejor cuando se interesan por lo que aprenden. Por eso hay que retomar todo lo que quieren decir y trabajar con temas de su entorno. No se debe fijar un tema, todo tiene que partir de su iniciativa.
Claro que fue muy difícil empezar este trabajo, porque Reína y Carlos eran muy tímidos. A veces ni siquiera querían hablar y no sabía que podía hacer con ellos. Empecé con dibujos muy inequívocos. Ya sabía que es mejor trabajar con juegos y no forzar una situación educativa. Reína y Carlos aprendieron más cuando jugabamos por ejemplo „Memory".
Hice dos tarjetas como una pareja: Una tarjeta con dibujo y una con la palabra escrita. Los niños siempre tenían que buscar las parejas y así aprendieron que significa la palabra „sol". Trabajé también con el alfabeto dactilológico de bolivia con el cual se puede deletrear cada palabra con los manos.
Era muy duro y los niños aprendieron muy lentamente. Eso puede ser, porque no tenían las

conecciones nerviosas que son necesarias para aprender una lengua, porque sus cerebros nunca habían tenido estímulos en esta dirección. Y ahora es muy tarde para que los dos aprendan una lengua, ya tienen 12 – 14 años y su fase sensible para lenguas que se realiza a partir de un año más o menos hasta los cinco años, ahora está bloqueada.
Pero después de tres meses de practicar, mis alumnos ya sabían unas cincuentas palabras y podían formar oraciones fáciles como „la vaca come pasto". Yo estoy segura de que pueden aprender un español básico para hablar con otros niños del pueblo y comunicarse. Ya hemos jugado con otros niños de la escuela porque ellos se interesan mucho por Reína y Carlos. Claro que es interesante cuando dos personas hablan solamente con sus manos.
„Mis manos te hablan, mis ojos te escuchan".
Espero todo lo mejor para Reína y Carlos, ya sé que pueden lograr mucho si lo quieren.

dann eben nicht die Lautsprache, sondern die Gebärdensprache. Trotzdem wird die sensible Phase hierbei ausgekostet, gehörlose Kinder erlernen in dieser Zeit wie hörende Kinder um die 50 neue Vokabeln pro Tag. Da sich die beiden Geschwister Carlos und Reína, die schätzungsweise zwischen 12 und 14 Jahren alt sind und niemals von einer angemessenen Hörhilfe profitieren konnten, definitiv nicht mehr in der sensiblen Phase für das Erlernen von Sprache befinden, war mir schon vor Beginn meiner Arbeit klar, dass ihre Beschulung nicht leicht sein würde. Aber ich ging mit viel Motivation und positiver Einstellung an meine Arbeit heran.

Als Grundlage begann ich mit dem Versuch, Grapheme mit Sinn zu verknüpfen. Denn für Reína und Carlos, die in der Schule lediglich das Kopieren schriftlicher Symbole, nicht aber die spanische Sprache erlernt hatten, war Schrift bisher nur eine sinnlose Kette von abstrakten Zeichen. Ihre eigene Gebärdensprache, die sie innerhalb der Familie entwickelten, wurde nur von einer Hand voll Menschen ihres Umkreises verstanden.
Also arbeitete ich mit Bildern, um ihnen den Sinn von Wörtern zu erklären. Ich malte beispielsweise eine gelbe Sonne und schrieb „el sol" darunter. Dies war das erste Wort, das Carlos erlernte. Auf

Spaziergängen durch das Dorf zeigten wir auf Dinge und buchstabierten sie mit unseren Händen, dank des Fingeralphabetes. Dieses lernten sie beide sehr schnell, beinahe sofort kannten sie die Handzeichen für jeden Buchstaben der spanischen Sprache.
Generell arbeitete ich nach einer Methode von Han Alferink (Niederlande), die sich auf eine früher entstandene Idee von Antonius Van Uden bezieht. Hierbei ist ausschlaggebend, dass die zu erlernenden Inhalte des Unterricht 100%ig von den Kindern ausgehen und keinesfalls von der Lehrperson. Ideen, Gespräche und Anregungen der Kinder werden sofort aufgegriffen und in eine Art schriftsprachliches Gespräch umgewandelt. Wenn Carlos mir also von der Feldarbeit „erzählte“, dann unterhielten wir uns schriftsprachlich über alles was er sah, was er tat und was er interessant oder erwähnenswert fand. Zu Anfang waren diese „Sätze“ eigentlich nur Bilder mit Wörtern, hinterher konnten wir schon kurze Sätze schreiben. Ich nahm dabei eine sogenannte Doppelrolle ein, da ich das aufzeichnete, was er mir erzählte, und danach schriftsprachlich darauf antwortete.
Recht schnell wurde klar, dass auch die pädagogische Situation sehr ausschlaggebend für das Erlernen der Sprache ist. Schaffte ich eine schulische Atmosphäre, hatten beide Schüler starke Probleme, sich zu konzentrieren und konnten sich sehr viel seltener an Vokabeln und Lerninhalte erinnern. Bald kam ich auf die Idee, die im schriftsprachlichen Gespräch erwähnten Inhalte auf Spielkarten zu zeichnen. Eine gute Vokabelübung zum Beispiel war das Memory-Spiel, da immer eine Bildkarte mit einer Schriftsprache zusammen passte. Somit lernten Reína und Carlos viel schneller die Verknüpfung von Bild (also Sinn) und Schrift. Ich schenkte ihnen die Spiele und auch durch die Besonderheit der Hochglanz-Kärtchen spielten sie jeden Tag zuhause Memory. Ich bin fest überzeugt, dass sie allein durch den Spielcharakter unseres Unterrichts so schnell Vokabeln lernten.
Natürlich, und das hatte ich zu Anfang noch wenig bedacht, hat das Erlernen einer Sprache bei meinen Schülern noch sehr viel mehr Bedingungsfaktoren, als nur den Hörverlust. Carlos, der schätzungsweise 2 Jahre jünger ist als Reína, war meist aufgeweckt, motiviert und zeigte Wachheit und Intelligenz. Er verfolgte alles mit seinem Blick und zeigte keinerlei motorische Auffälligkeiten. Anders war dies bei Reína, sie lernte deutlich langsamer, vergaß schon lang bekannte Wörter, stieß jede Stunde ihr Wasserglas um und war oft abwesend oder teilnahmslos. Oft musste ihr Bruder ihr Zusammenhänge erklären und Einiges blieb ihr ganz verschlossen. Carlos beispielsweise lernte am Ende der ersten 3monatigen Förderphase, dass Adjektive im Spanischen angeglichen werden müssen und schrieb in sein Heft „el barco es amarillo“, aber „la silla es amarilla.“ Diese, schon etwas abstraktere Begebenheit verstand Reína noch nicht.

Für die weitere Arbeit mit Reína und Carlos erhoffe ich mir einen guten Grundvokabelschatz aufbauen zu können, um die basale Kommunikation der beiden mit ihrer Umwelt außerhalb der Familie zu ermöglichen.

„Nicht sehen können trennt von den Dingen, nicht hören können von den Menschen.“
Immanuel Kant

Ein basales Erlernen der spanischen Sprache würde Reína und Carlos aus der sozialen Isolation helfen und ihnen mit Sicherheit einen Teil der komplexen Welt der Kommunikation eröffnen. Ein Projekt für die Verbindung von Menschen mit Menschen durch Kommunikation, damit Gehörlosigkeit keine unüberbrückbare Behinderung bedeutet.

Ying und Yang – Anfang und Ende

Patrick Elison

Ying und Yang. Schwarz und weiß. Gut und böse. Arm und reich. Hell und dunkel. Hoch und tief. Dick und dünn. Nah und fern. Anfang und Ende. Nichts haben oder Alles wollen. Ying und Yang. Nein, ich habe mich für diesen letzten Bericht nicht in der Kultur geirrt. Ich habe mich für diesen Begriff entschieden, weil er einfach am besten passt. Er passt zu Bolivien und zu diesem Bericht. Zwar handelt es sich bei Ying und Yang um einen Begriff aus der chinesischen Philosophie, steht aber prinzipiell für nichts anderes als für die Gegensätze in der Welt, mit der wir ständig konfrontiert sind.

So ist dies mein letzter Bericht aus Bolivien, also auch das Ende meines Jahres. Genauso wie ich vor einem Jahr an einem Septembertag beim erfrischendem Surazo-Wind, beim Aussteigen aus der Maschine von American Airlines in Santa Cruz de la Sierra das erste Mal bolivianischen Boden betrat und dieses Abenteuer seinen Lauf nahm, so nimmt es in diesen Tagen sein harmonisches Ende.

Anfang und Ende – was ist wichtiger? Die richtige Antwort muss lauten: Der Teil dazwischen. Nach drei sehr angenehmen und zugegebenermaßen luxuriösen Tagen in der wirtschaftlichen Hauptstadt Santa Cruz, während derer wir auch schon jede Menge Informationen durch Max bekamen, ging es schließlich nach Sucre. Die konstitutionelle Hauptstadt, die weiße Stadt, die durch die UNESCO zum Weltkulturerbe ernannt ist, die Stadt der vier Namen, das einzig wahre Sucre. Hier lernte ich meine ersten Spanischbrocken, tastete mich langsam an Leute, Kultur und Essen heran, lernte die anderen Zivis besser kennen,

Yin y yan, del principio al final en Bolivia

Patrick Elison

Blanco o negro, bien o mal, pobre o rico, el inicio o su final: yin o yan, no, no me he confundido en la cultura para terminar mi último informe de Bolivia, hasta que es una expresión de la filosofía asiática, es muy adecuado para Bolivia, porque aquí también reinan los extremos.

¿Qué es lo más importante, el inicio o su final? La respuesta correcta es el tiempo entre estas dos posiciones. Las primeras semanas fueron duras, sobrevivir al choque de las culturas, aprendiendo mis primeras palabras en español, acostumbrarme a la diarrea, como consecuencia del cambio de la comida y la costumbre de echar siempre el papel higiénico sucio al basurero. Cuando me preguntaron cuál era mi trabajo como voluntario en Bolivia, la respuesta fue simple: asistencia escolar en las clases de inglés. Pero en verdad fue un año con muchas otras actividades más: ayudéen una biblioteca, en trabajos como albañil, como jardinero y terminé como guía con caballos para otros jóvenes llegados de Europa. Al principio siempre quise saber cuál sería mi trabajo y nadie pudo ofrecerme una respuesta precisa, típicamente alemana, pero hoy, un año después, lo sé bien: todo fue mucho más que un voluntariado con trabajo social; gracias a mi español muy mejorado, viví con mis nuevos hermanos bolivianos y me sentí más y más como uno de ellos, he visto el cambio del nuevo presidente, con sus ideas socialistas, pero también he visto cómo todo se mueve muy lentamente, sigue la pobreza y sigue la corrupción. Otro contraste para mí fue la política por la coca, como el presidente sigue también como jefe del sindicato de los cocales, había muchos choques contra los EE.UU., echando al embajador y a la gran organización de

gewöhnte mich für Monate daran, das Toilettenpapier nicht in die Schüssel zu schmeißen, machte mich mit Durchfall vertraut und nahm nach einer Woche die Arbeit in der Fundación Pachamama auf. Bald wurden wir auch schon auf die Dörfer verteilt, trafen uns wieder in Sucre und wechselten immer wieder unsere Einsatzorte.

Bei den Gesprächen mit anderen Leuten werde ich immer gefragt: Und was macht man als Zivi in Bolivien so? Meistens antworte ich der Einfachheit halber „Englischunterricht“, aber wer mein Internettagebuch mitverfolgt hat, dem sollte klar sein, dass die korrekte Beantwortung dieser Frage mit einem Satz nicht getan ist. Um einiges umfangreicher waren meine Tätigkeiten im Verlauf dieses Jahres. Angefangen habe ich als Buchhalter in einer Bibliothek, zwischendrin hatte ich alle Formen handwerklicher Berufe angenommen, war Lehrer für die unterschiedlichsten Dinge, aufgehört habe ich meine Arbeit als Gärtner und schließlich in meinen letzten Tagen als Touristenführer für Jugendliche in meiner inzwischen zweiten Heimatstadt Sucre. Flexibilität und Offenheit sollte man also mitbringen, wenn man seinen Zivildienst hier leisten möchte. Auch ich selbst wollte natürlich vor Antritt der weiten Reise hierher immer wieder wissen, was ich hier so machen werde. Eine

apoyo a Bolivia, USAID. Para contrabalancear el gobierno de Venezuela lo apoya y se ha creado un eje de estados socialistas en Latinoamérica, con Hugo Chávez a la cabeza. Políticamente he visto mucha confrontación, otra forma de racismo, donde los indígenas originarios, quieren la revancha contra los blancos, por la opresión de los últimos 500 años; el país que pena sigue con dos filosofías donde nadie puede armonizar y los contrastes en las clases socialessiguen, ontinúan los bloqueos y paros en Bolivia. Qué suerte, no hubo ni una vez, un choque para nosotros los voluntarios, la bienvenida siempre fue grande, con muchas invitaciones y hasta como extranjero me han aceptado como a un hermano. En mi experiencia, Bolivia ofrece muchos extremos, me fui a la amazonia, con su increíble riqueza, muchos animales, he cruzado el salar de Uyuni con sus lagunas y desiertos, me fui de 100 a más de 6000 m de altura, escalando el imponente Huayna Potosí. He tomado mate de coca en los yungas, chicha de maíz en los pueblos, el rico vino tinto de Tarija y hasta alcohol puro en las minas de Potosí. Para mí el contraste más visible fue la carretera desde El Alto la capital de los Aimaras, bajando a un valle creado por la erosión, en la misma ciudad de La Paz, donde cada 100 m en el descenso, se ven mejores casas y en la zona sur de La Paz, casas de lujo hasta con un club

richtige Antwort konnte auch mir im Voraus niemand geben, aber mit all den tollen Dingen, die hier auf mich zukamen, war nicht zu rechnen.

Ein Jahr lang Bolivien war für mich natürlich mehr als ein Jahr Zivildienst. Ich habe ein Jahr hier gelebt, ich habe versucht Land, Leute und Politik zu verstehen, ich habe mir Sprache und bolivianische Ausdrucksformen wie Schimpfwörter und Komplimente angeeignet und ich identifiziere mich inzwischen auch mit „meinem“ Bolivien. Nur wenn ich nach meiner Herkunft gefragt werde und ich manchmal spaßeshalber stolz mit „Sucreño“ oder „Chuquisaqueño“ antworte, das nimmt mir aufgrund meiner Haut- und Haarfarbe niemand ab. Trotzdem fühle ich mit, wenn ein Unfall passiert, rege mich über irgendeine blöde politische Entscheidung auf und fiebere Wahlergebnissen entgegen, auch wenn ich nicht wählen darf. Aber das Schicksal meiner bolivianischen „Hermanos“, also „Brüder“, wie man sich hier hin und wieder liebevoll auf Spanisch nennt, liegt mir natürlich inzwischen am Herzen. Und diese Schicksale sind nun mal untrennbar mit der unsicheren Politik des Landes verbunden, die hier immer wieder aufs Neue spannend ist.

Und in dieser hat sich eine Menge getan, im Laufe eines Jahres. Der indigene Präsident Evo Morales versucht von La Paz aus seine sozialistischen Ideen zu verbreiten, Reichtümer umzuverteilen, Firmen zu verstaatlichen, die Ungerechtigkeit und Korruption zu bekämpfen, dem armen Bevölkerungsteil aus der Not zu helfen, erhöhte Sozialabgaben und nutzte sie für die Einführung von Rente und dem Schulgeld auf dem Land. Das alles sind sehr gute Ansätze und Ideen, nur leider hat sich nicht allzu viel verändert die letzten Monate. Die Armut ist heute nicht viel besser und die Inflation nimmt Rekordwerte an. Sucre führt die Liste mit bis zu zehn Prozent Inflation inzwischen an. Der Materialwert des Münzgeldes ist über den Geldwert gestiegen und wird aufgrund der hohen Metallpreise ins Ausland verkauft. Das führt dazu,

de golf. Al principio Arturo, el jefe de los voluntarios, nos dijo: su tiempo de voluntariado en Bolivia será como un cerrar de ojos, que al abrirlos de nuevo, estaremos aquí para despedirnos, así de rápido se va el año, increíble pero Arturo tenía razón, mi año de voluntario se fue volando, en un abrir y cerrar de ojos. Me fui del escenario y ¿qué ha quedado? Para ser honesto, todo, porque la vida tiene que seguir, Bolivia sigue en el corazón de América del Sur y falta la llegada de nuevos voluntarios, estoy muy feliz por estas experiencias y lo bueno es que todos mis amigos: voluntarios, turistas o mochileros, se fueron contentos de este país. Lo más lindo es que tenga argumentos y muchos motivos para volver, no sé cuando, pero nadie puede robarme mis sentimientos, mis amistades positivas de este país, para mí en el Yin y el Yan se ha cerrado mi ciclo.

dass viele Händler oder Taxifahrer solch große Verluste durch fehlendes Wechselgeld machen, dass sie 8Bs Münzgeld gegen 10Bs Scheine einkaufen; in Bolivien ist es normal, dass man Bonbons als Wechselgeld bekommt. Die Preise steigen, nicht jedoch die Löhne. Dazu kommt, dass beispielsweise ein einfacher Polizist mit etwa 90 Euro Monatsgehalt völlig unterbezahlt ist, was die Korruption im Lande blühen lässt. Wer Geld hat, kann demzufolge sein Leben genießen. Eine Bekannte meines Alters erzählt mir am Steuer des Jeeps ihres Vaters, dass sie keinen Führerschein hat, aber trotzdem jeden Abend auf Spritztour geht. Während sie den Wagen durch die Straßen Sucres steuert, hält sie in ihrer Hand eine Flasche Wein und sagt: „Wenn die Polizei kommt, zahlt man zwischen 50 und 100 Pesos (Bolivianos) und kann in Ruhe weiter fahren." Dieses Beispiel lässt sich natürlich auf genügend andere Bereiche übertragen.

Das andere Aushängeschild des Präsidenten ist seine Politik mit dem Koka. Eine Pflanze, die zum Land gehört wie seine Bevölkerung. Seit Morales Amtsantritt wurde der Kokaanbau wieder ausgebaut und gefördert. Allerdings ist Bolivien der zweitgrößte Hersteller illegalen Kokains, und der sympathische Präsident ist noch immer Vorsitzender der Kokagewerkschaft. Ich will mir nicht anmaßen zu sagen, dass die Regierung in Kokaingeschäfte verwickelt ist, aber ein lukratives Geschäft ist mit dem Kokain möglich. Morales lässt keine Gelegenheit aus, die Politik der Vereinigten Staaten aufs schärfste anzugreifen und führte als Antwort auf die extrem harten Visa-Bedingungen der USA für Bolivianer eine Visagebühr von 150 US-Dollar ein, exklusiv für Staatsbürger des Landes der unbegrenzten Möglichkeiten. Eine noch junge politische Entscheidung löste viel Kopfschütteln aus: Die größte Hilfsorganisation im Lande, US-Aid, wurde aus dem Chapare, dem Tiefland Boliviens geschmissen. Damit verzichtete man auf eine jährliche Hilfe von 70 Millionen US-Dollar, eine ungeheure Summe in diesem Land. Doch da die Nordamerikaner das Koka im Land abschaffen wollen, mussten sie gehen. Morales setzt auf die Unterstützung von Hugo Chávez aus Venezuela, seinem politischen Vorbild. Gegner des Koka wie die Vereinigten Staaten sind in Bolivien nicht willkommen.

Im Grunde liegt dem bodenständigen und freundlichen Evo Morales das Wohlergehen seiner Landsleute am Herzen, doch das Land ist gespalten. Seine Gegner bezeichnen ihn als Rassisten, der an den Weißen die Geschichte des Landes rächen will. Dass insbesondere dem wohlhabenden orientalen Bevölkerungsteil Morales´ Pläne nicht in den Kram passen, ist nur verständlich. Auf Landabgaben, Verstaatlichungen und höhere Steuern zugunsten der ärmeren Bevölkerung in den höheren Teilen des Landes können sie gerne verzichten. Das Land ist zweigeteilt, vier der neun Bundesstaaten haben seit Anfang des Jahres schon für die Autonomie abgestimmt, so manche Inlandsreise des Präsidenten musste aus Sicherheitsgründen seiner Person abgesagt werden. Zusätzlich haben sich die Sucrenser die Hauptstadtidee in den Kopf gesetzt, eine absurde und unrealisierbare Vorstellung. Sie wollen nicht länger nur konstitutionelle Hauptstadt sein, sondern die Regierung von La Paz hierher holen.

Die Gegensätze im Land sind so groß, dass man es mit keiner Politik allen recht machen könnte. Santa Cruz etwa ist mit 60-prozentigem Anteil an der Industrie des Landes unbestrittene Industriehauptstadt, dreht mit seiner Autonomie jedoch den Geldhahn weiter zu für die Regierung. Trotzdem hat beim Referendum am 10. August eine Mehrheit die Regierung in ihrem Amt bestätigt. Wie es nun weiter geht, bleibt abzuwarten. Fest steht jedenfalls, dass die aufgebrachte Bevölkerung des „Media luna", des orientalischen Halbmondes, viele Vorhaben des Präsidenten nicht akzeptieren wird. Es gibt also viele Probleme und es bleibt weiterhin spannend in Bolivien. Das bedeutet aber nicht, dass es gefährlich wäre hier zu leben. Eine Straßenblockade kann man aushalten, die Streitigkeiten unter den Bolivianern richten sich nicht gegen Touristen. In einem Jahr Bolivien hatte ich nicht einmal Probleme als Ausländer, wurde weder ausgeschlossen oder gar beleidigt. Mit offenen Armen wird man hier empfangen und überall gerne gesehen. Auch wenn man auf dem Land abseits der Touristenrouten natürlich nicht an Ausländer gewöhnt ist, freut man sich in Bolivien immer über Besuch aus dem Ausland. Einladungen werden großzügig verteilt, eine Tasse Tee oder ein Bier zusammen mit einem Mittagessen für den Besucher sind obligatorisch. Man wird zwar gefragt, woher man kommt, doch das spielt in der Regel für Bolivianer keine große Rolle, denn eigentlich ist man immer willkommen. Und somit habe auch ich viel von der Bevölkerung mitbekommen. Viele Leute haben mich an ihrem Leben teilhaben lassen und mich aufgenommen wie einen Bruder. Für mich hat sich viel verändert, wenn ich auf die letzten Monate zurück blicke, ich habe jede Menge erlebt. Doch all das ist mit Worten nicht zu beschreiben, nicht zu erklären, nicht bildlich darzustellen. Man muss es einfach erleben!

Erleben! Ja, was denn eigentlich? In diesem Land, dem Land der Gegensätze, dürfte wahrscheinlich für jeden etwas dabei sein: Das Chapare, das Tiefland, mit seiner unglaublichen Biodiversität im Amazonasgebiet oder das Altiplano, stellenweise einer der trockensten Orte der Erde, wo es seit mehr als einem halben Jahrhundert nicht geregnet hat. Im Tiefland kann man sich unter Palmen ausruhen, im Bergland befindet sich eine der größten Kakteenansammlung der Erde. Mit dem Titicacasee hat Bolivien auf 3850m ü.NN den höchsten schiffbaren See der Erde – der Salar de Uyuni ist eine riesige Salzwüste, ebenfalls die größte der Erde. La Paz hat nicht nur den höchsten Regierungssitz der Welt, sondern mit einem Höhenunterschied zwischen 3000 und 4000m ü.NN den höchsten Höhenunterschied innerhalb einer Stadt – im Gegensatz dazu ist Santa Cruz so flach wie eine Pfanne und bei einem Stadtgebiet so groß wie das Saarland und

einer Bundeslandgröße so groß wie ganz Deutschland nicht gerade klein.

Wer gerne etwas trinkt, kann sich auch ganz nach Geschmack und Geldbeutel entscheiden: Entweder der ökonomische Cocktail aus Tee und purem (96%) Alkohol, Chicha (10 Liter für umgerechnet 3 Euro) oder der edle Wein aus dem Chaco in Tarija. Doch leider sind das nicht die einzigen Gegensätze, die Bolivien ausmachen, das auch gemeinhin als der „Bettler auf dem Silberthron" bezeichnet wird.

Bolivien hat mit die größten Vorkommen an Bodenschätzen – fossile Brennstoffe, Edelmetalle, Gesteine – die dem Land an und für sich einen unglaublichen Reichtum verleihen, und ist trotzdem das ärmste Land Südamerikas. In Santa Cruz finden sich Leute, die übers Wochenende zum Shoppen nach Miami fliegen (auf meinem 20minütigen Weg zum Supermarkt habe ich drei „Hummer" fotografiert), in den Slums von La Paz sieht man die blanke Armut in den Gesichtern der Menschen. Eine geringe Anzahl von Industriebossen oder Händlern häuft sich in den Städten Reichtümer an, dass es einem schlecht wird, während rurale Großfamilien bei der steigenden Inflation um ihr tägliches Brot zu kämpfen haben.

Aber so ist das nun mal mit Ying und Yang, das eine kann nun mal nicht ohne das Andere. Je nackter die Armut, desto perverser der Reichtum. In La Paz beispielsweise kann man mit jedem Meter, den man von El Alto in die Südstadt hinabsteigt zusehen, wie die Häuser größer, die Autos dicker und die Menschen dekadenter werden. Wenn man dann ganz in der „Zona Sur" auf knapp über 3000m ü.NN angelangt ist, sieht man die Leute in ihren eigenen Gefängnissen hausen, aus Angst vor der eigenen „armen" Bevölkerung. Auch diese Gegensätze sieht man hier.

„Schließe deine Augen zweimal und öffne sie wieder, schon werden wir hier stehen und uns verabschieden. So schnell wird dieses Jahr vorbei gehen." Das gab uns Arturo Anfang des Jahres mit auf den Weg – und er hatte Recht! Umso erstaunlicher ist es, was man zwischen zweimal Augen schließen alles erleben kann. Ein paar Mal mehr mag ich meine Augen zwar geschlossen haben, aber in der Tat ging die Zeit vorbei wie im Fluge. Ich habe zahlreiche Male meinen Einsatzort gewechselt, in Alcalá ist ein neues Haus entstanden und meinen ersten Einsatzort, die Fundación Pachamama in Sucre, gibt es nicht mehr. In der Hoffnung, dass das nicht auf das letztgenannte Beispiel zutrifft, kann ich wohl sagen, dass ein Jahr Sozialarbeit in Bolivien seine Spuren hinterlassen hat.

Ich gehe von der Bühne, was bleibt? Um ehrlich zu sein, alles! Das Leben geht weiter, neue Freiwillige kommen, Bolivien bleibt im Zentrum Südamerikas, Deutschland Vize-Europa-Meister. Ich hatte ein interessantes, krasses, neues, spannendes, abwechslungsreiches, beeindruckendes Jahr, an dem ich nichts zu bereuen habe, sondern im Gegenteil selbst gewachsen bin. Heute, an meinem letzten Tag in Bolivien kann ich stolz die Ergebnisse meines Spanischzertifikates DELE verkünden: Ich habe bestanden, und in der Kategorie Textverständnis und im mündlichen Teil sogar die Höchstpunktzahl erreicht. So vermischen sich die traurigen Abschiedsgefühle heute doch noch mit guten Nachrichten, die mir bestätigen, dass ich in einem Jahr ein passables Spanisch gelernt habe. Dieses Jahr ist nun zu Ende, doch einem Ende mit Fanfare und Feuerwerk nachzutrauern wäre wohl falsch. Stattdessen bin ich dankbar und froh, als einer von Wenigen den Wehr- bzw. Zivildienst in dieser Form habe leisten dürfen. Bolivien ist ein spannendes Land. Von den vielen, vielen Touristen und Rucksackreisenden, die ich im vergangenen Jahr kennen gelernt habe, ist mir kein Einziger begegnet, dem es hier nicht gefallen hätte! Und Gründe zurück zu kommen, gibt es auch immer genügend. Und so weiß ich zwar noch nicht, wann ich wieder in dieses Land reisen werde, aber dass es eine Rückkehr geben wird, steht fest. Es gibt so vieles, auf dass ich mich dann freuen kann. Wahrscheinlich wird sich viel tun in diesem Land – ebenso wie in Deutschland – aber meine Erinnerungen, Gefühle, Erlebnisse, Freundschaften und Eindrücke aus einem Jahr Bolivien kann mir keiner mehr nehmen. Anfang und Ende, Ying und Yang.

Epilógo

"¡Sólo las malas noticias, son buenas noticias!" Es una perogrullada decir que las tragedias humanas, los desastres ambientales y políticos compiten en los periódicos entre sí por el titular más gordo.
Pero debido a que la información negativa permanece anclada mucho más tiempo en nuestra memoria que una buena noticia, hay regiones enteras del mundo, que desde nuestra perspectiva euro céntrico están en la percepción pública con malas calificaciones. Este es el caso de África, llamado "el continente negro". Del mismo modo, también para América del Sur, "el continente olvidado", que no tiene el valor que podria tener en la comunidad mundial.

Max Steiner y yo decidimos publicar este libro, para documentar las historias cotidianas y las fotos de la rica diversidad de Bolivia, sútil, pero auténtico. El resultado es un caleidoscopio de encuentros en Bolivia más allá de los titulares diarios, también se destina para el ojo, lejos de los problemas que puede proporcionar una buena guía turística.

"Todo lo que tiene voz, sobrevivió", dijo Thomas Edison al inventar la primera "máquina parlante", el fonógrafo. Fiel a su lema como periodista, siempre me he sentido afortunada de ser capaz de dar voz a las personas y para documentar lo que dicen.
En ese sentido, como estos momentos, entrevistas e historias han traído gente diversa y enigmática de un país, que a menudo se pasa por alto o se confunde con la necesidad de ayudar a la zona de problema. También pude encontrar una u otra respuesta a las preguntas que uno se pregunta como visitante, como voluntario o como exploradores contemporáneos del "continente olvidado", en Bolivia.

Creo que tuvimos éxito, al final creemos haber despertado la curiosidad para examinar y considerar. Ya sea en un intercambio de estudiantes, en servicios de voluntariado, como socio académico, como un embajador de la cultura o simplemente entre buenos amigos, hay muchos momentos en los que Bolivia tendría que ser el tema. Bienvenidos.

Judith Gruemmer

Gracias

Mi agradecimiento a todos los involucrados en este complejo proyecto de libro, dirigido por los autores y artistas, Judith Gruemmer en particular, Franziska Becker, Ulla Horký, Juan Bustillos y Edwin Bustamante, como Jochen Kehrer y el productor Christopher Schroer.
En Bolivia el equipo de habla castellano con Arturo Zamorano, Marta Z. de Steiner y nuestro gran amigo Carlos Guerra.

Nachwort

„Nur schlechte Nachrichten sind gute Nachrichten!" Es ist eine Binsenweisheit, dass menschliche Tragödien, ökologische Katastrophen und politische Desaster im journalistischen Tagesgeschäft miteinander um die fettesten Schlagzeilen konkurrieren. Doch ebenso schnell gehen die großen Themen von heute in der weltweiten Informationsflut von morgen wieder unter. Und das ist keineswegs zynisch gemeint.
Weil aber – unterdessen durch Medienexperten auch wissenschaftlich belegt – negative Informationen wesentlich länger in unserem Gedächtnis verankert bleiben als gute Nachrichten, gibt es ganze Regionen dieser Welt, die aus unserer eurozentristischen Perspektive entweder übersehen werden oder in der öffentlichen Wahrnehmung negativ wahrgenommen werden. Und jeder, der irgendwann mal die Schulbank gedrückt hat, weiß, dass die schlechten Noten besonders lange im Gedächtnis haften bleiben. Im Klassenzimmer ebenso wie in der öffentlichen Wahrnehmung. Das gilt beispielsweise für Afrika, den sogenannten „dunklen Kontinent". Ebenso aber auch für Südamerika, den „vergessenen Kontinent", der weder in der Berichterstattung noch in der europäischen Außenpolitik den Stellenwert eingeräumt bekommt, der ihm in der Weltgemeinschaft gebühren könnte.

Als Max Steiner und ich uns entschieden dieses Buch herauszugeben, um in Alltagsgeschichten und Momentaufnahmen den Facettenreichtum Boliviens zu dokumentieren, hatten wir uns zum Ziel gesetzt, der Kraft zu vertrauen, die in leisen, hintergründigen, aber authentischen Zwischentönen ruht. Entstanden ist ein Mosaik aus bolivianischen Begegnungen und Momentaufnahmen jenseits der tagesaktuellen Schlagzeilen, gedacht auch für den geschärften Blick, abseits der Themen, die ein guter touristischer Reiseführer bieten kann.

„Alles, was Stimme hat, überlebt." kommentierte Thomas Alva Edison seine Erfindung der ersten „Sprechmaschine", des Phonographen. Getreu seinem Motto, habe ich als Journalistin immer wieder Glück empfunden, Menschen eine Stimme geben zu dürfen und zu dokumentieren, was sie zu sagen haben. Ob hörbar gemacht in Radiobeiträgen oder verschriftet zwischen zwei Buchdeckeln: Die ureigene Authentizität, die Unmittelbarkeit meines Gegenübers zu wahren, ist für mich ein wichtiges Stilmittel beim Sammeln von Lebensgeschichten und Momentaufnahmen. Deshalb nahm ich mein Mikrofon auch mit nach Bolivien.
Heute bin ich mehr denn je davon überzeugt, dass Menschen keinesfalls nur als hilfsbedürftige Opfer historischer Entwicklungen und sozialpolitischer Umstände wahrgenommen und bedauert werden dürfen. Auch in Krisenregionen und in sogenannten Entwicklungsländern wie Bolivien verharren Menschen nicht als hilfsbedürftige Opfer, sondern werden zu aktiv Handelnden. Mit Mut und Willenskraft schaffen sie es, irgendwann das eigene Leben wieder selbst in die Hand zu nehmen und vielleicht sogar die Zukunft ihres Landes mitzugestalten. Doch wer diese Menschen fortwährend und immer wieder nur in ihrer Situation als Opfer dargestellt, läuft Gefahr, sie in ihrer Würde noch zusätzlich zu verletzen. Und: Wer meint, ohne die fürsorgliche (Entwicklungs-)Hilfe und unsere europäischen Wertesysteme gehe es nichts, läuft Gefahr, die Schwachen unselbstständig und die Armen abhängig zu halten. Deshalb mag insbesondere der Respekt vor der kulturellen Identität des anderen und die gegenseitige Begegnung auf gleicher Augenhöhe der erste Schritt in eine gerechtere Völkergemeinschaft sein.

In dem Sinne möchten diese Mosaik aus Momentaufnahmen, Interviews und Geschichten Ihnen facettenreich und hintergründig die Menschen eines Land näher bringen, das bis heute oft übersehen oder als hilfsbedürftiges Problemgebiet verkannt wird. Vielleicht finden Sie auch die eine oder andere Antwort auf Fragen, die Sie sich als Reisende selbst stellen, die Sie als Freiwillige im sozialen oder ökologischen Einsatz bewegt oder als zeitgenössische Entdecker des „vergessenen Kontinents" in Bolivien beschäftigt.
Wenn es uns am Ende gelungen ist, Sie neugierig gemacht zu haben, unsere Erdkugel und unser Weltbild auch mal von den anderen Seite her – und das ist wortwörtlich gemeint – zu beleuchten und zu betrachten, dann ist uns vielleicht etwas gelungen: Nämlich genau jenen Impuls zu setzen, den Bolivien als Dialogpartner braucht. Ob im Schüleraustausch, in Freiwilligeneinsätzen, als akademische Partner, als kulturelle Botschafter auf Augenhöhe oder einfach als gute Freunde – es gibt viele Momente, in denen sich Menschen unterschiedlichster Hautfarbe, Herkunft, Weltanschauung und Profession tolerant und neugierig begegnen. Bienvenidos. Herzlich Willkommen.

Judith Grümmer

Dank

Mein Dank gilt allen Beteiligten an diesem komplexen Buchprojekt, allen voran den Autoren und Künstlern, insbesondere Judith Grümmer, Franziska Becker, Ulla Horký, Juan Bustillos und Edwin Bustamante, ebenso Jochen Kehrer und dem Produzenten Christopher Schroer; wie auch dem spanisch sprechenden Team mit Arturo Zamorano und Martha Z. de Steiner.

Abbildungsverzeichnis | Contenido de los fotos

Die Autoren

Annelie Dehmel, Jahrgang 1937, Diplom Pädagogin, MA in Soziologie/Psychologie; Aufbau der deutsch-bolivianischen Schule in Sucre, erster DED – Bolivien – Einsatz mit 75 Freiwilligen in den Jahren 1960 – 1968, zweite Bolivienzeit zwischen 1988–1998 mit der UNESCO, Gründung von Jugendzentren, Aufforstung, Behindertenarbeit; dritte Bolivienphase Aufbau HI-CEJ-Hostel in Cajamarca und Tarabuco und Mitarbeit mit Projekten von 2000 – 2011.

Marieke Diehl, 2007 und 2009 als Freiwillige in El Villar zur Sozialarbeit u.a. Neubau des Kindergartens in Lagunillas- heute: weiterhin langfristige pädagogische und finanzielle Unterstützung der Projekte in Lagunillas und Mulacancha in Alcala.

Patrick Elison, Jahrgang 1988, in Bolivien: FSJ 07/08, Soziale Arbeit in Sucre, El Villar und Alcalá, Entwicklung von Ratón Perez-Zahnprävention und Schuldienst. Heute: Studium Georessourcenmanagement an der RWTH Aachen.

Delia Fuhrmann, Jahrgang 1989,von Oktober 2008 bis April 2009, Voluntarierin in El Villar, Tarabuco, Sucre: aktive Sozialeinsätze im Schulunterricht, Ferienprogramm, Umweltprojekte, Unterstützung im Psycho Pedagogico in Sucre. Heute im Studium Psychologie und Biologie in St Andrews, Schottland

Judith Grümmer, Jahrgang 1958, Hörfunkjournalistin und Autorin, wird zunächst als Gastmutter eines bolivianischen Austauschschülers neugierig, lässt sich auf das Reiseabenteuerland Bolivien ein und bereist mit Mann und drei Kindern mit Rucksack und öffentlichen Bussen das Land. Und kommt bald darauf wieder: Sprachlos, weil zunächst ohne Spanischkenntnisse, nach zwanzig Jahren Berufs- und Familienleben erstmals nur sich selbst verantwortlich, erlebt sie, dass es nie zu spät ist, um eine neue Fremdsprache zu lernen und sich als Freiwillige im Auslandseinsatz zu engagieren. Und weil sie als Journalistin dann doch die Finger nicht von Mikrofon und Schreibblock lassen kann, sammelt sie bolivianischen Geschichten und Begegnungen. Und wird auch in Zukunft immer wieder zurückkehren, um den Wandel Boliviens weiterhin zu dokumentieren.

Nikolas Kaselow, 2009 in El Villar, Freiwilligenarbeit u.a. Neubau des Kindergartens in Lagunillas- heute: weiterhin langfristige pädagogische & finanzielle Unterstützung der Projekte in Lagunillas und Mulacancha.

Robert Kleine, Jahrgang 1968. November 2009: Inventarisierung der alten Orgel (1792) in der Kirche La Merced – als Orgelrestaurateur, studiert im Nachdiplom an der Hochschule für Technik und Wirtschaft in Berlin (HTW) und das war die Diplomarbeit als Abschluss des Modularen Weiterbildungsangebotes Restaurierung (MWR).

Prof. Perdita Pohle, (Fotobeiträge), Institut für Geografie, Lehrstuhl für Kulturgeografie und Entwicklungsforschung, Friedrich-Alexander-Universität Erlangen-Nürnberg

Matthias Schmidt, Jahrgang 1968, Bolivienreise im Frühjahr 2004. Nach Abschluss Lehre zum Schreiner/Tischlermeister mit eigenem Betrieb im Sauerland, dann Auswanderung nach Kanada und seit August 2008 in Schweden

Lukas Sieber, Jahrgang 1990, in Bolivien tätig im FSJ-jahr als Englischlehrer (auf der Isla) und im Krankenhaus (Camiri), zurzeit im Rettungsdienst als Wartezeit auf das Medizinstudium (hoffentlich klappt es in Spanien, denn dafür habe ich doch so auf das DELE-Examen gelernt!)

Nadia Siebigteroth, Jahrgang 1990, 2009 in El Villar, Camiri und Sucre in Schule oder Krankenhaus, im Moment verfolge ich mehrere Projekte, aber leider noch ohne aktives Resultat.

Max Steiner, Schweizer mit Jahrgang 1948, Diplomkaufmann, nach Jahren erfolgreicher Geschäftsleitungstätigkeit im Einzel- und Großhandel, europäischer Kooperationen und ehrenamtlichem, jahrzehntelangem Einsatz zugunsten der internationalen Jugendherbergsbewegung, wanderte er im Jahre 2000 mit der Familie nach Bolivien aus und gründete dort vor zehn Jahren die Stiftung Hostelling International Bolivia als Schwesterverband des Deutschen und Schweizerischen Herbergsverbandes. Heute als Honorarprofessor für Internationale Entwicklungen an der staatlichen Universität UAGRM in Santa Cruz tätig, präsidiert er die offiziell als bolivianische ›Nicht-Regierungsorganisation – NGO‹ anerkannte sozialtouristische Hilfsorganisation HI-BOLIVIA.

Die Künstler

Franziska Becker, Jahrgang 1949, arbeitet in Köln und Philadelphia, bekannte Karikaturistin für zahllose Printmedien, (seit 33 Jahren für die feministische Zeitschrift EMMA), Malerin, Illustratorin. Zahlreiche Ausstellungen im In-und Ausland. 1988 „Max und Moritz“ Preis als bester deutschsprachiger Comickünstler. 18 Buchveröffentlichungen. www.walkyrax.de

Werke: Seite 7, Seite 20, Seite 158, Seite 160, Seite 161

Ulla Horký, Jahrgang 1950, arbeitet in Köln und Italien, renommierte Multimedia Künstlerin auf den Gebieten Malerei, Installation, Fotografie, skulpturale Abformung. Zahlreiche Ausstellungen im In-und Ausland. Viele Werkveröffentlichungen.
www.ullahorky.de

Gemeinschaftsarbeiten mit Franziska Becker:
Seite 28, Seite 129, Seite 148, Seiten 162 bis 165,
Seite 207

Edwin Bustamante Guizada in Yerba Buena geboren, kam er als Kind zu seiner neuen Familie nach Deutschland. Nach dem Studium der Malerei bereiste er Bolivien erstmals, um seine Wurzeln wiederzuentdecken. Durch seinen biografischen Hintergrund und der Auseinandersetzung mit diesem ergibt sich so eine Bereichung, die auch in seine künstlerische Arbeit mit einfließt und in verschiedensten Projekten und Ausstellungen in Bolivien und Deutschland gezeigt werden.

Werke: Seite 167f.

Juan Bustillos wurde Ende der 50er Jahre in den Yungas geboren und wuchs in Cochabamba auf. Heute lebt und arbeitet er in Santa Cruz und San Javier, Bolivien, und gilt als einer der wichtigsten zeitgenössischen Bildhauer Boliviens. Seine Arbeiten ebenso wie sein kulturelles Engagement werden nicht nur im eigenen Land wertgeschätzt, sondern finden auch internationale Anerkennung mit Ausstellungen in den USA, in Japan und in Europa.

Stets aktuell:
www.mosaicoboliviano.com

Literatur

Vertiefender touristischer Hintergrund:

» Guia Cultural y Turistica de Bolivia: Peter McFaren – Editado por La Fundación cultural Quipus, La Paz
» Rumbo a Bolivia: Vicente Gonzáles Sarasúa - Edition LAERTES Buenos Aires
» Reise-Know-How Peru-Bolivien: Kai Ferreira Schmidt – Reise-Know-How-Verlag – Deutschland

Geschichte der Urvölker – Tiwanaku – Inkas – Aymara und Quechua:

» Tiwanaku – Un estado precolombino – Dr. Carlos Ponce Sanginés - Producciones CIMA – La Paz
» La ocupación Tiwanaku en Cusco – José Huidobro Bellido – prod. Cima La Paz
» Magnificent Archaeology – Jacier Escalante – Magica Editores La Paz
» The Royal Commentaries of the Incas – Inca Garcilaso de la Vega – Urocyon Books US
» Exploraciones y Aventuras en Sudamerica – Prof. Dr. Erland Nordenskioeld – APCOB – Campesino-Indígena del oriente Boliviano – Santa Cruz

Geschichte Boliviens, seiner Revolutionen und in der Aktualität:

» Manual de Historia de Bolivia – Ex-Presidente Carlos Mesa Gisbert – Editorial Gisbert
» Santa Curz – Bicentenario y el proceso independentista hispanoamericano – Bismark A. Cuellar Chávez – Santa Cruz
» El Ché en Bolivia – Testimonios de Ernesto Guevara en su revolución bolivariana – Carlos Soria Galvarro T – tomo 1-3 la Razón LP.
» Nueva Constitución política del Estado Plurinacional – Juan Carlos Corzón – Editoriales WATALO – Achacachi
» Nueva Geografía Economica de Bolivia – René Gonzales Moscoso – Editorial Tupac Katari Sucre
» "Informe sobre Desarrollo Humano 2010 Edición del Vigésimo Aniversario" – Naciones Unidas – N.Y.
» Wikipedia - http://es.wikipedia.org/wiki/Bolivia, aktualisiert 10. Dezember 2010
» Los cinco Socialismo del Ciclo XXI en Latinoamerica – por Carlos Alberto Montaner Edición El Nuevo Herald – Santiago de Chile.
» Bolivia: Ahora toca descolonizar la educación Jesús Ruiz Nestosa ABC Digital SALAMANCA

Freiwilligendienste:

» Freiwilligeneinsätze Weltweit, Eugen Baldas, etc. – Leitfaden Interconnections – D
» Jugend-Bildung-Hilfe in Bolivien e.V. – Pressetexte Dezember 2010
» Value Creation in Development Aid - An 2010 Impact Analysis of Hostelling International Bolivia's Projects – Bettina Feurer – M.A. – at the University of St. Gall – Switzerland.
» 10 Años al Servicio de Bolivia - Fundación HI-Bolivia – Revista Diciembre 2010

Impressum

Herausgegeben von
Max Steiner (verantwortlich) und Judith Grümmer

Konzept
Judith Grümmer, Max Steiner, Christopher Schroer

Konzeptionelle Mitarbeit
Bernhard Vogler, Jochen Kehrer

Fotografie
Sofern nicht anders genannt, alle Freiwilligen, Autoren und Künstler; für die Bilder der Oruro: Brice Jaglin.
Abb. Seite 34, © Darina, wikipedia.de;
Ralf Meier für Abbildungen Edwin Bustamante
Sebastian Lienhardt für Porträt Edwin Bustamante

Es wurde im Vorfeld dieses Buchprojektes auf die Verwendung des Bildmaterials hingewiesen. Trotz intensiver Bemühungen konnten nicht alle Bildrechte geklärt werden. Rechteinhaber werden geben, sich mit dem Herausgebern in Verbindung zu setzen.

Übersetzung
Arturo Zamorano, Max H. Steiner, Severin Kehrer

Lektorat
Meike Hall, Severin Kehrer, Alexandra Wisotzki, Martha Z. de Steiner (Sp)

Gestaltung und Herstellung
Christopher Schroer

Druck
gronenberg gmbh & co. kg, wiehl

Erschienen im Eigenverlag von
Max Steiner & Judith Grümmer

2011 Copyright © Edwin Bustamante, Ulla Horký: VG Bild-Kunst, Bonn; die Autoren, Künstler und der Verlag.

Bibliografische Information der Deutschen Nationalbibliothek
Die Deutsche Nationalbibliothek verzeichnet diese Publikation in der Deutschen Nationalbibliografie; detaillierte bibliografische Daten sind im Internet über http://dnb.d-nb.de abrufbar.

Kontakt
Max Steiner, Hostelling International Bolivia, C. Guillermo Loayza No. 119, SUCRE/BOLIVIA
www.hostellingbolivia.org
hostelling_international_bolivia@yahoo.com

ISBN 978-3-00-033447-4
Printed in Germany

1. Auflage 03/2011